제주지역 목장사와 목축문화

탐라문화학술총서 18

제주지역 목장사와 목축문화

김동전·강만익

景仁文化社

책을 내면서

2014년 1월, 정부는 제주도를 말 산업 특구로 지정했다. 이것은 역사 문화적인 측면에서 제주도가 고려시대부터 현재까지 전국을 대표하는 말 생산지였다는 점이 반영된 결과로 보인다.

제주지역에서 말을 생산, 관리했던 주체들은 '테우리'라고 부르는 목축민들이었다. 이들은 조선시대에는 목자牧子, 일제강점기에는 목감牧監으로 불렸다. 현재 테우리들은 축산업이 약화되고, 고령화 되면서 점차 사라지고 있다. 그에 따라 이들이 중산간(해발 200m~600m) 초지대를 이용해 소와 말을 방목하며 형성시켰던 목축생활사 즉, 목축문화들도 소멸되고 있다.

전통시대 목축문화는 제주지역 중산간 초지대를 배경으로 이루어진 생업활동의 하나로 등장했다. 이것은 테우리들에 의해 형성된 초원문화草原文化인 동시에 고려시대부터 현재까지 이어지고 있는 제주도 목장사濟州島牧場史의 산물로 탄생한 것이었다.

제주지역에는 13세기 말부터 몽골[元]에 의해 '탐라목장'이 설치되어 100년 가까이 유지되었다. 이후 조선시대에는 '십소장'과 '산마장' 그리고 '우도장' 등이 운영되었다. 이 목장들의 마필 수는 전국 마필 수의 60% 이상을 차지했으며, 제주도에는 조선시대 전국 최대 규모의 목장이 존재했다. 일제강점기에는 조선총독부의 축산정책에 따라 마을공동목장이 등장한 후, 현재까지도 일부가 존속하고 있다.

근래에 제주사회에서는 일부 마을공동목장이 매각되고, 목축을 경험했던 테우리들이 목축을 포기하는 현상들이 나타나고 있다. 따라서 더 늦기 전에 누군가는 소멸되고 있는 제주지역 목장사와 목축생활사(문화)를 조사해 기록할 필요성이 있었다.

제주지역에 존재했던 목축문화의 흔적을 찾아 정리하는 작업은 목축문화를 간접적으로 경험했던 필자들에게는 힘든 과제였다. 그럼에도 불구하고 더 이상 이 문화의 단절을 수수방관한다는 것은 연구자의 자세가 아니라는 판단에서 용기를 내었다.

본래 이 책은 2014년 8월 필자들이 제주발전연구원에 제출한『제주도 목축문화의 실태와 보전·활용방안』이라는 보고서에 기초하여 재구성한 것이다. 또한 목장사와 목축문화에 대한 문헌연구와 현지조사 결과에 근거해 제주지역 지방사와 목축생활사를 엮은 책으로, 목축문화의 터전인 목장의 변천과정을 역사적 측면에서 조명한 부분과 사라지고 있는 목축문화를 말 문화와 소 문화 그리고 반농반목 목축문화로 구분해 설명한 부분으로 이루어졌다.

이 책의 구체적인 내용들은『조선왕조실록』과『승정원일기』등 관찬 사료와『탐라순력도』(1703)와,「제주삼읍도총지도」등 제주관련 문헌 및 고지도 등에 대한 사료분석 그리고 마을공동목장과 목축민의 생활사에 대한 현장조사 결과를 바탕으로 한 것이다. 또한 제주지역에서 그동안 제대로 조명 받지 못한 채 '가시덤불 속에 묻혀 있었던' 목장사와 목축문화에 대한 필자들의 연구 결과들을 모은 것이다. 그렇지만 이 책에는 제주의 목축문화가 충분히 기술되지 못했다. 추후 이 문화에 대한 미시사와 사회사적 연구를 통해 얻어진 결과들을 제시할 것이다.

이 책의 출판에는 많은 분의 도움과 가르침이 있었다. 특히 마을별로 목축문화의 실태를 현장조사 할 때, 낯선 방문자들에게 목축문화에 대해 소중한 가르침을 주셨던 제주시 오등동·애월읍 광령1리·유수암리·고성리·봉성리·상가리, 구좌읍 하도리, 한림읍 금악리 그리고 서귀포시 하원

6

동·남원읍 수망리 촌로들께 진심으로 감사를 드린다. 또한 제주도 목축문화에 대한 조사기회를 준 제주발전연구원 제주학연구센터와 책을 발간할 수 있는 기회를 제공해 준 제주대학교 탐라문화연구원의 김동윤 원장님께도 감사를 드린다. 끝으로 보고서 작성에 실무를 맡아준 임승희 선생님과 원고를 꼼꼼히 읽고 교정을 해주신 김나영 제주시청 학예사 그리고 마을공동목장 조사에 동참해준 제민일보 김봉철 기자 및 좌동열 선생님께 감사드린다.

앞으로 이 책이 제주지역 지방사 및 생활사 연구는 물론 전통적 목축문화를 보전하고 세계화하는 밑거름으로 활용되었으면 한다. 또한 사라지고 있는 제주의 목축문화를 활용한 콘텐츠 개발에 널리 이용되길 기대한다.

2015년 2월
김동전·강만익

차 례

책을 내면서·4
머리말·9

제1부 제주지역 목장의 목축환경
  Ⅰ. 목장의 자연환경·17
  Ⅱ. 목장의 방목우마·21

제2부 제주지역 목장의 변천과정
  Ⅰ. 목장의 형성기·34
  Ⅱ. 목장의 확대기·42
  Ⅲ. 목장의 쇠퇴기·99
  Ⅳ. 목장의 재편기·106

제3부 제주지역 목장의 목축경관
  Ⅰ. 국마장의 목축경관·126
  Ⅱ. 고지도의 목축경관·142
  Ⅲ. 고문서의 목축경관·160
  Ⅳ. 마을공동목장의 목축경관·174

제4부 제주지역 목축문화의 원형
  Ⅰ. 목축문화의 원형·181
  Ⅱ. 목축문화의 마을별 존재양상·248

8

제5부 제주지역 목축문화의 활용
　Ⅰ. 목축문화의 보존실태·285
　Ⅱ. 목축문화의 보존 및 활용방안·292

맺음말·317

참고문헌·330
목축문화 면담조사에 도움주신 분·335
부록 : 제주지역 마을별 목축문화·337
찾아보기·359

머리말

　이 글은 고려시대부터 현재까지 제주도 중산간 초지대를 배경으로 소와 말을 길렀던 목축민들의 생활사 이야기이다. 한국인들에게 말馬 하면 가장 먼저 떠오르는 지역은 어디일까를 질문하면 대부분 제주도濟州島라고 답할 것이다. 예로부터 "사람을 낳으면 서울로 보내고, 말을 낳으면 제주도로 보내라"고 했듯이, 역사적으로 제주도는 전국에 '목마牧馬의 섬'으로 알려졌다. 즉, 전통시기에 이 지역은 사람보다는 소와 말들이 살기에 최적인 장소로 널리 인식되었던 것이다.

　이렇듯 제주도는 고려시대 이래 말 생산지로 부상하며 역대 조정에 의해 국방에 필요한 말 공급지로 특화되었다. 특히 조선전기 정부에서는 제주의 중산간 지역에 국영목장을 개축하여 국가가 필요로 하는 말을 기르게 했다. 이를 위해 조정에서는 첫째, 제주농민들에게 우마방목에 필요한 초지 확보를 강조하며 국영목장예정지였던 중산간 지역에서의 농경지 개간을 제한해버렸다.[1] 그리하여 이곳의 초지대는 점차 국가권력이 강력하게 작용하는 국영목장 지대로 변모했다. 둘째, 국영목장 인근에 개인목장을 허용하는 정책을 병행했다. 이것은 개인 목장의 말들도 유사시에 부족한 공마貢馬를 충당하는데 이용되었기 때문이며, 국가입장에서

---

1 김동전(2010), 「문화의 시대 21세기, 제주 역사문화의 현재적 의미와 활용」, 『한국소성가공학회 2010년도 추계학술대회 논문집』, 28쪽.

는 아쉬울 것이 없었다.

한편, 목축문화(목축생활사)는 장기간에 걸쳐 지속적으로 이루어진 목축활동의 산물이었다. 이것은 제주도민들이 초지대를 이용해 우마를 방목하며 만들어 놓은 목축생활 양식의 총체라고 정의할 수 있다. 이러한 목축문화는 방목대상에 따라 말 문화[馬文化]와 소 문화[牛文化] 그리고 반농반목 목축문화로 구분할 수 있다.

그러면, 제주지역에서 목축문화, 특히 말 문화의 시작은 언제부터일까? 탐라국이 고려왕조에 편입되기 이전인 탐라시대(3세기~11세기)에도 우마 사육이 활발했다는 역사적 사실을 통해 볼 때 이 시기에 이미 목축문화가 존재했음을 알 수 있다. 이후 13세기말 원元에 의해 몽골식 '탐라목장耽羅牧場'이 설치되고, 조선시대 전국 최대 규모의 국마장이 운영되면서 제주의 목축문화는 몽골과 조선[韓半島]의 그것과 융합되어 다양한 색채를 나타냈다.

일제시기에는 조선총독부에 의해 마을공동목장이 설치되면서 조선시대에 비해 소 사육이 더욱 증가한 것이 특징이다. 물론, 조선시대에도 제주의 농민들은 농경을 위해 말보다 소를 많이 길렀다. 즉, 제주인들은 척박하고 자갈이 많은 밭에서 밭농사를 위해 힘센 '밧갈쉐[耕牛]'와 암소를 길렀으며, 이 과정에서 소 사육과 관련된 목축문화가 다양하게 나타났다.

목축문화의 형성 및 계승 주체는 목축민들이다. 그런데 언제부턴가 제주지역에서 '목축민'이라는 용어가 사라지고 말았다. 이러한 현상은 FTA(자유무역협정) 체결로 인해 값싼 외국산 축산물이 국내시장을 잠식하고 농경수단과 교통수단이 현대화되면서 우마에 대한 수요가 감소하고 나아가 목축민들이 고령화되어 점차 축산업을 포기하면서 나타난 것이다.

그러나 이러한 현실에서도 제주도는 전국적으로 볼 때 여전히 축산업에 비교우위比較優位가 있다. 이것은 2013년 12월 현재, 제주도가 전국 초지면적(38,000ha)의 45%와 국내 말 사육 두수의 68%를 차지하고 있기 때문이다. 따라서 가까운 장래에 축산환경이 현재보다 개선될 경우, 제주지역에는 언제라도 축산업이 부활될 수 있는 물적 기반이 구비되어 있다. 그러나 작금의 한국의 사회·경제적 현실은 축산업에 그다지 유리한 상황이 아니다. 미국과 호주 그리고 덴마크, 캐나다 등지에서 생산되는 값싼 쇠고기가 국내시장을 잠식하면서 제주한우와 제주산 흑돼지 판매로 대표되는 축산물은 점차 가격 경쟁력을 상실해가고 있다. 더욱이 제주의 축산업은 관광산업과 감귤산업에 비해 상대적으로 소득수준이 낮아 축산업 종사자가 감소되고 있는 것도 축산업의 미래전망을 어둡게 한다.

이러한 사회경제적 상황은 축산업의 존립기반을 위협하고 있으며, 목축문화를 소멸시키는 요인으로 작용하고 있다. 또한 제주도 목축민들이 가지고 있는 목축문화가 제대로 조사·연구되지 못한 채 사장되고 있는 것이 현실이다. 그러면서 세대 간 목축문화 전승도 단절되고 있는 실정이다. 이러한 상황 속에서 과거 전통방식에 근거해 목축을 했던 목축민들의 목축생활사牧畜生活史를 하루속히 정리해 보존할 필요성이 제주지역 사회에서 강력히 대두되고 있다.

더욱이 근래에 1930년대부터 설치된 마을공동목장이 매각되면서 마을 단위 목축활동이 종식되고 있다. 또한 공동목장 토지가 관광 숙박시설이나 골프장 또는 상업적 농작물을 재배하는 농경지로 전용되면서 초지 생태계가 파괴되거나 지하수가 오염되는 등 2차적 문제점들이 노출되고 있다. 이러한 시점時點에서 목축문화의 산실인 제주도 목장사의 역사적 변천과정과 마을별 목축문화의 구성요소 및 현재 보존실태에 대한 조사와 연구는 매우 시의적절한 작업이라고 할 수 있다.

이 책의 목적은 제주지역 목장사의 변천과정과 목축문화에 담겨진 목축생활사를 파악하고 동시에 이를 어떻게 정책적으로 보존 및 활용할 것인가에 대한 방안을 제시하는 것이다. 이를 구체화하기 위해 제2부 제주도 목장의 변천과정에 대한 역사적 조명 부분에서는 『조선왕조실록』과 『승정원일기』, 『비변사등록』, 『탐라지』, 『제주읍지』와 『탐라순력도』(1703), 「탐라지도병서」(1709), 「제주삼읍도총지도」(18세기 전반) 등을 활용해 접근했다. 특히 목장의 변천사 부분은 제주도의 목장을 목장 형성기(13세기 후반 몽골의 탐라목장 설치), 목장 확대기(15세기 전반~18세기 후반 조선시대 십소장, 산마장, 우목장 설치), 목장 쇠퇴기(19세기~대한제국기), 목장 재편기(일제시기~1970년대)로 구분한 다음, 조정이나 지방관의 주요 목장 및 목축정책을 고찰했다.

제3부 제주도 목장의 목축경관 부분에서는 고지도와 고문서 그리고 마을공동목장 내에 등장하는 목축경관요소를 추출해 그 의미를 해석했다. 제4부 제주도 목축문화의 원형 부분은 목축문화를 크게 말 문화와 소 문화 그리고 반농반목 목축문화로 구분해 각각의 역사적 유래와 문화적 가치들을 역사민속학의 시각에서 제시했다. 마을별 목축문화의 실태를 파악하기 위해 현장면담을 통한 직접 조사와 마을별『향토지』조사를 통한 간접 조사를 병행했다. 마을별 현장조사는 조선시대 십소장, 산마장 그리고 마을공동목장의 위치와 초지 상태 등을 확인하기 위해 실시한 목장답사와 함께 16개 사례마을 목축민들과의 현장 면담조사로 이루어졌다. 제5부에서는 목축생활사를 대변하는 목축문화의 보존과 활용방안에 대한 아이디어들을 제안했다.

제주지역의 목축문화와 목장사에 대한 선행연구들은 인류학, 역사학, 민속학, 지리학 분야에서 이루어졌다. 먼저 이즈미 세이이치泉靖一는『제주도』(1966)에서 제주지역의 방목형태를 종년방목, 계절적 방목, 전사全飼로 구분해[2] 종년방목이 가장 일반적인 방목형태라고 주장했다. 고광민(1996)은 제주지역 테우리들이 백중날(음력 7월 15일) 마을공동목장이나 '바령밧', 목장 내에 위치한 오름에서 지냈던 '테우리 코시',[3] 애월읍 소

---

2 이즈미 세이이치(1966),『제주도』, 동경대학출판회, 94-101쪽 : 종년방목이란 연중 방목을 의미한다. 계절적 방목은 봄부터 가을(4월-10월)까지는 마을 공동목장에서 방목한 다음, 겨울이 되면 집으로 우마를 데려오는 목축형태이며, 전사(全飼)란 집에서 연중 사육하는 형태이다.

3 고광민(1996),「목축기술」,『제주의 전통문화』, 제주도교육청 ; 고광민(1998),「제주도 우마치기의 기술과 문화」,『제주도』(102), 제주도 ; 고광민(2004),『제주도의 생산기술과 민속』, 대원사 : '곳치기'란 산림(곶자왈) 속에서 우마를 놓아기르는 방목형태이며, '번치기'란 주민들이 순번을 정해 우마를 돌보는 형태를 의미한다.

길 마을의 '곳치기'와 '번치기' 목축법, 그리고 『제주도민일보』 연재를 통해 '방앳불' 놓기, '바령쉐', '곳쉐', '번쉐' 등의 제주형 목축문화를 소개했다. 좌동열(2010)은 목축의례인 '낙인 코시', '귀표 코시', '밧볼리는 코시', 백중의례의 의미와 절차를 제시했다.[4]

남도영(1996, 2003)은 『한국마정사』(1996)와 『제주도목장사』(2003)를 통해 제주도 목장의 역사적 변천과정을 제도사 중심으로 접근하여 목장사 연구에 초석을 놓았다. 김일우(2005, 2007)는 고려시대 탐라의 우마 사육 및 김만일 관련 역사자료의 활용방안을 제시했다.[5] 장덕지(2009)는 『제주마 이야기』(2009) 등에서 제주마의 특성과 질병치료 및 마문화를 소상하게 기술했다. 농촌진흥청(2012, 2014)에서는 『사진으로 보는 제주 목축문화』(2012)와 『제주 말 문화』(2014)를 발간해 목축문화 연구에 필요한 기초자료를 제공했다.

강만익(2001, 2013, 2014)은 제주도 10소장의 공간범위와 환경특성,[6] 잣성[墻垣]의 역사·문화적 중요성,[7] 일제시기 마을공동목장조합의 실태,[8] 한라산 고산 초원지대의 '상산방목'의 실체,[9] 한라산지 목축경관의 실태와 활용방안을 제시했다.[10]

4 좌동열(2010), 「전근대 제주지역 목축의례의 역사민속학적 연구」, 제주대 사학과 석사논문.
5 김일우(2005), 「고려시대 탐라지역의 우마사육」, 『사학연구』 No.78, 한국사학회. 김일우(2007), 「"말[馬]의 고장" 제주와 김만일金萬鎰 관련 역사자료 활용화의 첫 방안」, 『한국사진지리학회지』 제17호, 한국사진지리학회.
6 강만익(2001), 「조선시대 제주도 관설목장의 경관연구」, 제주대 교육대학원 지리교육전공 석사논문.
7 강만익(2009), 「조선시대 제주도 잣성[墻垣] 연구」, 『탐라문화』(35), 제주대 탐라문화연구소.
8 강만익(2011), 「일제시기 제주도 마을공동목장조합 연구」, 제주대학교 사학과 박사논문 ; 강만익(2013), 『일제시기 목장조합연구』, 경인문화사.
9 강만익(2013), 「근현대 한라산 상산방목의 목축민속과 소멸」, 『탐라문화』(43), 제주대 탐라문화연구소.
10 강만익(2013), 「한라산지 목축경관의 실태와 활용방안」, 『한국사진지리학회』 제24권 제3호, 한국사진지리학회.

제1부
제주지역 목장의 목축환경

Ⅰ. 목장의 자연환경
Ⅱ. 목장의 방목우마

I. 목장의 자연환경

제주도는 대한민국 최대의 섬이다. 이곳은 신생대 제4기 화산활동에 의해 형성된 지역으로, 유네스코UNESCO는 2007년 '제주화산섬과 용암동굴'이라는 명칭으로 이곳을 세계자연유산으로 지정했다. 이 섬은 지리적 위치로 보면, 유라시아 대륙과 북태평양이 만나는 곳에 자리 잡고 있다. 북서쪽에는 한국과 중국·몽골, 동쪽에는 일본이 위치하고 있다(그림 1). 이 국가들은 고려시대부터 일제강점기까지 한반도를 교량으로 삼

〈그림 1〉 제주도의 지리적 위치도

아 제주도에 그들의 목축문화를 전파했다. 그 결과, 이곳은 다양한 목축
문화들이 융합되는 '문화의 용광로'melting pot culture가 되었다.

제주지역에서 목축생활이 전개된 주요 터전은 대규모 목장牧場들이었
다. 이곳은 일정한 시설을 갖추어 소나 말 등을 집단적으로 놓아기르는
장소로, 여기에는 우마의 먹이인 초지와 급수장 등이 구비되어 있었다.
목축은 일정 장소에서 우마 등 가축을 기르는 것을 말한다.

제주도에서 목축은 '한라산지(해발 200m~1950m)의 선물'이다. 화산활
동에 의해 이곳에 형성된 완경사지와 초지대는 제주도민들에게 목축의
물적 기반을 제공했다. 특히 대규모 초지대와 인접해 있는 중산간中山間
지역에 거주했던 주민들에게 목축은 그야말로 생업生業과도 같이 매일
반복되는 일상사日常事였다.

그러면 목축문화는 어떠한 자연환경 속에서 형성되었을까? 목장들이
입지했던 한라산지는 해안지역을 제외하고 대체로 산록부(200m~600m :
중산간 지대)와 산정부(600m 이상 : 산악지대)로 구성된다.[1] 이 가운데 자
연초지와 완경사면이 넓게 발달한 환상環狀의 산록지대에 대규모 목축
지가 존재했다. 심지어 산정부 백록담白鹿潭의 남동사면에는 고산초지高
山草地로 이루어진 완경사면이 존재해 역시 우마 방목지로 널리 이용
되었다.

한라산지에는 초지대·오름·하천·삼림·곶자왈·화산회토·용암평원(용암
대지) 등이 발달해 있다. 이 자연환경 요소들은 모두 목축의 공간적 확대
를 좌우하는 중요한 역할을 했다. 또한 이곳에는 한반도 지역과는 달리
방목시킨 우마를 위협하는 늑대나 호랑이가 없었던 것이 특징이다.

특히 제주도의 중산간 산록부는 전통시대에 전국을 대표했던 우마 공
급지였다. 이곳에는 화산활동으로 형성된 용암평원과 초지대가 발달하
고, 지형 경사도가 5~15°정도로 완만하여 우마를 풀어놓아 기르는데 적
당한 장소였다. 이러한 자연환경을 인지했던 고려와 몽골, 그리고 조선

---

1 강만익(2006), 「한라산지의 촌락과 교통로」, 『한라산의 인문지리』(한라산총서
    Ⅳ), 제주도·한라산생태문화연구소, 125-128쪽.

과 일본은 시대를 달리하며 이곳을 목축의 적지로 이용했다. 그리하여 이곳은 동부아시아 국가들이 권력을 행사하며 우마를 생산, 관리했던 각 축장이 되었다.

이곳에 분포하는 소규모 독립 화산체인 오름(측화산)들은 목장을 나누는 경계선이나 방풍 및 여름철 방목지로 활용되었다(더위에 약한 소들은 여름철 더위를 피해 오름 위로 올라간다). 비고比高가 상대적으로 높은 오름들은 테우리[牧子]들이 우마들의 방목상태를 관찰하는 '망동산'이 되었다. 하천들은 대부분 건천乾川이었다. 한천·도순천·효돈천과 같이 폭이 넓고 하곡河谷이 발달한 하천들은 목장을 구분하는 경계선이나 우마들의 공간이동을 제한하는 기능을 했다. 한라산지 곳곳에 발달한 검은 색의 화산회토火山灰土 지대에는 목초들의 생육이 좋아 목장지대와 화산회토 지대가 대체로 일치하는 경향을 보였다.

<그림 2>는 한라산지의 목축지대와 식생환경을 보여준다. 이에 따르면, 방목지대는 산록부에 해당하는 중산간 지대의 국마장과 마을공동

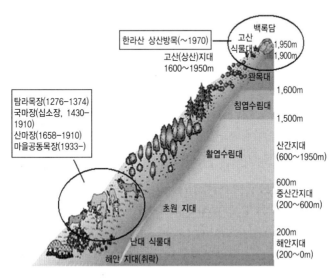

〈그림 2〉 한라산지의 목축지대와 식생환경
출처 : EBS(2013), 『수능특강 한국지리』, 77쪽 그림을 재구성함.

목장 그리고 산정부의 상산방목지로 구분됨을 알 수 있다. 특히 중산간
에 발달한 초지대는 자연적 또는 '휴먼임팩트'Human Impact 즉, 초지나
농경지 확보를 위해 이루어진 지속적인 불 놓기 등 인간의 간섭에 의해
형성된 곳이었다.

기후환경 측면에서 한라산지의 목축지대는 해발고도가 높아 기온이
서늘해 목초가 잘 자랐다. 한라산 정상부는 연강수량이 2,000mm 이상인
한반도 최다우지最多雨地이며, 겨울철 강설량은 전국에서 울릉도 다음으
로 많은 다설지多雪地에 해당된다. 여름철 한라산 남사면에는 한라산과
남풍에 의한 지형성 강수가 빈번하게 발생했다. 반면에 "한라산 북사면
은 바람이 차고 모질어 초목들이 쉽게 말라 버렸다. 한라산 남쪽은 겨울
에도 눈과 서리가 내리지 않고, 나뭇잎들이 떨어지지 않아 먹을거리가
풍부해 말들이 살찌는 곳으로 알려졌다."[2] 제주지역의 "날씨는 따뜻하나
흐린 날이 많고 맑은 날이 적었다. 봄과 여름에는 구름과 안개가 자욱하
게 끼고, 가을과 겨울이 되면 맑게 개인다. 초목과 곤충은 겨울이 지나도
죽지 않는"[3] 곳이었다.

해안지대는 겨울에도 영상기온을 보이는 온화한 날씨로 인해 하천과
못의 결빙일수結氷日數가 극히 적으며, 땅도 얼지 않았다.[4] 그래서 겨울
철 해안지역은 우마의 먹이가 되는 싱싱한 풀들이 곳곳에 존재해 우마의
연중방목이 가능했다.

한편, 제주지역의 목축문화는 역사적 산물이었다. 13세기 말부터 100
년 가까이 제주에 몽골식 '탐라목장'이 설치되어 몽골식 목축문화가 유
입되었다. 조선시대에는 국영목장이 운영되면서 전국공통의 마정조직이
제주도에 적용되었다. 이 시대 제주도에는 말을 생산하는 십소장과 산마
장 그리고 소를 길렀던 모동장·천미장·황태장이 등장했다. 제주의 부속

---

2 『성종실록』 권283, 성종24년(1493) 10월 4일(을축) : "臣嘗奉使濟州 觀山北風氣 寒勁
　草木易枯 山南冬無雪霜 木葉不彫 馬畜甚肥."

3 이원진(1653), 『탐라지』 풍속조.

4 이건(1634), 『제주풍토기』 ; 김오진(2009), 「조선시대 제주도의 기후와 그에 대한
　주민의 대응에 관한 연구」, 건국대 지리학과 박사논문, 18쪽.

섬에도 우마를 길렀던 우도장과 가파도 별둔장이 있었다. 그야말로 조선 후기 제주도는 해안 농경지대를 제외한 많은 지역이 목장지로 활용된 것이었다. 그 결과 농민들은 농사를 지을 농경지가 부족해 몰래 국마장내로 들어가 개간을 하여 농사를 짓는 사례가 빈번했다. 조선시대 제주도는 국영목장을 관리하는 감목관(판관·현감)들과 농민들이 서로 토지확보를 위해 갈등을 일으키는 곳이었다.

II. 목장의 방목우마

1. 제주마의 특성과 이용

제주도에는 언제부터 말이 살았을까? 제주시 애월읍 곽지리 패총貝塚과 한림읍 월령리 한들굴 유적에서 출토된 말의 이빨과 뼈로 볼 때, 이미 선사시대에도 말들이 존재했음을 짐작할 수 있다. 빙하기ice age에 제주도는 유라시아 대륙과 연륙連陸되어 있었기 때문에 이곳으로부터 원시적 말들의 이동이 가능했을 것이다.

탐라시대에는 한반도부에서 들어온 키 작은 과하마果下馬들이 있었다. 이 시대에 탐라국은 고려 문종 27년(1073) 고려가 팔관회[5]를 열었을 때 말을 진상했음이 확인된다.[6] 고려 말에는 원제국元帝國에서 몽골말과 조랑말이 함께 들어와 '탐라목장'에서 길러지며, 마필 수가 증가했다. 반면에 이 과정에서 전통적 재래마在來馬였던 과하마는 점차 퇴화되고 말았다.

제주의 목축민들은 탐라시대에도 한라산지의 자연 환경을 이용해 우

---

5 고려의 팔관회에 대해서는 고수미(2014)의 「고려시대 팔관회의 성격변화와 문인층의 인식」(제주대 사학과 석사논문)이 참조된다.
6 『고려사』 권9, 세가, 문종27년 11월조 ; 김일우(2005), 『고려시대 제주사회의 변화』, 서귀포문화원, 194쪽.

마를 방목했다. 조선시대 기록에 등장하는 제주마濟州馬는 목축문화를 대표했던 가축으로, 조선시대에는 전국의 목장에 분양될 정도로 '탐류耽流'의 상징적 존재로 부상했다.[7] 이 말은 탐라마耽羅馬, 제마濟馬, 토마土馬, 조랑말 등으로도 불렸다.

특히 '조랑말'은 유전자 검사결과, 몽골마와 유사성이 높은 것으로 판명되어 몽골에서 제주도로 유입된 말이라 할 수 있다. 이 말은 성질이 온순하고 발굽이 강인하여 자갈이 많은 제주도의 자연환경에 대한 적응력이 뛰어났다. 또한 질병에 대한 저항력이 강한 반면 체구가 작아 부담량負擔量이 작은 것은 단점으로 지적된다.[8] 그러나 이 말은 농경에서 밭 밟기 즉, 진압농법鎭壓農法은 물론 역축役畜에 널리 쓰였으며, 내한성耐寒性과 내서성耐暑性이 강한 동물로 알려지고 있다.[9]

조선시대 제주마는 '탐류'의 선봉장 역할을 했다. 이 말을 통해 탐라(제주)의 목축문화가 전국에 전파될 수 있었다. 또한 이 시대에 제주마는 그 가치를 인정받아 중앙정부로 공마 되었을 뿐만 아니라 전국 각지에 설치된 군영과 목장에 분양되어 전국 어디에서나 볼 수 있었다.

실례로 제주마는 경기도의 강화도 목장과 대부도 목장, 전라도의 진도 목장과 해남목장을 비롯해 충청도의 안면도·태안, 황해도의 용매도, 평안도의 신미도身彌島, 경상도의 거제도 목장 그리고 함경도까지 공급되었음이 『조선왕조실록』 기사들에서 확인된다.

제주마는 모색毛色을 중심으로[10] 유마(갈색), 가라물(검은색 : 그림 3), 적다(붉은색), 총마(회색), 월라(얼룩이), 고라(암황갈색), 부루(점박이), 공

---

7 탐류耽流는 한국의 문화가 해외로 전파되어 인기리에 소비되고 있는 현상을 말하는 한류韓流에서 착안하여 만든 용어로, 여기에서는 제주마를 통해 탐라(제주)의 문화가 다른 지역으로 전파되어 소비되던 현상을 의미한다.
8 강민수(1999), 『제주조랑말』(제주연구총서 5), 제주대학교 출판부, 41쪽.
9 송성대(2001), 『문화의 원류와 그 이해』, 도서출판 각, 247쪽.
10 전통사회에서 제주지역 테우리(목자)들은 제주마에 대해 모색을 중심으로 그 출현 빈도를 순위화 하여 구분했다 : 1 가라加羅·2 청총靑聰·3 적다赤多·4 월라月羅·5 유마騮馬·6 백물(총물)·7 고라古羅·8 부루물·9 거흘[巨割]·10 자흘[者割](제주도청 문화예술과, 2002, 『제주도 제주마』, 398쪽).

골마(황색), 설아마(백색) 등
으로 구분된다. 이 가운데 '가
라, 부루, 적다'라는 명칭은
몽골어에서 유래되었다는 연
구결과가 있어 주목된다.[11]
몽골의 목축문화가 제주마의
이름에 남아있는 것이다.

〈그림 3〉 가라몰
출처 : 남도영(2003), 『제주도목장사』

　　제주마는 어떻게 이용되
었을까? 제주마는 일반적으
로 어승마·운반·국방·교통·통신·농경·종마 등으로 활용되었다. 이 가운
데 제주마는 대부분 군마로 공급되어 국방에 기여를 했다. 품질이 우수
한 말들은 어승마나 종마로 활용되었다. 제주마에서 생산되는 부산물인
말갈기, 말가죽, 말꼬리 털, 말 힘줄, 말기름, 말똥 등은 갓과 군수품 제조
및 일용품 생산에 필요한 재료로 이용되었다.[12]

　　앞서 거론했듯이, 조선시대 제주도는 대표적인 말 생산지였다. 이것은
영조英祖가 제주도를 '국마의 부고府庫' 그리고 조선후기 우의정을 지낸
오명항吳命恒이 "우리나라 말은 전적으로 제주도에 의존하며," 이조판서
를 지낸 이인엽李寅燁이 "제주는 우리나라의 익북翼北(중국의 명마산지)
이다"라고 강조했던[13] 사실을 통해 알 수 있다. 이 시대 제주의 말들은
그야말로 전국의 말 가운데 품질이 가장 우수해 어승마와 군마로 널리
선호되었다.

　　조선시대 내내 제주도의 국마장은 군마軍馬의 공급지였다. 이곳에서
생산된 말들은 국내 뿐 아니라 대륙에 자리한 원元과 명明 왕조에도 공
급되었다. 이 말은 조선 태종 때에 명나라로 진상되어 영락제永樂帝로부

11　강영봉(1992), 「제주도 방언의 몽고어 차용어들(Ⅰ)」, 『제주도언어민속논총』, 현용
　　준박사 화갑기념논총간행위원회, 제주문화, 25-31쪽.
12　남도영(2003), 『제주도목장사』, 한국마사회박물관, 118쪽.
13　『비변사등록』 제57책, 숙종 32년(1706) 9월 6일.

터 '천마天馬'라는 칭송을 받기도 했다.[14]

한양으로 올려 보낸 군마들은 일차적으로 각 군영에 배정된 다음, 나머지 말들은 '살곶이' 목장[前串牧場](그림 4)으로 보내져 일정기간 길러진 다음, 다시 필요한 곳으로 배정되었다.[15] 이 목장은 전국 목장에서 공마로 올라왔던 말 가운데 최고의 말들을 길렀던 장소였다. 현재 이곳에는 한양대학교가 위치해 있다.

한편, 조선을 건국한 태조 이성계李成桂(1335~1408)는 고려말인 우왕 14년 압록강의 하중도河中島였던 위화도威化島에서 회군回軍(1388)할 당

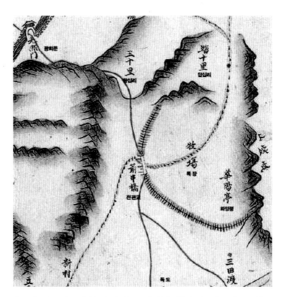

〈그림 4〉 제주마가 길러진 조선시대 한양의 살곶이 목장도
중심부에 있는 前串橋는 살곶이 다리이며, 살곶이 목장은 아차산 서쪽에 위치한다. 현재 이곳에는 한양대학교가 있으며, 남동쪽으로 흐르는 하천을 나타낸 선은 중랑천이다(출처 : 서울역사박물관, 『마장동』, 2013, 32쪽).

---

14 김홍식 엮음(2014)·정종우 해설, 『조선동물기』, 서해문집, 52쪽.
15 살곶이 목장에 대해서는 홍금수(2006)의 「전관장의 경관변화」(『문화역사지리』 제18권 제1호 통권28호, 한국문화역사지리학회, 102-134쪽)가 참조된다.

시에 제주마를 이용했다. 이 말
은 팔준마의 하나였던 '응상백'
凝霜白이라고 부르던 것이었다
(그림 5). 이를 통해 고려 말에
도 제주마들이 여전히 명마로
널리 인식되었음을 짐작할 수
있다.

이 그림의 상단 우측에는 그
림 제목과 이 말의 특징 및 이
용시점이 간단히 제시되어 있
다. 말의 이름은 '응상백'으로,
가을철 서리처럼 흰 순백색의
말이라는 의미이다.

〈그림 5〉 팔준마의 하나인 응상백
출처 : 국립제주박물관(2014), 『한라산』, 50쪽.

이 말의 외모는 '순백색오자오안오신오제'純白色烏觜烏眼烏腎烏蹄 즉,
응상백은 순백색으로, 주둥이도 검고, 눈도 검고, 불알도 검고, 발굽도 검
은 말이었다. 또한 이 말은 '산어제주회군시어'産於濟州回軍時御 즉, 제주
산으로 위화도에서 회군했을 때 탔던 말이었다. 응상백은 수컷의 백마로,
조랑말보다는 훨씬 컸다.

세종 때 집현전 학사를 지낸 성삼문成三問(1418~1456)은 응상백을 다
음과 같이 예찬했다.[16] 그는 위화도 회군의 정당성을 옹호하면서 당시
이성계가 탔던 응상백을 아래와 같이 '크고 강하며 슬기로운 동물'로 묘
사했다.

凝 霜 白匪稱力 응상백이여, 힘으로만 칭할 것 아니네
大 有 顒剛且淑 크고 온화하고 강하며 또한 슬기롭네
鴨水湯湯岸千尺 압록강 물 넘실넘실 기슭은 천척인데

---

16 서거정 편저(1478), 『동문선』 제50권, 한국고전번역원(1968) : 이 책에는 성삼문이
   쓴 「八駿圖銘幷序」에 응상백 관련 부분이 등장한다.

白羽晰晰彤弓赫　흰 화살 번쩍번쩍 붉은 활과 함께 빛이 나네
照夜光景輝相爥　밤에 비추는 광경이 휘황창 밝으니
央央義旆隨踠足　줄지은 깃발이 발굽을 따라 가네
一回三韓骨而肉　단번에 삼한을 고통에서 구제하니
凝 霜 白而無斁　응상백이여 네가 고맙다

　조선시대에 제주인들이 소유했던 말들은 부분적으로 매매가 허용되었
다. 이 시기에 육지부(한반도)에서 말 매매상인들이 상선을 이끌고 제주
에 들어와 말을 구입하는 것이 가능했다. 제주인들은 흉년이나 가뭄이
들어 먹을 식량이 없었을 때 말을 팔아 그 돈으로 목숨을 연명했다.

　제주마들은 조선후기로 가며 크기가 점차 줄어들었다. 이러한 현상은
제주의 양마들이 육지부로 오랜 시간동안 반출되었고, 또한 품질이 낮은
잡종마雜種馬와의 교잡 결과로 나타났다. 아울러 '지속적인 스트레스와
영양결핍'도 한 원인이 되었다.[17] 제주마의 크기가 감소한 현상에 대해
연암燕岩 박지원朴趾源(1737~1805)은 『열하일기熱河日記』(1780)에서 다음
과 같이 목축기술의 부족을 그 원인으로 지적했다.

　　우리나라의 목장은 제주도의 것이 가장 크고, 그 말은 모두 원나라의 세
　　조가 보낸 말 종자인데 4~500년 동안 그 말 종자를 갈지 않아 처음에는
　　용매龍媒[龍馬]나 악와渥洼(중국 한나라 무제 때 감숙성 악와라는 곳에서
　　나왔다는 신마)와 같은 좋은 말이라도 끝내는 목축기술의 부족으로 인해
　　과하마나 관단마款段馬와 같은 작고 느린 말이 되고 말았다."[18]

　현재 제주마는 다행히도 멸종되지 않고 700년 이상 생존하고 있다. 비
록 마필 수는 조선시대에 비해 크게 감소했으나, 제주특별자치도의 제주
마 종 보존을 위한 노력에 힘입어 일정하게 개체수가 유지되고 이 말들
은 천연기념물인 제주마(조랑말)이며 교잡마(비조랑말)인 한라마 그리고

---

17 장 드니 비뉴 지음, 김성희 옮김(2014), 『목축의 시작』, 알마, 56쪽.
18 이시영(1991), 『한국마문화발달사』, 한국마사회, 245쪽.

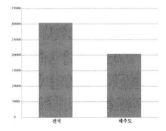

〈그림 6〉 제주도내 및 전국과 비교한 마필수 현황(2013)

경주마인 서러브렛thoroughbred 등도 있다.

2013년 12월 제주지역 말의 사육현황은 <그림 6>과 같다. 이 가운데 마필 수가 가장 많은 것은 한라마漢拏馬로, 이것은 승마용과 식용 말로 이용된다. 조랑말은 개체수가 가장 적고, 순수혈통을 유지하기 위해 제주도축산진흥원이 특별 관리하고 있다. 여름철에는 견월악 하단부 5·16도로변 하계방목지에서 그리고 겨울철에는 축산진흥원내 방목지에서 사양되고 있다.

2. 제주소의 특성과 이용

조선시대 제주마는 전마와 군마 등으로 유용했기 때문에 국가가 정책적으로 관리했다. 따라서 각종 고문헌에도 제주마에 대한 기록들이 다양하다. 반면, 제주소는 농민들이 길렀던 가축이었기 때문에 이에 대한 기록은 조정에 진상되었던 흑우를 제외하곤 그다지 많지 않다.

소 역시 탐라시대에도 존재했다. 이 시대에는 우각牛角, 우피牛皮, 우황牛黃 등 소에서 얻어지는 부산물들이 조공품 또는 교역품으로 신라, 백제, 고려 등으로 반출되었다. 고려 말에는 원元에서 몽골산 소들이 들어와 방목되었다.

조선시대 제주에는 황우黃牛와 흑우黑牛가 있었다. 황우는 암소와 수소로 구분되었다. 제주도민들은 대부분 황우를 농경용 '밧갈쉐'[耕牛]로

길렀다. 이 소는 척박하고 자갈이 많은 토지에서 밭갈이에 필요하여 반
드시 확보해야 하는 가축이었다.

흑우는 '검은쉐'라고 부른다. 이것은 조선시대에 그 가치를 인정받아
해마다 20필씩 조정에 제사용으로 진상되었다. 제주목사는 흑우黑牛를
안정적으로 생산, 관리하기 위해 소를 전문적으로 기르는 우목장牛牧場
을 국마장과는 별도로 운영했다. 대정현 내의 모동장毛洞場과 가파도 별
둔장, 정의현 내의 천미장川尾場 그리고 제주목 1소장 내의 황태장黃泰場
이 그 사례였다. 이 목장에서 생산되는 소들은 공마선을 얻어타고 해마
다 조정의 전생서典牲署[19]로 보내졌다. 제주도산 흑우에 대해서는 『제주
읍지』, 『비변사등록』, 『승정원일기』 등에 다음과 같이 전한다.

> (가) 『비변사등록』(영조 13년[1737] 9월 7일) : 행사직行司直 이종성李宗城
> 등이 입시해 전생서의 흑우가 부족하여 제주도에 10수를 더 정했으
> 므로 그 제사題辭(관에서 백성의 소장·청원서에 기입한 지령)를 대신
> 에게 물어 처리하는 문제에 대해 논의하다.
> (나) 『승정원일기』(인조 5년[1627] 10월 9일, 임인) : 납향대제臘享大祭 등
> 에 쓰일 흑우가 부족하므로 충청감사에게 흑우를 올려 보내도록 할
> 것을 청하는 이귀李貴의 계에 "제주로부터 올라 온 제향흑우를 충청
> 도에 분양하여 기르고 있다."
> (다) 『승정원일기』(인조 11년[1633] 6월 5일, 을축) : 홍명구洪命耇는 대정
> 현감을 포상하는 것이 부당하다는 계를 올렸다. 그가 재임시간에 잃
> 어버린 흑우가 많았음이 밝혀졌기 때문이다.
> (라) 『승정원일기』(숙종 5년[1679] 6월 3일, 병인) : 오시수吳始壽 등이 입
> 시하여 제향에 쓰일 흑우의 이정移定 등에 대해 논의하며 제주에서
> 제향용으로 쓸 흑우를 1년에 20수를 진상하도록 건의했다.

사료 (가)부터 (라)는 제주지역에서 생산되는 흑우의 가치를 정부가 인

---

19 전생서란 조선시대 때 궁중의 제사祭祀에 쓸 양·돼지·소 등을 기르는 일을 맡아보
던 관청이었다.

정했음을 보여준다. (나)는 조선시대 제주의 제향흑우가 육지부로 분양되었음을 알려준다. 또한 (다)는 흑우를 많이 잃어버린 대정현감을 포상자 명단에서 제외하라는 것으로, 당시 대정현감은 이양문李揚門이었다.[20] (라)는 흑우를 1년에 20두씩 진상했음을 보여준다.

3. 제주지역 우마의 현재

조선시대에는 소보다 말이 많았다. 태조 7년(1398) 당시 제주도의 말은 4,414필이고, 소는 1,914두였다. 이러한 현상은 조선시대 내내 이어졌다.

그러나 일제강점기에는 국영목장이 폐쇄되어 112개의 마을공동목장으로 분할되었다. 이 과정에 교통수단으로 철도나 자동차가 보급되며 말에 대한 수요가 점차 줄어드는 상황에서 일제는 조선에서 축우증산정책畜牛增産政策을 전개했다. 그 결과, 제주지역 마을공동목장 지대의 주인공이 말에서 소로 대체되었다. 일제시기 제주의 소는 일본인의 식육공급원으로 널리 이용되었다. 1939년 당시 제주도의 축우畜牛 수는 3만 8,000두로, 제주마 2만 1,000필보다 많았다.[21]

해방직후인 1948년 제주 4·3사건이 발생하여 중산간 지역이 초토화焦土化됨에 따라 축산기반이 대부분 상실되어 우마수가 크게 감소했다. 이후 박정희朴正熙정권(1963-1979)이 실시했던 1960년대 경제개발계획에 따른 축산진흥정책에 의해 중산간 지대 마을공동목장에 초지조성사업이 전개되면서 우마수가 증가하기 시작했다. 그러나 1980~90년대 외국산 축산물 수입의 여파로 소의 사육두수가 다시 감소하고 말았다(그림 7).

앞으로 제주의 축산업을 발전시키기 위해서는 축산의 근거지인 마을공동목장 재활성화가 절실하다. 2014년 12월 제주특별자치도가 발표한 자료에 따르면, 제주도내 마을공동목장은 2013년 60개소에 비해 3곳이 감소한 57개소로 조사되었다. 이것은 애월읍 상귀공동목장과 남원읍 위

---

20 『승정원일기』 제40책, 인조 11년(1633) 8월 20일(기묘).
21 高野史馬(1989)·강성배(역), 2011, 『한국제주도』, 제주시 우당도서관, 138쪽.

미1리 공동목장이 매각되었고, 표선면 세화공동목장이 토산공동목장에 편입되었기 때문이다. 2014년 12월 현재, 마을공동목장 57개소의 전체면적은 6,327ha로 작년도보다 375ha가 줄어들었다. 우마 사육 농가수는 504호, 입식 두수는 5,507마리로, 전년 대비 44호, 입목두수 526마리가 감소했다.

이러한 수치의 변화는 제주지역 축산업의 사양화를 여실히 보여준다. 이에 대한 대책의 하나로 제주특별자치도는 '마을공동목장 특성화 사업'을 추진해 중산간 지역 마을공동목장의 활용도를 높이고 나아가 한우 생산단지 조성 등 공동목장 특성화를 통해 축산농가의 소득을 올려 나갈 계획임을 밝혔다.[22]

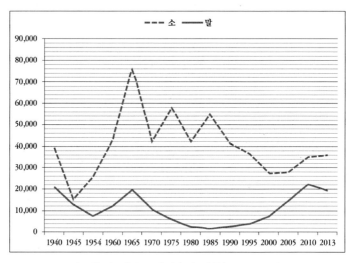

〈그림 7〉 제주도 우마수의 변동(1940-2013)

자료 : 제주도(2006), 『제주도지』(제4권), 230-233쪽 ; 제주특별자치도, 『제주도통계연보』(2011, 2014)를 토대로 작성함.

---

22 제주특별자치도청 농축산식품국 보도자료(2014.12.11.), 「마을공동목장 특성화를 위한 2014년도 운영 실태조사 결과」.

제2부
제주지역 목장의 변천과정

Ⅰ. 목장의 형성기
Ⅱ. 목장의 확대기
Ⅲ. 목장의 쇠퇴기
Ⅳ. 목장의 재편기

목축문화는 고려시대부터 본격적으로 등장한 목장의 운영과 농경생활을 통해 형성되었다. 제2부에서는 제주도 목장들이 어떻게 형성되어 변화되었는지에 대해 검토한다. 이를 위해 목장의 변천사를 목장 형성기, 목장 확대기, 목장 쇠퇴기, 목장 재편기로 구분했다.

고려시대는 목장의 형성기에 해당된다. 이 시대에는 제주역사에 등장한 최초의 목장으로 몽골이 1276년에 설치한 '탐라목장耽羅牧場'이 있었다. 조선시대는 목장의 확대기라 할 수 있다. 고려시대 탐라목장이 확대, 재정비되면서 제주의 중산간 지대 해발(200m~600m)에 '십소장十所場'이라는 국마장이 설치되었고, 조선후기에는 '산마장山馬場'과 '우목장牛牧場'이 등장했기 때문이다. 그러나 대한제국기는 그야말로 목장의 쇠퇴기였다. 갑오개혁으로 공마제도貢馬制度와 점마제도點馬制度 운영이 사실상 중단되어 국영목장들은 방치된 채, 목장토牧場土 개간이 진행되었기 때문이다. 일제시기부터는 목장의 재편기에 해당된다. 1910년대 일제가 실시한 토지조사사업으로 조선시대 제주의 국영목장지대가 국공유지國公有地 및 리유지里有地와 사유지로 분할된 후, 이를 기반으로 마을공동목장이 등장했다.

이러한 목장변천사 구분에 따라 제2부에서는 정부의 목축정책이 시대별로 어떻게 전개되면서 목장들의 변천에 영향을 미쳤는지 그리고 이 과정에서 제주도민들의 목축생활사는 어떤 스펙트럼spectrum을 보였는지에 대해 고찰하고자 한다.

I. 목장의 형성기

1. 고려시대의 목축정책

고려시대에도 목장들이 존재했다. 이것들은 『고려사』의 마정조馬政條·역참조驛站條 등에 그 흔적을 남겼다. 말은 시대를 불문하고 국방과 교통에 긴요한 가축이었기 때문에 말을 효율적으로 기르기 위한 목장의 설치와 운영은 국가의 중대 관심사였다. 이 책의 마정조에는 고려 초기 목장들이 경기·황해·충청·강원도에 설치되었음을 보여준다.[1] 이 시대에는 목장이 육지 뿐만 아니라 해도海島 즉, 섬에도 설치되었다.[2] 이러한 현상은 조선시대에도 마찬가지였다. 섬에는 농경지가 없고, 관리가 쉬웠기 때문이다.

고려는 전국의 목장을 관장하고 전마戰馬·역마驛馬·역우役牛 등을 조달하는 기관으로 전목사典牧司를 두었다. 현종은 목축과 목장운영에 관심이 많아 다양한 목축정책을 실행했다. 현종은 16년(1025) 전국의 목장을 운영하기 위해 각 목장에 목감牧監과 노자奴子를 배치했다. 또한 장교·군인 등으로 구성된 간수군看守軍을 두어 목장을 경비하게 했다. 목감은 노자를 지휘, 감독하는 등 목장관리의 책임을 맡았으며, 노자의 역役은 자손에까지 세습되었다. 그리고 전국에 말 기르는 방법을 제시했다. 이에 따르면, 노자 1명당 청초절靑草節(5~9월, 여름철)에 대마大馬 4필을

---

1 고려 초에는 황해도에 3개 목장[龍驤·隴西·銀川], 경기도에 5개 목장[羊欄·左牧·江陰·常慈院·葉戶峴], 충청북도에 1개[懷仁], 강원도에 1개[東州] 등 10개 목장이 존재했다(남도영, 1996, 『한국마정사』, 한국마사회박물관, 230쪽).

2 해도海島에 목장이 설치되었다는 근거자료로는 『고려사』(권82, 병지2, 마정조) 충렬왕 원년 7월조에 "點閱諸島牛馬," 충렬왕 14년 2월조에 "先是牧馬於諸島," 『고려사』(권1, 세가1, 태조 6년 8월조)에 "影島牧場," 『고려사』(권1, 세가1, 태조 15년 9월조)에 "猪山島牧場" 등이 있어 고려시대에도 목장들이 섬에 설치되었음을 알 수 있다.

기르도록 규정했다. 풀이 자라는 청초절에는 풀 이외에도 하루에 1필당 말두末豆 3되, 그리고 풀이 시드는 황초절黃草節(10월~2월, 겨울철)에는 하루에 1필당 말두 3되와 실두實豆 3되를 먹이도록 했다. 말에게는 풀과 영양식으로 콩이 제공된 것이었다.

문종 25년(1071)에는 제도목장諸島牧場에 대한 규정을 더욱 강화했다. 그리하여 섬에 위치한 목장에서 말을 죽게 한 자는 도리島吏가 죄를 줄 수 있도록 했다. 의종 13년(1159)에는 전국 목장을 대상으로 축마료식畜馬料式(말먹이 주는 기준)을 시행했다. 마료는 마필의 종류와 성격, 계절(청초절, 황초절)을 고려해 마료의 종류와 양을 달리 했다. 마료에는 패[稗, 피], 콩[末豆, 實豆], 좁쌀[田米], 소금 등이 있었다. 충정왕 2년(1350)경 고려의 말 먹이는 법에 대해서는 다음 기록이 참조된다.

> 말먹이인 (삶은) 콩을 건져내어 찬물에 담가준다. 말은 충분히 쉬게 하면서 천천히 먹여야 한다. 처음 먹이를 줄 때는 꿀과 콩 삶은 물을 섞어서 주고, 오경五更(새벽 3시~5시 : 필자주)이 되면 콩도 같이 먹인다. 말이 지쳐있을 때에는 물을 마시게 해서는 안 된다. 한동안 꿀을 먹고 나서 조금 있다가 물을 마시게 하는 것이 좋다.[3]

고려가 원의 간섭 하에 들어가면서 원은 고려로부터 마료馬料를 요구하던 방식에서 한 걸음 더 나아가 경상·전라 제도諸島 목장들의 말들을 확보하려는 야욕을 드러냈다.[4] 이것은 광대한 원제국 유지에 필요한 군마들을 고려에서 확보하려는 조치였다. 그리하여 원은 충렬왕 14년(1288) 고려가 설치한 마축자장별감馬畜孶長別監을 이용해 마필들을 징발해 갔다.

고려말에도 말은 대명외교에 있어 중요한 물품이었다. 명은 북원北元 정벌에 필요한 군마를 고려에서 확보하려 했다. 이에 우왕 12년(1386) 고려와 명은 "삼년일공마양마오십필三年一貢馬良馬五十匹"이라는 규정에

---

3 정광(2010), 『역주 원본 노걸대』, 박문사, 81쪽.
4 『고려사』 권82, 지36, 병2, 마정조.

합의하고, 이에 따라 고려는 명나라로 3년마다 양마 50필씩을 공마했다. 그러나 명은 고려로부터 말을 더 많이 확보하기 위해 50필 공마와는 별도로 더 많은 말을 팔아달라고 강력히 요구했다. 이러한 상황에서 고려 정부는 말을 보유했던 백관百官들로부터 말을 충당하거나 마축자장별감을 탐라로 보내 말을 확보하도록 조치했다. 이 과정에서 마축자장별감이었던 변벌개邊伐介가 제주로 들어가 백성들의 말을 함부로 빼앗은 것이 탄로 나 처벌받은 일도 생겼다.[5] 고려의 백성들은 군마조달과 말먹이인 마료공급에 시달려야 했고, 심지어 말을 관리들에게 탈취당하는 문제도 발생했다.[6]

2. 원의 탐라목장 설치

고려시대 제주도에는 '탐라목장'(1276~1374)이 등장하기 이전에도 우마방목이 성행했다.[7] 이러한 사실은 고려말 이제현李齊賢의 『익제난고益齊亂藁』를 통해 확인할 수 있다. 그는 제주지역은 "관사官私의 우마들이 들판을 가득 덮고 있어 경작지가 거의 보이지 않는다."고 주장했다.[8] 그런데 자유로운 방목이 이루어지면서 농경지 피해가 속출했다. 이러한 현실을 인식한 제주판관濟州判官 김구金坵는 고종 21년(1234) 농민들에게 우마의 침입을 방지하기 위해 밭담을 쌓도록 했음이 아래 기사에서 확인된다. 즉, 제주밭담은 경계선이 없었던 밭을 강포強暴한 사람들이 잠식해 버리는 문제를 해결함과 동시에 우마침입에 따른 농경지 피해를 예방하려는 지방관의 고민에서 탄생한 문화유산이었다.

"제주는 돌이 많고 건조하여 논[水田]이 없다. 단지 보리, 콩, 조만이 자란

5 『고려사』 권136, 열전49.
6 『고려사』 권82, 지36, 병2, 마정조.
7 김일우(2000), 『고려시대 탐라사연구』, 신서원, 159쪽.
8 「익제난고」, 『고려명현집』 권2, 대동문화연구원(1980), 269쪽.

다. 그리고 소, 말, 노루, 사슴이 곡식 싹을 밟아버려서 알맹이가 여물지 않는다. 그 밭들은 예부터 경계선이 없어서 강포한 사람들이 날마다 그 땅을 잠식하며 백성들을 괴롭혔다. 공은 부임하여 백성의 괴로움을 듣자 돌들을 모아 울타리를 쌓아 경계선을 삼았다."[9]

1273년 제주에서 삼별초군三別抄軍을 진압한 몽골은 충렬왕 2년(1276) 직할지로 삼은 탐라를 방성房星(말을 나타내는 神의 별자리)을 볼 수 있는 지역이라고 여겨 동부지역에 위치한 수산평首山坪에 목장을 설치했다. 이것이 『원사元史』에 등장하는 '탐라도목장耽羅島牧場'이었다. 원의 탐라목장 설치는 바로 제주지역의 "목초지에 대한 정복과 지배의 여정을 알리는 신호탄이었다."[10] 원은 제국유지에 필요한 군마를 확보하기 위해 탐라를 직할령直轄領으로 삼아 다루가치를 파견했다.[11]

원의 세조인 쿠빌라이忽必烈(1215~1294)는 1276년 8월 타라치塔剌赤를 탐라의 다루가치達魯花赤로 임명했다. 이에 따라 원은 몽골 남동부에 위치한 다리강가Dariganga 초원지대에서 말 160필과 소, 양, 낙타, 나귀 등 5축과 함께 목장을 실질적으로 운영할 카라치哈剌赤들을 탐라목장으로 파견했다. 이후 이 목장에는 품질이 우수한 대완마(서역마)와 달단마(몽골마) 그리고 원의 관청이었던 선휘원·중정원·지정원 소속의 가축들도 함께 방목되었다.

초기 탐라목장 운영에 있어 뚜렷한 족적은 남긴 인물은 타라치Tarachi였다. 그는 10여 년간(1276~1287) 목마사업을 번성시켜 탐라목장을 원나라가 보유했던 14개 황가목장皇家牧場 가운데 하나로 성장시켰다.

원元은 탐라목장의 관리처이자 행정단위로 해석되는 아막Aimak을 탐라의 동·서부 초원지대에 설치했다. 그리하여 원은 1276년 8월 일본과 상대적으로 가까운 동부의 수산평에 동아막東阿幕을 설치해 탐라목장의

---

9 『고려명현집』 권2, 대동문화연구원(1980), 192쪽.
10 제레미 리프킨 지음, 신현승 옮김(2101), 『육식의 종말』, 시공사, 36쪽.
11 『신증동국여지승람』 권38, 정의현 고적조 : "水山坪 在水山西南高麗忠烈王時 元塔羅赤 來牧牛馬駱."

〈그림 8〉 고려말 탐라목장이 설치되었던
수산평의 위치

출처 : 「조선강역총도중제주」(1700년대 전반)

시작을 알렸다.[12]

이듬해인 1277년에는 서부의 한경면 고산리 해안으로 추정되는 지역('고산평')에 서아막西阿幕을 설치했다.[13] 동·서 아막에서는 낙인과 거세 등이 이루어졌으며, 몽골출신 목축인들이 집단적으로 거주했을 것이다.[14] 이로써 원은 제주도의 동서부 해안지대에 위치한 초지대를 활용해 목장운영을 시작했음을 알 수 있다.

수산평 탐라목장은 <그림 8>과 같이 「조선강역총도중제주」(1700년대 전반)에서 그 위치가 확인된다. 이 목장은 해안과 인접한 내륙 초원지대에 입지했다. 이곳은 비고比高가 낮고, 완만한 용암평원鎔巖平原이어서 바닷가에 있는 성산일출봉이 시야에 들어온다.

원이 제주의 동부지역인 수산평 일대를 목장지로 처음 선택한 배경은 무엇일까? 다음과 같은 지리적 배경이 고려되었을 것이다. 첫째, 동쪽은 해가 먼저 뜨는 곳이어서 일사량日射量이 상대적으로 많아 따뜻해서 풀들이 자라기에 유리하며, 둘째, 광활한 용암평원(완사면)과 초지대가 발달해 있고, 셋째, 겨울철 편북풍偏北風을 막아주는 오름(측화산)들이 군집해 겨울철이 온화한 장소였다는 지리적 이점이[15] 반영되었을 것이다 (그림 9).

탐라목장은 '카라치'라 불리는 목축인 집단에 의해 운영되었다. 이곳의 동·서 아막은 초기에는 다루가치가 관할했으나 후대로 가면서 자루

---

12 『고려사절요』 권19, 충렬왕 2년 8월조 : "元遣塔剌赤爲耽羅達魯花赤以馬百六十四匹來牧."
13 이원진(1653), 『탐라지』 건치연혁조 : "三年丁丑元立東西阿幕放牛馬."
14 김일우(2000), 위의 책, 180쪽.
15 오홍석(1974), 「제주도의 취락에 관한 지리학적 연구」, 경희대 박사논문, 37쪽.

구치[斷事官]와 만호萬戶가 그 운
영을 맡았다. 충렬왕 26년(1300)에
는 원나라 황태후가 탐라목장에
말을 방목했다.[16] 당시 황태후는
기황후奇皇后[17]가 아니라 성종의
어머니인 활활진闊闊眞 카둔(『원
사』, 권116)이었다.

〈그림 9〉 수산평 탐라목장터(현지촬영)

　원이 멸망한 후, 명明은 고려에
탐라말 2,000필을 요구했다. 이에 원나라 출신 석질리필사, 초고독불화,
관음보 등은 "원세조가 양축한 마필을 어찌 명에 헌납할 수 있느냐"고
항의하며 난을 일으켰다. 이에 공민왕은 탐라에서 원의 잔재를 근절하기
위해 1374년 7월 문하찬성사 최영崔瑩을 양광·전라·경상 삼도의 도통사
로 삼아 탐라의 반란세력을 정벌하라고 명령했다.[18] 이 역사적 사건이
바로 '목호의 난'이었다. 1374년 무더운 여름, 탐라에서는 최영이 이끄는
목호정벌군과 몽골출신 목호군牧胡軍이 치열하게 전투를 벌였다. 최영에
의해 목호의 난이 진압된 이후, 탐라목장의 말들과 재부財富는 모두 고
려의 소유가 되었다. 그러나 1392년 고려가 조선으로 대체되면서 원조元
朝가 제주에 남겼던 수많은 말들과 탐라목장은 조선국의 소유가 되어 조
선왕실의 권력이 이 목장을 지배했다.[19]

　한편, 원이 설치했던 탐라목장에 대해 조선중기 제주안무어사濟州安撫
御史로 왔던 청음淸陰 김상헌金尙憲(1570~1652)[20]은 직접 쓴 '수산폐성水

16 『고려사』 권57, 지리2, 탐라조.
17 기황후는 원나라의 황제였던 순제(順帝, 재위 : 1333~1370)의 왕비이므로 1300년
　　탐라목장에 말을 방목시킨 주인공이 될 수 없다.
18 목호의 난에 대해서는 김일우의 『고려시대 탐라사 연구』(2000, 신서원)와 『고려시
　　대 제주사회의 변화』(2005, 서귀포문화원)에 자세히 제시되어 있다.
19 보르지기다이 에르데니 바타르(2009), 『팍스몽골리카와 고려』, 혜안, 146쪽.
20 김상헌은 제주에서 1601년(선조 34) 9월 길운절吉雲節과 소덕유蘇德裕 등이 모반을
　　일으키자 민심을 수습하기 위해 제주어사로 파견된 인물이었다.

山廢城'(1601)에서 다음과 같이 표현했다.[21]

寒雲衰草掩荒城	찬 구름에 시든 풀이 황성을 덮었는데
云是胡元放馬坰	이곳이 원오랑케 방마 하던 들이라네.
舊致牧奴多趺扈	옛적에 목노들이 세차게 날뛰어서
屢勤都統遠興兵	부지런히 도총이 멀리서 원정 했네
通精驚血秋螢碧	통정의 거친 피에 반딧불이 푸르고
肖古妖魂鬼火青	초고의 요사한 넋 혼화(도깨비불)가 파랗더니
聖化只今覆內外	지금은 임금님 덕이 내외에 펼쳐져서
海邦耕鑿樂遺氓	해방이 경반하여 즐겁게 살아가네

(도총 : 최영장군, 통정 : 김통정, 초고 : 목호의 난 수장이름, 해방 : 섬나라인 제주도,
경반 : 밭을 갈고 샘을 파서 근심 없이 사는 모습)

탐라목장과 관련된 역사유적이 서귀포시 남원읍 한남리 마을회관 마당에 남아있어 눈길을 끈다. 이것은 목호의 난과 연관 있는 열녀정씨비이다(그림 10). 이 비의 전면前面에는 '열녀정씨지비고려석곡리보개지처합적지란기부사 정연소무자유자색안무사군관강욕취지정이사자서인도욕자문경부득취지노불가사烈女鄭氏之碑高麗石谷里 甫介之妻 哈赤之亂 其夫死 鄭年少無子有姿色安撫使軍官强欲娶之鄭以死自誓引刀欲自刎竟不得娶至老不嫁事', 후면後面에는 '도처견문중수고적막비기혜차긍무후목사한공특하후진개조석비도광십사년삼월일到處見聞重修古跡莫非其惠且矜無后牧使韓公特下後振改造石碑道光十四年三月日'이라고 되어 있다.

이 비의 내용을 보면, "고려 때 석곡리石谷里 보개甫介의 처는 합적哈赤의 난에 그 남편이 죽었다. 정鄭씨는 나이가 어리고 자식이 없으면서 얼굴이 예뻤다. 안무사安撫使와 군관軍官들이 강제로 장가들려고 하였으나, 정씨는 죽기를 맹세하고, 칼을 뽑아 자결하려고 하니, 마침내 장가들지 못하였고, 정씨는 늙도록 재가하지 않았다.[22] 이르는 곳마다 보고

---

21 김상헌 저(1601), 김희동 역(1992), 『남사록』, 영가문화사, 162쪽.
22 이 내용은 이원진(1653)의 『탐라지』(제주대학교 탐라문화연구소, 1991 : 127)에도

들으며, 고적古跡들을 중수하였으니, 그 은혜 또한 끊이지 않도록 옷깃을 여미지 않을 수 없다. 목사 한공韓公께서 특별히 후일 알아보고 석비石碑를 고쳐 만드셨다"고 되어 있다. 그런데 이 비에는 몇 가지 주목할 부분이 있다. 첫째, 고려 석곡리高麗石谷里는 과연 어디일까? 이 석비가 당초 의귀리에 있었기 때문에 석곡리를 의귀리로 볼 수 있으나 이를 입증하는 문헌자료가 아직 발견되지 못하고 있다. 그래도 석곡리가 정의현 관내 마을이었다는 것은 분명해 보인다.

〈그림 10〉 열녀정씨비(현지촬영)

둘째, 보개甫介는 누구일까? 그는 합적의 난을 이끌었던 수뇌부 중의 일원이었다. 그가 죽자 보개의 아내였던 제주여성 정鄭씨를 안무사와 군관들이 탐낸 것이다. 셋째, 합적哈赤의 난은 무엇일까? 이것은 원 출신 목호들이 명나라로 탐라산마 2,000필을 공납하라는 요구를 거절하며 일어난 목호의 난(1372~1374)을 의미한다. 당시 이 난을 일으킨 수뇌부는 시데르비스石迭里必思·촉토부카肖古禿不花·관음보觀音保 등 이었다. 합적哈赤은 탐라목장에서 가축을 관리했던 목호牧胡를 의미한다.

넷째, 그러면 보개의 처에 흑심을 품었던 안무사는 누구였을까? 합적의 난과 관련된 당시 안무사는 임완林完일 가능성이 있다. 그는 고려 우왕 원년(1375) 11월에 일어난 토적土賊인 '차현유車玄有의 난'[23] 당시 살해당했다.

다섯째, 제주목사 한공韓公은 누구일까? 비의 후면에 기록된 도광 14

전한다.

23 차현유車玄有는 1374년 최영이 목호의 난을 진압하여 제주를 떠난 13일 만에 최영이 관에 맡겼던 말과 소를 잡아먹는 등 반란을 일으켰다. 이에 왕자 문신보文臣輔와 성주 고실개高實開는 반고려·반명 성향의 차현유의 난을 진압했다.

년 3월 즉, 순조 34년(1834)을 단초로 당시 제주목사를 역임했던 인물을 보면, 한응호韓應浩(1832.2~1834.7)가 분명하다.[24] 당시 무려 500여 년 동안 제주도민들 사이에 구전되던 1300년대 말 제주여성 정씨의 열녀烈女됨에 다시 주목한 다음, 그녀의 이야기를 열녀의 모범사례로 선정해 후세 사람들로 하여금 본받게 했다.

II. 목장의 확대기

1. 조선시대의 목축정책

1) 전국 목장의 실태

조선시대 조정에서는 고려의 목장들을 재정비하거나 또는 농경지가 없던 섬 지역에 목장을 신설했다. 이 시대에도 말은 군마나 운송용으로 중요했기 때문에 통치자들은 말을 안정적으로 확보하기 위해 고려시대 이래의 목장을 재건하는 한편, 수초가 좋은 섬에 목장을 설치했다.

그러면 목장은 구체적으로 어떤 곳에 설치되었을까? 일단 대전제는 농민들과 토지확보를 위한 분쟁이 없는 장소여야 했다. 그런 다음, 경사도가 급하지 않은 곳이면서 초지가 자생하거나 겨울철 북서풍의 영향을 덜 받는 지역이 유리했다. 또한 말이 도난당하지 않도록 혹은 도망갈 수 없도록 하천이나 바다로 자연적인 경계가 설정되어 있는 장소 그리고 반도半島로 되어 있어 보호시설 설치가 최소한으로 가능한 지역에 설장設場되었다.[25] 이처럼 조선시대의 목장들은 거의 섬이나 바닷가 반도(곶)에

---

24 한응호는 1833년(순조 33) 오등촌에 남학당南學堂, 상가촌에 서학당西學堂을 개설하였으며, 관덕정을 중수하고, 백성들에게 고구마를 심도록 권장하여 흉년에 대비하게 했던 선정관이었다.

25 김기혁(2009), 「『목장지도』에 나타난 17세기 국마목장의 분포와 변화」, 『지역과 역

설치된 것이 특징이다. 이것은 섬이나 곶의 경우, 말들이 도망칠 수 없어 관리에 유리했기 때문이다. 이러한 사례는 울산 방어진方魚津 목장,[26] 전라남도 고흥 절이도折爾島 목장에서 확인된다.

통치자들은 "나라의 중요한 것은 군사요, 군사의 소중한 것은 말이며",[27] "나라의 강약은 말에 달려 있으므로, 임금의 부富를 물으면, 말을 세어서 대답 한다."[28]고 할 정도로 말을 중요시하며 목장을 설치했다.

그러면, 조선시대에는 전국적으로 몇 개의 목장들이 있었을까? 조선전기 목장 수는 『세종실록지리지』(1454)에 58개소, 『동국여지승람』(1481)에 92개소였으며, 조선후기에는 『반계수록』(1670)에 123개, 『목장지도』(1678)에 138개소, 『증보문헌비고』(1903~1908)에 114개 정도였다. 따라서 조선전기에 전국의 목장 수는 100개소 이내였으나, 조선후기에는 100개 이상으로 증가하면서도 목장운영이 중단된 폐목장廢牧場들이 등장했음을 알 수 있다.

조선시대 목장은 임란이후 폐지 또는 축소되기 시작했다. 화포 또는 전략무기가 전래되어 말의 가치가 하락하면서 선조 27년(1594)에는 40여 개의 목장이 폐지되었다. 숙종 연간에는 목장전牧場田을 농민들에게 분배하는 정책에 따라 7개의 목장이 경작지로 바뀌었다.[29]

18세기말 제주목장의 운영도 부실해졌다. 이에 대해 성호 이익李瀷은 "제주목장의 좋은 말들을 모두 몰아다 복역을 시킨 결과, 남아있는 것은 모두 약한 것들뿐이어서 종자가 점점 나빠지고 연약해 지고 있다"고 비판했다.[30]

조선시대 마필 수는 성종대(1470) 약 40,000필, 숙종대(1678) 20,083필, 순조대(1805) 8,377필(『증보문헌고』 권125), 철종대(1858) 10,137필(『日省錄』

사』(24호), 부경역사연구소, 78쪽.
26 방어진 목장의 운영에 대해서는 안수연(2012)의 「조선후기 방어진 목장의 운영과 목자」(울산대학교 대학원 석사논문)가 참조된다.
27 『태종실록』 권18, 태종 9년(1407) 11월 14일(임오).
28 『증보문헌비고』 권125, 병고17, 마정조.
29 박찬식(1993), 「17·8세기 제주도 목자의 실태」, 『제주문화연구』, 제주문화, 463쪽.
30 이익(1761), 『성호사설』, 최석기 옮김(2013), 한길사, 100쪽.

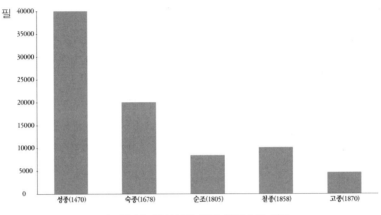

〈그림 11〉 조선시대 전국 마필수의 변동

권156), 고종대(1870) 4,646필(『고종실록』 권7)을 보였다. 이것을 그래프로
나타내면 <그림 11>과 같다.[31] 성종대에 마필수가 가장 많았으나, 임진
왜란 이후 마필수가 점차 감소했다. <표 1>은 『목장지도』(1678)에 나타
난 전국 군현별 목장설치 지역이다(제주도 제외).

〈표 1〉『목장지도』(1678)에 나타난 목장설치지역

도	군현	목장설치지역
경기도 (31)	장단부·파주군	호곶(장단부), 사목도(파주군)
	강화부	진강장·북일장·매음도·주문도·장봉도·신도·거을도·포로도·미법도
	인천부	자연도·용류도·무의도·신불도·모도·난지도·사야곶
	남양부	대부도·선감도·영흥도·소홀도·소우도·덕적도·승황도·이작도·독갑도
	수원부·양성현	홍원곶·양야곶·풍도(수원부), 괴대곶(양성현)
공청도 (10)	면천군·서산군	창택곶(면천군), 대산곶·홍양곶(서산군)
	태안군·홍주목	이산곶·지령산·신곶·독진도·안면곶·대소산(태안군), 원산도(홍주목)

31 강만익(2014), 「조선시대 제주도 목마장의 역사적 고찰」, 『한국의 마, 시공을 달리
다』, 국립제주박물관, 347쪽.

	옥구현·함평현	오식도(옥구현)·진하산(함평현)
전라도 (55)	영광군·무안현	임치도·고이도·다경곶·증도(영광군), 가라곶(무안현)
	나주목	자은도·기좌도·안창도·압해도·지도·우곶도
	진도군	지력산·첨찰산·부지산
	해남현·강진현	황원곶(해남현), 고이도·신지도(강진현)
	장흥부	래덕도·득량도·장내곶
	낙안군	장도
	흥양현	도양장·녹도·소록도·적이도·마질도·절이도·평내이도·사일매도·시산도
	순천부	백야곶·백야도·이리도·묘도·대화도·소화도·사질도·검모도·낭도·돌산도·성두곶·내라로·외라로·수태도·개도·제리도·소리도·대두리도·소두리도·다리도·자모도·안도·비질건도
경상도 (24)	남해현·진주목	동천곶·금산장(남해현), 홍선도·창선도(진주목)
	고성현	해평장·포도장
	거제현	한산도·산달도·용초도·가조음도·칠량도·구천동·장목포·영등곶·구조라포
	칠원현·웅천현	구산곶(칠원현)·가덕도(웅천현)
	동래부·김해부	절영도·오해야항·석포(동래부), 금단곶·오지도(김해부)
	울산부	방어진
	장기현	돌배곶
함경도 (7)	문천군·영흥부	사눌도(문천군), 말응도(영흥부)
	함흥부	도련포·화도
	홍원현·단천부·은성부	마랑이도(홍원현), 두언대(단천부), 사초도(은성부)
황해도 (10)	해주목	용매도·정평도·보음도
	강령현	등산곶·순위도
	옹진현	창린도·기린도
	장연부·풍천부·은율현	백령도(장연부), 초도(풍천부), 석도(은율현)
평안도 (5)	철산부·선천부	대곶·가도(철산부), 신미도·탄도·도치곶(선천부)

출처 : 김기혁(2009), 「『목장지도』에 나타난 17세기 국마목장의 분포와 변화」, 『지역과 역사』(24호), 부경역사연구소, 100쪽 재구성함.

2) 조선시대의 목축정책

조선시대 정부가 시행한 목축정책을 요약하면 다음과 같다. 첫째, 건국 초에는 축마별감畜馬別監을 임명해 목장을 관리했으며, 동시에 우마적牛馬籍을 작성하도록 했다. 『태조실록』에는 제주지역 축마별감으로 김계란金桂蘭과 고여충高汝忠이 등장한다. 김계란이 조정에 좋은 말 8마리를 바치자 우정승右政丞 김사형金士衡에게 말 한 필을 내려 주었다는 기사에서[32] 축마별감의 존재가 확인된다. 조정에서는 제주인 고여충을 축마별감에 임명하면서 그의 모친에게 쌀과 콩 30석을 주었다.[33]

건국 초부터 작성된 우마적의 존재는 『태조실록』에 나타난 "제주 축마점고사 여칭呂稱과 감찰 박안의朴安義 등이 제주의 우마 장적帳籍을 바쳤다."[34]는 기록을 통해 확인된다. 축마점고사畜馬點考使는 말들의 수와 건강상태를 확인했던 직책이었다. 우마적에는 나이, 털의 색깔, 관리하는 소유주 등이 기재되었다. 태조 7년(1398)에 작성된 우마적에 의하면, 제주의 말은 4,414필이고, 소는 1,914두로, 말이 소보다 많았다. 우마적은 통상적으로 5통이 작성되어 감목관, 제주목사, 전라도관찰사, 사복시, 병조에 각각 1통씩 보관되었다. 따라서 조정에서는 우마적만 놓고도 전국 각 목장의 우마 수를 파악할 수 있게 되었다.

둘째, 목장 내에 초옥草屋을 만들어 비바람을 피하게 했으며, 우마방목에 필요한 목초를 보호하도록 했다.[35] 조정에서는 목장을 운영하기 위해 목장에 초옥 서너 채를 짓도록 했으며, 목초를 보호하여 목장을 연중 운영할 수 있도록 했다.

조선 초기 제주섬 안의 목장에는 우마들로 넘쳐났다. 그 결과, 말들이 밤낮으로 농경지를 짓밟아 농작물을 손상시키는 문제가 발생했다. 또한 초목이 성하지 못해 비록 봄철이 되어도 말의 살이 찌지 못했다. 이러한

---

32 『태조실록』 권13, 태조 7년(1398) 3월 17일(갑자).
33 『태조실록』 권13, 태조 7년(1398) 3월 17일(갑자).
34 『태조실록』 권13, 태조 7년(1398) 3월 22일(기사).
35 『태종실록』 권13, 태종 7년(1407) 3월 29일(계미).

상황을 반영하여 조정에서는 개인소유의 암말들을 3년 또는 2년에 한 차
례씩 육지로 내보내도록 하여 우마의 총 개체수를 조절했다.[36]

셋째, 양마를 보호하기 위해 함부로 거세去勢하지 말도록 하거나 겨울
철 우마의 사양관리를 위해 목자들에게 매년 가을에 들풀을 베어 쌓게
한 후, 풍설風雪과 기한飢寒에 대비하도록 했다.

넷째, 공마公馬와 사마私馬의 교환을 강조했다. 조정에서는 제주인들
이 소유한 양마와 국마장의 말을 교환하는 정책을 실시하면서, 국마장의
흠 있는 말 한 필을 개인목장의 좋은 말 한 필과 바꾸도록 했다. 그러나
제주인들은 말을 판매한 돈으로 입고 먹는 자본으로 삼았기 때문에 좋은
말 한 필로는 국마장의 흠이 있는 말 두 필을 준다고 해도 부족하게 여
겨 국마장과의 말 교환을 반기지 않았다. 이에 조정에서는 제주인의 좋
은 말과 바꾸기 위해 말의 등급에 따라 포목을 더 주고 말을 구하도록
했다.[37]

다섯째, 제주지역에 삼읍체제(제주목·대정현·정의현)를 구축한 다음,
감목관을 배치해 목장운영에 책임을 다하도록 했다. 제주도안무사濟州都
安撫使 오식吳湜과 전 판관判官 장합張合 등의 올린 사의事宜에 근거하여
조정에서는 태종 16년(1416) 제주도의 행정구역을 3개로 분할했다. 동도
東道의 신촌·함덕·김녕과 서도西道의 명월·귀덕·곽지 등을 제주목에 편
입시켰으며, 나머지 한라산 남부지역을 동·서로 구분해 동부지역을 정의
현, 서부지역을 대정현에 편입해[38] 제주도를 3읍으로 구획했다(그림 12).
이렇게 삼읍체제를 구축한 것은 대정현과 정의현 거주민들의 행정편의
를 제공하기 위한 측면도 있으나, 목장사의 관점에서 볼 때, 여러 장소에
산재해 있었던 제주목장을 현감과 판관이 효율적으로 관리하도록 하려
는 의도가 내포되어 있었다.

조정에서는 건국 초에 감목관監牧官을 두었다. 제주지역에서는 건국

---

36 『세종실록』 권39, 세종 10년(1428) 1월 6일(기축).
37 『세종실록』 권28, 세종 7년(1425) 4월 2일(신축).
38 『태종실록』 권31, 태종 16년(1416) 5월 6일(정유).

〈그림 12〉 조선시대 제주도의 삼읍체제 구역도

초 동·서도東西道에 각각 감목관 2명, 진무鎭撫 4명을 두었다.[39] 이후 감목관을 해외에 따로 보내는 것이 문제가 되어 제주지역의 경우에는 제주판관, 정의현감과 대정현감이 감목관을 겸임하도록 했다.[40] 그 결과, 제주목사가 목장운영에서 배제되어 마정이 소홀해지는 문제가 발생함에 따라 조정에서는 제주목사가 감목監牧을 겸하도록 조치하면서 제주목사의 명칭도 제주도안무사지감목사濟州都安撫使知監牧事라고 했다.[41]

여섯째, 품질이 양호한 제주마 분양정책을 시행했다. 조정에서는 제주마를 서남해안의 여러 섬 목장에 공급했다. 실례로, 제주마는 황해도의 초도·백령도·기린도 목장으로 분양된 사례가 있었다. 3세 이상 6세 이하의 새끼 없는 암말 5백 필이 전라도 각 고을로 분산되어 기르다가 겨울철 농한기農閑期에 이들 섬으로 보내어졌다.[42]

39 『태종실록』 권15, 태종 8년(1408) 1월 3일(임자).
40 『세종실록』 권42, 세종 10년(1428) 11월 3일(신해).
41 『세종실록』 권89, 세종 22년(1440) 6월 10일(경진).
42 『세종실록』 권51, 세종 13년(1431) 3월 2일(병인).

일곱째, 목장을 체계적으로 관리하기 위해 마정제도를 시행했다. 그런데 이 제도 시행에 있어서 문제가 됐던 것은 목마 경험을 가지고 있던 지방 토착인土着人들을 기용할 것인가, 아니면 중앙에서 파견된 관리들로 하여금 그 책임을 맡길 것인가 하는 것이었다. 조선초기에는 제주지방의 토착인들에게 목장 관리의 책임을 맡겼다. 그 결과, 중앙에서 파견된 행정관리들과의 유기적인 관계가 제대로 형성되지 못했다.[43] 그래서 조선 초에는 고려시대의 제도를 답습하다 태종 8년(1408)에 감목관을 설치했다. 점차 목장관리를 중앙에서 파견된 관리들에게 일임해 나갔으며, 목마업에 직접 관여하는 직책에만 지방 토착인들을 기용했다.

세종 7년(1425) 병조에서는 전국 목장에 대해 마정제도를 본격적으로 시행했다. 그리하여 암말 100필을 하나의 군群으로 편성한 후, 군두群頭 1명(100필), 군부群副 2명(1인당 50필), 목자 4명(1인당 25필)이 1개 군을 맡도록 규정했다. 이에 따라 제주지역에서는 삼읍의 목장을 통솔하는 제주목사 1명, 감목관 3명(제주판관, 대정현감, 정의현감), 마감(1개 소장의 책임자), 군두, 군부, 목자로 이어지는 마정조직에 의해 목장이 운영되었다.

마정조직은 『경국대전』(1485)과 『속대전』(1746)에 소상하게 규정되어 있다. 이에 따르면, 의정부議政府 밑에 병조兵曹를 두고, 그 아래 사복시司僕寺를 속아문으로 소속시켜 실무를 담당하게 했다. 의정부는 마정조직 편성, 마가결정, 마필점고, 마정에 종사하는 관리들의 임명 등을 담당했다. 병조는 마적작성, 마필낙인, 점마별감 파견 등을 맡았다. 사복시는 전국의 목마장 관리와 왕실가마, 마필사육, 어승마 선택, 마초馬草 확보 등을 핵심업무로 했다.[44]

제주목사는 제주 3읍의 우마적의 관리 및 3명의 감목관에 대한 업무 감독규찰, 낙자인烙字印 관리 등 제반 사항을 감독했다. 3읍의 감목관은 관할 지역 내의 목장들을 관리하면서 소속 목장의 마감·군두·군부·목자

---

43 김동전(2006), 「제주도의 마정과 공마」, 『제주도지』(제2권), 제주도, 395쪽.
44 조병로·김찬수·이왕무(2004), 「조선시대 사복시의 설치와 목장운영」, 『경기 사학』 (제8호), 경기사학회, 205-238쪽.

들의 우마 증식 실적 및 근무실태를 고찰하여 상벌에 반영했다. 마감은 각 목장의 책임자로, 1개 소장所場별로 1명씩 두었으나, 목장의 규모에 따라 2명이 배치되었다. 소를 길렀던 우목장牛牧場은 우감牛監에 의해 관리되었다.

마감이나 우감은 주로 군두나 군부 중에서 우마 사육에 뛰어난 자들 중에서 임명되었다. 하나의 소장 내에는 낙인자(천자문을 가지고 구분)별로 만들어진 자목장字牧場이 있었다. 이 목장은 암말[雌馬] 100필을 기준으로 편성된 하나의 군群에 해당되며, 그 책임자는 군두群頭였다. 마감은 큰 목장인 소장을 그리고 군두는 소장 내에 있었던 자목장을 운영했던 책임자였다. 군두 밑에는 암말 50필씩을 관리했던 군부 2명, 군부 밑에는 암말 25필씩을 책임졌던 목자 2인이 배치되었다. 목자牧子는 마정조직의 최말단에서 우마를 관리했던 사람이었다. 목장 운영의 성패는 목자들에게 달려 있었다고 해도 과언이 아니었다.

목자의 역은 제주도 지방에서 가장 고역苦役으로 인식되어 기피대상이었다. 그 결과, 죄인들을 목자역牧子役에 충당시켜 자손대대로 세습하게 하는 조치가 취해졌다. 한번 목자가 되면, 그 집안이 패가망신될 지경이었다. 무엇보다 동색마同色馬의 폐단은 이루 말할 수 없었다. 동색마는 목자가 관리하던 말이 고실故失되었을 경우, 우마적에 기록된 그 말과 동일한 색깔에 해당하는 말로 변상하는 것을 의미했다. 따라서 목자들은 해당 감목처의 반강제적 변상요구에 따라 동색마 문제를 해결하는 데 필요한 말 구입비를 마련하기 위해 자신의 토지를 팔거나 심지어 처자식을 머슴[雇工]으로 보내는 경우도 있었다.

여덟째, 조정에서는 제주 목장의 문제점을 개선하기 위한 다양한 개혁정책을 제시했다. 조정에서는 명나라에 보낼 말과 군영에서 이용할 군마를 확보하기 위한 방안으로 제주지역 목장의 효율적 운영은 중차대한 과제였다. 이에 따라 조선전기 통치자들은 제주 목장의 안정적 착근을 위해 여러 개혁조치들을 마련해 제주목장에 적용했다(표 2).

〈표 2〉 조선전기 제주지역 목장에 대한 개혁정책

개혁시기	개혁정책
태종6년 (1406)	· 각 목장에 감고監考와 목자 배치 · 『대명률』에 따라 4살 이상의 암말 10필을 가지고 1년에 새끼 7~8필 번식시키면 상등上等, 5~6필 번식시키면 중등, 3~4필 번식시키면 하등으로 하여 목자들의 능력 평가
태종8년 (1408)	· 제주도안무사의 건의에 따라 고려 때의 애마자장관愛馬孶長官을 감목관, 제령提領을 진무로 고쳐 동·서도에 각각 감목관 2명과 진무 4명을 배치(8개의 목장 존재, 『태종실록』 권15, 태종8년(1408) 1월 3일(임자)
태종16년 (1416)	· 판관과 현감이 감목관 겸임 · 제주목사는 판관과 현감의 말 번식 실적 평가, 1년에 두 차례씩 국영목장 마필의 번식과 고실故失 등 운영상황을 전라도관찰사에게 보고
세종13년 (1431)	· 세종 13년부터 제주인 감목관 폐지 · 종2품 이상 당상관의 추천을 받은 경관京官을 감목관에 임명
세종17년 (1435)	· 감고와 직원職員을 군두, 군부로 개칭하고 그 밑에 목자를 소속시켜 감목관-군두-군부-목자의 체제 구축
세종22년 (1440)	· 높은 관직을 가진 자가 마정을 맡아야 성과를 올릴 수 있다는 건의에 따라 제주목사에게 감목관 겸직 허용
성종16년 (1485)	· 『경국대전』을 공포하여 마정조직의 근간 마련 · 각 목장에는 암말 100필과 수말 15필로 1군으로 하여 1군마다 군두 1명(목자 중에서 양인을 골라 정하되, 군부도 같음), 군부 2명, 목자 4명 배치 · 정3품의 제주목사 밑에 감목관을 배치하여 본읍은 종5품의 제주 판관, 정의·대정현은 종6품의 현감이 감목관 겸임 · 각 목장에는 말의 병을 관장하는 이마理馬(마의, 습마) 배치

출처 : 남도영(2003), 앞의 책, 210-222쪽의 내용을 요약함.

아홉째, 우마적을 예방하기 위한 대책이 수립되었다. 우마적牛馬賊은 남의 우마를 훔쳐 도살盜殺함으로써 생계를 유지해 나간 사람들을 지칭했다. 우마적은 조선시대 전국의 목장 주변에서 존재했다. 이들은 거골장去骨匠·백정白丁·화척禾尺 등으로 불렸다. 우마적이 숨을 장소 및 도살 장소를 빌려주거나 훔쳐온 우마를 처리해 주는 등 우마적과 결탁해 영리를 추구한 와주窩主(도둑 우두머리)들도 있었다.

제주도의 경우, 중산간 일대는 오늘날 개발제한구역Greenbelt처럼 목장

지역으로 묶여 있었기 때문에, 정부에서는 안정적인 목초지 확보를 위해
이곳에서 농사를 짓는 것을 금지했다. 따라서 제주도에는 농경지가 부족
해지고, 설상가상으로 흉년이 겹치면 기근에 허덕이던 제주인들이 목장
속으로 몰래 들어가 우마를 잡아먹음으로써 목숨을 연명했던 사례도 있
었다.

이에 따라 세종대 조정에서는 제주지역에 존재했던 우마적들에 대해
단호한 조치를 취했다. 붙잡힌 우마적 1천여 명 중 650여 명을 평안도로
강제이주를 시킨 것이다. 이것은 제주도 역사상 처음으로 일어난 강제적
인구이동의 사례였다.[45]

우마적에 대한 평안도 이주는 세종 16년 6월 병조에 의해 수립되었다.
당시 제주에는 경작지가 좁고 인구가 많아 소와 말을 몰래 잡아 도살하
여 생계를 꾸려나가는 자들이 있었다. 우마도적때문에 국마수가 줄어들
자, 병조는 우마적과 도살자들을 육지로 출륙시키는 정책을 마련했다.
그러나 제주의 우마적들을 평안도로 이주시키는 문제는 그리 쉬운 일이
아니었다. 그들은 먹고 살기 위해 벌인 생계형 범죄자들이었기 때문이었
다. 이러한 상황에서 제주출신 고득종高得宗은 세종 16년(1434) 8월, 초범
자를 제외하고 재범자만 평안도로 보내자고 건의했다. 이것은 흉년으로
인해 먹을 것이 없어 우마를 도둑질한 도민들이 많았기 때문에 이들 모
두를 평안도로 이주시키게 되면, 부자·형제·처자식이 서로 갈리게 되어
제주도민들이 저항을 일으키는 문제를 사전에 예방하기 위한 조치였다.

이에 따라 세종 17년(1435) 사복소윤司僕少尹 조순생趙順生을 제주에
파견하여 우마적 중 재범이상인 자들을 색출하게 했다. 이들을 평안도로
이주 시키는 과정에서 태풍을 만나 익사자와 표류자도 생겨 또 다른 폐
단이 야기되기도 했다.[46] 조정에서는 이들이 평안도에 안주할 수 있도록
노약자와 질병으로 자활이 불가능한 사람들에게 구호양곡을 지급토록

---

45 제주지역의 우마적에 대해서는 김동전(2007)의 「조선시대 제주도 목마장의 역사」
    (『제주축산사』, 제주대 아열대농업생명과학연구소, 2007 : 125~127)가 참조된다.
46 『세종실록』 권67, 세종 17년(1435) 3월 12일(갑신).

했다.[47] 그 나머지 사람들은 고공雇工(머슴)으로 남의 집에서 생활하게 했다. 우마적 가운데 100여명의 독자獨子들은 다시 제주도로 돌려보내 어버이를 봉양하게 하였다. 부모를 모시는 효도가 더 중요했기 때문이다.

세종은 우마적의 육지 이주시기를 봄에는 2월 이내, 가을에는 8~9월에 행하도록 함으로써, 이로 인해 농사를 잃게 되는 폐단이 없도록 조치하였다. 나아가 제주의 우마적을 평안도로 옮겨 배치하는 과정에서 이들이 얼어 굶주리지 않도록, 해당 고을에서 의복과 식량을 지급하게 하였다.

우마도살자에 대한 처벌은 초범·재범·삼범 등 죄의 횟수에 따라서 그 형량이 달랐다. 그 주범은 사형에 처해지는 경우를 제외하고는 대체적으로 곤장(80~100대)을 때리거나 수군水軍에 편입시켰다. 범죄자의 얼굴에 '재마宰馬', '절도竊盜', '도살마盜殺馬' 등의 글자가 새겨지기도 했다. 양반 범죄자는 더 무겁게 처벌되었다. 이는 일반 평민의 경우는 목숨을 연명하기 위해 부득이하게 우마적이 되는 경우가 있었지만, 양반들의 경우는 의도적인 범죄일 가능성이 높았기 때문이었다.

범죄자의 처자식에게까지 연좌제連坐制를 적용해 처자식을 관노비로 소속시키는 규정도 마련되었다. 이 도적들을 은닉하거나 범인을 알면서도 고발하지 않은 자도 처벌되었다. 반면, 우마적을 체포한 사람에게는 면포 10~50필로 포상하였다. 그러나 우마적은 조선말까지 근절되지 않았고, 이 문제는 백성들이 편안히 농사에 전념할 수 있는 기반이 마련되지 않고서는 시정될 수가 없었다. 더구나 제주의 경우는 도민들이 사회·경제적으로 어려운 상황에 처해 있었으므로 우마적은 계속해서 생겨날 수밖에 없었다.[48] 한 마디로 제주도의 우마적은 구조적 요인이 만들어낸 존재였다.

열 번째, 세종대부터 제주지역에도 우마의 질병치료와 예방을 위해 마의학馬醫學이 보급되었다.[49] 그리하여 사복시에 소속된 마의馬醫와 의생,

---

47 『세종실록』권67, 세종 17년(1435) 1월 22일(갑오).
48 김동전(2006), 앞의 논문, 399-402쪽.
49 조선전기 제주지역에 보급된 마의학의 실태에 대해서는 남도영의 『제주도목장사』

약한藥漢들이 목자들에게 우마의 질병치료법을 전수했다. 약한들은 약포藥圃에서 약초를 재배해 공급했다. 조정에서는 마의학 서적을 보급하고, 마의들은 말의 질병 치료와 예방에 힘썼다. 그런데 제주도에 부임한 마의들은 실질직인 근무기간이 짧아 그 업무를 소홀히 하는 경우가 있어 조정에서는 정책적으로 제주지역에 파견되는 마의의 임기를 수령守令(목사, 판관, 현감)과 교수敎授(향교에서 유학교육 담당)의 임기와 같이 30개월로 늘려 봉사하도록 했다.

2. 조선시대 제주목장

1) 십소장十所場

조선정부가 제주의 중산간 지대에 목장을 설치하기 이전에 제주도민들은 한라산 허리로부터 해안의 평지에 이르기까지 고려 말 이래의 목축지[탐라목장]를 제외한 장소에서 우마를 자유롭게 놓아길렀다. 그러나 방목 가축들이 농작물에 피해를 입히는 문제가 빈번히 발생했다. 이에 제주 농민들은 소와 말이 곡식을 밟아 절단 내지 않게 하기 위해 밭머리에 돌담을 쌓았다.[50] 또한 세종 9년(1427) 제주도 찰방 김위민金爲民의 건의에서 확인되는 바와 같이 일부 권세 있는 집에서 함부로 풀어 놓은 우마들이 농민들의 농작물을 뜯어먹는 폐단도 발생했다.[51]

이러한 현실을 인식한 조정에서는 첫째, 제주지역의 사회적 현안이었던 우마방목에 의한 농작물 피해를 예방하고, 둘째, 해안지역의 목초부족 문제를 해결하며, 셋째, 명나라가 요구하는 제주마를 확보하기 위해 중산간 초지대를 활용한 국영목장 설치를 국책사업으로 추진했다.

세종 이전에도 제주도에 목장을 설치하자는 논의가 있었다. 태종 8년(1408) 제주도안무사를 지냈던 조원趙源은 제주가 따뜻하고 풀이 무성하

(한국마사회박물관, 2003 : 458~494)가 참조된다.
50 『세종실록』 권64, 세종 16년(1421) 5월 1일(정축).
51 『세종실록』 권36, 세종 9년(1427) 6월 10일(정묘).

며 호랑이가 없어 축산에 적합하다고 하면서 목장설치를 주장했다.[52] 반면 제주는 사사로이 방목하는 사람들이 매우 많고, 수초가 부족해 말을 방목하기에 땅이 좁다는 상반된 의견도 있었다.[53]

조선시대 제주지역의 목장 설치에 결정적인 역할을 했던 인물은 고득종이었다. 그는 과거에 급제해 세종임금을 보좌하며[54] 세종 11년(1429) 한라산에 돌담을 쌓아 목장을 설치하자고 아래와 같이 건의했다.

> "한라산 변두리 사면 약 4식息(약 120리 : 필자주) 되는 땅에 목장을 축조하여 공사의 말을 가리지 않고 들여보내 방목하게 하고, 장내에 들어가게 되는 거민 60여 호는 모두 장외로 옮기게 하여 원하는 바에 따라 땅을 떼어 주도록 하십시오."[55]

이에 1430년 세종임금은 여러 사항을 검토해 '제주한라산목장'을 개축할 것을 윤허했다.[56] 당시 이 목장이 신축新築된 것이 아니라 개축改築되었다는 점은 이미 이곳에 목장이 존재했다는 것을 의미한다. 고려말 몽골이 설치했던 탐라목장의 방목지가 한라산 중산간 지역까지 걸쳐있었을 가능성이 있다. 그에 따라, 세종대 중산간 지역에 방치상태에 있었던 기존의 목장들을 재정비해 잣성(경계돌담)을 쌓아 개축하라고 지시한 것이었다.

세종의 윤허에 따라 1430년부터 165리 규모의 목장 경계돌담인 잣성

---

52 『태종실록』 권16, 태종 8년(1408) 12월 25일(무술).

53 『세조실록』 권25, 세조 7년(1461) 7월 23일(신유).

54 고득종은 태종 14년(1414) 알성시 문과에 을과로 급제하여 대호군大護軍, 예빈시판관禮賓寺判官, 세종 19년(1437) 첨지중추원사, 세종 21년(1439) 통신사로 일본왕의 서계書契를 가지고 돌아온 후, 예조참의, 중추원동지사, 한성부 판윤 등을 지냈던 인물이다.

55 『세종실록』 권45, 세종 11년(1429) 8월 26일(경자) : "上護軍 高得宗等上言請於 漢拏山 邊四面 約四息之地 築城牧場 不分移馬入 牧場內居民 六十餘戶 悉移 於場外之地"

56 『세종실록』 권47, 세종 12년(1430) 2월 9일(경진) : "改築濟州漢拏山牧場 周圍 一百六十五里 移民戶 三百四十四."

('알잣')이 축조되면서 목장이 본격적으로 개축되기 시작했다. 이 과정에서 목장 예정지 밖으로 옮겨진 민호民戶가 344호라는 점에 주목할 필요가 있다. 이것은 1400년대 초에 중산간 지역에는 이미 마을이 형성되었으며, 약 500여명이 목장 밖으로 이주했다는 것을 의미한다. 따라서 이지역의 국영목장화는 1430년대부터 주민들을 동원한 축장築墻 정책과 장내의 거주민들은 장외로 옮기는 이주정책을 병행하면서 진행되었음을 알 수 있다.

당시 세종의 명령에 따라 제주지역에 국마장 설치를 주도했던 제주목사는 김흡金洽(1429~1431)과 김인金裀(1431~1434)이었다. 이들은 제주판관과 대정현감, 정의현감들로 하여금 도민들을 동원시켜 목장경계용 돌담(하잣성)을 쌓도록 했다.[57]

15세기 중반부터 중산간 지대는 사실상 국마장 지대로 변모했다. 조정에서는 이곳에 국가소유의 공마公馬 뿐만 아니라 개인소유의 사마私馬도 동시에 방목할 수 있도록 허용했다. 이것은 사마도 필요시에는 공마의 대상이 되었기 때문이다.

세종임금에 의해 개축된 '제주한라산목장'은 범위가 넓어 효율적인 운영을 위해 공간구획이 이루어진 것으로 보인다. 크게 10개의 목장으로 구분되었는데 이것이 바로 '십소장十所場'이었다. 그런데 이 목장이 과연 세종 당시부터 설치되었는지는 분명하지 않다. 다만 이것을 유추할 수 있는 '십소'의 존재는 성종 24년(1493) 고태필高台弼에 의해 확인된다.[58]

고태필은 고득종의 아들로, 개성부 유수를 지낸 인물이다. 그는 성종임금에게 제주의 목장운영과 관련된 건의를 하면서 제주도에는 "산중턱 이하의 주위에 열군데 목장이 설치되었는데, 한 목장의 주위는 1식息(30리) 반, 혹은 2식이다(山腰以下周回設十牧場 一場周回一息半或二息)"고 했

---

57 돌담 축조에 동원된 구체적인 인원은 알 수 없다. 다만『세종실록지리지』(1450)에 기록된 제주도 인구수인 12,997명(제주목 8,424명, 정의현 2,073명, 대정현 2,500명) 중 일부가 동원되었을 것이다.

58『성종실록』권281, 성종 24년(1493) 8월 5일(정묘).

다. 여기에 등장한 '십목장'을 십소장으로 보면, 적어도 1400년대 말에는 십소장이 등장했다고 볼 수 있다. 15세기 제주도 국마장의 목마규모는 전국 목마의 40% 이상을 점유했다.[59]

한편, 하나의 소장所場 내에는 여러 개의 자목장들이 있었다. 이 목장의 명칭은 천자장天字場, 지자장地字場 등 천자문의 글자를 이용해 명명되었다. 보통 1개의 자목장은 암말 100필과 숫말 15필로 구성되었으며, 군두 1명과 군부 2명, 목자 4명에 의해 관리되었다. 자목장의 소장별 구

〈표 3〉 『남환박물』에 나타난 자목장 실태

삼읍	관리처	목장명	자목장	계
제주목	별방소	일소	天·地·玄·黃·宇·宙·出	7
		별목장	天·地	2
	조천소	이소	洪·黃·日·盈	4
	화북소	이소	日·昃	2
	애월소	이소	結	1
		삼소	辰·宿·致·雨·露	5
		대삼소	麗	1
	명월소	사소	張·寒·來·暑	4
		대일소	往·秋·收·冬·藏·閏·金·生	8
대정현	모슬소	-	玄·黃·宇	3
	차귀소	-	列·別·玄	3
정의현	수산소	일소	李·柰·芥·薑·海·河·淡	7
		이소	鱗·潛·羽·翔	4
		삼소	龍·師·火	3
	서귀소	-	菜·重·鹹	3
	감목관	-	山屯	-
	별방소	-	牛島場	1
	-	-	黑牛場	-
합계	9	10		63

출처 : 남도영(1996), 앞의 책, 388쪽.

---

59 김경옥(2001), 「제주목장의 설치와 운영-탐라지를 중심으로」, 『지방사와 지방 문화』 제4권 1호, 역사문화학회, 학연문화사, 77쪽.

성실태를 보여주는 자료로는 제주목사를 역임했던 이형상이 남긴 『남환 박물』(1704)이 있다(표 3).

<표 3>을 통해 첫째, 63개의 자목장이 분산되어 배치되었음을 알 수 있다. 이 가운데 제주목 별방소가 관리했던 일소, 명월소의 대일소, 수산 소의 일소에는 자목장이 가장 많이 배치되어 있었다.

둘째, 3읍별로 목장의 관리 장소가 지정되었다. 해당 목장의 관리처는 해안지역의 진성鎭城 방어를 책임졌던 조방장助防將이었다. 즉, 군인들로 하여금 인근 국마장내로 들어가 우마들을 감시하도록 한 것이다. 이러한 조치는 왜구침입이 없었던 평화상태였기 때문에 가능한 것이었다. 셋째, 목장 명칭이 1소장부터 10소장까지 연속되지 못하고 일소一所[大一所]·이소二所·삼소三所[大三所]·사소四所까지만 되어있다. 즉, 5소장부터 10 소장까지는 등장하지 않았다. 이러한 현상은 10개 목장으로 출발했던 제 주의 국영목장이 임진왜란 이후 그 운영이 부실해진 상황을 반영하는 것 일 수도 있다. 넷째, 대정현 지역에는 자목장은 있었으나 소장은 없었던 것으로 나타났다.

<그림 13>은 제주지역 목장에서 생산된 마필수의 변동을 나타낸다.

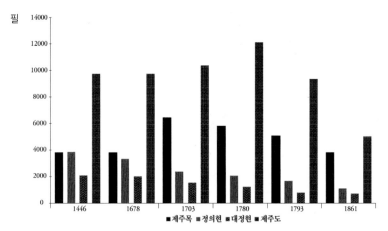

〈그림 13〉 조선시대 제주지역 목장의 마필수 변동
출처 : 강만익(2001), 앞의 논문, 24쪽.

조선시대 제주도 목장에는 대체로 5,000필~12,000필 정도가 존재했음을 보여준다. 18세기 말이 되면 한반도 지역 목장들이 폐장되어 마필수가 감소되는 상황이었음에도 제주지역은 오히려 마필 수가 많았던 것이 특징이다. 이것은 한반도의 목장상황과는 달리 여전히 제주지역은 국마생

〈표 4〉 조선시대 제주지역의 목장 실태

구분	삼읍	목장	주위	수처 (水處)	마필수	마감·반직감	군두·목자
10소장	제주목	1소장	57리	4	878필	마감2인	64명
					553수	우감2인, 반직감2인	40
		2소장	50리	5	792	마감2인	52
		3소장	50리	5	429	마감2인	42
		4소장	45리	11	573	마감2인	48
		5소장	60리	18	1,094	마감2인	78
		6소장	60리	8	1,314	마감2인	96
	대정현	7소장	40리	不知	440	감관2인, 색리1인	28
		8소장	35리	不知	362	감관2인, 색리1인	27
	정의현	9소장	70리	7	510	마감2인	51
		10소장	40리	6	1,131	마감2인	104
산마장	제주	침장 상장	200리	23	1,572	산마감목관1인	160(42명 정의현 소속)
	정의	녹산장					
우목장	제주	황태장					
	대정현	모동장	37리	1	9필 우203수	감관2인, 색리1명	12
		가파도 별둔장	10리		우103수	감관(모슬포 조방장 겸임)1명, 색리1명	9
	정의	천미장					
기타	제주목	우도장	50리	6	243		39
		별둔 청마장			31		
	정의	청마 별둔장	15리		54필 혹우440	우감2인	20

출처 : 김동전(2006), 「제주의 마정과 공마」, 『제주도지』(제2권, 역사), 398-399쪽.

산지로 기능했음을 의미한다. 제주지역 내에서는 대정현보다 정의현 관할 목장에서 마필 수가 더 많았다. 이것은 대정현보다 정의현의 초지면적이 더 넓었기 때문으로 보인다. 조선후기 십소장의 목장조직과 우마수는 <표 4>와 같다.

한편, 십소장은 공간범위가 정해졌다.[60] 이것은 국마의 철저한 관리를 위해 목장간 경계구분이 필요했기 때문이다. 또한 마필의 생산과 관리가 이루어지는 마정구획馬政區劃을 확인하거나 목자들의 구체적인 활동공간을 파악하기 위해서도 십소장별 공간범위 설정이 필요했다.

목장별 경계설정은 오름(측화산)이나 하천 또는 경계용으로 쌓은 돌담을 기준선으로 활용했다. 십소장별 경계선의 윤곽은 「탐라지도병서」, 「제주삼읍도총지도」, 「제주삼읍전도」를 통해 확인된다. 여기에서는 십소장의 공간범위를 비정하기 위해 <표 5>의 오름들과 잣성 및 하천을 이용했다. 특히 오름들의 위치는 소장의 공간범위 윤곽을 파악하는 데 큰 도움을 준다.

〈표 5〉 제주목 관할 목장내 오름 분포

소장	제주삼읍도총지도
1	開赤岳[백약이], 成佛岩[성불오름], 褐山[칡오름], 巨文岳[검은이오름] 泉味岳[세미오름], 回山[돌리미오름], 先達只[선족이] 石岳[안돌오름], 箕山[체오름], 是連岳[검은오름], 夫大岳[부대악]
2	文岳[민오름], 牛眞岳[우진제비], 上夜漢只[웟밤오름], 下夜漢只[알밤오름], 堂岳[당오름], 思未岳[세미오름]
3	明道岩[명도암], 三每陽岳[삼의양], 所山岳[소산봉], 思未岳[세미오름]
4	御乘生岳[어승생], 呂亂止岳[열안지], 獐孫岳[노루생이], 巨門岳[거문오름]
5	眞木岳[천아오름], 川西岳[천서오름], 高山[큰오름], 活泉岳[산심봉] 晚水同山[만세동산]
6	鉢山[발이매], 曉星岳[새별오름], 二達峯[이달오름], 黑岳[금오름]

출처 : 강만익(2001), 앞의 논문, 33쪽.

60 십소장별 공간범위와 실태는 강만익의 논문인 「조선시대 제주도 관설목장의 경관연구」(2001, 제주대 교육대학원 석사논문)를 일부 수정한 것이다.

(1) 1소장의 범위와 실태

1소장은 <그림 14>와 같이 제주목 동쪽에 위치한 현재 구좌읍 송당리와 덕천리 중산간 일대의 초지대였다. 『탐라순력도』(1703)의 「한라장촉」에는 1소장이 제주목 서쪽 끝부분에 있었다. 그러나 제주목사 송정규의 국마장 재정비 정책 결과에 따라 1소장은 제주목 동쪽 끝부분에 위치했다. 즉, 1소장의 위치가 애월읍 중산간 지역[右側]에서 구좌읍 중산간지역[左側]으로 변동된 것이다. 이곳에 1소장이 배치된 것은 이 일대에자리 잡았던 고려말 탐라목장(동아막)과의 연계성이나 순번을 정할 때좌측부터 먼저 시작하는 관습과도 관련 있어 보인다. 동쪽 경계는 대체로 송당리 체오름과 아부오름 부근을 연결하는 선이다. 서쪽 경계는 성불오름과 부소오름을 연결하는 천미천의 지류 부근이며, 또한 이것은 산마장인 상장上場과 경계를 이루고 있다.

「제주삼읍도총지도」와 「제주삼읍전도」(1872)에 의하면, 하잣성은 동거

〈그림 14〉 1소장의 범위

출처 : 강만익(2001), 앞의 논문, 35쪽 지도수정.

문오름에서 시작하여 높은오름[高山]을 지나 당오름[堂岳]과 거문오름 [巨連岳]을 연결하고 있다.

1:25,000 지형도(NI52-9-18-3 송당)에는 사근이 오름, 체오름, 작은돌리미 오름, 비치미오름을 연결하는 돌담 표시선이 나타나고 있어 이 돌담이 오히려 하잣성에 더 가깝다고 보여 진다. 샘이오름과 송당목장 입구 도로 사이에는 1소장을 동과 서로 구분했던 간장間墻이 남아있다. 이것은 1소장의 규모가 커서 효율적인 운영을 위해 목장을 동서로 구분한 결과이다.

안돌오름은 잣성 안쪽, 밧돌오름은 잣성 바깥쪽에 위치한다. 황태장은 흑우黑牛와 황우黃牛를 생산, 관리했던 우목장牛牧場으로 1소장 내에 위치했음이 확인된다. 송당리 체오름과 덕천리 둔지봉을 연결하는 초지대에는 황자장黃字場이 존재했다. 이것은 1702년 제주목사를 역임했던 이형상 목사가 신설한 목장으로, 말을 생산, 관리했던 자목장이었다. 지도에서 체오름 근처에 있는 ★표시는 「제주삼읍도총지도」에 의하면, 1소장의 관리본부였던 둔마장屯馬場이었다.

『제주읍지』에 의하면, 1소장의 폭원幅圓은 55리였다. 이곳에는 마감 2명(동장과 서장 각 1명)의 책임 아래, 군두와 목자를 합해 64명이 878필을 관리했다. 『탐라고사』에 삽입된 「목장도형」에는 1소장의 둘레가 동서 20리, 남북 18리였다. 1소장에 소속된 목자들은 덕천리와 송당리에 거주한 것으로 보인다. 이들은 목장출입구인 '문입도', '성도', '머귀남도'를 통해 1소장을 출입했다. 송당마을은 17세기말 제주목사 이익태가 제주도를 순력할 때 1박을 했던 곳이었다. 민오름 일대 초지대는 일제시기에 송당리 마을공동목장이 위치했다. 1950년대 이승만 정권은 이 공동목장을 염가로 매입해 육우肉牛를 생산, 공급하는 국립제주목장을 설치했다. 현재 민오름 하단부에는 이승만 대통령의 별장인 귀빈사가 남아 있다.

(2) 2소장의 범위와 실태

2소장은 <그림 15>와 같이 현재 조천읍의 중산간 초지대였다. 이곳

<그림 15> 2소장의 범위
출처 : 강만익(2001), 앞의 논문, 36쪽 지도수정.

은 조천읍 와흘리와 선흘리를 연결하는 범위에 해당된다. 동쪽 경계는 대체로 부소오름에서부터 거문오름을 지나 해발 200m~300m 위치에 있는 조천읍과 구좌읍의 경계선까지이다. 서쪽 경계는 조천읍과 제주시의 경계선이 되고 있다. 북쪽 경계는 알밤오름에서부터 와흘리 고평동과 제주시 회천동까지 이어졌던 하잣성이 되고 있다.

「제주삼읍도총지도」와 「제주삼읍전도」에 근거할 때, 목장의 하한선인 하잣성은 선흘리 알밤오름, 와산리 당오름, 대흘리 샘이오름과 와흘리 고평동을 지나, 해발 300m 지점의 동부산업도로까지 연결되었다.

상잣성은 1:25,000 지형도(NI52-9-17-4 와산)에 의하면, 3소장과의 경계선에서 바늘오름과 방애오름 및 민오름 사이에 위치한 잣성에 해당될 것으로 추정된다.

2소장의 중심부에는 원동院洞이 있었다. 이 마을은 제주목관아에서 말을 타고 출발해 정의현청으로 가는 도중에 점심을 먹는 장소였다. 이곳에는 용천수인 '원물'이 현재도 남아 있으며, 꾀꼬리 오름 앞에는 보문사 普門寺가 있었다. 『지영록』에 따르면, 17세기말 이익태 목사는 2소장 말들을 점락点烙한 후, 원동으로 운반시켰음을 알 수 있다.

원동은 2소장의 둔마장 역할도 병행했다. 윗밤오름 아래에는 하잣성과 못이 남아있다. 「제주지도」(1899)는 2소장 내에 '곡장曲場'이 존재했음을 보여준다. 선흘리 주민들은 곡장을 '국장'이라고 부르기도 한다. 2소장과 3소장 간에는 간장間墻이 잘 남아있다. 이것은 2소장과 3소장을 남북으로 구분하는 하천이 없어 돌담을 쌓아 경계선으로 삼은 것이다.

『제주읍지』에 따르면, 1소장과 2소장 간에는 본래 경계를 나누는 간장이 없어 양장의 말들이 서로 왕래하는 과정에서 분실되었다. 이에 당시 제주목사 김영수金永綬는 1780년(경자년) 봄에 새로 936보의 간장을 쌓아 그 폐단을 막았다고 기록되어 있다.[61] 당시 간장은 축장주체와 시기가 명확한 간장이기 때문에 이를 확인해 문화재로 지정하는 것도 바람직하다.

『제주읍지』에는 2소장의 폭원이 50리에 해당하며, 마감 2명(2소장의 동장과 서장 각 1명)의 책임 아래, 군두와 목자를 합하여 52명이 함께 792필의 말을 방목한 것으로 나타났다. 이 목장 관리에 참여했던 군두와 목자들은 2소장의 아랫마을인 와흘리 고평동, 선흘리에 거주했을 것이다. 『탐라고사』의 「목장도형」에는 2소장의 둘레가 동서 20리, 남북 10리로 나타난다.

(3) 3소장의 범위와 실태

3소장의 범위는 <그림 16>과 같이 동·서의 경계는 2소장과의 경계선인 간장에서부터 시작해 서쪽으로는 해발 300m 일대에 위치한 한천[大川]까지였다. 3소장과 4소장의 경계는 하천이다.

해발 300m 지점의 한천은 폭이 넓고, 계곡이 깊어 말들의 이동을 제한하는 역할을 했다. 남쪽경계는 해발 250m~280m, 1:25,000(NI52-9-17-3 오라)과 1:5,000 지형도에 표시된 하잣성이다. 이 잣성은 「한라장촉」에 회천동 숲지대인 '닥남곶'[楮木藪]을 지나 봉개동 안세미 오름을 거쳐 한천쪽으로 이어진다.

---

61 『제주읍지』(1780-1789) 목장조.

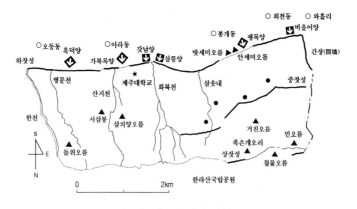

〈그림 16〉 3소장의 범위

출처 : 강만익(2001), 앞의 논문, 38쪽 지도수정.

하잣성은 영주고등학교와 제주첨단과학기술단지JDC 입구, 제주대학교, 오등동 방선문 부근을 연결하는 위치에 일부 남아있다. 이 하잣성은 과거 제주시 지역 그린벤트Greenbelt 경계선으로 이용되기도 했다. 상잣성으로 추정되는 돌담이 해발 600m 일대에 남아있으나, 이것은 한라산국립공원 경계돌담일 가능성도 있다. 3소장 상잣성은 1780년 김영수 제주목사에 의해 축조되었다. 이에 대해『제주읍지』는 "3소장에는 본래 횡장橫墻이 없어서 곧바로 한라산의 정상에 통하였으므로 말이 많이 분실되자 지난 경자년 봄에 목사 김영수가 비로소 1,110보의 횡장을 쌓아 그 폐단을 막았으며 일의 상황을 조정에 보고했다."고 기록하고 있다. 여기에 등장한 황장은 바로 상잣성에 해당하며, 김영수 목사는 횡장 축조 결과를 숙종임금에게 보고한 것이다. 1780년 봄에 축장된 3소장의 상잣(횡장)을 찾는 일도 시급하다. 봉개동 명도암 마을의 공동목장 터에서 제주 4·3 평화공원을 연결하는 곳에 동서로 길게 중잣성이 남아있다.

『제주읍지』에 의하면, 3소장의 둘레는 50리에 해당되며, 마감 2명의 책임 아래, 군두와 목자를 합하여 42명이 429필을 방목한 것으로 나타났다.『탐라고사』의 「목장도형」에는 3소장의 둘레가 동서 20리, 남북 15리로 기록되고 있다. 3소장 내에 의치한 하천명 중 '삼숫내'는 3소장을 남

북으로 흐르는 하천으로, 현재 제주시 화북동과 삼양동의 경계선에 해당
된다. 제주대학교 정문 부근은 3소장의 둔마장으로 추정된다. 3소장의
대표적인 오름인 삼의양오름 부근에는 아라동 공동목장이 입지하고 있다.

(4) 4소장의 범위와 실태

4소장의 범위는 <그림 17>과 같이 해발 280m 일대에 위치한 제주시
의 한천에서 출발해 제주시와 북제주군 애월읍의 경계가 되는 외도천[水
鐵川]까지에 해당한다. 두 하천이 목장경계가 되고 있다. 행정구역상으
로는 제주시 오라 2동에서 해안동까지이다.

하잣성은 현재 1:25,000 지형도(NI52-9-17-3 오라)와 1:5,000 지형도에
표시되어 있다. 지형도의 하잣성은 한천에서 시작하여 제주시 오라동·연
동·노형동을 지나 해발 230m에 위치한 해안동의 '새방주암' 부근에 위치
한 외도천까지 연결되었다. 「한라장촉」(1703)에 의하면, 하잣성은 거문오
름 북쪽에서 출발해 해안동 남쪽의 '이생이'까지 이어졌다. 북쪽경계는

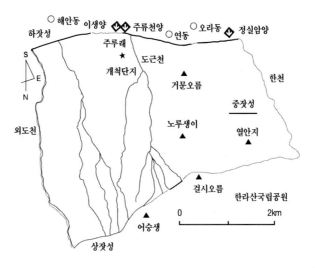

〈그림 17〉 4소장의 범위
출처 : 강만익(2001), 앞의 논문, 39쪽 지도수정.

상잣성이 위치했던 한라산 국립공원 하한선까지로 추정된다.

상잣성은 1:25,000 지형도(NI52-9-16-4 귀일)에 해발 700m의 어승생御乘生에서부터 외도천 상류까지 표시되어 있다. 이 돌담은 한라산 국립공원 경계일 수 있다. 탐라교육원 부지 내에는 중잣성의 일부가 남아 있다.

4소장의 중심마을은 해안동으로 보인다. 현재 해안동 축산마을이 4소장 둔마장터로 추정된다. 어승생오름 남쪽은 해안동 공동목장, 노루생이오름 부근은 일제시기에 연동 마을공동목장이 입지했다.

『제주읍지』에 의하면, 4소장의 둘레는 45리에 해당되며, 마감 2명의 책임 아래, 군두와 목자를 합하여 48명이 573필을 방목한 것으로 나타났다. 『탐라고사』의 「목장도형」에 4소장의 범위는 동서 18리, 남북 15리였다.

(5) 5소장의 범위와 실태

5소장의 범위는 <그림 18>과 같이 외도천에서 출발해 금성천[亭子川]의 동쪽 지류인 어음천(원동과 금성리를 연결)까지로 추정된다. 「제주

〈그림 18〉 5소장의 범위
출처 : 강만익(2001), 앞의 논문, 43쪽 지도수정.

삼읍도총지도」에 의하면, 금성
천[정자천]과 웃한길[上大路] 사
이에는 '정자냇곳'[磊藪][62]이라
는 '곶자왈'이 정자천의 좌측을
따라 남북으로 형성되어 있다.
남쪽 경계는 애월읍 광령리 해
발 380m 일대 하잣성부터 애월
읍 소길리 원동 북쪽 해발 340m
일대의 하잣성까지로 추정된다.

〈그림 19〉 광령리 오목이도 하잣성(현지촬영)

하잣성은 「한라장촉」에서 보면, 외도천에서 검은데기오름[可文岳]을 지
나 금성천까지 이어지고 있다.

「제주삼읍도총지도」와 「제주삼읍전도」에 의하면, 하잣성은 해발 230m
의 외도천에서 시작하여 애월읍 광령리, 유수암리 그리고 애월읍 소길리
원동에서 어음1리를 연결하는 해발 350m 지점의 금성천 동쪽 지류인 어
음천까지 연결되었다. 「제주삼읍도총지도」에 의하면, 하잣성이 남쪽으로
돌출되고 있다. 1:25,000 지형도(NI52-9-17-2 귀일)와 1:5,000 지형도에 나
타나고 있는 돌담 표시선이 하잣성으로 추정된다. <그림 19>는 애월읍
광령리 오목이도에 남아있는 하잣성이다.

애월읍 고성리의 경우, '통물도'에 하잣성이 있었다. 여기에 '살체기'
문을 만들어 목축민들이 출입했다.[63] 북쪽 경계는 상잣성의 위치가 되고
있다.

이 상잣성은 1780년에 김영수 목사가 주민들을 동원해 축조한 것으로,
5소장의 한라산 쪽에 1,530보(약 2.2km) 규모의 횡장이 쌓아 지면서 형성
된 것으로 보인다.[64] 1:25,000 지형도에서 볼 때, 상잣성은 천아오름과 작
은오름, 큰오름을 연결하는 선으로, 해발 600m~750m 일대에 위치했다.

---

62 오창명(1998), 『제주도 오름과 마을이름』, 제주대학교출판부, 360쪽.
63 고성리 향토지편찬위원회(1993), 『고성리지』, 148쪽.
64 『제주읍지』(1780-1789) 목장조.

애월읍 고성리 상잣성은 공동목장 범위 내의 '틀남도' 남쪽에 있다.[65]

5소장의 경우, 3·4소장의 경우처럼 수평적으로 하잣성이 축조된 것이 아니라 5소장의 서쪽 경계부근에서 하잣성이 북쪽으로 내려가고 있다. 이것은 큰오름[高山] 일대에 형성된 삼림이 해발 380m 일대까지에 분포하고 있었기 때문이다. 5소장의 둘레는 『제주읍지』에 의하면, 60리에 해당하며, 마감 2명의 책임 아래, 군두와 목자를 합하여 78명이 1,094필을 방목한 것으로 나타났다. 『탐라고사』의 「목장도형」에 근거할 때, 5소장의 공간범위는 동서 25리, 남북 20리로 기록되고 있다. 5소장 내에 있는 산심봉 부근은 고성리 마을공동목장, 궷물오름 부근은 장전리 마을공동목장이 위치했다. 특히 장전 공동목장 내에 있는 궷물오름에서는 백중제가 행해진다.

(6) 6소장의 범위와 실태

6소장은 <그림 20>과 같이 제주도 북서부지역인 애월읍·한림읍에 걸쳐있다. 제주목의 서쪽 끝 부분에 해당하는 목장이었다. 행정구역상 애월읍의 소길리(원동)~어음리~봉성리를 거쳐 한림읍의 금악리까지에 해당된다.

이 목장의 하잣성은 「한라장촉」에 의하면, 금성천에서 출발하여 검은오름[黑岳]과 정물오름[井水]을 연결하고 있다. 「제주삼읍도총지도」에는 금성천에서 6소장의 둔마장(★)을 경유해 상대리[常是舍村]을 지나 검은오름으로 이어지고 있다.

지형도에서는 하잣성이 단순히 돌담으로 표기되고 있으나, 현지주민의 안내를 받아,[66] 어음2리 '장삼도'의 하잣성과 봉성리 '몰모릿도'의 돌담을 답사한 결과, 이 돌담은 겹담형태의 하잣성으로 판명되었다. 북쪽 경계는 안덕면 광평리 왕이메오름과 한림읍 금악리 정물오름을 연결하

---

65 고성리 향토지편찬위원회(1993), 앞의 책, 148쪽.
66 강창준(봉성리 3865), 강순호(봉성리 3857), 안부일(봉성리 3228), 양두석(어음2리 2940), 고을선(어음2리 3008)씨의 안내로 하잣성을 확인하였다.

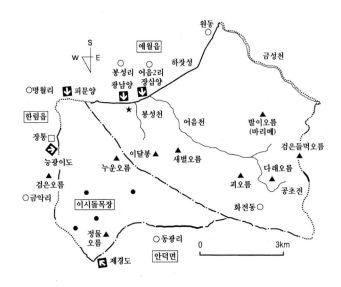

〈그림 20〉 6소장의 범위

출처 : 강만익(2001), 앞의 논문, 44쪽 지도수정.

는 안덕면과 한림읍 경계선과 대체로 일치한다.

6소장 목자들은 '광남양'과 '장삼양'을 통해 목장 안으로 들어가 방목시킨 제주마들을 관리했다. 금악리에 있는 '장통'은 6소장에서 공마용으로 추려낸 말들을 점검하던 곳이다.

6소장의 둘레는 『제주읍지』에 60리로 기록되어 있으며, 마감 2명의 책임 아래, 군두와 목자를 합하여 96명이 1,103필을 방목한 것으로 나타났다. 『탐라고사』의 「목장도형」에는 목장의 둘레가 동서 25리, 남북 20리였다. 발이오름(바리메) 부근에는 애월읍 상가리 공동목장, 새별오름 서쪽 평화로 부근에는 삼리(봉성리·곽지리·금성리) 공동목장이 위치하고 있다. 서부지역 최대의 이시돌 목장이 6소장 경계 내에 위치하고 있다.

새별오름에는 전통적 목축문화인 방애불 놓기를 현대적으로 계승한 들불축제가 열린다. 이 오름 일대는 1374년 목호의 난 때에는 최영장군이 이끄는 목호군 정벌대와 원 출신 목호군들이 치열하게 전투를 벌였던 장소였다. 애월읍 봉성리에 위치한 화전동火田洞은 6소장이 폐장될 당시에 화전개척에 의해 형성된 제주도의 대표적인 화전촌에 해당된다.

(7) 7소장의 범위와 실태

대정현과 정의현 지역의 소장별 범위를 비정하기 위해 <표 6>과 같이 소장별로 분포한 오름(측화산)과 잣성, 하천을 기준으로 삼았다. 측화산의 위치를 이용한 7소장의 공간범위는 <그림 21>과 같다. 행정구역상 안덕면 동광리부터 서귀포시 색달동 중산간 초지대까지에 해당된다.

7소장의 둔마장(★)은 안덕면 동광리 원수악 부근에 위치했다. 이곳에는 '원물'이라는 물통이 남아있다. 현재 이곳에는 충혼묘지가 조성되어 있다. 동광리, 광평리, 천서동은 7소장이 폐장될 당시에 형성된 화전촌으로 출발했던 마을들이며, 제주 4·3 당시 많은 피해를 당했다.

동쪽 경계는 하천으로는 서귀포시 색달동과 중문동을 양분하는 색달천 그리고 측화산으로는 색달동의 우보악까지에 해당된다. 우보악은 8소장과의 경계 하천인 색달천과 다소 떨어져 있으나, 7소장과 8소장의 경계부에 위치해 랜드마크landmark 역할을 했다. 「제주삼읍도총지도」에서도 우보악을 8소장과 7소장의 경계에 해당하는 오름으로 보고 있다. 남쪽 경계는 하잣성의 위치를 이용하여 경계확인이 가능하다.

〈표 6〉 대정현·정의현 관할 목장내 오름 분포

소장	제주삼읍도총지도
7	唐岳[당오름], 件斤岳[붉은오름], 井水岳[정물오름], 丫岳[거린오름] 甘南岳, 瓮水岳, 竝岳[병악]
8	牛夫岳[우보악], 王伊山[왕이메], 佛近岳, 鹿山, 鹿下止[녹하지악] 占岳[어점이악], 弓山[활오름]
9	古根山[고근산], 靈川岳[영천악], 水岳[물오름], 成板岳[성판악] 乾盈里[영아리], 水盈山[수령산], 鹿山[대록산], 多羅非[따라비오름]
10	開赤岳[백약이오름], 瀛洲山[영주산], 弓大岳[궁대악], 盖岳[개오름] 左甫岳[좌보미오름]

출처 : 강만익(2001), 앞의 논문, 46쪽.

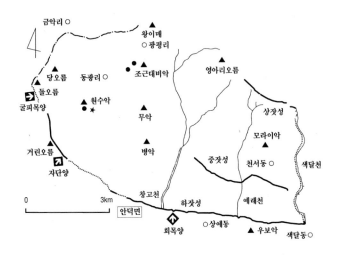

〈그림 21〉 7소장의 범위

출처 : 강만익(2001), 앞의 논문, 48쪽 지도수정.

하잣성의 위치는 「제주삼읍도총지도」에 의하면, <그림 21>에서와 같이 안덕면 동광리 Y岳[거린오름]에서 출발하여 색달천까지 이어지고 있다. 현재 1:25,000(NI52-9-23-2 저지, NI52-9-24-1 회수) 지형도에는 하잣성이 표시되어 있다.

하잣성은 안덕면 상창리 300번지 일대의 '징그리왓도'에서[67] 상창리 공동묘지를 지나 서귀포시와 안덕면의 경계인 창고천까지의 해발 240m 일대에 약 500m 정도 존재하고 있다. 서귀포시 상예 2동과 색달동 하잣성은 창고천에서 우보악 동쪽에 위치한 색달천까지 약 4km 정도로 지형도에 나타나고 있다.

북쪽 경계는 안덕면과 한림읍의 경계선과 7소장의 상잣성을 연결한 곡선과 대체로 일치하고 있다. 상잣성은 안덕면 동광리 돌오름(도너리오름) 인근의 해발 650m~670m 일대를 따라 2km 정도 1:25,000 지형도

---

67 양세환씨 면담자료(2001년 4월 1일) : 징그리왓도 하잣성은 상창리와 목장지대를 연결하는 소로(小路) 위에 있다. 이곳에는 '살체기' 문이 있었다.

(NI52-9- 24-1 회수)에 표시되고 있다. 그리고 안덕면 상창리 해발 550m~ 570m 일대에는 상잣성이 1.4km 정도로 나타나고 있다. 색달동의 상잣성 은 현재 서귀포시 폐기물 환경사업소 동북쪽에 500m 정도 표시되고 있 다. 7소장으로 들어가는 출입구로는 '굴피목양', '자단양', '회목양' 등이 있었다.

『제주읍지』에는 7소장의 주사면周四面이 10리 그리고 군두와 목자를 합하여 28명이 440필을 방목한 것으로 기록되어 있다. 『탐라고사』의 「목 장도형」에는 동서 20리, 남북 10리로 공간범위를 설정하고 있다.

(8) 8소장의 범위와 실태

8소장의 범위는 <그림 22>와 같이 서귀포시의 서쪽에 위치한 구중문 면舊中文面 지역으로, 행정구역상 서귀포시 중문동·대포동·회수동·하원 동·도순동·영남동 초지대가 해당된다. 이 목장은 대정현의 동쪽 끝 부분 에 위치한 목장으로, 목장면적이 작아 소선후기 말의 사육필수가 중산간 10개 목장 중 가장 적었다. 이 목장은 급경사의 한라산지와 연결된 곳이 기 때문에 목장으로 활용 가능한 면적이 근본적으로 작았다.

동쪽 경계는 대정현과 정의현의 경계인 해발 700m에 위치한 시오름 [또는 각시바위 : 妻岩]과 해발 300m에 위치한 고근산을 연결하는 선에 해당된다고 추정된다. 하천으로 보면, 악근내가 대정현과 정의현의 동쪽 경계에 해당된 것으로 보인다. 서쪽 경계는 7소장과의 경계선인 색달천 이다. 남쪽 경계는 색달천에서 시작하여 고근산 앞까지 연결되었던 하잣 성이 되고 있다. 「한라장촉」에 근거할 경우, 이 잣성은 우보악에서 출발 해 구동해소旧東海所(서귀포시 회수동)를 지나 고근산까지 이어지고 있다.

1:25,000 지형도(NI52-9-24-1 회수)에서는 하잣성이 해발 270m에 위 치한 색달천에서 시작하여 중문천[星川]을 지나 해발 180m에 위치한 회수 동 '무낭정또'까지 이어졌다.[68] 그리고 하원동의 법화사 북쪽 해발 220m

---

68 서귀포시(2000), 『문화유적분포도』, 88쪽.

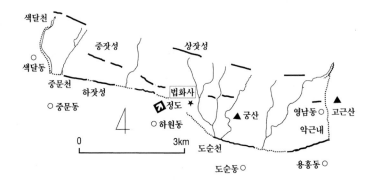

〈그림 22〉 8소장의 범위
출처 : 강만익(2001), 앞의 논문, 49쪽 지도수정.

지점에서 다시 시작하여 해발 110m 지점의 도순동 '큰내'와 강정동의 궁산각山을 지나 북쪽으로 이어진 것으로 보인다. 특히, 도순동의 하잣성에 대한 현지답사 결과, 제2도순교 북쪽 100m 지점의 소로 변에서 하잣성의 흔적인 '성굽'을 확인할 수 있었다.

북쪽 경계는 상잣성 위치를 통해 알 수 있다. 대포동 상잣성은 거린사슴 남동쪽 1100도로 옆의 해발 650m 일대에 외담으로 쌓아져 있다.[69] 이 상잣성은 해발 600m 일대에서 하원동의 상잣성과 일부분 연결되지만, 이 위치에서 하원동 상잣성은 남쪽으로 내려와 해발 340m~350m 일대에 700m 정도 나타나고 있다.

도순동 상잣성 역시 남쪽으로 내려와 해발 260m~280m 일대의 도순동 공동묘지 서쪽 남일농장 입구 부근에 100m 정도 존재하고 있다. 외담으로 축성되었으며, 이 상잣성 북쪽에는 삼림벌채 및 화전경작을 통해 형성된 초지대가 방목지로 활용되고 있다. 하원동과 도순동 상잣성은 제주도에 남아있는 상잣성 중 해발고도가 가장 낮은 상잣성에 해당되어 주목된다. 이렇게 해발고도가 낮은 지역에 상잣성이 위치한 이유는 상잣성

---

69 대포마을회(2001), 『큰갯마을』, 91쪽.

북쪽에 급경사의 지형에 삼림지대가 형성되었던 결과로 보인다.

8소장 범위 내에 고려시대 사찰인 법화사가 입지한 것이 특징이다.[70] 법화사는 8소장보다 먼저 형성되었다. 법화사 근처에는 8소장 말을 점검하기 위한 점마소가 있었다. 하원동과 도순동에 거주했던 8소장 목자들은 이곳의 말들을 월평동 해안의 용천수로 이동시켜 물을 먹였다. 당시 점마소와 월평동 해안의 용천수를 연결하는 길을 '물질'이라고 불렀다. 하원동과 도순동 상잣성 위에는 각각 마을공동목장이 입지해 있다. 상잣성 하부지역은 완경사의 초지면적이 적어 상잣성 상부지역을 이용해 공동목장이 자리잡은 것이다.

『제주읍지』에 의하면, 8소장은 대정현 동쪽 32리에 위치하며, 주사면周四面이 35리로 나타나고 있다. 그리고 군두와 목자를 합한 27명이 함께 262필을 방목한 것으로 기록되고 있어 말의 수를 가지고 볼 때, 제주도에서 가장 규모가 작은 목장이었음을 알 수 있다. 『탐라고사』의 「목장도형」에는 동서 15리, 남북 10리로 공간범위를 설정하고 있다.

(9) 9소장의 범위와 실태

9소장의 범위는 <그림 23>과 같이 서귀포시 동부지역과 남원읍 중산간 지역 초지대였다. 9소장의 범위는 고지도에 따라 다소 유동적이다. 「제주삼읍도총지도」(1700년대 전반)와 「제주지도」(1899)에는 대체로 고근산부터 물영아리오름 직전의 서중천까지를 9소장으로 표현하고 있다. 반면 『탐라지도병서』(1709)에서는 정의현이 시작되는 고근산부터 영천악과 수악水岳(물오름) 일대까지를 9소장으로 설정하고 있다. 이럴 경우 9소장의 면적은 크게 줄어드는 대신에 산장山場의 범위는 지나치게 넓어져버리는 현상이 발생한다. 따라서 이 글에서는 「제주삼읍도총지도」와 「제주지도」에 나타난 9소장의 범위를 채택한다. 이럴 경우, 9소장의 서쪽 경계는 8소장과의 경계선인 고근산과 여기서 북쪽으로 4km 지점에 위치한

---

70 서귀포시 하원동에 위치한 법화사에 대해서는 김동전의 「제주 법화사의 창건과 그 변천」(『탐라문화』 제20호, 1999)이 참조된다.

〈그림 23〉 9소장의 범위

출처 : 강만익(2001), 앞의 논문, 52쪽 지도수정.

시오름을 연결하는 악근천이 된다. 동쪽 경계는 한남리 서중천까지로 보는 것이 적절하다. 남쪽 경계는 「제주지도」(1899)에 나타난 바와 같이, 서귀포시 서호동의 고근산에서 시작하여 남원읍 한남리 서중천까지 약 15km의 범위를 연결하는 하잣성이다.

9소장의 중심지인 둔마장(★)에는 피우가避雨家와 점마터가 있었다. 이곳은 현재 남원읍 하례2리 학림동으로, 고근산과 서중천의 중간지점에 위치했다. 북쪽 경계인 상잣성은 1:25,000 지형도(NI52-9-24-2 한라산)에 표시되고 있다.

서호동과 호근동 상잣성은[71] 해발 300m~400m까지 불연속적으로 나타나며, 초지대에 약 2.5km 정도 존재하였다. 서홍동과 동홍동에 걸쳐있는 상잣성은 해발 360m~390m 일대인 미악산 남쪽 500m 지점에 3km 정도 존재했다. 또한 남제주군 남원읍 하례2리 상잣성은 수악 일대 830m 지점에 800m 정도 남아 있었다. 현재는 중국자본에 매각되어 버린 위미1리 공동목장 내의 상잣성은 이승악과 사려니를 연결하는 잣성이다. 이승악 일대는 신례리 공동목장, 머체악 일대는 한남리 공동목장이 위치해 있다.

---

71 오성찬 외(1986), 『호근·서호리』, 반석출판사, 46쪽 : 상잣성은 호근동 동쪽 '새정드르'부터 서호동 '빌레넷도' 서북쪽까지 연결되었다.

『제주읍지』에 의하면, 9소장의 둘레는 70리로, 동서로 볼 때, 가장 넓은 목장이었다. 마감 2명의 책임 아래, 군두와 목자를 합하여 51명이 함께 514필을 방목한 것으로 나타났다. 『탐라고사』의 「목장도형」에는 동서 35리, 남북 5리로 수직적인 범위보다 수평적인 범위가 넓게 나타나고 있다.

(10) 10소장의 범위와 실태

10소장의 범위는 <그림 24>과 같이 주로 행정구역상 표선면 성읍리 일대에 해당되었다. 『탐라순력도』(1703)의 「한라장촉」과 「제주삼읍도총지도」에 근거할 때, 10소장의 동쪽 경계는 영주산과 좌보미오름을 연결하는 돌담 표시선과 대체로 일치하고 있다. 북쪽 경계는 성불오름과 백약이오름을 연결하는 선이다.

남쪽 경계는 모지오름에서 남영목장 쪽을 연결하고 있는 하잣성에 해당된다. 이 잣성은 「한라장촉」을 통해 보면, 따라비오름에서 출발하여 모지오름과 천미천까지 그리고 '웃한질'(上大路 : 정의현~제주목)를 통과하여 천미천을 따라 남쪽으로 내여 온 다음, 영주산에서 다시 동쪽으로

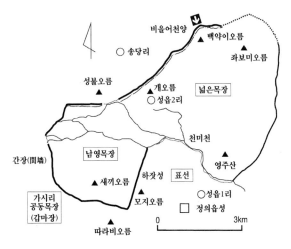

〈그림 24〉 10소장의 범위

출처 : 강만익(2001), 앞의 논문. 53쪽 지도수정.

고려말 몽골의 탐라목장(동아막)이 있었던 수산평의 화전花前('곳앞')을 지나 동거문오름까지 이어졌다. 이후 10소장은 조선후기 송정규 목사에 의한 목장의 재정비 과정에 공간범위가 축소된 것으로 판단된다. 10소장 지역은 현재 남영목장과 넓은목장이 입지해 있다.

『제주읍지』에 의하면, 10소장의 둘레는 40리에 해당되었다. 마감 2명의 책임 하에 군두와 목자를 합하여 104명이 함께 1,103필을 방목한 것으로 나타나 목장의 공간면적은 9소장에 비해 작았지만, 목장이 집약적으로 이용된 결과, 사육된 말의 수가 9소장 보다 많았다고 판단된다. 『탐라고사』의 「목장도형」에는 동서 15리, 남북 10리로 공간범위를 설정하고 있다.

이상과 같은 십소장의 공간범위를 종합하면 <그림 25>와 같다.

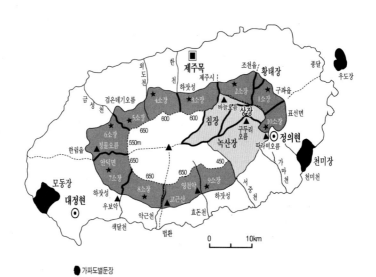

〈그림 25〉 조선후기 제주도 목장의 범위와 분포

출처 : 강만익(2001), 앞의 논문, 62쪽 지도수정.

2) 산마장山馬場

(1) 헌마공신 김만일金萬鎰(1550~1632)

김만일은 산마장을 출현시킨 계기를 제공했던 인물이었다. 그는 정의현 의귀리 출신으로, 말을 길러 매매를 통해 경제적 부를 축적한 인물로 알려졌다.[72] 이건(1629)은 『제주풍토기』에서 김만일은 "우수한 종자를 빼앗기지 않기 위해 일부러 말의 눈에 상처를 내 봉사가 되게 하거나, 병신을 만들어 종마를 보존했다."[73]고 하면서 그가 얼마나 종마보존을 위해 노력했는지 강조했다.

김만일은 어떤 인물인가? 그는 임진왜란(1592-1598) 후에 말을 바친 공으로 관직을 제수 받아 '헌마공신獻馬功臣'으로 불렸던 인물이었다. 김만일에 대해 『비변사등록』(정조5년 7월10일)에는 '헌마인'獻馬人, 『정의읍고지』에는 '헌마공신'으로 기록하고 있다. 특히 왕실문서인 『승정원일기承政院日記』(1872)에는 분명히 김만일을 '헌마공신'이라고 기록했다.[74] 비록 그가 공신록功臣錄에는 이름을 올리지 못했으나, 헌마를 통해 국난극복에 도움을 주었다는 점을 높이 평가하고 있었던 조정에서는 김만일이 헌마한 지 200여년이 지난 1872년 『승정원일기』에 그를 '헌마공신'이라고 기록한 것이다. 그러면 김만일의 구체적인 헌마와 관련된 이야기 속으로 들어가 보자. 『광해군일기』는 김만일에 대해 다음과 같이 기록했다.

『광해군일기』 권50(1612.2.8) : 사복시가 아뢰기를 (……) 제주의 품관品官 김만일金萬鎰은 말 기르는 사업이 매우 번창하여 수천여 마리뿐이 아니어서 국둔國屯의 3, 4배 이상입니다. 말을 놓아 먹여 번식시키는 곳이 모두가 국가의 토지이고, 전일 진상한 공로로 높은 관직을 제수받기까지 했으

---

72 조성윤(2001), 「조선후기 제주도 부자이야기 : 김만일 집안과 산마감목관」, 『제주도사연구』, 제주도사연구회, 111-112쪽.

73 이건(1629), 『제주풍토기』, 김일우 역(2007), 『역주 제주고기문집』, 제주문화원, 178-179쪽.

74 『승정원일기』 제2778책, 고종 9년(1872) 7월 1일(계미) : "濟州監牧官則乃是獻馬功臣金萬鎰后裔中 本牧自辟矣."

니 국가의 은혜 또한 지극하다 하겠습니다.[75]

『광해군일기』 권129(1618.6.20) : "제주의 김만일이 개인적으로 말을 기르고 있는데 무려 1만여 필이나 된다고 한다. 수천 필을 잡아내 전마로 쓰고, 만일에게는 넉넉히 상을 주는 일을 의논해 조치하라."[76]

위의 사료를 통해 김만일이 기르는 마필 수가 국둔마보다 3~4배 많았고, 말을 진상하여 높은 관직을 받았다는 점을 알 수 있다. 김만일이 헌마했던 사실이 최초로 확인되는 시점은 기록상 1612년이다. 그러나 "전일에 진상한 공로로 높은 관직을 제수 받았다"는 사실을 통해 김만일은 이 시기 이전에 이미 헌마했다고 볼 수 있다.

그러나 몇 필을 헌마 했는지는 확인되지 않는다. 김만일이 언제 최초로 헌마 했는지에 대해서도 명확한 사료가 없다. 다만 『선조실록』(1594)에 "제주인이 전마를 바쳐왔는데 해외의 사람으로서 의기義氣가 있으니 가상하다. 상을 내리고 직을 제수하라."[77]는 기록에 등장하는 제주인이 김만일일 가능성은 충분하다. 임진왜란이 진행되던 당시에 말을 바칠만한 능력을 갖춘 인물은 당시 제주사회에서 김만일 뿐이었다고 할 수 있기 때문이다.

1600년대 초 김만일이 기르는 말의 수는 1만 여 필 이상이었다. 이런 상황에서 조정에서는 김만일 목장에서 수천 필을 뽑아내 군마로 쓰는 대신에 넉넉히 상을 주라고 했다. 다음 사료는 광해군이 김만일을 얼마나 중요하게 평가했는지를 보여준다.

『광해군일기』 권132(1618.9.25) : 양시헌梁時獻이 어떤 사람인지 모르겠지만, 김만일에 대해 조정에 아뢰지도 감사에게 보고하지도 않고 지레 먼저

---

75 『광해군일기』 권50, 광해군 4년(1612) 2월 8일(계유).
76 『광해군일기』 권129, 광해군 10년(1618) 6월 20일(정축).
77 『선조실록』 50권, 선조 27년(1594) 4월 23일(신미) : "濟州人納戰馬 海外有此 義氣, 極爲可嘉 兼論賞除職."

형추刑推할 수 있단 말인가. 만일은 공이 있어 이미 2품의 직첩(오위도총부부총관에 해당 : 필자주)을 받았던 사람일 뿐 아니라 또 동지同知의 실직을 지낸 사람이다. 그렇다면 양시헌이 어떻게 만일의 네 부자에게 한꺼번에 멋대로 무거운 형을 가할 수 있단 말인가. 게다가 암말은 비록 한 필이라 하더라고 바다를 건너게 하지 말라고 전에도 이미 하교했는데, 어떻게 감히 천여 필의 암말을 한꺼번에 점검해서 뽑아 낼 수 있단 말인가. 양시헌을 먼저 파직한 뒤 추고하라.[78]

위의 사료는 점마별감 양시헌을 파직하라는 기사이다. 점마별감은 목장에서 길러지는 말을 마적과 대조하며 점검하기 위해 봄과 가을에 전국의 해당 목장에 파견되었던 관리였다. 광해군은 김만일이 누구인지 제대로 몰랐던 양시헌이 김만일과 그의 세 아들을 함부로 처벌하는 것도 모자라 천여 필의 암말을 한꺼번에 뽑아낸 죄를 물어 파직시킨 것이다.

『광해군일기』 권156(1620.9.4) : 김만일金萬鎰이 말 5백 필을 바쳐왔으니 초자超資하여 실직을 제수하고, 그의 (첫째)아들 대명大鳴은 수령을 제수할 것이며, 둘째 아들 대성大聲은 당상에 오르게 하고, 그의 손자 려礪는 본도의 변장邊將을 제수하도록 하라.[79]

위의 사료는 광해군이 500여필의 말을 바친 김만일과 그의 식솔에게 관직을 제수했음을 보여준다. 이로써 김만일은 중앙관직에 임명됨으로써 신분상승의 기회를 얻을 수 있었다. 1618년 기록에는 김만일이 어떤 높은 관직을 제수 받았는지 나타나지 않았으나 1620년 기록에는 관직명이 구체적으로 등장했다.[80] 이를 통해 1618년에는 단지 관직을 제수한다는 명령만 있었을 뿐 자리가 없어 실직에 나갈 수 없었다가 1620년에 김

---

78 『광해군일기』 권132, 광해군 10년(1618) 9월 25일(경술).
79 『광해군일기』 권156, 광해군 12년(1620) 9월 4일(무인). 김대명이 전라도 보성군수에 임명되었음이 제주목사 이원조가 지은 『탐라지초본』(1841)에서 확인된다.
80 김만일이 오위도총부 부총관(종2품 시위직)을 제수받았다는 기록은 『광해군일기』(권155, 광해군 12년(1620) 8월 15일 경신)에 등장한다.

만일이 500필의 말을 재차 바침에 따라 광해군이 김만일과 그의 두 아들 및 손자에게 관직을 제수하여 실직에 나갈 수 있었다고 판단된다.

그러면 김만일이 말을 바친 배경은 무엇일까? 당시 제주마는 품질의 우수성을 인정받아 육지부(한반도)에서 높은 가격으로 거래되고 있었다. 또한 제주삼읍의 수령들이 다투어 김만일의 좋은 말을 빼앗아 가는 상황에서 그는 말을 빼앗길 바에는 차라리 조정에 헌마함으로써 국란극복에 도움을 주고, 나아가 관직을 얻어 제주목사나 판관, 현감, 심지어 군관들의 횡포로부터 자신의 말들을 지킬 수 있다는 판단이 작용했을 것이다. 다시 말하면, 관직임명이라는 정치적 위세를 획득함으로써 목축이라는 경제적 부를 유지할 수 있는 배경을 얻기 위해 헌마했다고 볼 수 있다.[81]

광해군은 김만일에게 오위도총부부총관五衛都摠府副摠管(종2품 시위직)을 제수했다. 그러자 사헌부와 사간원에서 문제제기를 했다. 사간원에서는 "총관이라면 금위禁衛에서도 청준淸峻한 자리로, 명망 있는 공경公卿에게 겸임을 시켰던 관직이다"고 하며 임명을 반대했다.

사헌부에서도 김만일을 마고馬賈 즉, 말 장사꾼에 불과하다고 하며(金萬鎰不過海島中一馬賈也), "총관摠管은 병부와 서로 맞먹는 직책으로, 군무軍務를 주관하는 매우 중요한 관직이다"고 주장하며 임명에 반대했다. 그러면서 김만일이 바친 마필 수만큼 금백金帛이나 미포米布로 보상하실 것을 건의했다.[82] 이에 광해군은 "사정을 참작해서 제수한 것인데 뭐가 그리 큰 잘못이겠는가 너무 번거롭게 말라"며 1620년 9월 마침내 임명을 강행했다.[83]

그러나 약 3개월 동안 관직을 수행한 김만일은 1620년 11월 24일 관직을 그만두고 고향에게 내려가게 해달라고 요청했다.[84] 그러면서 그는 손자를 무겸선전관武兼宣傳官[85]에 임명해 섬으로 돌아가 자랑할 수 있게 해

---

81 조성윤(1992), 「조선후기 제주도 지배세력에 관한 연구-경주김씨가의 호구단자를 중심으로-」, 『제주도사연구』 제2집, 제주도사연구회, 59쪽.

82 『광해군일기』 권156, 광해군 12년(1620) 9월 5일(기묘).

83 『광해군일기』 권156, 광해군 12년(1620) 9월 4일(무인).

84 『광해군일기』 권158, 광해군 12년(1620) 11월 24일(정유).

〈그림 26〉 김만일 생가터(현지촬영)　　〈그림 27〉 김만일 분묘(현지촬영)

달라고 요청했다. 이에 광해군은 "바다 밖에서 공로를 세운 사람의 소원
을 들어주고 마음을 위로해주는 것이 옳다"고 하여 임명했다.[86] 관직에
서 물러난 뒤에도 김만일은 인조 6년(1628)에 다시 240필의 말을 바쳤다.
그러자 비변사에서는 김만일을 논상論賞할 것을 건의했다.[87]

한편, 김만일의 생가터와 분묘는 출신고향인 서귀포시 남원읍 의귀리에
남아있다. 그의 생가터는 남원읍 위귀리 1549-2번지에 위치하며, 주춧돌과
기단석만 유물로 남아 있을 뿐 생가의 원형은 찾아볼 수 없다(그림 26).

김만일 분묘는 남원읍 의귀리 1773번지 속칭 '서위남모루'에 있다(그
림 27). 무덤의 산담은 남북 13.3m, 동서 9.3m, 봉분은 원형봉토분이며,
직경 5.4m, 높이 1.5m이다.[88]

(2) 산마장의 설치

조선시대 제주도에는 육지부에 없었던 산장이 있었다. 이것은 주로 9
소장과 10소장 사이의 공백지대에 존재했다. '산장山場' 또는 '산둔山屯'
으로 불렸던 이 목장은 산마山馬를 길렀던 곳이었다. 이것은 1709년에

---

85 무겸선전관이라는 직책은 무관으로 선전관宣傳官을 겸직한 관리를 의미한다. 선전
　관은 시위侍衛·왕명 전달·부신符信의 출납出納 등을 담당하던 관직이었다.
86 『광해군일기』 권159, 광해군 12년(1620) 12월 5일(무신).
87 『인조실록』 권19, 인조 6년(1628) 8월 11일(기해).
88 박용범(2007), 「김만일 분묘와 생가터 및 가묘터에 대한 역사고고학적 조사」, 『제
　주마 학술조사 보고서』, 제주문화예술재단, 36쪽.

〈그림 28〉「제주삼읍도총지도」에 나타난 산마장 위치

이 지도에는 가시리 鹿山(ㅁ) 부근에 녹산장이 등장하지 않으며, 9소
장이 칡오름과 영천악을 연결하는 효돈천까지로 설정되고 있다(제주민
속자연사박물관 소장자료).

제작된「탐라지도병서」와 18세기 전반의「제주삼읍도총지도」에서 그 실
체가 확인된다(그림 28).「제주삼읍도총지도」에는 총 10개의 산장이 등장
했다.[89] 김만일이 개인목장을 운영했던 장소 일대에는 5개의 산장이 집
중되었다.

　이러한 산장은 1소장과 2소장, 9소장 위쪽 등 수초水草를 얻을 수 있
는 장소에 입지했다. 그런데 김만일 사후 등장한 산마장은 김석익金錫翼
의『탐라기년耽羅紀年』(1918)에 근거해 효종 9년(1658) 제주목사 이괴李襘
의 계청에 따라 설치된 것으로 알려졌다.

　그러나『탐라기년』에서 이괴 목사는 '김만일 산마장' 설치를 건의한
것이 아니라 산마감목관 설치를 제안했다고 기록하고 있음에 유의할 필

---

[89] 산장은 9소장 위에 1개, 10소장 위에 1개, 9소장과 10 소장 위에 5개, 1소장 위에
　1개, 2소장 위에 2개, 모두 10개가 있었다.

요가 있다.[90] 『탐라기년』에 대해서는 엄격한 사료비판史料批判이 요청된
다. 효종 9년(1658)에 제주목사 이괴가 '김만일 산마장' 설치를 건의했다
는 주장을 입증할 사서史書가 확인되지 않고 있다. 그러면 산마장과 제
주산마감목관은 언제부터 설치되었을까?

이 목장의 설치시기는 김만일의 셋째 아들 김대길金大吉이 초대 산마
감목관으로 임명된 1664년일 가능성이 있다. 즉, 효종 9년(1658)보다 다
소 늦은 현종 5년(1664), 제주목사 이중신李重信에 의해 설치되었을 가능
성도 배제할 수 없다. 이 경우, '김만일 산마장' 설치와 초대 제주산마감
목관 임명시기가 동일하다는 전제가 필요하다.

(3) 산마장의 입지환경

'김만일 산마장'은 어떤 곳일까? 이 목장의 토대는 조선 선조~광해
군~인조 때 현재의 남원읍 의귀리~한남리~수망리 중산간 일대에 위치
했던 김만일의 사목장私牧場이었다.[91] 김만일 사후 그의 셋째 아들인 김
대길金大吉이 1664년 초대 제주산마감목관濟州山馬監牧官으로 임명되면
서 김만일 후손들이 운영했던 목장은 발전적으로 해체되었다.[92]

이렇게 형성된 '김만일 산마장'은 십소장 보다 해발고도가 높은 지역
에 입지하는 것이 특색이다. 이곳에서 생산되는 말들은 십소장의 말들보
다 민첩하고 강력한 체력을 구비해 전마나 군마로 손색이 없었다. 이에
영조(재위 : 1725~1776)는 제주도에서 3년마다 올려 보내는 식년공마를
이 산마장에서 생산되는 말로 대체하라고 지시했을 정도였다.

산마장 역시 다른 목장들처럼 말을 사양하는 공간이었기 때문에 곳곳
에는 말들의 먹이인 풀을 공급하는 초지대와 바람막이 역할을 했던 오

---

90 김석익(1918), 김계연 역(1976), 「탐라기년」, 『탐라문헌집』, 제주도교육위원회, 395
   쪽 : "牧使李襘 啓設山馬監牧官."
91 산마장의 입지환경 부분은 강만익의 「조선시대 김만일 가계 산마장의 입지 환경
   과 유적」(『제주마 학술조사 보고서』, 2007, 22-35쪽)에서 요약했다.
92 남도영(2003), 앞의 책, 305쪽.

름들이 발달했다. 또한 이 목장 내에는 하천과 겨울철 말들이 추위를 피해 들어가는 삼림지대 그리고 곶자왈과 목초들이 자라는 화산회토 지대 등이 있었다. 이들 자연환경 요소들은 산마장에서 이루어진 목축에 도움을 주었다. 산마장의 입지에 영향을 주었던 대표적인 입지요소들은 다음과 같다.

첫째, 오름(측화산)이 중요했다. 이것은 목장 간 경계선 및 방풍기능 그리고 여름철 방목지로 이용되었다. 산마장 내에 분포한 오름들은 <표 7>과 같다. 이 오름들은 『탐라순력도』(1703)의 「산장구마山場驅馬」에 나타난 오름들로, 1:25,000 지형도와 대조하면서 재차 확인한 것이다.

〈표 7〉 산마장내 오름 분포

지역	오름	산마장
남원읍	민오름(敏岳), 물영아리오름(水靈山)	녹산장(鹿山場)
표선면	여문영아리(靈娥岳), 대록산(大鹿山) 소록산(小鹿山), 구두리오름(枸頭岳) 거문오름(黑岳), 붉은오름(赤岳峰)	
구좌읍	성불오름(成佛岳), 감은이오름(加文岳)	상장(上場)
조천읍	말(를)찻오름, 물찻(거문오름), 까끄래기오름 산굼부리(山穴), 돔배오름(丁岳)	
	바농오름(針岳), 큰 지그리(大之其里岳) 족은 지그리(小之其里岳), 괴펜이(孤片岳) 어후오름(御後岳)	침장(針場)
제주시	개오리오름(犬月岳), 쌀손장오리(沙孫長兀) 물장오리(水長兀), 불칸디오름(火長兀) 돌오름(石岳), 흙붉은오름	

출처 : 강만익(2007), 「조선시대 김만일 가계 산마장의 입지환경과 유적」, 『제주마 학술조사 보고서』, 제주문화예술재단, 25쪽.

둘째, 산마장의 하천들은 방목지 간의 경계선 또는 말들의 이동을 제한하는 역할을 했다. 화산활동에 의해 분출된 용암류의 이동통로였던 하천들은 평상시에는 유수流水가 없는 건천乾川에 해당된다. 계곡이 깊거나 넓게 발달된 하천들은 방목하고 있는 우마들의 이동을 막아 주거나 목장을 구획하는 자연 경계선이 되었다.

녹산장 남쪽 수망리와 한남리, 의귀리로 이어지는 '물마장'과 '장수물장' 지역에는 소규모 하천들이 분포한다. 산마장 내에 있는 대표적인 하천은 천미천川尾川이다. 이것은 제주도에서 가장 긴 하천으로(25㎞), 상장上場과 녹산장鹿山場의 경계선 역할도 했다. 뿐만 아니라 갑마장과 영주산 일대 10소장의 자연적 경계인 동시에, 성불오름 일대의 상장上場에 중요한 물 공급지가 되었다. 이밖에 구소장九所場과 산마장의 경계선인 서중천西中川 그리고 김만일의 고향인 의귀리를 통과하는 의귀천衣貴川, 남원읍과 표선면의 경계선인 송천松川 등이 있다. 갑마장 서쪽에는 안좌천安坐川이 가시리를 통과해 바다로 유입되고 있다.[93]

셋째, 산마장에는 못[池, 水處]이 필요했다. 이것은 자연적으로 빗물이 고여 형성된 습지이거나 사람들을 동원해 만든 물통이다. 못은 테우리들과 우마들에게 필요한 물을 공급하는 곳이었기 때문에 산마장의 필수적인 목축경관요소였다. 『제주읍지』에 기록된 '수처'라는 명칭 역시 못을 포함한다고 할 수 있다. 물은 산마장 내에서도 목축장소를 선정하는 가장 중요한 입지요소였다. 화산활동 결과로 물 빠짐이 좋았던 산마장 지역에서 물 확보는 매우 중요한 과제였다.

못은 주민들을 동원해 옛 못을 다시 파거나 혹은 새로 보를 쌓아서 확보했다. 특히 갈수기인 가을과 겨울에는 물 부족 문제가 심각하였으므로, 목장 내에 물을 저장할 계획과 함께 물이 지하로 스며드는 것을 방지하기 위한 노력들이 이루어졌다.[94] 못들은 우마들의 쉼터로도 이용되었다. 『제주읍지』에 따르면, 산마장 내에는 수처가 23개 있었다.[95]

넷째, 말들을 사육했던 초지대의 발달 정도 역시 중요한 입지요인이었

---

93 제주도 하천의 이름과 길이에 대해서는 「제주도 하천의 하계망 분석」(김미령, 2003, 제주대 교육대학원 석사논문)이 참조된다.

94 이형상, 「탐라장계초」, 『병와집』.

95 『제주읍지』(1780-1789) 목장조.

다. 1:25,000에 나타난 등고선 분석을 통해 방목지로 활용되었을 것으로 추정되는 초지대를 보면, 현재 ○○골프장, ○○비행장, 마을공동목장, 전·기업적 목장, 제주돌문화공원 등으로 이용되는 곳과 대부분 일치하고 있다. 현재 조선시대 산마장으로 이용되었던 과거의 초지대草地帶에는 관광시설과 근대적 목장들로 채워지고 있다.

(4) 산마장의 공간구조

산마장은 숙종연간(1674~1720)에 들어와 침장針場·상장上場·녹산장鹿山場으로 개편된 것으로 보인다. 이에 대해 영조 51년(1775) 2월 2일의 『승정원일기』를 보자. 당시 영조는 제주산마감목관이었던 김경우金慶遇를 직접 만나 "목장이 몇 군데 있는가(上曰牧場幾處)"라고 질문했다. 이에 김경우는 세군 데 있다고 대답했다(慶遇曰 三處也).[96] '삼처三處'라는 대답 속에서 김경우가 관할했던 산마장이 이미 3개로 구분되었음을 알 수 있으며, 이것은 바로 녹산장, 상장, 침장을 지칭하는 것이다. 영조가 산마장이 몇 개 있었는지 물었다는 것은 산마장의 공간분화와 영조는 직접 상관이 없다는 것을 말해준다. 또한 산마감목관 김경우가 영조를 알현하기 이전에 이미 산마장이 세 개의 목장으로 구분되어 있었다는 것을 알고 있었다는 점은 영조대 이전에 산마장이 세 개로 분화되었음을 시사해준다. 그럼 산마장은 언제 세 개의 목장으로 분화되었을까? 제주목사로 이형상과 송정규를 보내 제주 목장운영의 기본 틀을 바꾼 숙종대일 가능성이 높다. 특히 1704년 송정규 목사가 십소장을 재정비하는 과정에서 산마장도 동시에 구조조정을 했을 가능성이 있다.

현재 침장 지역은 '제주돌문화공원', 상장지역은 함몰분화구Pit Crater인 산굼부리 관광지와 경주마 육성목장, 녹산장은 가시리와 수망리 공동목장, 제동목장과 정석비행장에 해당된다.

산마장의 공간구조는 <그림 29>와 같다. 이 지도는 『탐라순력도』의

---

96 『승정원일기』 제1360책, 영조 51년(1775) 2월 2일(경진).

「산장구마」와 심낙수沈樂洙 어사의 『목장신정절목』 내용을 참조하고 그리고 김만일의 후손인 김계평(의귀리, 1609-4)씨와의 현지답사를 통해 작성한 것이다. 1899년에 만들어진 「제주지도」에는 녹산장 동쪽 범위 내에 갑마장甲馬場이 등장했다. 이것은 산마장에서 생산된 말 중 공마용으로 선정된 일등마 즉, 갑마들을 길렀던 목장이었다. 갑마장은 번널오름과 따라비오름, 대록산 사이에 해당하며, 현재 이곳에는 표선면 가시리 공동목장과 풍력발전단지가 위치하고 있다.

이밖에 침장 범위 내는 '괴종장', '효생장'이 있었다. 또한 녹산장 남쪽 일대에는 '몰마장'과 '장수물장'이 입지했다. 이 목장들에 대해서는 추후 고증이 필요하나, 산마장의 공간범위 내에는 침장, 상장, 녹산장으로 대표되는 상위 목장과 괴종장, 효생장, 몰마장, 장수물장, 갑마장으로 구성된 하위목장이 산마장을 구성하고 있었다고 추정된다.

〈그림 29〉 산마장의 공간구조

출처 : 제주문화예술재단(2007), 『제주마학술조사보고서』, 27쪽 지도수정.

(5) 산마장내 역사유적

산마장 내에는 하잣성과 중잣성, 상잣성 그리고 간장이 부분적으로 남아있다. 본래 상·중·하잣성은 십소장에 남아있는 목장유적이나 산마장지역에도 남아있다. 산마장 내에 존재하는 하잣성과 상잣성은 정의현청에서 주민들을 동원해 9소장과 10소장의 잣성을 연결하면서 쌓은 돌담임에 틀림없다.

17세기 중반 산마장이 등장하기 전까지 이곳은 본래 9소장 터였다고 판단된다. 그런데 『탐라지도병서』(1709)에 의하면, 본래 9소장의 영역이었던 곳에 9소장과 산마장이 동시에 등장하고 있다. 산마장이 9소장의 동쪽 부분인 영천악부터 따라비오름 일대에 자리를 잡아 9소장의 일부가 산마장으로 변모했음을 보여준다. 다시 말하면, 김만일과 그의 후손들이 9소장의 동쪽부분에서 목장을 운영하며 국가에 헌마獻馬하자 조정에서는 이 말들을 기르기 위해 김만일의 3남인 김대길을 제주산마감목관에 임명하고(1664), 김만일의 목장지대 내에 산마장을 설치했던 것으로 보인다.

하잣성은 남원읍 수망리 마을회관 북쪽 '머루왓도' 부근의 도로 좌측에 남아있다. 본래 초지였던 곳이 현재는 개간되어 있다(그림 30). 녹산장 내에 있는 물마장과 장수물장을 구분하는 경계선인 잣성도 남아있다(그림 31). 이 경계 잣성은 높이 150㎝, 폭 90㎝ 정도이다. 물영아리오름 입

〈그림 30〉 수망리 하잣성(현지촬영)　〈그림 31〉 물마장과 장수물장
　　　　　　　　　　　　　　　　　경계잣성(현지촬영)

구에 있는 수망리 공동목장에는 중잣성, 수망리 '따비큰물궤' 부근에는 상잣성이 남아있다.

간장은 목장을 구획하기 위해 축조된 돌담이다. 침장, 상장, 녹산장의 삼림지와 초지대 경계부근에 간장間墻이 있었다.[97] 가시리 녹산장 내에 있는 갑마장과 10소장을 구분하는 간장이 잘 남아있다.

한편, 산마장이 한라산 정상까지 통하여 있어 매우 광활하였기 때문에 구마驅馬할 때 마다 말을 잃어버리는 문제가 발생하였다. 이에 따라 제주목사 김영수는 정조의 어명을 받아 1780년경부터 산마장에 횡장橫墻을 쌓았다.[98] 이 돌담의 규모는 높이 4척(100cm), 길이는 총 11,013보(약 16km)에 달했다.[99] 그러나 횡장을 쌓은 후 산마장 내가 좁아져 말의 활동공간이 협소해졌을 뿐만 아니라 말들이 야성野性을 잃어버리거나 심지어 죽는 문제가 발생했다. 이에 조정에서는 담장 사이를 헐어 말들이 다닐 수 있게 문로門路를 만들도록 했다. 실례로 정조 6년(1782) 영의정 서명선徐命善은 산장에 횡축橫築한 뒤에 말 4백여 필이 죽은 일이 발생하자 횡축을 헐자고 건의했다.[100]

산마장 내에는 객사客舍가 있었다. 『탐라순력도』의 「산장구마山場駒馬」를 보면, 객사가 분명히 등장한다(그림 32). 본래 객사는 왕을 상징하는 궐패闕牌가 모셔지는 공공시설이며, 이곳의 객사는 산마장을 방문했던 관리들의 숙소로도 이용되었을 것이다. 객사가 위치한 곳은 현재 조천읍

〈그림 32〉 교래리에 위치했던 객사 모습
출처 : 탐라순력도(1703)의 〈산장구마〉

97 심낙수,『목장신정절목』, 정조 18년(1794) 5월.
98 『정조실록』권11, 정조 5년(1781) 6월 26일(정유) : "各山場之創始橫築."
99 『제주읍지』(1780-1789) 목장조.
100 『정조실록』권14, 정조 6년(1782) 10월 25일(무자).

교래리였다. 이 마을은 산마장 중 침장針場의 범위 속에 포함된 마을이
었다. 그러나 아직까지 객사 터가 확인되고 있지 않고 있어 앞으로 객사
위치확인 뿐만 아니라 장기적으로는 객사를 복원해 역사문화 자원으로
활용할 필요가 있다.

(6) 산마장의 구마역과 공마

산마장에서는 말몰이 즉, 구마역驅馬役이 큰 문제였다. 초지 사이사이
에 존재했던 삼림 속에서 이루어졌던 말몰이 행사는 이를 담당했던 삼읍
장정들과 목자들에게는 큰 고역이었다. 실제로 정의현감 김성구金聲久가
제주목사에게 보고한 「산마구점상山馬驅點狀」에는 다음과 같이 구마역
의 실상이 기록되어 있다.

> "구점마驅點馬의 거동은 약간 인으로 하게 되는 하루의 역이 아니라 장차
> 한 섬의 남녀노소를 모조리 동원하여야 합니다. 더욱이나 봄에 설장設場
> 한 것이 장마 때문에 부패한 것이 반이 넘습니다. 비록 보수라고 하나, 그
> 공은 신설하는 것보다 덜하지 않을 것이며, 장차 다소의 날씨를 소비하게
> 될 것입니다. 구점의 역을 끝내는 데에 늦으면 반달이고, 빨라도 열흘을
> 내리지 않는 다고 합니다. 이렇게 백성들이 벌거벗을 때를 당하여 무엇으
> 로써 식량을 준비하여 몇 10일의 역에 나가겠습니까"[101]

한편, 산마장에서는 봉진마封進馬와 식년마式年馬를 사복시로 올려 보
냈다.[102] 산마장은 더 이상 개인목장이 아니었기 때문에 공마의 임무가
주어진 것이었다. 제주산마감목관은 봉진마를 2년마다 1회 2필씩을 사복
시에 바쳤으며, 품질이 우수한 말은 어승마御乘馬로 선택되었다. 품질이
불량한 말을 바친 해당 산마감목관은 처벌을 받았다.

---

101 김성구金聲久, 『남천록』(1679-1682).
102 산장마들도 관덕정에서 제주목사의 입회하에 점락点烙을 한 후, 조천포로 이동한
    다음 차사원差使員에 분속되어 공마선으로 운송되었다(이익태 저·김익수 역,
    2010, 『지영록』, 제주문화원, 99쪽).

산마감목관은 말을 바칠 때 봉진하는 말의 화모색禾毛色[103]에 대한 별단別單[104]을 작성해 말과 함께 한양으로 올라가 사복시에 제출했다. 이것은 숙종 8년(1682) 제주산마감목관을 제수 받은 김진욱金振煜의 봉진마 제출 사례에서[105] 확인된다.

봉진마보다 규모가 컸던 것은 식년공마였다. 식년마는 3년마다 1회씩 200필을 보냈던 것으로, 산마감목관제가 운영되었던 210여 년 동안, 약 14,000필(210년÷3년=70회×200필) 정도가 공마되었다. 이 말들은 훈련도 감訓練都監의 군병이나 각 병영 및 각 지방의 목장 등에 분정分定되었다.

(7) 제주산마감목관 임명

제주의 산마장에서 기르는 산마들은 튼튼하고 야성을 지녔기 때문에 전마에 적합했다. 이에 따라 조정에서는 산마장의 말들을 특별 관리하기 위해 종6품인 정의현감과 동격인 제주산마감목관을 특설했다. 이 감목관은 중간에 약간의 변동은 있었으나 대체로 6년마다 경주김씨 김만일 가문("감목관 집안")에서 추천한 후보자를 제주목사가 사복시로 천거해 임명했다. 산마장이 운영되었던 210여 년 동안 제1대 산마감목관 김대길부터 83대 마지막 산마감목관 김경흡까지 83명의 산마감목관이 임명되었다.

<그림 33>은 현종 5년 (1664) 5월 11일에 김대길을 가선대부 산마 감목관으로 임명했던 교지이다. 김대길의 마필 번식능력(4년 동안 344필 번식)을 높게 평가한 제주목사 이중신李重信이 초대 산마감독관으로 김만일의 셋째 아들인 김대길을 추천하는 장계를 올리자 현종 임금이 교지를 내린 것이다.

제주산마감목관의 이름들은 『승정원일기』에 다수 등장한다. 실례로, 김대길에 이어 2대 산마감목관에 임명된 김사종金嗣宗이 모친상을 당해더 이상 업무수행이 어렵게 되자[106] 3대 산마감목관으로 현종 11년(1670)

---

103 화모색은 말의 나이와 털색을 의미한다.
104 별단別單은 임금에게 올리는 문서에 덧붙이던 문서이다.
105 『승정원일기』 제294책, 숙종 8년(1682) 10월 13일(병술).

〈그림 33〉 초대 산마감목관 김대길의 교지
출처 : 제주문화예술재단(2007), 『제주마학술조
사보고서』, 60쪽 : 敎旨 金大吉爲嘉善大夫 濟州
山馬監牧官者 判下 因濟州牧使狀啓 通四年孳息馬
三百四十四差帖成給口 康熙三年五月十一日

12월 1일에 임명된 김대진金大振이 등장했다.[107]

한편, 산마감목관이 소속 목자들을 가혹하게 부려 제소를 당하는 경우도 있었다. 이에 숙종 28년(1702) 제주목사 이형상은 산마감목관 세습직을 과감하게 혁파한 다음, 정의현감이 산마감목관을 겸직하게 했다. 정의현감이 산마감목관을 겸했던 사례로는 송래백宋來柏[108]과 김세형金世衡[109]이 있었다.

그러나 이러한 조치에 불만을 품은 김만일 후손 김세화金世華는 숙종 45년(1719) 격쟁擊錚을 통해[110] "산마감목관직을 원상회복시켜 달라"고 호소했다. 결국, 김세화의 요구에 타당성이 인정되어 그는 제주산마감목관에 임명될 수 있었다.[111]

좌부승지 황귀하가 제주목에서 장론한 김세화가 격쟁한 일을 읽고 나서 말하기를, "일찍이 선조先朝 조에 김만일이 1만 필의 말을 바친 공로로 산둔 감목관을 세습하도록 허락하였는데, 그 후 자손 가운데 더러 불초한 자가 있어 목졸을 가혹하게 부리는 바람에 원고를 초래하여 본시에 정소하는 데 이르니, 그 세습을 폐지하고 정의현감이 감목관을 겸임하게 하였

---

106 『승정원일기』 제222책, 현종 11년(1670) 11월 30일(계미).
107 『승정원일기』 제222책, 현종 11년(1670) 12월 1일(갑신).
108 『승정원일기』 제525책, 경종 즉위년(1720) 8월 20일(갑인).
109 『승정원일기』 제542책, 경종 2년(1722) 7월 16일(기해).
110 격쟁擊錚이란 조선시대에 억울하고 원통한 일을 당한 사람이 궁궐에 난입 하거나 국왕이 거동하는 때를 포착하여 징·꽹과리[錚]·북[鼓] 등을 쳐서 이목을 집중시킨 후 자신의 사연을 국왕에게 직접 호소하는 행위를 말한다.
111 『승정원일기』 제784책, 영조 10년(1734) 8월 7일(경술).

습니다. 그런데 지금 김만일의 자손 김세화의 격쟁으로 인하여 사복시에서 제주에 그 편부를 물었으므로(…) 만약 사사로운 이해가 없다면 그가 어찌 바다를 건너 천리의 먼길에 와서 격고擊鼓하는 데 이르겠습니까? 이일은 시행하지 않게 하는 것이 마땅합니다." 하니, 세자(경종 : 필자주)가 그대로 따랐다.[112]

한편, 조정에서는 산마감목관의 운영실적을 평가해 양마생산에 최선을 다하도록 압력을 행사했다. 그리하여 산마번식 실적이 나쁜 산마감목관은 엄곤징려嚴棍懲勵했고, 실적이 우수하면 가자加資했다. 엄곤징려는 곤장으로 엄히 다스리는 징계였다. 가자는 품계를 올려주는 것이었다. 산마감목관은 정의현감과 동격인 관직이었으나 산마번식에 하자가 있으면 가차없이 제주목사로부터 곤장을 맞았던 것이다. 이를 보면, 산마감목관은 과거시험을 통해 임명받는 관직이 아니라 특정 가문에서 선출되는 직책이었기 때문에 제주목사가 필요에 따라 처벌할 수 있었던 것 같다. 실례로, 제주목사 김영수金永綬는 산마감목관 신구교체 시 마필에 흠축을 낸 전 산마감목관 김광혁金光爀에 대해 곤장을 쳐서 징계했다.[113] 반면, 제주목사 윤득규尹得逵는 말의 총수성적總數成籍에 기록되지 않은 암말들을 발견해 마필 수를 늘린 전 산마감목관 김경림金慶林,[114] 그리고 제주목사 조의진趙義鎭은 242필의 말을 증가시켰던 전 산마감목관 김여징金汝澄에 대해 가자하는 조치를 취했다.[115]

산마장에 높은 관심을 보였던 임금은 영조와 정조였다. 영조는 제주 산마장의 말이 전마에 적합하다고 판단해 1729년부터 제주에서 3년 1회 바치는 식년공마를 산마 200필로 바꾸도록 했다. 정조(재위 : 1776~1800)는 산마감목관을 김만일 후손으로 세습하게 하되, 제주목사가 경주김씨 문중에서 골라 임명하도록 했다. 이것은 사실상 제주목사에게 산마감목

---

112 『숙종실록』 권64, 숙종 45년(1719) 10월 17일(병진).
113 『일성록』, 정조 5년(1781) 3월 28일(신축).
114 『일성록』, 정조 10년(1786) 3월 6일(경술).
115 『일성록』, 순조 19년(1819) 2월 20일(임오).

관 선출과 임명권을 부여한 조치였다. 또한 산마장 내에서의 경작을 금
지해 말 목축지가 축소되지 않도록 했다.[116]

3) 우목장牛牧場

해안지역에도 목장이 있었다. 이것은 국가소유의 소들을 따뜻한 해안
지역에서 기르기 위한 목장으로, 우목장牛牧場이라 불렀다. 대정현의 모
동장, 정의현의 천미장 그리고 1소장 내의 황태장이 여기에 해당된다(그
림 34). 모동장은 「제주삼읍도총지도」, 「제주삼읍전도」(1872년), 「대정군
지도」(1872년)에 나타났다. 모동장 위치에는 별別·현玄 자목장이 등장했
다. 이 목장들은 『탐라순력도』의 「한라장촉」에 의하면, 수월봉[高山]~농
남봉[龍木岳]~신서악[草岳]을 연결하는 지역에 위치하여 별·현 목장과
모동장은 서로 연관성이 있어 보인다. 모동장의 기원을 고려말 몽골이
제주도의 서부지역에 설치했던 서아막西阿幕에서 찾는 견해도 있어[117]
동일 위치에서 서아막이 모동장으로 변화되었을 가능성도 있다.

「제주삼읍도총지도」에서 모동장은 안덕면 동·서광리에 발달한 곶자
왈인 '광수廣藪'에서 시작되며, 서쪽 해안 쪽으로는 한경면 고산리 '자구
내' 포구[蛇鬼浦]에서부터 대정읍 일과리 서림포西林浦까지 해당되었다.
모동장 내에는 농남봉[龍木岳], 돈두악[敦垈山]이 있으며, 목장에서 방목
된 가축의 용수로 '원지'院池를 이용했다. 원지는 '맨촛남못'으로 불리며,
현재도 농남봉 쪽에 남아있다. 모동장으로의 출입은 '고분장도', '살체기
도'를 이용했다. 목자들은 모동장 내에 있는 '목지동산'(테우리동산)에서
방목우를 관찰했다.[118]

「제주삼읍전도」와 「대정군지도」(1872년)에는 '모동우장'毛洞牛場으로
나타나고 있다. 목장 내의 용목악과 돈두악 사이에 영락리永樂里라는 촌
락이 입지해 있는 것이 특징이다. 「제주삼읍도총지도」에서는 등장하지

---

116 『정조실록』 권13, 정조 6년(1782) 1월 14일(신해).
117 고산향토지 발간위원회(2000), 앞의 책, 249-250쪽.
118 오성찬(1992), 『제주토속지명사전』, 민음사, 27-28쪽.

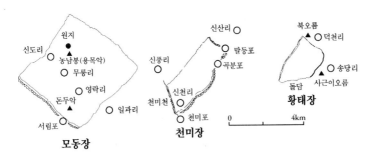

〈그림 34〉 소를 길렀던 우목장의 공간범위

출처 : 강만익(2001), 앞의 논문, 58쪽 지도수정.

않았던 촌락이 100여 년이 지난 후 설촌되어 지도에 표기된 것이다.

「대정군지도」(1899년)에서는 모동장의 명칭이 '모동삼장'毛洞三場으로 나타나고 있다. 신도리 부분이 서장西場, 무릉리 부분이 중장中場, 영락리 부분이 남장南場이었으며, 이들을 합해 '모동삼장'이라고 하였다.

모동장에서는 대정현 관할 목장에서 선정되어온 진상용 체임마遞任馬, 연례마年例馬, 어승마御乘馬를 사양했다.[119] 모동장은 처음에 말을 기르던 마장馬場이었으나 소의 중요성이 강조되면서 소를 기르는 우목장으로 변화되었다. 1800년대 말 소를 7소장으로 이동시켰으며, 1900년경에 폐장되었다.[120]

정의현의 남쪽 해안지역에 설치되었던 천미장의 공간범위는 「제주삼읍도총지도」, 「제주지도」(1899년), 「대정군지도」(1872년)에 〈그림 34〉와 같이 전하고 있다. 「제주삼읍도총지도」에서 천미장은 천미천 하류에 위치한 표선면 신천리의 천미포川尾浦에서 신산리를 연결하는 해안지대에 입지하였다. 「제주지도」에서는 천미장이 '천미우장川尾牛場'으로 표시되고 있다. 「제주삼읍전도」에서는 천미장의 범위가 신천리 천미포에서 삼

---

119 체임마遞任馬란 목사나 현감이 교체되어 갈 때, 국왕에게 감사의 표시로 바쳤던 말이다. 연례마란 매년 정기적으로 공납했던 말이며, 어승마御乘馬란 임금이 탔던 말을 의미한다.

120 고산향토지 발간위원회(2000), 앞의 책, 290쪽.

달리 해안의 곡분포曲分浦까지 축소되었다.

한편, 제주목의 1소장 내에는 황태장이 입지하였다. 『제주군읍지』 중 「제주지도」에는 '황퇴우장黃堆牛場'이라고 표시되고 있다. 이 지역은 북 오름과 사근이오름, 체오름이 방풍역할을 해줄 뿐만 아니라 여름철에 더 위를 피할 수 있는 삼림이 부분적으로 분포하고 있는 지리적 이점을 가 지고 있는 지역으로, 현재의 구좌읍 송당리 체오름 북서쪽 완경사지에 해당될 것으로 추정된다.

황태장黃泰場을 관리하기 위해 우감 2명, 반직감伴直監 2명, 군두와 목자 를 합하여 40명이 투입되었다. 황우와 흑우를 합해 530수가 사육되었다. 모동장을 관리하기 위해 우감 2명, 색리 1명, 겸찰군두 2명, 목자 10명이 투입되었다. 모동장의 규모는 주위 37리에, 소 203수, 말 9필이 있었다.

모동장은 농경지대 부근에 입지했기 때문에 비록 법으로 금하긴 했으 나 모동장에서 방목 중이던 우마들이 사전私田에 답전畓田(밭볼림 : 진압 농법)하기 위해 이용되기도 했다.[121] 천미장에는 황우와 흑우 44수가 사육 되었으며, 우감 2명, 군두와 목자를 합하여 20명이 소 사육을 담당하였다.

4) 부속도서附屬島嶼 목장

제주도의 부속도서에도 목장이 설치되었다. 우도장牛島場과 가파도별 둔장加波島別屯場이 그것이다. 우도장에서는 말을 방목하여 군대의 수요 에 대비했다. 가파도별둔장에서는 소를 방목하여 진상에 대비하였다. 1697년 제주목사 유한명柳漢明이 설치했던[122] 우도장은 소머리오름 분화 구 및 북동쪽의 완경사면을 중심으로 입지했다.[123]

우도장의 모습은 『탐라순력도』의 「우도점마」를 통해 알 수 있다. 우도

---

121 김인택(1817-1820), 『丁丑六月日 大靜官衙中日記』, 오성찬 외(1988), 『대정고을』, 반석 출판사, 163쪽.
122 『제주읍지』(1780-1789) 목장조.
123 강만익(1993), 「도서지방의 어촌에 관한 연구-제주도의 우도를 사례로」-, 동국대 학교 대학원 지리학과 석사논문, 3쪽.

장에서 사육된 말의 수는 262필이며, 말을 직접 관리하는 목자와 목자들의 경제생활을 도와주는 보인保人을 합하여 23명이 있었다. 그러나 이들은 섬 내에 촌락형성이 되지 못했기 때문에 우도에 근접한 해안지역에 거주하면서 필요에 따라 우도장으로 들어가 말을 관리한 것으로 보인다.

우도장은 해안 방어시설인 제주목 별방진別防鎭 조방장助防將에 의해 관리되었다.[124] 우도장의 둘레는 50리에 수처가 6개 있었으며, 둔마屯馬 243필을 군두와 목자를 합하여 39명이 관리한 것으로 기록되어 있다.[125]

계속된 인근주민들의 우도 개간요구에 따라 1843년부터 우도에 방목하던 마필을 인근의 해안촌락 지역 민둔民屯(주민들의 방목지)으로 이동시킨 후, 농경지로 개간한 결과, 우도장은 폐장되었다.

가파도별둔장은 저평한 완경사지를 중심으로[126] 1750년 제주목사 정언유鄭彦儒에 의해 설치되었다. 공간규모는 주위 10리에 흑우 103수가 사육되었다. 모슬포 조방장이 우감을 겸직하였고, 색리 1명, 군두 1명, 목자 8명이 목장을 관리했다. 이 목장은 1840년에 영국 선박의 침입을 받자 남아있던 흑우를 모동장으로 옮긴 결과, 1843년부터 폐장되었다.

III. 목장의 쇠퇴기

1. 목장의 쇠퇴양상

대한제국기(1897.10.12.-1910.8.29.)에 제주도 목장은 사실상 방치된 상태였다. 갑오개혁(1894-1896)으로 인해 공마제도가 금전납金錢納으로 대

---

124 이형상(1704), 『남환박물』 목장조.
125 『제주읍지』(1780-1789) 목장조.
126 제주대학교 사회교육과(1991), 「제주도 부속도서 사회조사(가파도)」, 『제대사회과교육』 제9집, 49쪽.

체되고, 국영목장의 우마들을 점검했던 점마제도 역시 중단되기에 이른
다. 이러한 상황에서 제주도민들 사이에서 목장토 개간이 그 어느 때보
다 활발히 진행되어 정부의 목축업은 중대 고비를 맞았다. 조선통감부가
설치된 1906년, 제주도에 들어와 축산상황을 취재했던 일본의『신호우신
일보』는 다음과 같이 보도했다.

> 조정에서는 10년 전부터(1896) 공마대신 5천냥, 장세 7천량, 낙마세 150냥
> 을 과할뿐 제주목사는 징세를 맡아보는 일만하고 목축의 성쇠에는 관심
> 이 없다. 제주도의 목축업은 현재 쇠미한 상태이고, 한라산 산록에는 관유
> 목장 11개소에 말이 불과 300~400필에 지나지 않는다. 장감場監이라는 사
> 람은 말을 감독하도록 되어 있으나 자기 관구 내에 말이 얼마 있는지 모
> 르고 있다.
> 관업으로서의 목축은 쇠퇴하고, 목장은 현재 도민의 자유개간에 맡겨 관
> 유지의 소작료와 같은 세를 징수하고 있다. 도민은 이를 개간하고 자기의
> 우마를 방목했다.[127]

이 기사를 통해 첫째, 정부는 1896년 갑오개혁의 결과, 제주도에서 공
마대신에 5천냥을 징수했음을 알 수 있다. 공마를 올려 보내는 대신에
그에 해당하는 돈을 바치라는 것이었다. 둘째, 한라산 산록에 있는 11개
관유목장에는 말이 불과 300~400필에 지나지 않을 정도로 말 생산과 관
리가 부실했음을 알 수 있다. 셋째, 정부가 주도했던 제주의 목축업은 쇠
퇴일로에 있었으며 반면 도민들은 관유지로 남아있었던 목장토를 개간
해 경작하는 대신에 일정금액의 세금을 납부했음을 알 수 있다.

그러나 그렇다고 하여 정부가 완전히 목장운영에 손을 놓은 것이 아
니었다. 이제 제주의 국영목장은 말보다는 소 위주로 방목가축이 변동되
기 시작했다. 또한 감목관이라는 명칭은 사라지고 그 대신에 목양위원이
등장해 목장을 관리했다. 이러한 실상은 1900년에 작성된「제주목양장정
濟州牧養章程」을 통해 알 수 있다.

---

127 『신호우신일보』 1906년 6월 14일자,「濟州島の牧業」.

2. 제주목양장정 분석

대한제국기 목장의 실태를 알 수 있는 문서로는 「목장장정牧場章程」, 「목양장정牧養章程」 등이 있다. 이것들은 갑오개혁 이후 태복시太僕寺에서 관할하던 목장에 대한 사무가 내장사內藏司(1899년에 내장원으로 변경)로 이속되면서 각 지역의 목장토牧場土 관리 원칙을 규정한 문서들이다. 현재 서울대학교 규장각에는 전라남도 「해남화원목장장정」,[128] 「신지도목장장정」[129] 그리고 「제주목양장정」이 남아있다.

이 가운데 「제주목양장정」은 고종 37년(1900년) 11월에 만들어진 사료로, 제주 선달先達 윤행구尹行九가 바친 소 1,000 수에 대한 관리 세칙을 기록했다. 여기에는 제주목양위원직의 세습여부, 목양위원에게 관사官舍를 제공하는 규정, 13개 목장에 소 1,000 수 분배방법, 목양례牧養例에 의한 전세곡田稅穀의 사용(위원·관인·장감·목관의 급료로 이용), 월해선하越海船下(해상운송운임), 영솔인領率人 급료, 목장 및 여전餘田의 수세 등이 기록되어 있다. 이를 구체적으로 보면 다음과 같다.

光武四年 十一月 日

濟州牧養章程

節目

一. 光武四年九月十八日 濟州先達 尹行九 納牛千首矣 以其功 特任電話課 主事命

---

128 「해남화원목장장정」은 1896년 10월 궁내부 내장사에서 기록한 것으로, 화원 목장에서 매결每結에 대한 농민들의 세稅·도액賭額이 시가로 백여금百餘金에 이르러 부담이 크므로, 반을 특감하도록 하면서 만들게 되었다. 전답결총田畓結摠의 조사, 마필·마피의 판매, 탁지승총度支陞摠에 따른 목자결牧子結 환수, 전답도세田畓賭稅에 관한 규정, 起·陳의 감평監坪, 파원派員 및 목장 관리인들에 대한 경비 지급, 상납 기한, 관사 各廳의 수호, 벌목금지, 서기·사령 등의 설치 등이 기재되어 있다(김영진, 『농림수산 고문헌 비요』, 한국농촌경제연구원, 1989, 195~196쪽).

129 「신지도목장장정」은 1897년(광무 1) 7월 궁내부 내장사에서 신지도에 소재한 목장의 도세수납賭稅收納 등에 관해 작성한 장정이다. 각 목장이 폐지됨에 따라 목장 소속 농지를 경작하는 농민으로부터 세금을 받거나 주민을 보호 하는 내용이 나타나 있다.

濟州牧養委員世襲其職一依前日 金監牧事

一. 委員官舍以前日 明月萬戶官舍爲定事

一. 官吏三人 通引二人 官奴二人 使令四人 差定事

一. 牛千首分排於十三場牧養 每年六月 百首式 上納事

一. 本牧使 看品以三月 爲定四月 越海 五月看品於恩津郡六月上京事

一. 十三場分排數

毛洞場 七十首 泉微場 三十首 一所場 八十首 二所場 八十首 三所場 八十首

四所場 八十首 五所場 八十首 六所場 八十首 七所場 八十首 八所場 八十首

九所場 八十首 十所場 八十首 山梅場 壹百首

一. 牧養例 田稅穀一千石 大麥一百三十七石 十三斗七升內 壹百五十石 委員 官項

料下 壹百五十石 官人十一名 分等料下 六百石 場監十一名 牧字 二 百名料下

皮穀一百三十七石十三斗 七升 越海船下 壹百石 領率人 二十 名料下

一. 牧場及餘田收稅 自委員主管事

一. 千首摠不定時 自委員充數□遣 每年上納時 不定者 亦必充納事

一. 章程繕□三本一畨宮內府 一畨本牧 一畨委員永爲定式於此準行事

一. 貢馬代錢自委員上納事

첫째, 제주인 윤행구가[130] 소 1,000 수를 대한제국정부에 바치자 정부
에서는 그 공을 인정하여 그를 전화과 주사 및 제주목양위원에 특별 임
명했다. 이 시기에는 감목관 대신에 목양위원이 제주도 관유목장官有牧
場을 관리했다.

둘째, 목양위원에게는 관사가 주어졌다. 관사는 본래 만호萬戶가 사용
했던 것을 쓰도록 했으며, 이곳에는 관리 3인, 통인通人[131] 2인, 관노官奴
2인, 사령使令 4인 등이 배정되었다. 찰리사察里使 황기연黃耆淵[132]이 작
성한 「삼군교폐사실성책三郡敎弊査實成冊」에는 "목양위원牧養委員이 사

---

130 윤행구는 1900년 11월 12일 통신사 전화과 주사(판8)에 임명된 직후 동년 11월 13
일 전화과 주사를 의원면직하고 9품 제주목양위원에 임명되었다(안용식 편,
1994, 『대한제국관료사연구(Ⅰ)』, 연세대학교 사회과학연구소, 468쪽).

131 통인이란 공천公賤 출신의 연소한 자로, 수령의 심부름을 하던 이속吏屬들을 말한다.

132 1901년 이재수의 난을 진정시키려고 왔던 인물로, 「삼군교폐사실성책」을 작성,
정부에 보고했다.

주낙인私鑄烙印 흐야 도취우침사盜取牛侵事"라는 기록이 있다. 이것은 목양위원이 사사로이 낙인을 만들고 찍어 소를 훔치는 비행을 저질렀다는 것이다.

셋째, 정부에 바친 소 1,000 수를 13개 목장(10개 소장과 3개 산마장)에 배분해서 기르되, 매년 6월에 100 수씩 상납하도록 조치했다. 조선시대 십소장에는 대부분 말을 방목했으나 이 시기에는 말 대신에 소가 분배되어 목양되었다. 제주목사는 3월에 상납할 소의 건강상태를 점검하고, 4월에 상납선上納船을 출항시켜 5월에 충남 은진군에서 다시 건강상태를 확인한 다음, 6월경에 서울에 도착하도록 했다. 이러한 상납행위는 공마의 변형이라고 할 수 있다.

당시 제주도내 13개 목장에 1,000 수의 소를 배분한 상황을 보면, 모동장에 70수, 천미장泉微場에 30수, 그리고 10개 소장에 각각 80수씩 모두 800수를 분배했다. 우목장이었던 모동장에 70수, 천미장에 30수, 산매장에 100수를 배분했다. 원문에 나타난 천미장泉微場, 산매장山梅場에서 '微'와 '梅'는 각각 '尾'와 '馬'의 오기誤記이다. 이 문서를 통해 이 문서가 작성된 1900년에도 제주목장(십소장과 우목장, 산마장)은 완전히 폐장된 것은 아니었다고 할 수 있다.

넷째, 전세곡田稅穀 1,000석과 보리 137석 13두 7승에 대한 사용 방침이 기록되어 있다. 전세곡 1,000석은 목양위원에게 150석, 관인 11명의 급료로 150석, 장감場監(목장 감독인) 11명과 목자 210명의 급료로 600석, 그리고 나머지 100석은 육지로 나가는 부하 20명의 출장비용으로 충당했다. 보리 137석 13두 7승은 소를 배에 실어 육지에 보내는 월해선하越海船下 즉, 해상운송운임으로 쓰도록 했다. 목양위원은 목장과 여전餘田의 수세收稅를 주관하는 한편, 소의 상납에 있어 부족분을 충당했다.

이 문서를 통해 대한제국기 제주도 목장 관리조직에 변화가 있었음을 알 수 있다. 종래의 감목관을 목양위원이 대신했으며, 이들은 급료를 받는 대신 공마대전貢馬代錢을 부담하기도 했다. 장감은 마감을 대신했던 직책이며, 목자는 목장에서 직접 우마의 생산과 사육을 담당했던 인물들로, 1900년에도 여전히 존재했음을 알 수 있다.

1900년에 농상공부 대신 조중응趙重應이 동년 3월 7일 농상공부고시 제4호에 나타난 제주도 국마장에서 '기간식목인허'起墾植木認許(목장개간 지에 나무를 심는 것에 대한 인허가)를 받은 자들에 대해 일시 인허효력 을 정지시킨 내용을 보면, 제주지역 국마장 내에는 종상種桑과 종목種木 이 심어졌음을 알 수 있다.[133]

3. 목장폐장과 목장토 개간

이러한 상황 속에서도 국마장은 점차 폐장되었고, 제주도민들은 목장 토 개간을 더욱 활발히 진행했다. 이렇게 형성된 개간지는 법적으로는 국가소유였으나, 납세를 조건으로 영구경작권永久耕作權을 인정받은 사 유지나 다를 바 없었다. 지방관아에서는 개간지에 대한 화세 즉, 화전세 火田稅를 징수하는 정책을 실시했다(그림 35).[134] 그러나 정부가 화전세를 과도하게 징수하는 바람에 도민들과 마찰을 일으켰다. 농민들은 화전개 간을 하며 화전촌을 형성시켰다(그림 36).[135]

---

133 다음과 같이 1900년 당시 4소장과 6소장의 이용사례가 있어 주목된다.

허가년월일	1905.2.20	1905.9.4	1906.4.21	1906.4.21	1906.5.31
피 허가인 주소씨명	濟州居 高升觀	濟州居 姜奭周	同金致聞 等	同姜申 鳳等	同高升觀
허가지 소재	全羅南道 濟州郡 本 牧場土中	同道同郡 六所地有先塋 而東物浦前田	同道同郡 漢拏山 西邊 六所場	同道同郡 四所場	同道同郡 陸所場 -古益伊田 及 唐東山田
이용목적	種桑	種桑	種木	種桑	種桑

자료 : 內閣法制局官報課(1910.3.11.),「告示」, 규장각 한국학연구원, 규 16042-0006.

134 서귀포시 도순동 마을회관에는 화전세 영수증 문서가 남아있다 : 領收證 一 金 拾 陸圓 柒拾貳錢貳里也 右는 道順里八所場火稅領收홈 明治四十三年十二月 十五日 納人 梁元 海 領收員 姜弼鎬.

135 김동전(2006),「1862년의 제주민란」,『안덕면지』[총괄편], 태화인쇄사, 364쪽 : 화

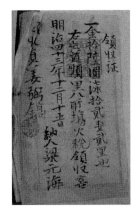

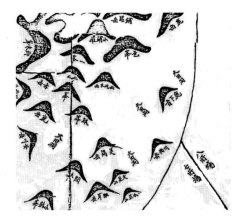

〈그림 35〉 1910년의
화세영수증(서귀포시
도순동 소장)

〈그림 36〉「제주지도」(1899)에 나타난 화전동
(서귀포시 중문동 녹하지악 부근)

　화전세 징수 과정에 관리들의 가렴주구가 심해지며 이들과 화전민 간
에 마찰이 빈발하여 1898년에는 방성칠房星七 난이 일어났다. 이것은 목
장토를 경작하던 화전민들이 주축이 되어 지방관리나 향임세력鄕任勢力
의 수탈에 저항했던 사건이었다.[136] 그러나 이 사건 이후에도 1900년 제
주도에 들어온 봉세관 강봉헌姜奉憲이 지나친 과세를 자행하여 원성을
샀다. 그 결과 1901년에는 이재수李在守 난이 발생했다.[137] 민란이 관군
에 의해 진압된 후, 제주도민들은 일본 오사카 지방신문인『대판매일신
문』(1903. 5.4.)이 보도한 것처럼, 중산간 목장지대에서 여전히 자유개간
自由開墾을 통해 농경지를 확보했다.

　전촌에는 방성칠란에 참여했던 주도세력의 거주지였던 대정군내 光淸, 菱花洞, 上
文里, 鹿下旨, 瀛南里, 大浦里火田, 道順 法井洞, 西畔 그리고 9소장 내에 존재했던 東烘
火田, 土坪火田, 新孝火田, 中孝火田, 上孝火田, 下禮火田, 禮村火田 등이 있었다.

136　김동전(2006),「1898년 방성칠의 난」, 위의 책, 367쪽.
137　이재수의 난은 1901년(광무5년) 중앙에서 파견된 봉세관 및 이들과 결탁한 천주
　　교도의 행패에 대항하여 도민들이 일으킨 사건이라고 평가된다. 이에 대한 구체
　　적인 연구결과는 박찬식의『1901년 제주민란 연구-근대 외래문화와 토착문화 갈
　　등』(2013, 각)이 참조된다.

Ⅳ. 목장의 재편기

1. 일제시기 마을공동목장

일제시기에 들어와 고려말 탐라목장과 조선시대 십소장과 산마장 지역은 마을공동목장 지대로 재편되었다.[138] 일제 식민지 당국의 명령에 따라 마을별로 결성된 마을공동목장조합이 공동목장을 운영했다. 당시 각 공동목장조합에서는 조합비로 목장용지를 매입하거나, 부족한 토지는 면유지面有地나 읍유지邑有地를 빌려 목축지로 활용했다. 각 마을에서는 목장조합을 조직하라는 식민지 당국의 명령에 제대로 저항하지 못한채 일본식 공동목장조합 조직을 수용하면서 목축활동을 전개했다.

1) 마을 및 농업단체의 축산활동

(1) 마을의 축산활동 : 수령원목축장축산회의 사례

그러나 마을공동목장조합이 설치되기 이전에도 제주의 목축민들은 축산을 위한 자체조직을 만들어 우마를 길렀다. 이러한 사실은 서귀포시 남원읍 수망리에 있었던 '목축장 축산회'를 통해 알 수 있다. 이 조직의 실상을 보여주는 문서는 「수령원목축장축산회명부급회칙水靈員牧畜場畜產會名簿及會則」으로, 1926년 정월에 작성된 것이다. 이것은 제주지역에 마을공동목장조합이 설치되기 이전에 주민들 자체적으로 축산조직을 만

---

138 국마장 지역이 마을공동목장으로 재편성된 실례를 보면, 2소장 지역은 선흘공동목장, 3소장 지역은 봉개·삼양·월평 공동목장, 4소장 지역은 해안공동목장, 5소장 지역은 광령·고성·장전·유수암·소길공동목장, 6소장 지역은 어음·삼리(봉성·금성·곽지)·금악 공동목장, 7소장 지역은 동광·서광·상천·색달 공동목장, 8소장 지역은 중문·대포·하원·도순·강정·영남 공동목장, 9소장 지역은 동홍·토평·하례·상효·신효·위미·한남 공동목장, 10소장 지역은 성읍 공동목장 그리고 산마장 중 녹산장(특히 갑마장) 지역은 가시리 공동목장이 입지했다.

들어 목축을 행했음을 입증하는 문서라는 점에서 가치를 인정할 수 있다. 당시 조직의 명칭은 '수령원목축장축산회水靈員牧畜場畜産會'(약칭 축산회)였다. 여기서 '수령'水靈은 물영아리 오름을 말한다. 따라서 수령원목축장은 현재 물영아리오름 남사면 하단부에 자리한 수망리 마을공동목장에 해당된다.

이 조직의 가입회원명부를 보면, 총 74명(2명 탈퇴)의 명단이 등장한다. 회원들은 수망리 35명, 의귀리 7명, 태흥리 4명, 신흥리 11명, 토산리 10명, 가시리 3명, 남원리 4명이었다. 이들 중 대부분은 수령원목축장이 위치했던 수망리 목축민들이었다. 이들은 전통적으로 물영아리 오름 일대의 초지를 이용해 공동방목을 해오던 목축민들이었기 때문에 수령원목축장 축산회 회원이 될 수 있었다.

축산회의 회칙은 모두 21조로 구성되어 있다. 이것은 1930년대 마을공동목장조합규칙이 일제에 의해 정해지기 이전에 제주목축민들이 스스로 제정한 규약이었다. 회칙제정 동기 부분에는 이 축산회에 가입한 7개리 목축민들이 관행적으로 국축장國畜場(물영아리 오름 일대의 녹산장에 해당)를 공동으로 이용해 목축을 해왔음을 밝혔다. 그러던 가운데 일제가 국·민유지國民有地를 구별하는 토지조사사업("세부측량")을 진행한 결과, 종래의 관행적 방목지였던 '국축장'이 국유지로 편입되어 버리자, 7개리 목축민들은 1913년 물영아리오름水靈岳 아래 사면四面 200여 정보를 목축지로 재활용하기 위해 제주도청濟州島廳에 대부출원서貸付出願書을 제출했다. 주민들은 대부허가를 받은 목축장 예정지 경계를 따라 돌담을 쌓은圍築墻垣 다음, 우마를 기르기 위한 수속을 진행했다. 그 결과, 1926년에 공식적으로 축산회가 조직된 것이었다. 「수령원목축장축산회명부 급회칙」의 전문은 아래와 같다.

牧畜場畜産會會則

本土畜産은 與他地方過別ᄒ야 土品이 浮虛ᄒ고 道路崎嶇ᄒ야 耕踏也 輪運也 殖産也口 馬牛之多産이면 生活不能은 勢固矣라 是故로 滋右有名ᄒ 畜産鄕也로서

元來慣行이 國畜場內를 利用ᄒ다가 現今 國民有區別査定되여 本會員이 水靈岳
下四面貳百餘町步를 大正二年붓터 貸付出願ᄒ고 圍築墻垣ᄒ야 喂養馬牛ᄒ며 循
序手續을 履行ᄒ야 大正十四年에 民有로 確定되니 過去費財는 勝數□難ᄒ은 勿
論이건과 將來維持ᄒ을 目的으로 各項規則을 左와 如히 遵行ᄒ음을 誓約ᄒ음.

左開

第一　本會는 畜産會로 組織ᄒ음.

第二　任員은 會長 一人, 總務 一人, 財務 一人, 幹事 二人, 牧畜調査委員 一人,
　　　區委員 若干人. 會長은 會務를 總轄. 總務는 會長의 命을 承ᄒ야 會中一般
　　　事務를 掌理. 財務는 會中財政支出 又는 整理. 幹事는 會長의 命을 應ᄒ야
　　　文簿 又는 會計. 牧畜調査委는 場內牧畜檢査監督. 區委員은 各區內會員代
　　　表 又는 區內事務를 履行. 任期는 滿一年으로 定ᄒ되 成績이 優良ᄒ 時는
　　　再選無妨.

第三　場內牧畜期間은 農作告畢後 看牧前一日定期 俱會ᄒ야 四面圍墻補築ᄒ며
　　　各道懸門ᄒ야 翌日붓터 入牧ᄒ다가 十日마다 場外에 驅出ᄒ야 屯主가 各
　　　自 牧養이다가 百種翌日로 更爲入牧. 但, 入場時마다 馬牛計數ᄒ야 各
　　　屯主下의 記載ᄒ며 匹數 欺惑 又는 他人의 牛馬投入ᄒ 者는 一匹頭一円
　　　徵受는 勿論이요 違約金一円을 加徵ᄒ음.

第四　本會員外 馬牛偸入ᄒ 者는 一匹頭一円 徵受ᄒ되 調査委員이 入場出場時 又
　　　는 間三日檢閱ᄒ음.

第五　各道門開而不閉 又는 圍墻毀損者는 馬牛損害를 □ᄒ야 徵受ᄒ음.

第六　入牧後 看守는 一晝夜 二人式 番記及番牌를 修整ᄒ야 巡番入直ᄒ며 番牌
　　　를 循序引繼ᄒ야 間斷이 無ᄒ기홈. 但, 馬牛計數에 依ᄒ야 非番 又는 大風雨
　　　가 作ᄒ 時 合番入番入直ᄒ며 注意不善ᄒ야 出場害穀者는 當番人擔負나
　　　馬牛素來 不良者는 此限에 不在ᄒ음.

第七　闕額은 圍墻補築時 四拾錢, 入直時一番에 對ᄒ야 一円으로 홈. 但, 總會 時
　　　貳拾錢으로 ᄒ되 特別ᄒ事故가 有ᄒ 時는 不在此限.

第八　組合費는 總會決議로셔 本場內 一年牧畜貸金 百円으로 出貸ᄒ야 存本利
　　　殖으로 當納ᄒ음. 但, 右金에 對ᄒ야 利子는 一円에 逢朔二多으로 定ᄒ음.

第九　本金出債ᄒ는 時는 信用財産家連帶保證人立會 成證□債給ᄒ음. 但, 財務는
　　　會額을 會長에게 成證ᄒ음.

第十　本金額을 注意不善ᄒ야 損害가 生ᄒ 時는 財務擔負ᄒ되 不意의 變이 生
　　　ᄒ 時는 此限에 不在ᄒ음.

第十一 本金額을 過朔債給치 못호 時는 會長에게 보관홈.

第十二 本會費는 場內 雜收入으로 補用호되 剩餘가 有호 時는 組合費에 充當홈.

第十三 場內土地變更外에 如何호 釀金이라도 馬牛計數에 依홈.

第十四 本會員이 脫退호는 境遇에 他人讓渡를 願호는 時는 會中에게 讓渡를
　　　 受호되 不得호 故障이 有호 時는 此限에 不在홈. 昭和四年 旧四月一日
　　　 續會決議에 依호야 脫退호는 時는 本會에게 讓渡를 受호되 代金參圓
　　　 決定홈.

第十五 本會員의 相續은 勿論이거니와 子與孫中 貳拾匹以上 分屯이 된 時는
　　　 貳円을 徵受호야 己身에 止홈.

第十六 定期總會는 每年正月十六日 十一時로 定호야 會中一年狀況 又는 金錢出
　　　 納簿調査報告, 任員改善, 規則改正홈. 但, 開會時間을 遵守치 못호 時는
　　　 降座홈.

第十七 任員會는 重要호 事項이 有호 時는 會長召集決行홈.

第十八 會中決議는 開會時半數以上으로 取決호되 可否同數된 時는 會長이 可
　　　 決홈.

第十九 場內□□ 林藪를 一切保育호되 一般會員이 別加 注意호야 雖 一木一枝
　　　 라도 濫伐者는 損害賠償外 罰金勿論五円을 徵受 又는 山監에게 告現
　　　 홈. 但, 現發者는 二円賞與, 隱匿者는 犯禁者로 同看홈.

第二十 以上規則違反호야 事務妨害 又는 會席書記之議衝突 違納金三円徵受 又
　　　 는 本場內牧畜을 禁止홈. 但, 悔過服後이 有호 時 此限에 不在홈.

第二十一 不盡條件은 進後決議로셔 錄홈.

借用金證書樣式

右金額을 連帶借用인 바 左記各項契約을 成證홈.

一. 利息은 一円에 對호야 逐朔 參錢式 具利 홀事.

一. 返濟期는 來 何月何日로 定호야 元利金을 無違返償홈.

一. 債務人及連帶人이 財産隱匿호야 本債權을 詐害된 時는 期限前이라도 相當
　　호 手續을 行홀지라도 異議가 無홀事.

一. 元債務人이 旅行 又는 如何호 故障이 生호 時는 連帶人이 一切負擔 又는 期
　　限經過된 時는 拾円頭每日五錢式 加償호고 促督 出張時는 一日費壹円式 負
　　擔홀事.

　　何年何月何日

某番地

債務人 氏 捺印

某番地

連帶人 氏 捺印

畜産會 財務氏名 殿[139]

　회칙내용을 보면 첫째, 축산회는 회장 1인, 총무 1인, 재무 1인, 간사 2인, 목축 조사위원 1인, 구위원區委員 약간인으로 구성되었다. 이 가운데 목축 조사위원은 목장 내 목축검사 감독, 구위원은 각 구내 회원대표 또는 마을사무를 담당했다. 임원들의 임기는 만 1년으로 정했으나 업무능력이 좋을 경우에는 재선되었다. 둘째, 목장 내 목축은 밭에서 농작물 파종이 끝난 다음, 목장 내에 있는 돌담을 보수하고, 목장 출입구에 문을 설치하는 작업을 한 후에 이루어 졌다. 백중일을 전후해 목장 내로 입목入牧되기도 했다. 목장에 우마를 방목할 때 우마주인은 방목시킨 우마수가 몇 마리인지를 축산회 문서에 기재했다.

　셋째, 목장에 우마를 입목 시킨 후, 하루에 2명씩 번갈아가며 우마를 관리했다. 이때 순번이 적힌 번패番牌를 이용했다. 만일 대풍우大風雨가 발생할 경우에는 모든 회원들이 목장 내로 들어가 우마를 공동으로 보호했다. 당번이 부주의해 우마들이 목장 밖으로 나가 곡식에 피해를 입히면 해당 당번이 변상책임을 져야 했다. 넷째, 축산회에서는 회원 중 일부가 목장 내 돌담을 쌓거나 보수할 때 그리고 우마 관리 당번임에도 참여하지 않을 경우 재발을 방지하기 위해 벌금을 부과했다.

　다섯째, 회원들이 축산회의 자본금을 빌릴 때 신용재산信用財産 준비와 연대보증인連帶保證人 입회가 필요했다. 이 축산회는 회원들이 필요로 할 때 적립한 자본금을 빌려주면서 원금과 이자를 받았다. 여섯째, 목장 내의 임수林藪에 대한 보호정책을 실시했다. 그리하여 일목일지一木一

---

139 이 문서는 2014년 11월 22일(토) 제민일보사와 마을공동목장 취재 시 방문 했던 수망리 마을회관에서 현민철 이장님의 협조로 열람할 수 있었다.

枝라도 훼손한 남벌자濫伐者에게는 손해배상금 외에 벌금으로 5엔을 징수하는 한편, 산감山監[140]에게 알려 벌을 받도록 했다. 또한 남벌자를 고발한 사람에게는 2엔을 상으로 주었던 반면, 남벌자를 숨긴 은익자를 범금자犯禁者로 취급하면서 함부로 목장 내 나무를 베지 않도록 했다.

1930년대로 들어오면서 이 축산회는 수망리 마을공동목장으로 재편되었다. 이 과정에서 수망리 주민들은 제외한 다른 마을 사람들은 각기 자기 마을공동목장 구성원이 되었다.

(2) 농업단체의 축산활동 : 제주도농회濟州島農會의 사례

1930년대로 들어가면서 제주지역에 대규모 목장의 사례 건설이 논의되었다. 이에 대해 『조선중앙일보』는 "4만 5천 정보에 달하는 대목장, 완연蜿蜒[141] 200리 대석원大石垣을 신축해 목장지 구역결정"이라는 제목으로 식민지 당국의 제주도내 대목장 건설계획을 보도했다. 또한 도민과 협의해 200리에 달하는 높이 6척~8척의 돌담을 쌓고 농경에 적합하지 않은 4만 5천 정보를 공동목장으로 건설할 계획임을 밝혔다.[142]

『동아일보』는 조선에 주둔한 일본군이 군마를 확보하기 위해 제주도를 총독부가 추진하는 제1기 마정계획[143]에 편입시켜 일본 우량마 도입과 목장지대 급수장 시설 등을 해줄 것을 요청했다[144]고 보도했다.

이러한 상황에서 친일농업단체인 제주도농회는 조선총독부의 지원을

---

140 산감은 본래 풍치림의 나무 등을 함부로 베지 못하게 관리 또는 감독했던 사람으로, 일제시기 산림도벌을 막았던 산림계 직원을 지칭했다.

141 완연이란 뱀이 구불구불 꿈틀거리며 간다는 의미로, 200리 돌담이 마치 뱀이 움직이는 모습을 하고 있다는 것에 비유하고 있다.

142 『조선중앙일보』 1934년 11월 6일자, 「四萬五千町步에 桓한 濟州島의 大牧場」.

143 총독부는 1935년 3월 조선마정 제1기 계획을 수립하여 말의 사육 개선에 관한 설, 말의 거세 실시, 목초지 개량 유지에 관한 시설, 말의 거래 알선, 마적 작정, 말 관련 단체조성, 민간 목장 설치 조성 등과 같은 조치를 취하기로 하였다. 1937년 9월 이 계획은 '조선마정확충계획'으로 변경되었다(배민식, 「조선마정계획」, http://contents.archives.go.kr).

144 『동아일보』 1936년 6월 20일자, 「마정계획 중에 제주도 편입요청」.

받아 일제가 요구하는 축산물 공급을 효율적으로 하기위해 여러 축산사
업을 전개했다.[145]

첫째, 농회 회원들(목축민)들에게 매년 소 1마리당 30전씩 회비납부를
받아 축산개량 사업을 실시했다. 둘째, 1930년대 창립된 마을 공동목장
에 대한 지도감독을 실시했다. 셋째, 축산개량을 효율적으로 진행하기
위해 병축진료기수, 거세기수, 산마개량기수, 면양지도기수 등 전문가들
을 투입했다. 넷째, 축산장려를 위해 축우증식 개량장려, 산마 개량장려,
우마적 정리 사업을 했다. 특히 축우증식 개량장려사업을 위해 종특우種
特牛 설치, 송아지 예탁사업豫託事業, 대부경우貸付耕牛, 축우거세畜牛去勢
사업을 지원했다. 종특우 설치는 품종이 우수한 소를 얻기 위한 사업이
었다. 농경용 '밧갈쉐'[耕牛]를 회원들에게 빌려주기도 했으며 힘세고 강
한 품종의 소를 얻기 위해 거세사업을 실시했다. 다섯째, 산마産馬 개량
장려[146]를 위해 농마조합農馬組合 경영비 보조, 종모마種牡馬 설치 및 관
리, 마구馬具 구입, 마필거세를 장려했다.

여섯째, 축산물 공출 독려비와 각읍면 공출 독려비를 책정해 전시체
제하에서 조선총독부가 실시하는 축산물 공출사업을 맡아 축산물 수
탈에 앞장섰다. 일곱째, 가축방목장을 운영했다. 1943년 조선총독부가
발행한 「국유임야대부원허가의 건」에 따르면, 제주도농회는 조천면, 애
월면, 한림면, 남원면, 구좌면, 표선리 중산간 지대에 위치한 17개소 가축
방목예정지에 대한 국유임야대부허가원을 총독부에 제출했다.[147]

---

145 제주도농회가 전개했던 구체적인 축산사업의 내용은 강만익(2011)의 「일제하 제
　　주도농회의 운영 실태와 성격」(『탐라문화』 제38호, 제주대학교 탐라문화연구소)
　　가 참조된다.

146 제주도청이 실시한 산마시정방침에 따르면, 마필개량을 위해 종모마 제도, 마종
　　잡종시험, 목초재배, 거세장려 등을 실시했다(제주시 우당도서관, 1997, 『「제주도」
　　의 옛 기록』, 경신인쇄사, 74쪽).

147 檀紀 4276年(1943) 林政乙種記錄 第688號, 「貸付關係書類(國有林野貸付書類)」(국가기록원
　　문서관리번호 CJA0011523).

2) 마을공동목장의 설치

일제는 제주도의 '황폐한 목야지'를 정비한다는 구실로 「목야지정리계획」(1933)을 수립했다. 일제는 이에 근거해 마을마다 중산간 초지대를 정비하게 한 다음, 공동목장을 만들도록 했다. 이에 따라 1930년대에는 마을공동목장조합이 110여 개 성립되었다.[148] 이 시기 일제는 축산진흥정책이라는 미명하에 목장조합 설치 보조금 지급과 가축개량 기술지원 등을 약속하며 마을공동목장조합을 조직하도록 독려했다.

공동목장의 설치과정은 애월읍 유수암리(금덕리) 공동목장 문서에서 확인된다. 실례로, 「공동목장조합설립승인서」(1935.6.20)에 나타난 이 마을 목장조합 명칭은 '금덕리 제1구 공동목장조합'이었다. 1935년 6월 4일 이 마을이 제주도청에 제출한 「공동목장설치승인신청서」에 대해 동년 8월 20일 당시 제주도사濟州島司였던 다구치 테이키田口禎禧가 승인했다.

「공동목장조합규약변경 및 부과금징수」(1936.1.10)에는 목장조합이 자문조직인 평위원회를 열어 목장조합규약 변경과 경비징수방법에 대해 결정했음이 나타났다. 제주도사는 각 읍면과 마을에 내려 보낸 「표준마을공동목장조합규약」을 해당 마을의 실정에 맞게 변경할 경우, 사전에 평위원회에서 심의하도록 했다. 이 마을 공동목장조합에서는 심의결과(회의록 사본)를 애월면공동목장조합연합회를 통해 제주도 목장조합중앙회장을 겸임했던 제주도사에게 보내 승인을 받은 것이었다. 그후 목장조합에서는 승인된 규약에 근거해 조합원 가입절차를 진행함과 동시에 임원진 구성, 목장용지 확보, 목장내 목축시설 설치 등을 수행했다. 당시 금덕리 공동목장조합은 조합장 1인, 부조합장 1인, 평의원 10인, 서기 1인, 간사 1인, 목감 1~2인 그리고 170여명의 조합원으로 구성되었다.

「금덕리목장조합결성서」(1936.5)는 초대 목장조합장이었던 강희경姜熙慶이 목장조합 설치과정을 기록한 것으로, 마을자체에서 목장조합의 구체적인 설립과정을 기록한 보기 드문 문서이다(그림 37).

---

148 일제시기 마을공동목장에 대해서는 강만익의 『일제시기 목장조합연구』(2013, 경인학술총서 105)가 참조된다.

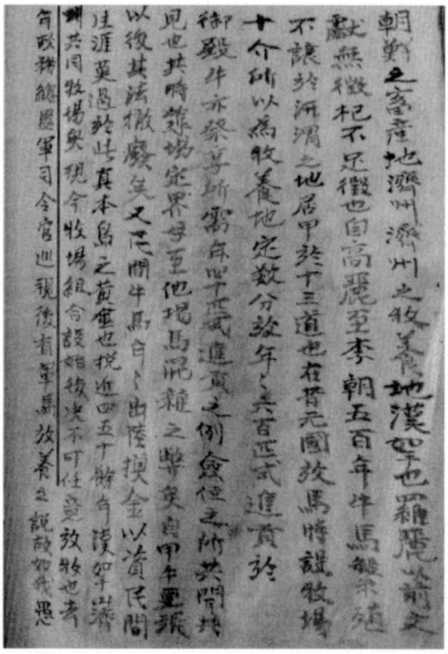

〈그림 37〉「금덕리목장조합 결성서」
일부

공동목장 설치과정에 조선총독부 정무총감
과 군사령관이 제주도를 순시했다는 문구
가 등장했다.

여기에는 첫째, 목장조합 설치 후에는 임의로 한라산에 방목하는 것이 불가능해졌으며, 둘째, 1935년 조선총독부의 정무총감政務總監[149]과 군사령관이 제주도를 순시하면서 제주지역 마을공동목장에 민마民馬와 군마軍馬를 함께 방목하겠다는 일제의 계획을 수용하기 힘들다고 밝혔다.

셋째, 금덕리는 토질이 척박하고 마을사람들이 가난하여 소와 말이 없으면 살아가기 힘들기 때문에 협심해서 공동목장을 만들어야 하며, 넷째, 관청서류를 보면 공동목장 설치 예정 면적이 300 정보나 되지만 실제로 목축지로 이용가능한 면적은 80여 정보에 불과하니, 나머지 땅은 확보하기 힘들어 마치 병풍에 그려진 닭과 같으며, 다섯째, 목장예정지 내의 토지소유자들은 높은 가격에 토지를 조합에 매도하려 하여 서로 좋지 않은 상태가 되고 있으니 앞으로 화합하여 목장조합 결성에 참여해야 함을 강조했다.

「금덕리공동목장조합명부」(1936.12)에는 조합비(두수할) 납입 고지서 번호가 1호부터 187호까지 되어있어 모두 187명에게 조합원할과 두수할 금액이 청구되었음을 알 수 있다. 조합원할과 두수할은 1인당 모두 20전씩이며, 두수할은 방목하는 우마 수에 비례하여 차등을 두었다. 조합비

---

149 조선총독부 정무총감朝鮮總督府政務總監은 조선 총독의 아래에서 군사통수권을 제외한 행정, 사법을 통괄하던 직책이었다. 오늘날 국무총리 정도에 해당하며, 1935년 당시 정무총감은 이마이다 기요노리今井田淸德, 조선총독은 우가키 가즈시게宇垣一成였다.

영수월일은 187호 모두 1936년 12월 29일로 기재되어 있다.

「금덕리공동목장조합평의원회회의록」(1937.1.10)에는 조합장(의장) 1인, 부조합장 1인, 평위원 10인 그리고 참여원인 간사와 서기 각 1명 등 모두 14명이 평의원회에 참여했음을 보여준다. 당시 평의원회에 상정된 의안은 조합규약변경의 건(제1호)과 조합경비징수 방법의 건(제2호)이었으며, 모두 만장일치로 가결되었다.

「금덕리공동목장조합규약(1937)」에 의하면, 공동목장에 목장경계돌담 축조, 목도牧道 개수와 장애물 제거, 공동목사共同牧舍와 간시소看視所 및 급수시설 설치 등이 이루어지도록 규정했다. 이 마을 공동목장은 7월 1일에 개방되어 9월 10일에 문을 닫았다. 이곳의 공동목장은 해발 600~700m에 위치해 추운 곳이었기 때문에 실질적인 운영기간은 3개월에 불과했다. 평의원회는 조합장이 소집하며, 10명의 평의원들은 조합규약 변경, 조합해산, 조합비 기타 요금징수에 관한 사항 등에 대해 자문했다. 조합장은 조합규약 및 평의원회의 결의를 준수하지 않고 심지어 조합 체면을 더럽힌 조합원에 대해 평의원회의 의결로 제명할 수 있도록 했다.

「금덕리공동목장조합경비분부수입방법」(1937)에는 조합비로 조합원할 1인당 20전, 두수할은 성우마 1두당 20전을 징수했음이 기록되고 있다. 「현금출납부(1936~1937)」는 목장조합의 구체적인 운영모습을 기록한 문서로, 조합비 징수내역, 제주도농회 보조금액, 애월면공동목장조합연합회 기부금, 위탁료, 감목료監牧料, 임야세 등이 등장하고 있다. 특히 감목료는 조합원들을 대신해 공동목장에서 방목우마를 관리했던 목감에게 지불했던 급료로, 현금출납부에는 3명의 목감이 등장했다.

한편, 제주지역 마을공동목장 형성과정에서 제주도사, 제주읍장, 제주도농회장, 권업서기, 지역유지 등이 조직적으로 개입했다. 그러면서 일제는 1935년 6월 16일 목장조합의 설립상황을 조선총독부 기관지였던 『매일신보』를 통해 전국에 홍보했다(그림 38).

이 기사에는 첫째, 제주도의 마을공동목장이 1934년에 공사를 시작하여 1936년에 완성될 수 있도록 계획되었음을 알려준다. 둘째, 제주도에

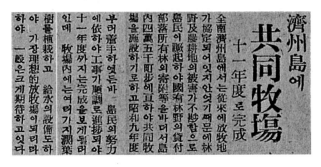

〈그림 38〉 제주도 공동목장 설치 보도자료(『매일신보』, 1935.6.16)

서는 종래 방목지가 협정되어 있지 않아 임야와 농경지 피해가 많이 발생했고, 이의 해결을 요구하는 도민들의 궐기가 있자 제주도 당국에서는 정책적으로 각 마을에 국유임야를 대부받거나, 혹은 마을 소유림(리유지)을 기부 받도록 하여 총 45,000 정보의 면적에 공동목장을 설치하도록 했음을 보여준다. 셋째, 목장설치 공사는 1934년부터 착수해 도민들의 노력에 힘입어 공사가 순조롭게 진척되고 있어 1936년까지는 완성을 하게 될 것이다. 넷째, 목장 내에는 활엽수를 식재하고, 급수설비도 갖추어 가장 이상적인 방목장을 만들려고 했음을 확인할 수 있다. 목장 내에 심어진 활엽수들은 방풍림 및 피서지의 기능을 했다.

일제는 제주도사濟州島司를 내세워 공동목장 설치에 주력했다. 제주도사는 조선총독부의 문서주의에 근거해 각종 문서들을 각 마을로 보내 국책사업으로 추진되고 있는 마을공동목장 설립을 독려했다. 현재 제주특별자치도청 축정과에는 일제시기 제주도청이 읍면별로 수집하여 마을공동목장조합 문서들을 편철한 『서기일구사삼년도 공동목장관계철西紀一九四三年度 共同牧場關係綴』이라는 문서가 남아 있다.

3) 마을공동목장의 운영

1930년대 제주도사의 설립인가를 받아 등장한 마을공동목장조합은 조선총독부가 전국에 실시한 축우증식 10개년 계획, 산마증식계획, 농촌진

홍운동의 축산정책에 영향을 받았다.[150] 이 목장조합은 제주도사, 제주도 농회장, 농회읍면분구장農會邑面分區長, 제주도목장조합중앙회, 읍면별 공동목장조합연합회 그리고 마을 목장 단위에서는 조합장·부조합장·평의원회·간사·목감 등에 의해 운영되었다. 특히 조선농회 제주도지부인 제주도농회는 조선총독부로부터 국유림 관리를 위탁받아 목장조합에 대부하는 역할을 했을 뿐만 아니라 공동목장조합의 회비징수를 담당하기도 했다.[151] 공동목장 내에는 급수장·간시사看視舍·가축수용사·급염장給鹽場·목장도로·경계돌담이 있었다.[152]

마을공동목장 설립초기에 마을공동목장조합에서는 공동목장을 유지하기 위해 많은 노력을 기울였다. 이를 구체적으로 보면 첫째, 조합원들을 동원해 목장내 목초지, 방풍림, 경계용 돌담, 급수장 등을 관리했다. 만일 조합원이 공동목장 출역에 불참할 경우, 벌금을 납부하도록 했다. 둘째, 목장초지를 보호하기 위해 조합원들에 한해 공동목장 초지를 이용할 수 있도록 했다. 그러면서도 동일생활권 내의 인근 마을 주민들이 일정금액의 우마 위탁료를 조합에 납부하면, 공동목장 초지를 공용할 수 있도록 했다. 이것은 비록 제한된 공동목장이라 할지라도 초지를 이웃과 공유하려는 인보隣保 정신의 표현이었다.

셋째, 조합원들로 하여금 조합에서 정한 날짜에 맞추어 동시에 우마를 방목하도록 했다(그림 39). 만일 공동목장 출입문을 개방하기 전에 미리 우마를 방목시킨 조합원들은 사회적으로 비난의 대상이 되거나 상습적으로 위반한 조합원에게는 과징금이 부과되기도 했다.

넷째, 목장 내 농경지 개간과 '방앳불' 놓기를 제한했다. 농경지 개간과 '방앳불' 놓기는 공동목장 내 식생환경에 위협을 가하는 일이었기 때

---

150 강만익(2011), 「일제시기 제주도 마을공동목장조합 연구」, 제주대학교 대학원 사학과 박사논문, 175쪽.

151 강만익(2011), 「일제하 제주도농회의 운영실태와 성격」, 『탐라문화』 제38호, 제주대학교 탐라문화연구소, 231-232쪽.

152 강만익(2008), 「1930년대 제주도 공동목장 설치과정 연구」, 『탐라문화』 제32호, 제주대학교 탐라문화연구소, 125쪽.

〈그림 39〉 남원읍 의귀리 마을공동목장의 소방목 모습(현지촬영)

문이었다.

다섯째, 윤환방목을 실시했다. 이것은 공동목장 내 초지식생을 보호하는 장치로, 목장을 몇 개의 목구牧區로 구분한 다음, 초생 상태에 따라 일정한 순서에 따라 이동하며 방목하는 방법이다. 오등동, 유수암리, 삼리공동목장에서도 윤환방목이 행해졌음을 확인했다.

4) 마을공동목장의 소멸

근래에 들어 마을공동목장은 마을단위 축산업이 사양화되면서 그 기능을 잃어버리고 있다. 더욱이 공동목장이 대규모 관광시설 사업자나 중국자본에 넘어가면서 목장본래의 모습을 잃어가고 있다.

공동목장의 매각은 많은 문제를 야기할 것이다. 무엇보다 이것은 목축 관련 마을역사를 잃어버리게 할 것이다. 공동목장이 위치한 장소가 조선시대 국마장과 일제강점기 목장사가 누적된 곳이기 때문이다. 또한 마을단위 목축문화를 일시에 소멸시키는 행위이다. 청명부터 상강까지 이루어졌던 공동목장 방목, 바령 하기, 우마를 이용한 밭 밟기, 백중제 지내기 등 전통적 목축문화가 사라질 것이다. 또한 중산간 초지대를 파괴시킬 것이며, 마을공동체의식을 약화시킬 것이다. 공동체의식은 마을공동체를 유지시키는 힘의 원천이므로, 공동목장은 마을공동체를 유지시키는 버팀목이 될 수 있을 것이다. 공동목장은 미래를 살아갈 후손들에게 고스란히 물려주어야 하는 마을 공유자산이라는 점을 명심해야 할 것이다.

2. 해방 후 국립제주목장

해방 후 이승만 정권이 수립되면서 "대한민국 사람도 쇠고기를 먹어야 한다"는 대통령의 의지에 따라 육우생산 목장 설치가 논의되었다. 그 결과 제주지역에 현대적 시설을 구비한 목장이 구좌읍 송당리 공동목장이었던 민오름 일대에 등장했다.

1956년 9월 7일, 이승만 정권은 제주목장 시설비로 100만불을 한미재단 이사장인 밴 플리트 장군에게 송금해 목장 설치자금으로 쓰도록 결정했다.[153] 그후 1957년 3월 28일 제주를 방문한 밴 플리트Van Fleet 장군은 송당리 공동목장 일대를 국립목장 터로 최종 선정했다.

1957년 5월 10일에 열린 국무회의에서 정재설 농림부장관은 제주목장 건설문제를 공식 안건으로 상정했으며,[154] 1957년 6월 17일 국무회의에서 제주목장계획에 대한 보고가 이루어졌다.[155]

정부는 공사비 3,540 만환을 투입해 야간 공사 끝에 1차 기반공사를 완공했다. 1957년 10월 5일에는 정재설 농림부장관과 이응준 체신부장관이 국립제주목장(송당목장)을 시찰했다. 이 목장에는 미국산 브라만Brahman과 양, 염소 등이 방목되었다. 브라만은 밴 플리트 장군의 고향인 플로리다 주에서 수입된 것이다. 이 목장은 1957년 4월 15일 '국립제주목장'으로 공포되었다. 1959년 8월 3일 이승만 대통령은 최인규 내무부장

153 국가기록원(1956), 「제주목장시설비 100만불을 우선 밴 장군에게 송금하여 목장자금으로 하도록 결정하라」(국회회의록 제86호, BA0085176).
154 국가기록원(1957), 「제주목장건설문제」(국무회의록 제45회, BA0085177).
155 국가기록원(1957), 「제주목장계획에 관한 보고」(국무회의록 제47회, BA0085177).

관과 이근직 농림부장관, 전성천 공보실장과 함께 국립제주목장을 방문
했다.[156]

그러나 이 목장은 이승만 정권 실각 후 목장운영이 부실해진 결과,
1963년 1월 박정희 군사 정부에 의해 민간에 매각되어 현재는 제주축산
개발주식회사가 운영하고 있다.[157] 2014년 이 목장 내에 있는 이승만 대
통령 별장인 귀빈사의 내부가 복원되었다.

이상과 같이 제주지역 목축사의 변천과정을 목장 중심으로 요약해 제
시하면 <표 8>과 같다.

〈표 8〉 제주지역 목축사의 변천

시기 구분	고려시대	조선시대	대한제국기	일제시기~현재
목장이름	· 탐라목장 (동·서아막)	· 십소장(1소장~10소장) · 산마장(녹산장, 상장, 침장, 갑마장) · 황자장, 우자장 · 우목장(모동장, 황태장, 천미장) · 우도장, 가파도별둔장	· 제주도 관유목장	· 마을공동목장 · 국립제주목장 (송당목장)
목장운영	· 다루가치 · 자르구치 · 만호 · 카라치(목호)	·『경국대전』에 근거한 마 정조직 : 제주목사-감목 관(판관과 현감이 겸직)- 마감(우감)-군두-군부- 목자	· 목양위원	· 제주도 목장조 합 중앙회 · 제주도농회 · 마을공동 목장조합
목축문화	· 낙인과 거세 · 방목 · 열녀정씨비	· 낙인과 거세 · 방목 · 공마와 점마 · 바령하기[糞田] · 밭볼리기	· 낙인 · 거세 · 방목 · 바령 · 밭볼리기	· 공동목장 · 윤환방목 · 화입 · 목감 · 출역

---

156 국가기록원(1959),「이승만 대통령 제주도시찰」(CEN0000143).
157 사단법인 제주도지방의정연구소 편(2006),『도백열전』제1권, 세림, 243-250쪽.

관련문헌	·『고려사』 ·『신증동국여지 승람』 ·『원사』	·『조선왕조실록』 ·『목장신정절목』 ·『승정원일기』 ·『비변사등록』 ·『탐라지』 ·『제주읍지』 ·『탐라순력도』 ·『남환박물』 ·「제주삼읍도총지도」	·「제주목 양장정」 (1900)	·『제주도공동목 장관계철』 (1943)
주요인물 및 사건	·목호의 난 (1374) ·탑라적 ·석질리필사, 초고독불화, 관음보 ·최영장군	〈국영목장〉 ·세종대왕 ·고득종, 고대필, 유한명, 이형상, 송정규, 김영수, 서명선, 정언유, 심낙수 〈산마장〉 ·김만일, 김대길, 김진혁, 김세화, 김상걸	·윤행구	·제주도사 ·이승만

제3부
제주지역 목장의 목축경관

Ⅰ. 국마장의 목축경관
Ⅱ. 고지도의 목축경관
Ⅲ. 고문서의 목축경관
Ⅳ. 마을공동목장의 목축경관

앞서 살펴본 것처럼, 제주지역의 목장들은 고려말 탐라목장, 조선시
대 십소장과 산마장 그리고 근현대 마을공동목장 순으로 변화했다. 이
러한 목장사의 흐름 속에서 제주도민들은 다양한 목축경관을 목초지
나 농경지 그리고 마을 내에 만들어 놓았다. 여기서 목축경관은 목축
지와 마을에 형성된 가시적인 목축시설과 목축경관을 형성·유지시켰
던 제도 및 정책 등을 포함하는 개념이다.

제3부에서는 경관景觀landscape이라는 개념에 주목해 경관사景觀史의
관점에서 목축경관과 그의 의미에 접근하고자 한다. 경관은 역사적 과
정을 통해 형성되어 누적된 축적물이며,[1] 장시간을 통해 지표상에 형
성된 집합적 형태로, 사회·문화적 신념, 관습, 제도 및 기술을 포함한
다.[2] 이러한 경관은 사료로서의 성격을 내포하고 있어 역사적 맥락 속
에서 이해될 필요가 있다.[3]

1950년대 영국의 사학자인 윌리엄 조지 호스킨스W.G.Hoskins는 『잉글
랜드 풍경의 형성』에서 경관(풍경)에는 역사적 시간이 중층적으로 담겨
있음을 주장하며 지방사 연구에 있어서 경관연구의 유용성을 강조했다.[4]
제주지방사 연구에 있어서도 경관연구는 사료부족의 문제를 보완하는
중요한 방법론이라 할 수 있다. 이러한 관점에서 여기에서는 경관개념에

---

1 이혜은(1994), 「조선시대 이후 서울의 토지이용과 경관변화」, 『서울의 경관 변화』,
   서울학연구소, 198쪽.
2 Mike Crang(1998), 『Cultural Geography』, Routledge London and New York, 14-15쪽.
3 박용국(2011), 「초등학교 『사회5-1』 교과서의 역사경관 고찰」, 『역사교육논집』
   제47집, 역사교육학회, 402쪽.
4 윌리엄 조지 호스킨스 지음(2007), 이영석 옮김, 『잉글랜드 풍경의 형성』, 한길사,
   11-19쪽.

기초해 제주도의 목축경관에 반영된 목축문화를 파악하려 한다. 이를 위해『목장지도』(1678), 제주관련 고지도와 고문서 그리고 마을공동목장에 남아있는 목축경관에 주목했다.

Ⅰ. 국마장의 목축경관

1. 둔마장屯馬場과 피우가避雨家

조선시대 국마장 내에는 다양한 목축시설이 등장했다. 실례로, 둔마장은 하나의 목장 내에서 중심지 역할을 했던 장소였다. 이곳에는 방목중인 가축들이 비바람을 피하기 위한 피우가, 말들을 점마하기 위한 시설, 목자들이 임시 거주했던 '테우리막' 등이 있었다. 둔마장이라는 용어는 18세기 전반에 제작된「제주삼읍도총지도」에 등장했다. 둔마장의 입지에는 바람을 막을 수 있는 오름(측화산)과 우마의 물 확보에 필수적인 못의 존재 그리고 배후에 방목지로 이용되는 광활한 초지가 중요했다.

「제주삼읍도총지도」에 나타난 1소장 둔마장은 구좌읍 송당리 체오름과 안돌오름 중간지점에 위치했다. 여기에는 피우가와 송당리에서 목장으로 들어갔던 출입문 및 체오름 인근의 물공급지였던 '마위지馬渭池'가 표시되어 있다. 말들은 밧돌오름 인근 '돌오름물'[5] 및 체오름과 거친오름 사이에 위치했던 '몰순이못'을 이용해 물을 먹었다.[6]

2소장 둔마장은 꾀꼬리오름 아래에 있는 원동院洞에 있었다. 이곳에는 보문사普門寺가 있었으며, 이 마을주민들이 식수로 이용하였던 '절세미'[寺泉]가 현재도 남아있다. 또한 원동은 제주목과 정의현을 연결하는 '상대로上大路'의 중간지점에 있어 제주목에서 정의현으로 가는 관리들이

---

5 제주도(1997),『제주의 오름』, 272쪽.
6 제주환경운동연합 습지조사단(1999),『제주도의 습지』2, 온누리, 87쪽.

점심을 먹던(旌義員中火處) 교통취락이었다.

3소장 둔마장은 하잣성 위에 위치한 제주대학교 정문 부근에 있었던 것으로 판단된다. 4소장 둔마장은 제주시 해안동 하잣성 남쪽의 '주루래' 일대인 현재 제주시 축산마을, 5소장 둔마장은 현재 제주경마장 부근일 것이다. 6소장 둔마장은 애월읍 어음 2리 '장삼도'[長三梁]과 봉성리 '광남도'[光南梁]의 중간인 현재 봉성리 평화목장(봉성리 산 67) 터라고 판단된다.

대정현의 7소장 둔마장은 「제주삼읍전도」에 의하면, 안덕면 동광리 원물오름 부근에 있었다. 이곳에는 오름과 '원물'이 존재하고 있다. 8소장 둔마장은 하원동 법화사 부근에 있었다. 이곳에는 말을 점마하기 위한 점마청(하원동 1100)이 있었다.[7]

정의현 9소장 둔마장은 영천악과 칡오름 사이의 영천천[효돈천] 변에 위치한 남원읍 하례2리 학림동 1697번지 일대의 '직사直舍동네'에 있었다. 이곳은 하잣성 위에 위치했으며, 제주목사와 점마별감이 9소장의 말들을 이곳에 모이게 한 후, 점마했던 곳으로 알려졌다.[8] 10소장 둔마장은 「제주삼읍도총지도」에 근거할 때 현재의 넓은목장[구, 성읍목장]으로 보인다.

피우가避雨家란 둔마장의 필수적인 가옥으로, 서우풍설屠雨風雪로 인하여 말들이 피폐해지는 문제를 예방함과 동시에 겨울철의 풍설기한風雪飢寒에 대비해 만든 집이었다. 목장이 위치한 중산간 지역이 기상변화가 많을 뿐만 아니라 지형성 강수가 발생하는 다우지여서, 피우가는 필수적으로 세워진 시설이었다. 또한 이 집은 방목하는 마필의 수를 고려하여 세워진 것으로 판단되며, 임시 축사로서의 기능도 했다.

---

7 하원마을회(1999), 『하원향토지』, 212쪽.
8 남원읍 하례2리(1994), 『학림지』, 19-20쪽.

2. 못[池]·양梁·장통墙桶

지池는 목장에 형성된 자연습지 또는 인공적으로 만든 못이다. 이곳은 목자와 우마들에게 물을 공급했기 때문에 목장의 필수적인 경관요소에 해당하며, 『제주읍지』에 기록된 '수처'라는 명칭 역시 못에 해당된다. 비가 많아 내려도 물이 잘 스며드는 중산간 지역에서 둔마장의 입지를 결정할 때, 물을 구할 수 있는 위치인가는 매우 중요한 입지요인이었다. <그림 40>은 제주목 관할 2소장 목장이 입지했던 조천읍 선흘리 윗바메기 오름 하단부에 있는 '고망물'이다.

조선시대 국마장에서 우마 사육에 필요했던 못은 해당 감목처에서 관속을 동원해 옛 못을 파거나 혹은 새로 보를 쌓아 확보했다. 특히 갈수기인 가을과 겨울에는 물 부족 문제가 심각하였으므로, 감목처監牧處에서는 목장 내에 물을 저장할 계획과 함께 물이 지하로 스며들어 버리는 것을 방지하기 위해 노력했다.

실례로, 「제주삼읍도총지도」에는 제주목이 관리했던 1소장부터 6소장의 목장지역에는 못의 위치가 명칭과 함께 상세히 표시되어 있어 우마 사육에 물을 얼마나 중요시했는지를 알 수 있다. 이러한 못은 화산쇄설물에 기인하는 집괴암集塊巖이나 응회암질 퇴적물질이 불투수층을 형성하는 지점에 생겨나는 것이다.[9] 「제주삼읍도총지도」에 의하면, 5소장과 6소장에 지池가 집중되고 있으며, 위치도 표시되고 있다.

양梁이란 국마장의 잣성을 따라 설치되었던 시설로, 우마와 목자들 그리고 주민들이 목장으로 출입했던 일시적인 출입구였으며, '도'라고 불렸다. 「탐라지도병서」(1709)와 「제주삼읍도총지도」(1700년대 전반)에 등장하는 '양梁'에는 필요에 따라 문을 열고 닫는 '살체기' 문이 있었다. 이러한 '양'은 목장과 촌락을 연결하는 통로가 되었다는 점에서 지리적 의의를 지닌다. 목장으로 말들을 올리는 기간과 마을로 말들을 이동시켜올 때, 문을 일시적으로 열지만 나머지 기간에는 입구를 막아 두었다.

---

9 김상호(1963), 「제주도의 자연지리」, 『대한지리학회지』 제1호, 12쪽.

〈그림 40〉 2소장 말들이 먹었던 '고망물'(현지촬영)

   '양'은 하잣성을 따라 하천과 도로변에 배치되는 것이 일반적이었다. 현재 중산간의 하잣성 주변에 위치한 취락들에는 '양' 또는 '도'라는 지명이 남아있다. 제주목 지역 1소장 하잣성을 따라 설치된 '양'으로는 1소장과 10소장의 경계부근에 설치된 '빌어냇도'[非乙於川梁]와 1소장과 2소장의 경계부근에 설치된 '언거량'[言巨梁]이 있었다. 3소장에는 회천동에 위치한 '폭남도'[彭木梁], 4소장에는 둔마장 입구에 '이생잇도'[伊生梁], 5소장에는 '허문이도'[許門梁], 6소장 애월읍 어음2리에는 '장삼도'[長三梁], 7소장 안덕면 동광리에는 '조단잇도'[自丹梁], 9소장에는 신례천[狐村川]과 하잣성이 만나는 부근의 '송목당량'[松木堂梁] 등이 있었다.

   장통墻桶 또는 물통馬桶은 목장에서 말의 건강상태 확인과 낙인을 하기 위해 선정해온 말들을 일시적으로 가두는 곳이었다. 둥글고 오목한 장소로, 비가 오면 물이 고이기도 했다. 한림읍 금악리에서는 아래와 같이 장통을 '국마통國馬桶'으로 불렀으며, 현재는 아래와 같이 그 흔적만 남아있다.

목장에 방목 중인 말을 한 마리씩 튼튼한 밧줄로 묶고 공마선까지 실으려
면 목장주변에 사는 장정들을 동원하여 인위적으로 말을 걸리는데 힘의
소비가 많았다. 말에 줄을 걸리는 데 작업을 원활하게 하기 위하여 말들
을 한 곳에 가두어 두는 장소가 '국마통國馬桶'이었다. 이것의 면적은 1800
여 평이고, 주변에는 말의 목에 줄을 걸리는데 필요한 높은 돌과 흙을 쌓
아 동산을 만들기도 하며, 밭의 입구에서 막다른 곳까지 통로는 좁아졌다
넓어졌다하여 통로에서 끝까지 서서히 걸어가게 하였다. 국마통 입구에는
장정들이 잠시 머무는 숙소 및 주막용으로 지은 집 자리가 남아있었다.
일단 밭 안으로 들어간 말은 밖으로 나가지 못하게 쌓은 축장의 밑넓이는
지름이 약 2m 정도이며, 현재 이곳은 주민들에 의해 "말걸리는 츠남밭"으
로 불리고 있다.[10]

3. 원장圓場과 사장蛇場

『탐라순력도』(1703)와 「제주삼읍도총지도」에는 원장과 사장이 등장한
다. 이것은 국영목장 내외에서 이루어졌던 점마경관의 상징물이었다. 점
마경관이란 십소장과 산마장에서 목책木柵을 설치하는 결책군結柵軍과
말을 몰아오는 구마군驅馬軍을 동원해 말들을 목장 내외에 설치된 원장
圓場과 사장蛇場으로 몰아넣은 뒤, 말들의 상태를 하나하나 점검하는 장
면을 의미한다. 점마는 중산간지대 목장 및 해안가 진성鎭城 내 또는 목
장 주변의 촌락에서 행해졌다.

이러한 점마경관은 절제사(제주목사) 또는 중앙에서 파견된 점마별감
點馬別監 그리고 목자와 주민들에 의해 창출되었다. 이들은 봄과 가을에
지역주민들의 사둔장私屯場 및 국영목장(십소장)과 산마장에 방목하는
말들이 진상에 합당한지 여부를 점검하였다. 따라서 점마경관은 봄과 가
을철에 나타나는 계절적인 경관이었다.

점마를 효율적으로 하기 위해 점마군이 일시적으로 편성되었다. 점마
에 필요한 노동력은 주민들의 요역徭役으로 충당되었다.[11] 점마군은 주

---

10 한림읍지편찬위원회(1999), 『한림읍지』, 1185-1186쪽.

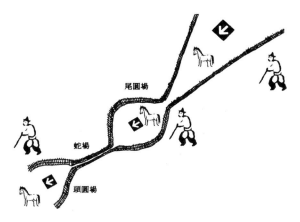

〈그림 41〉 점마용 원장과 사장의 형태
자료 : 탐라순력도(1703)의 「산장구마」에 나타난 원장을 재구성함.

민들과 함께 장마포착場馬捕捉(말 붙잡기), 환장목책環場木柵(둥글게 목책
만들기), 축초예적蓄草刈積(꼴을 베고 쌓아놓기), 조가적초造家積草(집을
짓고 꼴(촐)을 쌓아두기) 등을 담당했다.[12]

　　말을 하나하나 점검하기 위해 <그림 41>과 같은 원장과 사장이 설치
되었다. 원장과 사장은 십소장과 산마장 내 그리고 십소장을 관리했던
해안지역 진성의 내부에서도 나타났다. 여기서 원장은 말을 취합하기 위
하여 만든 원형 목책이고, 사장은 취합한 우마를 1두 또는 1필씩 통과할
수 있게 만든 좁은 목책 통과로였다. 원장은 다시 미원장尾圓場과 두원장
頭圓場으로 구분되며, 그 중간을 연결하는 것이 사장蛇場이었다. 사장이
란 명칭은 좁은 목책 통과로가 마치 뱀의 형태와 유사했기 때문에 명명
된 것으로 보인다. 우마를 먼저 미원장에 몰아넣은 뒤, 사장을 통과하도
록 하며 점검한 후에 두원장에서 취합했다. 사장은 우마의 수를 파악하

11　요역徭役이란, 국가가 백성의 노동력을 무상으로 징발하는 수취제도를 의미하며,
　　토목공사에 백성을 동원하기도 하였다. 제주도에서는 잣성 축조나 점마군 등에
　　투입되었다.

12　김경옥(2000), 앞의 논문, 54쪽.

거나 공마에 필요한 말을 선정하기 위해 하나씩 붙들 수 있게 된 장치였다.

4. 목장경계 돌담, 잣성(잣담)

잣성이란 무엇인가? 이 명칭은 1970년대부터 제주도 지형도에 공식적으로 등장했다. 잣성이라는 용어는 지형도 제작과정에서 명명된 신조어新造語로, 목마장 경계에 쌓은 담장을 가리킨다.[13] 본래 '잣'은 돌로 쌓은 성城을 의미하는 말이므로,[14] 결국 잣성이라는 용어는 동어반복이 되는 셈이다. 제주어로는 '잣'이라 하며, '넓게 돌로 쌓아 올린 기다란 담'을 의미한다.[15]

전통사회에서 제주도민들은 잣성이라는 용어보다는 '잣' 또는 '잣담'을 사용했다. 실례로, 마을 촌로들은 현재도 '알잣', '웃잣', '하잣담', '상잣담'이라는 용어를 사용하고 있다. 이밖에 목장에 쌓은 성이라는 의미에서 장성場城이라고 부르기도 했다.[16]

조선시대에는 잣성을 무엇이라고 불렀을까? 「탐라지도병서」(1709)에는 '석장石墻', 『제주계록』(1846~1884)에는 '장원墻垣'이라는 기록되고 있다. 특히 관찬기록인 『제주계록』에 등장한 '상하장원上下墻垣'을 통해 상잣성과 하잣성의 역사적 존재를 확인할 수 있다.

잣성은 그 위치에 따라 하잣성, 중잣성, 상잣성 그리고 간장間墻으로 구분된다.[17] 1:50,000지형도에 나타난 잣성의 위치를 보면, 대체로 해발 150m~250m 일대에 하잣성, 해발 350m~400m 일대에 중잣성, 그리고 해발 450m~600m 일대에 상잣성이 위치하고 있음을 알 수 있다. 이 잣성들은 한라산지를 환상環狀으로 크게 3등분하는 역할을 했다.

현지답사를 통해 하잣성은 해안지대 농경지와 중산간지대 방목지와의

---

13 김봉옥(1989), 「잣성」, 『굽소리』 4월호, 한국마사회, 48쪽.

14 남광우(1995), 『보정 고어사전』, 일조각, 418쪽.

15 제주도(1995), 『제주어사전』, 484쪽.

16 석주명(1968), 『제주도수필』, 보진재, 162쪽.

17 조선시대 제주도의 잣성에 대해서는 강만익(2009)의 「조선시대 제주도 잣성연구」(『탐라문화』 35호)가 참조된다.

경계부근에 그리고 상잣성은 중산간지대 방목지와 산간지대 삼림지와의 경계부근에 동서방향으로 위치하고 있음을 확인했다.

하잣성은 중산간에 방목중인 우마들이 해안지대 농경지로 들어가 입히는 피해를 방지하기 위해서 축성되었다. 그러나 하잣성 축조의 보다 본질적인 목적은 중산간 지대에서 부분적으로 행해지고 있었던 농경지 개간을 금지하여 이 지대를 국마장으로 지정하려는 정부정책을 반영한 것이라 할 수 있다.[18] 상잣성은 우마들이 한라산 밀림지역으로 들어가 동사하거나 잃어버리는 사고를 방지하기 위해서 만들어졌다.[19] 중잣성은 하잣성과 상잣성 사이의 공간에 축조되었다.

간장은 목장을 남북방향으로 구획하기 위해 축조된 돌담이다.[20] 이것은 목장간 경계가 될 만한 하천이 없는 목장지역에서 각 목장간 남북방향 경계선 역할을 했다. 이것을 '사잇담', '선잣'이라고도 불렀다. 조선후기에 설치된 산마장(침장, 상장, 녹산장) 내에도 간장이 설치되었다.[21]

잣성들은 거주지역과 비거주지역, 농경지와 방목지 그리고 식생분포 즉, 초지대와 삼림지를 구분하는 경계선 역할을 했다. 그러면 잣성은 언제부터 축조되었을까? 이것은 한라산지에 국마장이 설치되기 시작한 세종대 즉, 15세기 초반부터 등장한 것으로 판단된다. 잣성 축조 작업은 제주사에서 최초로 이루어진 대규모 역사役事였다. 이러한 제주의 잣성은 섬이라는 환경특성이 반영된 결과, 길이를 보면 조선시대 지방단위에서 이루어진 최장의 석축공사였다.

하잣성이 가장 먼저 축조되었다. 이것은 민간인 출입이 제한되는 국마장을 설치함에 있어 농민들의 농경지와 목장지를 구분하는 것이 무엇보다 중요했기 때문이었다. 하잣성 길이는 어느 정도였을까? 이에 대해『세

---

18 강만익(2001),「조선시대 제주도 관설목장의 경관연구」, 제주대 교육대학원 석사 논문, 16쪽.

19 『제주읍지』(1785-1789) 목장조.

20 강만익(2007),「조선시대 김만일 가계 산마장의 입지환경과 유적」,『제주마 학술조사보고서』, 제주도·제주문화예술재단, 33쪽.

21 심낙수,『목장신정절목』, 정조 18년(1794) 5월.

종실록』에 기록된 '제주한라산목장濟州漢拏山牧場'²² 주위가 약 165리 정도였다는 사실을 고려할 때 하잣성 역시 적어도 160여리 이상 축조되었을 것으로 생각된다. 한라산지에서 이루어졌던 잣성 축조과정에 대해서는 다음 사료들이 참고 된다.

(가) 『정조실록』(1782) : 제주어사 박천형朴天衡이 올린 별지보고서別紙報告書에 의하면, 산둔山屯에 쌓은 담장을 훼철毀撤시키는 것을 원하지 않는 백성도 있다. 그러나 침장針墻 안에 가로 쌓은 담장(針墻內橫築)은 훼철하기를 원한다. 마장(여기서는 침장에 해당 : 필자주) 안에 횡축橫築한 이후 내축內築이 매우 좁아 말이 그 본성을 잃고 또 수초水草가 부족하기 때문에, 매년 고실故失되는 것이 8백여 필이나 된다. 내축內築이 말을 모는 폐단을 제거했으나 말의 손실이 많으니, 내장內墻을 훼철하는 것이 필요하다. (이에) 임금이 횡축橫築을 철거하라고 명했다.²³

(나) 『승정원일기』(1623~1910) : 서명선이 말하기를, 당초 제주목사 김영수金永綏가 정부에 알리지 않고 자의적으로 축장했다. 산마들은 산판山坂을 상하로 이동하는 것이 본성인데 축장해버릴 경우 본래의 성질을 잃어버린다. 따라서 구마驅馬의 폐단이 있을지라도 마땅히 담장을 헐어야 한다. 또 우진羽晉이 말하기를, 침장횡축針墻橫築의 바깥 쪽에는 외장구지外墻舊址가 있어 전 목사 이양정李養鼎이 횡축을 헐어 새롭게 구장舊墻을 보수했다.²⁴ 산마 3장(침장, 상장, 녹산장 : 필자주) 내에는 간장間墻이 있어 헐라고 명령했으나 전목사 이문혁李文爀이 이를 이행하지 않았다고 한다.²⁵

사료 (가), (나)는 공통적으로 산마장에 축조된 잣성에 대한 기록이다.

---

22 『세종실록』 권47, 세종 12년(1430) 2월 9일(경진) : "改築濟州漢拏山牧場 周圍 一百六十五里 移民戶三百四十四."
23 『정조실록』 권13, 정조 6년(1782) 1월 14일(신해).
24 『승정원일기』 제1507책, 정조 6년(1782) 4월 5일(신미).
25 『승정원일기』 제1564책, 정조 8년(1784) 8월 10일(계사).

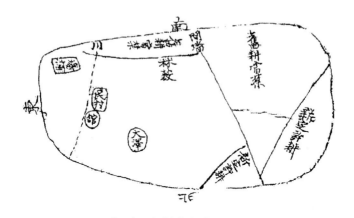

〈그림 42〉 침장내 간장 모습

그림에 나타난 民村은 교래리, 川은 천미천, 館은 교래리에 있었던 객사, 場桶
은 말을 가두어 두는 공간, 大澤은 큰 못, 林藪는 숲지대(곶자왈)을 의미한다.

즉, 산마장 중 침장(현재 바농오름[針岳]이 위치한 제주돌문화공원과 교
래리 일대에 해당) 내에 횡축横墻이 축조되었음을 알 수 있다.

<그림 42>는『목장신정절목』(1794)에 수록된 지도로, 여기서 횡축은
가로질러 쌓은 돌담인 간장에 해당한다. 이것은 '구경당금舊耕當禁'(과거
에는 경작했으나 현재는 당연히 금하는 땅)과 '신정허경新政許耕'(새로이
경작을 허락한 땅) 땅을 구분하는 역할을 했다.

사료 (나)에서는 산장에서의 축장이 첫째, 제주목사였던 김영수金永綬
가 독자적으로 판단해 이루어졌으며 둘째, 구마驅馬의 폐단 즉 진상용
말을 선정하기 위해 넓은 산마장에서 말들을 몰아오는 데에 따른 노동력
동원 등의 폐해를 줄여보기 위해 이루어졌다는 점을 보여주고 있다. 그
러나 산마장 축장 결과, 산마들이 일정한 공간 안에 가두어져 버리기 때
문에 그 본래의 성질을 잃어버리는 문제가 발생하여 돌담을 헐자는 주장
도 있었다.

(다)『비변사등록』(1782) : 제주목사 이문혁의 장계이다. 산장山場 횡축의
훼철 편부便否를 질의했다. 산둔마山屯馬 400여필이 고실 되었다. (이

것은) 모두 산장 횡축 후 즉, 횡축의 폐해이다. 명백히 (이를) 헐지 않
았기 때문이다. 또한 백성들의 사정을 널리 물어본 결과 (횡축을 허
는 것이) 진실로 말에게 도움이 된다고 하므로 3년 동안에 걸쳐 한
차례씩의 역을 통해 마땅히 (횡축을) 허는 것이 가능하다. 상장上場과
녹산장鹿山場 횡축을 훼철한다.[26]

사료 (다)에서는 산장에서 나타난 횡축의 폐해 때문에 상장과 녹산장
의 횡축을 헐어야 한다는 내용이 기재되어 있다. 그런데 사료 (라)에서는
산마장 내의 잣성을 훼철할 때 어떻게 했는지를 짐작할 수 있어 눈길을
끈다. 즉 횡축을 훼철하는 작업이 '3년 동안에 걸쳐 한 차례씩의 역(三年
一次之役)'으로 이루어졌다는 것이다. 여기서 역役이란 전근대 시대 국가
가 백성들의 노동력을 무상으로 징발했던 제도였다.

요역 중 토목공사는 백성들에게 큰 부담을 전가시키고 민력民力을 소
모시키는 종목이었으며, 특히 축성역築城役은 변경, 연변, 요해처에 거주
하는 주민들에게는 중요한 요역이었다.[27] 이처럼 제주도민들에게 역을
부과하여 산마장 내의 잣성을 헐었다는 기록을 통해 상·하 잣성을 축조,
보수할 때도 제주도민들을 부역으로 동원했음을 짐작하게 한다.

(라) 『제주읍지』(1780-1789) : A) 목장 일소장一所場과 이소장二所場 간에는
본래 경계를 나누는 간장間墻이 없어서 양장의 말들이 서로 왕래하여
많이 분실되었으므로 지난 경자년 봄에 목사 김영수가 새로 936보의
간장을 쌓아 그 폐단을 막았으며 일의 상황을 조정에 보고했다.[28]
B) 3소장三所場에는 본래 횡장橫墻이 없어서 곧바로 한라산의 정상에 통
하였으므로 말이 많이 분실되자 지난 경자년 봄에 목사 김영수가 비로
소 1,110보의 횡장을 쌓아 그 폐단을 막았으며 일의 상황을 조정에 보
고했다.
C) 오소장五所場에는 본래 횡장이 없어서 곧바로 한라산의 정상에 통

26 『비변사등록』 165책, 정조 6년(1782) 12월 26일.
27 윤용출(1986), 「15·16세기의 徭役制」, 『부대사학』 제10호, 22쪽.
28 『제주읍지』(1785-1789) 목장조.

하였으므로 말이 많이 분실되자 지난 경자년 봄에 목사 김영수가 비
로소 1,530보의 횡장을 쌓아 그 폐단을 막았고 일의 상황을 조정에 보
고했다.

D) 산마장은 한라산과 통하여 말을 몰아다 점검할 때 삼읍三邑 남정
들의 폐단이 많아 지난 경자년 봄에 목사 김영수가 백성들의 소원에
따라 새로 횡장을 쌓고 또 문로門路를 설치했다. 가로로 긴 담은
11,013보, 높이는 4자이며 일의 형편을 조정에 보고했다.

사료 (라)에서는 십소장 중 제주목 관할이었던 1소장, 2소장, 3소장, 5
소장이라는 목장명칭과 상잣성 및 그 잣성 길이가 구체적으로 등장한다.
여기서는 우선 간장이라는 잣성이 주목된다. 사료 (라)의 A)는 일소장一
所場과 이소장二所場 간에는 본래 경계를 나누는 간장이 없어서 양장兩場
의 말들이 서로 왕래하여 많이 분실되었으므로 경자년(1780) 봄에 제주
목사 김영수가 새로 936보의 간장을 쌓았다는 내용이다(그림 43).

제주시 북동부 중산간에 위치한 일소장과 이소장 경계부근에는 말들
이 뛰어 넘을 수 없는 하천이 존재하지 않는다. 그 결과 양장의 말들을
서로 섞여 관리상 문제가 발생함에 따라 목장 말들을 사람 목숨보다 더
중요하게 인식했던 사회 분위기 하에서 신명을 다해 말 생산과 관리를

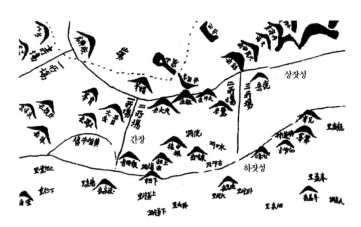

〈그림 43〉 「제주지도」(1899)에 나타난 잣성

책임진 목자들 입장에서 보면 양목장간 경계를 구분하는 간장 축조는 절실한 과제였을 것이다. 이러한 상황에서 제주목사 김영수 지시에 의해 936보[29]의 간장이 축조된 것으로 보인다.

B)와 C)는 3소장과 5소장이 한라산 정상과 통해 말들이 한라산 밀림지대로 들어가 잃어버리는 문제가 발생하자 이를 예방하기 위해 횡장이 축조되었음을 알려주고 있다. 이 횡장은 상잣성으로 판단되며, 따라서 사료 B)는 상잣성 나아가 제주도 잣성에 대한 기록이라고 할 수 있다.

사료 B)를 통해 1780년경에도 상잣성이 비록 일부이지만 축조되었음을 알 수 있다. 이 시기에 축조된 상잣성 길이는 3소장의 경우 1,110보, 5소장의 경우 1,530보였다. D)에서는 산마장에 축조된 잣성 높이가 언급되고 있다는 점이 중요하다. 이 기록을 통해 축조당시 한라산지 잣성들의 높이를 짐작할 수 있기 때문이다. 김영수 목사의 명령에 의해 축조된 산마장 잣성길이는 11,013보, 높이는 4자(약 120cm) 정도였다. 이 잣성을 축조하는 공사를 위해 수많은 노동력이 장기간에 걸쳐 동원된 것으로 보인다.

> (마) 『탐라지초본』(1841~1843) : 숙종 갑신년(1704)에 목사 송정규宋廷奎[30]가 임금께 글을 올려 목장에 돌로 울타리를 둘렀는데, 열악한 곳은 버리며 우량한 곳을 취하고 작은 곳을 합하여 크게 만든 10소장에 영조 갑자년(1744) (제주목사)윤식尹植이 다시 임금께 글을 올려서 울타리를 더 쌓았다.[31]
>
> (바) 『제주계록』(1846~1884) : 국축國畜이 많이 모자라 매우 황송하온 바 금년은 비록 (말을) 점검하고 낙인하는 해는 아니나 다소의 간악한 상황이 있어 하나를 미루어 백을 알 수 있으므로 그 나머지 방목하는

---

29 1보는 대체로 1.82m에 해당되므로 936보는 1,872m, 1,110보는 2,020m, 11,013보는 약 20km에 해당한다.

30 제주도 목장사에 있어 송정규는 제주목사 재임 시인 1704년 겨울, 도내의 각 목장을 개축하여 과거 60둔으로 설정해 놓은 것을 10소장으로 정비했다. 또한 1706년 봄 함덕포 동쪽 해변에 있는 병산악(서산봉)에 西山場을 마련했다.

31 이원조(1841), 『탐라지초본』(하).

마축은 불가피하게 지금 그 수효를 대조하지 않을 수 없으며, 7월부
터 시작하여 해당 감목처監牧處에서 상잣과 하잣은 허물어지는 대로
수축한다.[32]

사료 (마)는 1704년 제주목사 송정규宋廷奎에 의해 이루어진 목장들의
구조조정 결과 재편된 10소장과 함께 잣성을 늘려 쌓았다는 것을 알려주
고 있다. (바)는 첫째, 잣성이라는 명칭이 공식적으로 등장하는 점에서 중
요하다. 상잣성과 하잣성을 '상하장원上下墻垣'이라고 했다. 이를 통해 하
잣성과 상잣성의 존재를 입증할 수 있다. 둘째, 허물어진 잣성의 보수를
해당 감목처(대정현청, 정의현청, 제주목관아)에서 담당했음을 알 수 있다.
잣성 축조 역시 해당 목장을 관할했던 현청의 책임 하에 이루어진 것이다.

이상과 같이 사료 (가)~(바)를 검토한 결과 다음과 같은 결론을 얻을
수 있다. 첫째, 하잣성은 세종대인 1400년대 초부터 먼저 만들어지기 시
작했다. 반면, 상잣성은 1780년대에 비로소 그 실체가 문서로 확인된다.
이를 통해 1700년대 중반까지 제주도 국마장에는 해안지역과 중산간 지
대 경계부근에 하잣성이 축성되어 그 기능이 유지되다가 1700년대 후반
에 들어와 상잣성이 등장함으로써 하잣성과 상잣성이 목장 상하 한계선
으로 이용되었다고 사료된다. 특히 상잣성은 3소장과 5소장에서 먼저 형
성되었을 가능성이 높으며, 이후 상잣성 축성범위가 점차 확대된 것으로
생각된다.

둘째, 간장은 십소장간 그리고 산마장 지역인 침장, 상장, 녹산장에도
축성되었음을 알 수 있다.[33] 셋째, 잣성 축조와 보수 및 허무는 공사에는
백성들이 요역 형태로 동원되었음을 알 수 있다. 이러한 잣성은 조선 초
에는 150여리 정도에 불과했으나 『제주대정정의읍지濟州大靜旌義邑誌』
(1793)에 나타난 바와 같이 조선후기에는 축성 길이가 597리로 증가했
다.[34] 이것은 국마장 면적의 확대 또는 잣성 유지, 보수 과정에서 상·하

---

32 서귀포시(1995), 『제주계록』, 서귀포시 고서총람 번역 1권, 62쪽.
33 심낙수, 『목장신정절목』, 정조 18년(1794) 5월.

잣성 등이 증개축된 상황을 반영하는 것으로 보인다.

한편, 중잣성은 하잣성과 상잣성 사이에 쌓은 돌담이다. 그러나 상·하잣성처럼 제주도 전역에 걸쳐 축조된 것이 아니었다. 실례로, 1소장(성읍리 지역)에는 중잣성이 존재하지 않고 있다. 상·중·하잣성이 동시에 만들어졌을 가능성이 있다. 그러나 제주 섬을 마치 등고선처럼 3분하여 돌담을 쌓는 것이 조선시대 제주도 인구규모와 경제력을 감안할 때 과연 현실적으로 가능했을지는 의문이다. 중잣성 축장시기를 짐작하게 하는 사료로는 철종11년(1860) 7월에 작성된 『제주목장구폐완문』(1860)이 있다. 중잣성은 이 문서에서 확인할 수 있는 바와 같이 목장운영이 쇠퇴하는 시기에 주민들의 요구를 반영해 농경과 목축을 번갈아가며 하기 위해 상잣과 하잣 중간부분을 따라 축조되었다고 판단된다.

이러한 제주의 잣성은 다음과 같은 역사문화적 가치를 가진다. 첫째, 이것은 조선시대 목장운영과 관련된 산업유적이라는 점에서 가치를 평가할 수 있다. 둘째, 잣성의 축조 및 보수와 관련한 조선시대 지방관아(현청)의 역할과 주민동원 실태를 이해할 수 있는 근거가 된다는 점에서 중요하다. 앞으로 잣성 축조 시기와 방법 나아가 지방관아의 구체적인 역할을 해명할 수 있는 사료들이 발견될 경우 잣성 축조를 둘러싼 이야기는 더욱 흥미로울 수 있을 것이다.

셋째, 제주도 잣성은 단순한 돌무지가 아니라 도민들이 등에 돌을 지고 운반하면서 직접 쌓은 돌담이라는 점에서 가치를 인정할 수 있다. 도민들의 피와 땀의 결과로 탄생한 것이 바로 잣성인 것이다. 따라서 쉽게 허물거나 가치를 훼손해서는 안 될 것이다.

넷째, 제주도 잣성은 일찍부터 제주도민들 간에는 협동심과 공동체 의식이 형성되었음을 상징적으로 보여준다. 즉, 잣성 축조는 일정한 구간

---

34 『제주대정정의읍지』 정조 17년(1793) : 조선초 중산간 목장인 십소장 설치 당시는 주위가 165리였으나 조선후기인 1793년 경에는 주위가 597리로 확대되었다는 기록이 나타난다. 만일 목장의 상·하한계선에 잣성이 축장되었다면, 목장의 주위와 비슷한 규모로 잣성 역시 확대되었다고 볼 수 있다는 점에서 여기에서는 약 600리 정도의 잣성이 제주도 목장지역에 형성되었다고 추정할 수 있다.

을 마을별로 할당하여 이루어졌기 때문에 정해진 기간 안에 이것을 축조하기 위해서는 돌의 운반과 식량확보를 효과적으로 하는 데에는 주민들 간에 협동심과 공동체 의식 형성이 필수적이었다고 볼 수 있다. 다섯째, 제주도 잣성은 조선시대 제주사濟州史에 있어 그 유래를 찾아볼 수 없는 대규모 석축공사가 이루어졌음을 입증해주는 유적이라 할 수 있다. 하잣성과 상잣성이 중산간 지대를 일주一週하며 환상環狀으로 축조되었다는 것은 우리나라 역사에서도 그 유례를 찾아볼 수 없었다.

끝으로 제주도 잣성은 제주도 목축문화를 상징하는 유적이라는 점에서 그 가치를 인정할 수 있다. 비록 제주도 목축문화의 뿌리는 고려시대까지 거슬러 올라갈 수 있으나 오늘날 전해지는 목축문화의 기저는 조선시대에 형성되었다고 보는 것이 적절할 것이다. 따라서 조선시대에 본격적으로 축조된 잣성은 그 자체로 목축문화의 상징이 될 수 있다. 즉, 이것이 축조된 후 잣성 안 공간에서 조선시대 조정朝廷의 '육지식(한반도식)' 목장운영과 관련된 각종 제도와 규칙들이 제주도에 본래부터 존재하던 다양한 '제주식' 목축문화들과 서로 융합되어 '제3의 목축문화'가 형성될 수 있었던 것이다.

이러한 제주도 잣성은 제주도의 산업유물인 동시에 목축문화를 알 수 있는 귀중한 문화유산임에도 불구하고 보호 및 활용 방안이 제대로 제시되지 못하고 있다. 잣성을 문화재로 지정, 보호하는 데에는 "잣성이 너무나 많아 그 가치가 낮다"는 부정적인 인식도 일각에 남아 있는 것이 사실이다. 앞으로 잣성을 제주사 현장체험학습자료, 역사문화관광자원으로 활용하는 방안을 검토해야 한다.

II. 고지도의 목축경관

1. 『목장지도』(1678)

『목장지도』는 숙종 4년(1678) 허목許穆이 편찬한 것으로, 사복시에 보관되어 전국의 목장관리에 이용되었다. 여기에서는 국립중앙도서관이 2007년에 발간한 『목장지도해제』를 토대로 목장을 구성했던 목축경관요소를 간략히 제시한다.

이 지도에 기록된 목축경관요소에는 지형, 산천山川, 도로, 포浦, 택澤, 석성石城, 목책木柵, 수책樹柵, 환장環場, 관아官衙, 창고倉庫 등이 있었다. 이 가운데 우물은 정井, 못은 지池, 큰 못은 대지大池, 늪은 택澤 또는 큰 늪은 대택大澤으로 표시했다. 우물은 목장운영을 책임지는 목자들의 식수로 이용되었다. 못과 늪의 물은 가축에 제공되었다. 목책은 목장경계를 따라 나무로 말뚝을 박아 말이 달아나지 못하게 한 나무 울타리였다. 석성石城은 목장경계에 돌로 성을 축조하여 말이 도망가는 것을 방지하기 위한 것으로, 제주의 잣성에 해당된다.

석성은 목책에 비해 영구적인 목축시설로, 주기적인 보수작업이 이루어진 결과 현재도 목장역사 유물로 남아있다. <그림 44>는 조선시대 경상도의 울산 방어진 목장에 남아있는 석성으로,[35] 이 목장을 상·하로 양분하는 역할을 했다. 수책樹柵은 버드나무를 심어 울타리로 삼아 말이 도망가는 것을 막았으며, 나아가 바람을 막고 말들이 더위를 피할 수 있는 휴식처를 제공했다.

제주에서는 주민들이 마을공동목장에 속성수인 삼나무('숙대낭')을 심어 목장 경계림이나 방풍림으로 활용했다. 환장環場은 말을 취합, 점검하고, 병을 고치고 쉬게 하는 시설로, 그 형태는 사각형과 원형이 있었

---

35 울산 방어진 목장의 석성에 대해서는 『울산 남목마성(방어진목장) 학술조사 보고서』(2010, 울산광역시 동구)가 참조된다.

〈그림 44〉 조선시대 울산 방어진 목장터의 석성(현지촬영)

다. 목장관리를 맡은 관아도 존재했다.[36] 제주의 산마장에서도 교래리에 객사客舍가 있었음이 확인된다.

조선시대 제주도를 그린 고지도에는 우마를 생산, 관리했던 목장들이 공통적으로 등장한다. 이것은 국가에 정기적으로 바치는 공마문제를 안정적으로 해결하기 위해 필요했던 시설이었다. 따라서 제주도에 부임하는 제주목사들에게는 수령칠사守令七事[37] 외에 '마정흥馬政興'이 별도로 강조되었을 것이다.

『비변사등록』(현종12년, 1671년 9월 15일)에 따르면, 제주로 들어가는 어사들에게는 국마의 마필 수를 장부에 의거해 조사하고, 목자의 원래 숫자와 현재의 실제 숫자를 보고하며, 세 고을의 개인목장에서 말을 많이 번식시킨 사람들에게 논상論償하는 임무가 부여되었다.

---

36 남도영(2007), 『목장지도해제』, 국립중앙도서관, 26-29쪽.

37 조선시대 지방관의 수령칠사에는 식량생산과 잠업융성에 힘쓰는 농상성農桑盛, 백성들에게 불평이 없도록 균등하게 부역을 부담시키는 균역균賦役均, 인구증대에 노력하는 호구증戶口增, 인재양성을 위한 교육에 힘쓰는 학교흥學校興, 군정의 다스림에 힘쓰는 군정수軍政修, 백성들의 송사를 지혜롭게 해결하는 소송간詞訟簡, 간사하고 교활 함을 바로잡는 간활식奸猾息이 있었다.

2. 『탐라순력도』(1703)

제주목사나 판관과 현감들은 우마 생산의 거점이었던 목장을 매우 중 요시 했음을 고지도를 통해 확인된다. 여기에서는 『탐라순력도』(1703), 「탐 라지도병서」(1709), 「제주삼읍도총지도」(1700년대 전반), 『대동여지도』(제 주, 1861), 「제주삼읍전도」(1872), 「제주지도」(1899) 등에 나타난 목축경관 을 추출해 제시한다.

『탐라순력도』(1703)는 제주목사로 부임한 이형상이 제주도를 순력巡歷 하고 돌아온 다음, 순력 상황들을 28폭의 그림에 담아낸 총 41면으로 만 든 도첩圖帖이다. 이형상은 숙종 28년(1702) 음력 10월 29일에 제주목관 아를 출발해 11월 19일까지 21일 동안 제주도내 지역을 순력하면서 본 제주의 자연, 역사, 풍속 등을 화공 김남길金南吉에게 채색화로 그리게 했다.

이 지도는 행사장면 28도圖, 평상시의 행사 모습을 담은 11도, 제주도 와 주변 도서의 지도인 「한라장촉漢拏壯囑」 1도, 「호연금서浩然琴書」 1도 등 총 41도로 구성되어 있다. 이 지도에는 국영목장의 경계선과 명칭, 이 형상 목사가 신설한 황자장, 양달장, 우자장 그리고 우도장, 침장, 모동 장, 산장구마, 점마, 공마봉진 장면이 등장하고 있어 18세기 초 제주지역 목축경관을 집약적으로 보여주고 있다.

이형상이 제주목사 재임기간에 숙종의 윤허를 받아 신설했던 목장의 설치과정이 『탐라장계초』에 다음과 같이 기록되어 있다.

"제주 황자장과 정의 양달장을 설치하는 뜻은 윤허를 얻었습니다. 대정 우자장을 신축하는 뜻도 이미 계문을 드렸습니다. 봄 일이 이미 저물어 민역民役이 극심해지니 불가불 일찍이 설축設築하려고 각각 부역賦役을 독려하였습니다(…). 황자장 7,360파把(1파는 손가락 4개를 나란히 한 너비 의 길이에 해당 : 필자주), 양달장 8천파, 우자장 3,448파 모두 합하여 18,808파에 역군役軍 11,055명을 하루 부역에 나가게 하여 지금 이미 공역 工役을 끝내었습니다."

이 기록을 통해 이형상은 삼읍에 하나씩 국마장을 신설했으며, 목장 경계 또는 공간구획용 돌담을 축조하는데 백성들을 부역의 형태로 동원했음을 보여준다. 황자장과 우자장은 자목장으로 말을 길렀던 곳이었다.

1) 한라장촉漢拏壯囑

이 지도는 제주도에 남아있는 가장 오래된 제주전도로 평가받는다. 여기에는 삼읍관아三邑官衙의 위치와 방어시설인 9개 진성 즉, 화북진·조천진·별방진·수산진·서귀진·모슬진·차귀진·명월진·애월진의 소재지가 적색으로 표시되어 있다. 이형상은 국마장 관리를 보다 철저히 하기 위해 9개 진성의 조방장으로 하여금 해안방어와 함께 인근 국마장을 감독하도록 했다.[38]

「한라장촉」에는 성종연간에 그 존재가 확인되던 십소장이 모두 등장하지 않는다(그림 45). 다시말하면, 1소장부터 4소장까지는 등장하나 오소장五所場부터 십소장十所場까지는 나타나지 않았다. 이것은 지도를 그릴 때 5소장부터 10소장까지의 목장이 누락되었을 가능성도 있다. 그러나 1704년에 단행된 송정규 제주목사의 '국마장 통폐합조치'에 따라 10개의 목장(십소장)이 비로소 완전체로 그 윤곽을 갖추게 되었다는 점은 역사적 사실이다.

이 지도에 등장한 목장으로는 제주목 서부지역에 목삼소장牧三所場, 목일소장牧一所場, 대삼소장大三所場, 진자장辰字場 그리고 동부지역에 대이소장大二所場, 일자장日字場, 측자장昃字場, 침장針場, 이소장二所場, 흑자장黑字場, 별목장別牧場, 황자장黃字場이 있었다.

이 목장들의 위치를 1704년 송정규 목사에 의해 정비된 십소장의 위

---

38 조방장助防將은 조선시대 제주지역에서 주장主將을 도와 적의 침입을 방어한 종 9 품 관직의 장수를 말한다. 제주진관 소속 9개 방호소 가운데 명월방호소를 제외한 방호소의 책임자로 모두 8명이 있었다. 조선 전기 방호소의 책임자는 여수旅帥였으며, 변란이 생길 경우, 영군관이 파견되어 방어에 임하였다. 그러나 17세기 후반에는 각 방호소에 성을 쌓았으며, 조방장을 파견하여 방어에 대비하였다(한국학중앙연구원, 제주시 향토문화전자대전).

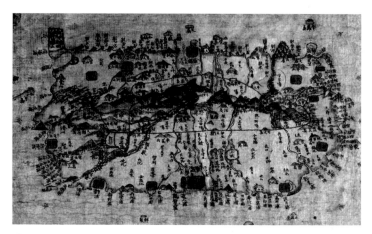

〈그림 45〉『탐라순력도』의 「한라장촉」 일부

출처 : 제주시(1999), 『탐라순력도』, 21쪽.

치와 비정해 보면, 목삼소장牧三所場은 한림읍 금악리에 있는 정물오름 부근 그리고 목일소장牧一所場은 애월읍 소길리 바리메오름 아래에 위치하고 있어 이들 목장들은 모두 6소장에 해당됨을 알 수 있다. 즉, 목삼소장과 목일소장이 6소장으로 통합된 것이었다. 목삼소장과 목일소장의 자연경계는 금성천이 되고 있다. 대삼소장大三所場은 애월읍 유수암리(금덕리) 지경에 있는 녹고메오름 아래에 위치하므로 5소장에 해당된다.

목일소장 좌우에 대삼소장과 목삼소장이 배치되고 있어 1702년 당시 지도에 나타난 3소장이 대삼소장과 목삼소장으로 구분되었음을 알 수 있다.

진자장辰字場은 대삼소장에 속했던 자목장의 하나로 판단되며,[39] 제주시 해안동에 위치한 어승생악과 애월읍 고성리에 위치한 산세미오름(산심봉) 아래에 위치했다. 따라서 진자장은 10소장 중 4소장에 해당됨을 알 수 있다. 진자장과 대삼소장의 경계는 외도천(광령천)에 해당되며, 하천을 따라 잣성이 표시되어 있다. 이것은 진자장에 방목하는 말들이 하천

---

39 진자장은 이형상의 『남환박물』에서 3소장 내에 위치하고 있음이 확인된다.

으로 들어가는 것을 예방하기 위해 쌓은 것으로 보인다. 제주목 서부지역의 목삼소장은 명월소, 목일소장과 대삼소장, 진자장은 위치상 애월소에서 관리했던 것으로 보인다.

진자장과 대이소장大二所場의 자연경계는 장악獐岳(노루생이) 동쪽 한천에 해당한다. 대이소장은 야래악野來岳(들레오름) 아래인 제주시 오등동 중산간에 위치했다. 일자장日字場은 제주시 아라1동 삼의양오름 아래에 위치했으며, 대이장과 일자장의 자연경계는 병문천에 해당한다. 측자장昃字場은 봉개악(안세미오름) 북쪽에 위치했다. 대이소장과 일자장, 측자장은 모두 3소장에 해당되며, 화북소에서 관리했다. 일자장과 측자장은 대이소장의 자목장이었다.

제주목의 동쪽에 침장과 이소장, 별목장, 황자장이 존재했다. 반응악盤疑岳(바농오름) 아래와 보문사普門寺(조천읍 대흘리) 사이에는 이소장과 침장이 위치했다. 이 지도의 이소장은 송정규 목사의 10소장 정비 후에도 이소장으로 되었으며, 침장은 이소장의 자목장으로 판단된다. 야막악夜漠岳 위의 황자장黃字場은 이형상 목사 재임기간에 설치된 목장으로, 송당 마을 쪽으로 가축加築하여 면적을 늘린 것으로 보인다. 황자장은 야막악(알바메기오름)～당악(당오름)～고산(높은오름) 지경까지 걸쳐 있었다. 사위(부소악)와 시련악(검은오름) 부근에는 별목장이 위치했다.

산장은 정의현 서쪽 영천악에서 시작하여 동쪽의 따라비오름 및 녹산(큰사스미오름)을 연결하는 광활한 초지에 있었다. 9소장 지대를 산장이 점유했음을 보여준다. 이것은 당시까지(1702)는 산장이 공간분화가 진행되지 못했음을 시사해준다. 따라비오름과 영천악을 연결하는 하잣성 아래의 표선면 가시리 병화악(병곳오름)～소흘악(설오름) 그리고 성읍리에 위치한 모지악 일대에는 원둔장元屯場이 위치했다.[40] 이 목장은 조선시대 축조한 하잣성 아래 부분에 위치한다는 점에서 국마장으로 보기 어려우나, 고려말 원이 설치해 운영했던 탐라목장과 관련 있어 보여 추후 논

---

40 오창명(2000), 「『탐라순력도』의 땅 이름(지명)」, 『탐라순력도연구논총』, 제주시·탐라순력도연구회, 251-290쪽.

의가 필요하다.

대정현 지역에는 동쪽에서부터 하잣성 위에 황자장黃字場, 현자장玄字場 그리고 하잣성 아래인 안덕면 감산마을 창고천 서쪽에 우자장宇字場, 차귀진 근처인 고산(고산리 수월봉)과 용목악(신도리 녹남봉), 초악(청수리 신서악)을 연결하는 평원지대에 별別·현玄 자목장이 위치했다.

황자장은 악근천과 도순천 사이, 현자 목장은 구동해소(회수동에 위치) 위쪽에 위치하여, 모슬소에서 관리하다 이후 8소장으로 통합된 것으로 보인다. 별·현자장은 해안지역에 존재했던 국마장으로, 고려말에는 서아막의 중심지였을 것으로 판단된다. 숙종 31년(1705)에 이 목장은 소를 사육, 진상하기 위해 설치된 모동장으로 변모했다.

2) 공마봉진貢馬封進

「공마봉진」은 숙종 28년(1702) 6월 7일에 실시했던 공마 점검 장면으로, 진상에 필요한 말을 각 목장에서 징발한 다음, 관덕정에서 제주목사가 최종적으로 확인하는 광경이다(그림 46). 이날 공마봉진의 책임을 수행하기 위하여 제주목사가 대정현감 최동제崔東濟를 차사원差使員[41]으로 임명한 것으로 볼 때, 이 때 공마와 진상용 흑우들은 대정현 소속 7, 8소장과 모동장, 가파도별둔장에서 선정된 것으로 보인다. 이들 목장에서 차출된 목자들은 1인당 2필씩 말을 이끌고 관덕정에서 순서를 기다렸다. 당시 진상할 말은 433필이고, 흑우黑牛는 20수였다.

당시 공마의 내역은 어승마御乘馬(임금이 탈 말) 20필, 연례마年例馬(매년 정기적으로 공납하는 말) 8필, 차비마差備馬(특별한 용도로 쓰기 위하여 마련하는 말) 80필, 탄일마誕日馬(임금의 생일을 축하하여 바치는 말) 20필, 동지마冬至馬(해마다 동짓달에 중국으로 사신을 보내면서 함께 바치는 말) 20필, 정조마正朝馬(정월 초하룻날을 맞이하여 바치는 말) 20필, 세공마歲貢馬(연말에 각 목장에서 모아 바치는 말) 200필,[42] 흥구마쇠씀馬

---

41 차사원差使員은 조선시대 각종 특수임무의 수행을 위하여 임시로 차출, 임명되는 관원으로, 공마와 관련하여 현감 또는 판관이 차사원에 임명되기도 했다.

〈그림 46〉『탐라순력도』의「공마봉진」일부

출처 : 제주시(1999), 『탐라순력도』, 25쪽.

(흉변이 있을 때에 보내어 사역하는 말) 32필, 노태마駑駘馬(짐 싣는 말) 33필, 흑우 20수였다.[43]

3) 산장구마山場驅馬

「산장구마」 지도는 숙종 28년(1702) 10월 15일 산장에서 말을 몰아 일정한 장소에 모은 다음, 마필 수를 하나하나 확인하는 장면을 나타낸 것이다(그림 46). 이 지도는 넓은 면적의 산마장을 그린 것으로, 순력행사가 종료된 이후 여러 시간을 투입해 그려진 것으로 판단된다.

이 지도에는 산장에서 방목 중인 말들을 하나하나 세기위한 점마시설

---

42 1694년부터 1696년까지 제주목사를 지냈던 이익태의 『지영록』에 보면, "삼읍의 세 공마를 관덕정에서 점락点烙하였다"는 기록을 통해(이익태 저, 김익수 역, 2010, 『지영록』, 제주문화원, 99쪽) 세공마 200필은 제주목, 정의현, 대정현에서 할당하여 준비했으며, 관덕정에서 제주목사의 입회하에 관원들이 세공마로 선정된 말들의 낙인을 하나하나 확인했음을 알 수 있다.

43 제주시(1999), 『탐라순력도』, 24쪽.

인 원장과 사장이 세 군데에 설치되었다. 이 목책시설들은 정의현 지역
에 물영아리오름 아래(현재 수망리 마을공동목장)와 구두리오름 아래(현
재 제주경주마육성목장과 제동목장) 그리고 제주목에는 교래리 궤악(돔
베오름) 동쪽에 있었다.

이날 산장구마 행사에는 제주판관 이태현李泰顯, 산마감목관 김진혁金
振爀, 정의현감 박상하朴尙夏가 참석했다. 결책군結柵軍(사장과 원장의 목
책을 만드는 군인) 2,602명, 구마군驅馬軍(말을 모는 임무를 맡은 군인)
3,720명, 목자와 보인保人(목자의 경제적 기반의 일부를 제공하는 사람)
214명 등 6,540 참여하여 말 2,375필을 이동시켜 점마했던 대규모 말몰이
행사였다.

성판악 남쪽에서 벌어진 구마驅馬는 남북 약 40리, 동서 약 60~70리의
넓이의 목장에서 진행되었다. 이곳에는 세 부분으로 구분된 목책과 각
구역마다 말을 취합하는 데 필요한 원장과 사장이 있었다(그림 47의 ○
부분). 이 지도는 300년 전의 교래리에 12채의 초가와 객사客舍가 존재했

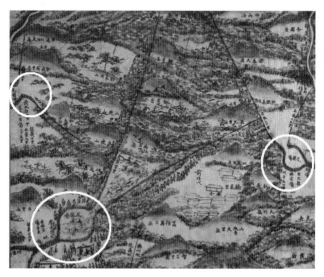

〈그림 47〉『탐라순력도』의 「산장구마」 일부
출처 : 제주시(1999), 『탐라순력도』, 33쪽.

음을 보여준다.[44]

1702년 10월 15일(음) 이형상 목사는 객사에 들려 한양의 숙종임금에게 예를 표한 후, 산장구마 행사를 참관했을 것이다. 객사가 산마장에 위치한다는 사실은 국가가 산마장를 얼마나 중요시 했는지를 보여준다. 이날 산장에서 이루어졌던 구마와 점마는 제주판관, 정의현감, 산장감목관의 책임하에 진행되었다. 성판악 바로 아래 지점에서부터 구마군들이 말을 몰고 내려오면, 결책군들은 이미 설치한 목책 바깥에 도열해 지키며 말들이 다른 곳으로 넘어가지 못하도록 했다. 미원장 주변에 있는 사람들은 군인과는 다른 복장을 한 것으로 보아 목자들로 보인다.

4) 우도점마牛島點馬

「우도점마」에 나타난 우도장은 제주도의 부속도서에 설치된 국마장으로, 숙종 23년(1697) 유한명柳漢明 제주목사의 건의로 설치되었다. 그는 당시 이곳에 말 2백 필을 방목했으며, 목장 둘레는 50리 정도였다(그림 48).[45]

제주목의 별방진과 정의현의 수산진 조방장이 교대로 우도목장을 관리했다는 주장이 있다. 그러나 하나의 섬 목장을 서로 다른 운영주체가 담당할 경우, 책임소재 등 비효율적인 문제가 발생할 수 있었을 것이다.

1702년 7월 13일에 이루어진 우도점마는 이형상 제주목사가 중군(제주판관) 이태현과 정의현감 박상하를 동석시켜 진행했다. 점고한 마필수는 262필이며, 목자와 보인은 23명이 있었다. 이 지도에는 민가가 표시되어 있지 않기 때문에 이 목장에서 말들을 생산, 관리했던 목자들은 제주목 별방진 관할 마을에 거주했던 것으로 보인다.

우도에 사람이 살기 시작한 것은 이원조李源祚 제주목사가 장계를 올

---

44 객사客舍는 본래 지방 군현에 마련된 국왕의 위패[궐패]를 모시기 위한 공간인 정당正堂과 중앙에서 파견된 관리가 숙박하는 건물을 합친 시설로, 국가 중요 시설이라고 할 수 있다. 제주지역에는 제주목, 정의현과 대정현 관아 그리고 산마장의 핵심장소였던 교래리에 존재했다.

45 우도의 해안선 길이가 약 17km 정도이므로, 대략 1리를 4km로 잡아도 50리는 20km에 해당되어 결국 우도 전체에 목장이 설치되었음을 알 수 있다.

〈그림 48〉『탐라순력도』의 「우도점마」 일부
출처 : 제주시(1999), 『탐라순력도』, 37쪽.

려 우도목장의 개간을 허락받은 1843년경부터이다. 그가 1843년 우도목
장에 있었던 344필의 말을 인근 목장으로 옮겨 제주목의 백성들로 하여
금 우도목장 땅을 개간하도록 허용하면서 거주화가 비로소 시작된 것으
로 보인다.[46] 그러나 이보다 앞서 1823년 제주위유어사濟州慰諭御史 조정
화趙庭和는 조정에 우도 인근 백성들이 우도목장에 들어가 개간을 할 수
있도록 건의했다.[47]

5) 별방조점別防操點

이 지도는 숙종 28년(1702) 10월 30일 별방진성에서의 군사 훈련과 성
정군城丁軍·군기軍器·우마를 점검하는 그림이다. 당시 별방진 조방장은
김여강金汝江이었으며, 성정군은 423명이었다. 구좌읍 송당리 첩악帖岳
(체오름)과 한동리 둔지악屯止岳을 연결하는 초지에는 황자장黃字場이 위
치했다(그림 49).

---

46 이원조, 『탐라록』(牛島馬換給民屯啓) ; 오창명(2014), 『탐라순력도산책』, 제주 발전연
　구원, 248쪽.
47 『순조실록』 권26, 순조 23년(1823) 2월 24일(갑자).

〈그림 49〉『탐라순력도』
「별방조점」의 황자장 경계돌담
출처 : 제주시(1999), 『탐라순력도』, 45쪽.

〈그림 50〉『탐라순력도』
「별방조점」의 흑우둔과 테우리
출처 : 제주시(1999), 『탐라순력도』, 45쪽.

특히 둔지악과 첩악(체오름) 사이에는 '황자장계미신축黃字場癸未新築' 즉, 계미년에 새로 쌓은 황자장이 등장한다(그림 49). 계미년은 숙종 29년인 1703년, 인조 21년인 1643년, 선조 16년인 1583년에 해당된다. 황자장을 이형상 목사가 설치했고, 그가 1703년 6월에 임기가 끝난 점을 고려하면, 이 목장은 1703년 6월 이전에 설장되었다고 추정할 수 있다.

황자장은 국마장으로, 당시 말의 수는 946필이었다. 대랑수악大朗秀岳(다랑쉬악) 남쪽에는 '흑우둔黑牛屯'이 등장하며(그림 50), 흑우는 247수로 확인되었다. 황자장과 흑우둔은 별개의 목장이었다. 황자장은 말을 기르는 목장이었기 때문이다. 황자장과 흑우둔 운영에 참여했던 목자와 보인은 모두 187명이었다. 이곳의 흑우둔 목장은 현재 구좌읍 세화리 마을공목장터에 해당한다.

2. 탐라지도병서(1709)

국립제주박물관에 가면, 「탐라지도병서」가 전시되어 있다. 이 지도는 목장사적 관점에서 볼 때 조선시대 십소장十所場의 존재를 처음으로 보여준다는 점에서 가치가 높다. 이것은 숙종 35년(1709) 이규성李奎成 목사가 간행한 것으로 알려진다.

이 지도에서 10소장이 등장할 수 있었던 배경은 1704년 10월 제주목
사로 내려 온 송정규宋廷奎(1704.10~1706.9)가 재임기간에 이형상 목사의
목장정비 정책을 다시 손질해 규모가 작은 목장은 큰 목장으로 그리고
운영이 부실한 목장들을 통폐합하여 10개 소장 즉, 십소장으로 재정비한
결과였다.

이 지도에 등장한 목장은 제주목에 1소장부터 6소장까지 6개 목장 그
리고 대정현에 7소장부터 8소장까지 2개의 소장, 정의현에 9소장부터 10
소장까지 2개의 소장이 분포했다(그림 51). 송정규 목사의 목장 재정비
정책이 이 고지도에 반영된 것이다.

산장은 제주목에 3개, 정의현에 3개 등 총 6개가 등장했다. 이것은 산
장이 1709년까지는 통폐합이 이루어지지 않았음을 시사해준다. 따라서
산장이 녹산장, 침장, 상장으로 재정비된 것은 1709년 이후인 숙종연간
일 것이다. 9소장과 산장이 분리되어 나타난다. 그런데 9소장의 공간범
위가 「제주삼읍도총지도」의 그것보다 좁게 나타났다. 국마장의 하한선

〈그림 51〉「탐라지도병서」에 나타난 3소장과 4소장
(국립제주박물관 소장자료)

인 하잣성이 그려져 있고, 여러 곳에 목장 출입구인 '양'梁이 등장하고 있다. 9소장 출입구인 '문송목당량門松木堂梁'은 그 실례이다.

3. 제주삼읍도총지도(1700년대 전반)

이 지도의 정확한 제작시기와 제작자는 알려져 있지 않다. 다만, 영조 10년(1734)에 제주목사 정도원鄭道元이 제주읍성 남문 밖으로 이전시킨 사직단社稷壇이 표시되어 있어 이 지도는 적어도 18세기 전반에는 제작된 것으로 추정된다(그림 52).[48]

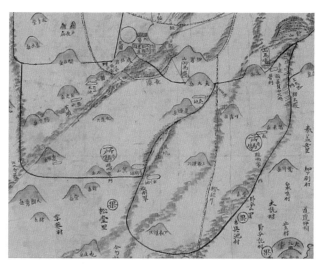

〈그림 52〉「제주삼읍도총지도」에 나타난 1소장과 2소장

1소장 북쪽에 위치한 성불오름에 원장이 설치되어 있으며, 산마장과 목장출입구인 문門, 중산간 마을이름과 과수원(송당리에도 과수원 존재), 하천, 못池 등이 자세히 나타나 있어 한국의 고지도 중에 가장 자세한 목장지도에 해당함(제주도민속자연사박물관 소장 자료).

---

48 오상학(2006), 「지도와 지지로 보는 한라산」, 『한라산의 인문지리』, 한라산 생태문화연구소, 78쪽.

이 지도는 제주의 목장지도라고 해도 과언이 아닐 정도로, 목장상황이 매우 구체적으로 나타나 있어 당시 제주목사나 조정에서 제주의 국영목장을 얼마나 중요시했는지를 실감할 수 있다.

이 지도에는 10소장과 함께 천미장·모동장 등의 우목장牛牧場도 그려져 있다. 각 소장에는 비바람을 피하던 피우가避雨家, 물을 먹이던 수처水處, 잣성, 목장 출입문인 양梁 또는 문門이 등장했다.

산마장의 모습과 함께 점마할 때 사용되었던 원미장·사장·두원장 등도 확인된다. 정조 5년(1781) 제주순무어사 박천형朴天衡의 서계에는 산둔山屯의 세 목장으로 침장, 상장, 녹산장이 등장해[49] 늦어도 이 시기전에는 산마장이 세 목장으로 정비되었음을 알 수 있다. 이 지도는 10소장과 산장, 목장출입구인 양梁이 표기된 「탐라지도」의 영향을 받은 것으로 판단되며, 제주지역의 마정실태를 한 눈에 확인하기 위해 제작된 것으로 보인다.

4. 대동여지도(1861)

『대동여지도』는 1861년 고산자 김정호金正浩가 완성한 고지도로, 여기에 포함된 제주지도에서는 육지부의 산줄기 표현방식을 그대로 적용해 버리거나 마을의 위치가 실제와 다소 다른 문제점이 확인된다. 그러나 제주삼읍의 경계선과 도로망, 봉수체제, 10리마다 점을 찍어 거리를 표현한 점은 높게 평가할 수 있다. 특히 무엇보다 일소一所부터 십소十所까지 국마장이 등장하고 있으며, 또한 국마장의 경계선인 하잣성(십소장 아래의 두 줄로 표시된 부분)이 분명히 표시되고 있다(그림 53).

국마장으로는 제주목에 1소부터 6소까지, 대정현에 7·8소와 별·현둔, 정의현에 9·10소가 나타나고 있다. 그러나 실재했던 산마장, 우도장, 가파도별둔장, 모동장, 천미장 등은 나타나 있지 않다.

한라산 정상부에는 백록담 외에 '혈망봉'穴望峰과 '십성대'十星垈가 등

---

49 고창석(2007), 『제주역사연구』, 도서출판 세림, 417쪽.

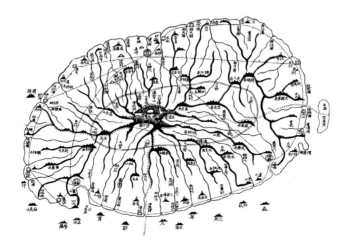

〈그림 53〉『대동여지도』(제주)에 나타난 국마장과 잣성

중산간 지대에 두 줄로 표시된 선은 국마장의 하한선이었던 하잣성('알잣')에 해당
하며, 이 선의 내부에는 1소부터 10소까지 국마장 위치가 나타나 있음.

장하고 있어 주목된다. 혈망봉은 한라산의 최고봉最高峰일 수 있다. 십성
대에서 '십十'은 '칠七'의 오기로, 십성대는 바로 칠성대를 지칭한다. 이
것은 기복起福·기우祈雨 등을 기원하는 치제致祭의 유물일 수 있다.[50] 우
도가 북부는 제주목, 남부는 정의현으로 구분되어 있는 점이 특징이다.

5. 제주삼읍전도(1872)

이 지도에는 마을이름과 도로망, 오름이름 그리고 삼읍간 경계선이 표
시되어 있다. 제주목은 두모리頭毛里에서 별방진이 있는 하도리까지로
되어 있다. 종달리와 우도를 정의군旌義郡 경계 내에 포함시키고 있다.
그래서 정의군은 종달리에서 법환리까지가 되고 있다.

대정군大靜郡은 강정리에서 차귀진이 있었던 고산리까지 되고 있다.

---

50 강문규(2014), 「탐라사 연구의 새로운 탐색 : 칠성대를 중심으로」, 『원도심에서 다
시여는 인문학 세상』 학술대회발표자료, 제주대학교 탐라문화연구원.

정의군, 대정군의 명칭은 고종 1년(1864) 대정현과 정의현이 군으로 승격되었다가 고종 17년(1880) 다시 현으로 환원되었는데 이 지도의 제작시기가 1872년이므로 지도상에 정의군, 대정군으로 표기되고 있는 것이다.

제주목에 1소장부터 6소장, 대정군에 7소장과 8소장, 정의군에 9소장과 10소장이 배치되었다. 대체적인 10소장의 전체적인 윤곽과 경계선을 잘 보여 주고 있다. 또한 오름이 소장을 구분하는 경계선이 되고 있음을 확인할 수 있다. 실례로, 1소장과 2소장은 우진제비 오름, 2소장과 3소장은 세미 오름泉岳, 5소장과 6소장은 바리메[鉢山], 7소장과 8소장은 우부악牛夫岳, 8소장과 8소장은 고근산[高公山]이 가시적 경계선 역할을 했다.

나머지는 하천이 각 소장을 구분하는 경계선이 되었다. 각 소장별로 하천명과 못 이름이 등장하여 물 확보 문제가 필수적인 과제였음을 보여 준다. 동부 중산간 지역에는 5개의 산장이 오름 옆에 등장했다.

〈그림 54〉「제주삼읍전도」에 나타난 모동우장
출처 : 김봉옥(2013), 『제주통사』, 제주발전연구원.

특히 9소장과 10소장 사이에 형성된 대규모 초지대에 산장이 입지한 것이 특징이다. 흑우와 황우를 생산했던 우목장의 위치가 제시되어 있다. 제주목의 1소장 내의 후곡악後曲岳(뒤굽은이오름)과 하씨근악下氏近岳(알식은이 오름) 사이에 위치한 우목장은 '황태장黃堆場'에 해당된다. 국마를 생산하던 1소장 내에 별도로 소를 전문적으로 생산, 관리하는 우장이 설치되었다.

정의군의 신천리新川里 해안에 있는 우목장은 '천미장川尾場', 대정군 관내 무릉리와 영락리를 연결하는 평원에는 '모동우장毛同牛場'이 존재했다(그림 54). 가장 규모가 컸던 것은 모동우장이며, 영락리가 이곳에 위치했다.

6. 제주지도(1899)

이 지도에는 첫째, 우도가 『대동여지도』(1861)와는 달리 제주목 경계선 내에 배치되어 제주목 관할의 섬임을 보여주었다. 이것은 우도목장이 해체된 후, 하도, 종달 등 인근마을 주민들에 의해 토지개간과 촌락형성

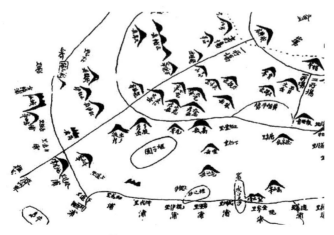

〈그림 55〉「제주지도」(1899)의 동부지역 목장

이 이루어졌던 상황을 반영한 것으로 판단된다.

둘째, 목장으로는 1소장부터 10소장까지 나타났다. 목장간의 경계선인 간장과 함께 하잣성과 상잣성이 뚜렷하게 등장했다(그림 55). 대정현 8소장과 정의현 9소장의 경계는 고근산이 되고 있으며, 9소장과 10소장 사이에는 산장과 갑마장이 위치했다. 송당리에 있는 성불오름은 10소장과 1소장의 경계가 되는 측화산이었다.

셋째, 소를 전문적으로 길렀던 우목장으로는 정의현의 해안가에 등장한 '천미우장'川尾牛場과 제주목 1소장 내에 있었던 '황태우장黃堆牛場', 대정현의 '모동장'이 있었다. 특히 모동장이 3등분되어 있는 것이 특징이다.

넷째, 성불오름과 구두리오름 사이에는 본래 '상장上場'이라는 산마장이 존재했으나 「제주지도」에는 산장과 화전동火田洞이 표기되고 있어 산마장 지역이 인근 주민들에 의해 농경지로 개간되었을 보여준다.

Ⅲ. 고문서의 목축경관

고문서에도 제도와 기술, 관습 등 비가시적인 목축경관이 나타났다. 이것을 직간접적으로 보여주는 자료에는 관청이 만든 것과 지방 주민들이 보유하고 있는 문서 등이 있다. 이 글에서 제시할 『목장색등록』, 「흑우공마생우마렵구폐절목」, 「삼소장폐장획급절목」, 『목장신정절목』, 『대정현아중일기』, 「제주목장구폐완문」은 조선후기 사복시 또는 제주목사 등 지방관들이 만든 관찬사료에 해당한다. 이밖에 지방민이 작성한 토지 매매 문서나 개인이 소장하고 있는 임명장 등이 있다. 특히 전답문서는 지방민들의 생생한 삶의 모습을 파악해낼 수 있는 값진 자료들이다.[51] 이상과 같은 사료들은 내용이 방대하므로 여기에서는 목축경관을 알 수

---

51 김동전(2003), 「제주지역 문화의 올바른 이해와 활용방안」, 『지방사와 지방문화』 제6권2호, 337쪽.

있는 부분을 추출해 그 의미를 제시하려 한다.

1. 목장색등록

『목장색등록牧場色謄錄』은 순조 34년(1834)부터 고종 10년(1873)까지 사복시가 전국의 감목관에게 보낸 공문과 각 감목관이 다시 사복시로 보낸 첩보牒報, 그리고 목장을 대상으로 이루어진 조세수납 내역과 목자의 역 및 양마養馬 등에 관한 내용을 연대순으로 등록한 문서집이다.

문서의 제목에 나타난 목장색牧場色은 목장의 결총結總[52] 파악, 감목관과 산마감목관 추천, 매년 말 각 목장에서 보고한 연분상황年分狀況 집계, 각 목장으로부터 장자마壯雌馬(암말)·장자우壯雌牛(암소) 취식取息, 목장마 생산다과 파악, 감목관 상벌, 목장의 유실마우遺失馬牛 추징 등의 일을 맡았다.[53] 이 문서에 실려 있는 목축 경관요소는 사료 ①과 ②와 같이 제주산마감목관에 대한 것이다.[54]

1) 辛未(1811)·壬申(1812) 癸酉 六月至 巳巳 八月 兵曹了

云云郎 啓下敎粘連 濟州牧使 李顯宅狀 啓本州 山馬監牧官 金商礎 貶連中 代幼學 金商傑 直爲差定 監牧官職帖 下送事目該寺 稟處亦爲有臥所依狀 請山馬監牧官 金商傑單望 啓下帖文成鬆之意 分付該曹何知 啓依充敎是置 傳敎內意 奉審施行爲只爲

사료 ①은 제주산마감목관의 교체와 임명을 기록한 문서이다. 제주목사 이현택(1809.1~1811.7)의 장계에 따르면, 그는 산마감목관 김상초金商礎에 대한 부정적 여론이 있어 그를 대신하여 유학幼學 김상걸金商傑을 단수로 추천해 산마감목관에 임명해 주도록 요청했다.

---

52 결총結總은 조선 시대 토지세 징수의 기준이 된 논밭 면적의 전체를 말하며, 여기서는 목장 내에 있었던 논밭의 전체 면적을 의미한다.
53 조병로·김찬수·이왕무(2004), 위의 논문, 210쪽.
54 사복시, 『목장색등록』(규장각도서, 19561, 서울대학교).

〈그림 56〉 산마감목관
김상걸의 묘(현지촬영)

김상초는 『승정원일기』에 따르면, 순
조 8년(1808.6.21.)과 순조 10년(1810. 7.
29)에 각각 사복시에 2필씩 봉진했던 기
록이 확인된다.

반면, 김상걸의 봉진기록은 확인되지
않는다. 현재 김상걸의 묘는 표선면 가
시리 따라비 오름 능선 하단부에 위치
하고 있다(그림 56).

2) 辛酉(1861)·壬戌(1862) 乙卯 八月日

濟州牧使兼全羅道水軍防禦使 爲謄報事 山馬監牧官 金昌海 瓜滿緣由馳 啓後 啓
草謄報爲臥乎事 啓草 本州 山馬監牧官 金昌海 瓜滿代 獻馬人 金萬鎰姓孫中擇 其
可堪者 幼學金在遇 自臣營依例卽直 爲差定使之傳掌 屯馬爲白去乎 監牧官帖下送
事令該曹 禀處爲白只爲是良尒詮次 善啓向敎是事

사료 ②에도 산마감목관이 등장한다. 조선시대 전국에서 가장 품질이
우수한 말의 공급지였던 산마장의 운영은 국가입장에서 볼 때 매우 중요
한 과제였기 때문에 산마감목관의 임명문제를 소홀히 할 수 없었다.

당시 제주목사 신종익申從翼(1861.2~1862.2)은 등보謄報[55]를 통해 산마
감목관 김창해金昌海가 제멋대로 일을 함에 따라 그를 대신할 산마감목
관으로 헌마인 김만일의 성손 가운데 유학 김재우를 후보자로 선정해 임
명해주도록 요청했다. 이를 통해 산마감목관의 임기는 초창기 6년이었으
나 업무능력에 문제가 있을 경우 제주목사의 판단에 따라 중간에 교체되
기도 했음을 알 수 있다. 또한 제주목사가 김만일 성손 가운데 적격자를
산마감목관으로 추천했음을 보여준다. 이 문서에는 김만일을 단순히 '헌
마인'으로 부르고 있다.[56]

---

55 등보謄報란 원본을 베껴서 보고하는 것을 의미한다. 이에 비해 첩보牒報는 서면으
로 상관에게 보고하는 것이다.

2. 흑우 및 황우 공마 관련 절목

「흑우공마생우마렵구폐절목黑牛貢馬牲牛馬鬣抹弊節目」은 한국학중앙
연구원이 발간한 『제주애월 수산리·중엄리·하가리 고문서』(2014 : 575~
580)에 실려 있다. 이것은 헌종 7년(1841) 제주목사 이원조가 여러 마을에
보낸 문서이다. 이 사료는 농민소유 흑우[私屯牛]의 공납 문제와 공마의
사매私買, 생우牲牛의 늑매勒買, 마렵馬鬣(말갈기)의 공납으로 인한 폐단
을 시정하기 위한 절목이다.[57] 당시 이원조 목사는 공납과 관련된 여러
폐단을 시정한다는 내용을 마을에 알리면서 이 문서에 마을관인을 찍어
(謄出踏印成貼) 보관하라고 지시했다.[58] 이 문서에서 강조되는 흑우공납,
생우 늑매, 마렵공납도 중요한 목축경관 요소라 할 수 있다.

이 사료는 첫째, 마을주민들이 기르는 흑우가 공납되었음을 알려준다.
제주목사는 우목장에서 길렀던 흑우가 부족할 경우, 개인 소유의 흑우를
구입해 공납에 충당했음을 보여준다. 둘째, 생우牲牛는 국가제사에 희생
용으로 쓰이는 소로, 생우를 소유했던 농민이 원하지 않는다고 해도 늑
매 즉, 억지로 소를 제주목사에게 팔아야 하는 폐단이 있었음을 보여준
다. 셋째, 마렵은 말갈기 즉, 목덜미에서 등까지 나는 긴 털로, 민간에서
말갈기도 공납했음을 알려준다. 다음은 「흑우공마생우마렵구폐절목黑牛
貢馬牲牛馬鬣抹弊節目」 번역문이다.[59]

---

56 조선시대 헌마인으로는 김만일 외에 김하정金夏鼎도 있었다. 영조 12년(1736) 5월
   김하정이 바친 말 2백 필은 금군禁軍·훈영군訓營軍·어영군御營軍에게 나누어 지급
   되었다(『영조실록』 권41, 12년(1736) 5월 21일 갑인).
57 이와 유사한 절목으로 고종 17년(1880)에 작성된 「五面黃牛革罷設置本錢節目」이 애월
   읍 상가리에도 남아있다. 고종 17년 정월에 송상순宋祥淳 제주판관이 제주목 5면
   에서 바쳐오던 제향용 황우를 혁파하고 그 대신 본전 2백냥을 마련하여 그 이자
   로 황우를 사 바치도록 하기 위해 발포한 것이다(애월읍 상가리, 『상가리지』,
   2007, 421쪽).
58 한국학중앙연구원(2014), 『제주애월 수산리·중엄리·하가리 고문서』, 37쪽.
59 한국학중앙연구원에서 발간한 이 책에는 원문만 제시되어 있어 문서의 자세한 내
   용을 알기 힘들었다. 번역을 맡아주신 문창선과 이창식 선생님께 감사 드린다.

一. 흑우 20수의 경우, 목장우로써 활용하기에 적합하지 않아 매년 개인 목장우로써 받아들이고 그 가격은 목자 예하미(전례에 따라 나누어 주는 쌀)로 소 1마리당 1섬씩으로 해서 내어주는데 가격이 충분히 후하지 못해 이전대로 (농민소유의 흑우를) 거두어들이면 실제로 억울한 예가 아주 많게 되었다.

뿐더러 품질 선별 시에도 목자 무리들이 조종하고 토색질하는 폐해가 더욱 심해 흑우 책납의 일을 유지하기가 더욱 어려우므로 이후에는 매해 11월에 목관전령에 따라 당해 면面과 다음 차례의 면의 면임面任으로 하여금 각 목장 중에서 털색이 비슷한 소 30수를 택해 성책成冊한 후 보고한다. 각 소 주인에게 소를 늦지 않게 끌고 오도록 하여 목관에서 간심하여 택정 할 수 있도록 하며, 그 가격은 6개월 결양結養 비용인(환곡미) 48석 중에서 이미 배출한 환곡미 38석을 제외한 10석에서 매수당 2섬 6되씩으로 산정해서 내어주고, 봉진일封進日에 일반인으로부터 환곡을 거두어들일 때 해당창고로부터 지급하지 못했던 나머지 쌀 36섬을 지급해주고, 해당 색리 역시도 그러한 예가 없지 않으니 그 사례대로 적용한다.

간혹 봉진한 후에 사고나 폐사하여 다시 봉진 하는 일이 있을 때면 해당 색리가 그 쌀을 담당해서 그 가격을 결정해 지급하고, 이미 결량이 끝난 것은 1회 간심한 후에 소 주인에게 환급해주어서 잘 기르도록 하였다가 (…) 4월 봉진일에 맞추어서 일제히 와서 바치도록 한다면 그 가격은 전과 비교하여 조금은 더 향상 될 것이니 백성들이 아주 억울해 하지는 않을 것이고, 목자 무리들이 조종하는 폐해는 저절로 감소될 것이며, 그 간에 길러진 소들에 대해서는 영목營牧의 사료가 있어 내어줄 사료의 3/4은 소 주인에게 지급해주며, 나머지 1/4은 해당 색리가 봉진을 마치고, 육지포구에 내리기 전까지의 기간 동안에 소를 기르는 사료로 쓰면 될 것이다.

매월 쌀 7미 중에서 5미를 소 주인에게 지급해주고, 나머지 2미는 해당 색리에게 맡긴다. 소꼴(촐) 중에서 영營의 사료로 거두어 갈 시기에 거래의 폐해가 있어서 해당마을에서 시초(땔감과 꼴)를 받는 자는 이 처분대로 받아서 사용하도록 하라.

一. 개인에게 구매해서 올리는 공마에 관한 사항은 작년부터 시작되었다고 들었다. 목장에서 기르는 말의 감소 추세가 지속 되는 바 거의 백성을 죽음으로 몰고 갈 정도다. 지금에는 말이 많이 줄어들어 그 숫자를 채우는 것도 내년부터는 개인의 말을 거두어 충당하기에 이르러서 집임集臨할 수도 없는 지경이다. 소위, 목장 말 대부분이 공마에 사용할 수 없게 되어 사매私買의 법法이 아니면 유지하기가 어려워 그것을 영원히 혁파해서 지금 이후로는 작은 말을 보내는 해에는 비록 부족한 수가 있더라도 예하미를 향장리鄕將吏(향청, 군교, 아전을 의미함)들로 하여금 사서 납부하도록 하여 민간에서 납부하게 하지 않도록 한다.

많이 실어 보내는 해에는 향장리가 사서 납부하게 하고, 부족하면 부득이 하게 개인에게 사서 납부토록 한다. 둔민이 마두馬頭 당 22두의 쌀 가격은 혹시 억울하다면, 다시 3두를 더해줘서 25두를 원칙으로 삼는다면 아마도 둔민屯民에게는 힘을 내개 하는 방도가 될 수도 있으므로, 예하미는 이미 수가 정해져 버렸고 그 3두를 추가로 수급할 곳도 없다면 매년마다 우선 흑우의 값 20석을 제외하고 그 나머지를 전용轉用하여 상황에 따라 그 마馬의 수에 충당하도록 하라.

一. 희생우를 강압해서 사는 폐해가 민간에게는 가장 큰 폐해이다. 감당할 수 없는 선물과 지공은 아울러서 혁파하고, 선물이 들어와 이미 써 버린 것은 시기가 정해져 있어 가격이 원래 높고 후해서 해당 색리가 1석 가격의 쌀을 직접 면전에서 사서 진배하도록 할 것이고, 지공은 간혹 2~3년 아니면 5~6년 아니면 12 여 년 만에 한 번씩 하는 것으로 상시적인 일은 아니다.

비록 전례대로 각 면과 동을 돌아가면서 바치도록 시행하더라도 그 (희생우) 가격은 받아 갈 때마다 매번 이름만 있고 실제는 없는 우려가 있고 또, 요새에 잘못된 사례도 들으니 향청에서 그 소를 간품하면서 가격을 정할 때에 원래 정해진 그 값을 또 감해서 지급하고 있어서 끝내는 백성에게 폐해가 되고 있어 강제로 빼앗아 버리는 것과 다름이 없으므로 원래 정한 그 값을 다시 고쳐 큰 소 40두 중의 30두를 작은 소 20두로 고쳐 정식定式으로 하니 이후에는 향청에서 간품할 때 단지 대중소로만 구별하고, 별도로 다시 숫자를 줄이지 말도록 하며 그 가격은 소를 납부하는 날에 환자[還穀額數]에 대한 문서만 주고, 환곡 시에 계산해서 받는 것을 시행하도록 하면 그 무리들 중에서 조종하는 폐해는 저절로 줄어들고 삭감되는 사고는 영원히 사라질 것이다.

一. 말갈기[馬鬣]를 거두어들이는 폐해에 대해서는, 비록 사소하기는 하지
만 이미 해가 되고 있어서 영문營門에서 염려를 안 할 수가 없는데 말갈
기를 거두어들이는 폐해를 영원히 혁파하고, 앞으로는 해당 색리에게 본
가本價를 매년 2전씩으로 개인에게 사서 사용하도록 한다.

본 관에서 매년 받은 것 즉 각 동에서 9냥과 간년間年마다 받은 본가를 이
미 변통하여 처리 할 데가 없어 공용으로 쓰고 있어서 영원히 혁파 할 수
가 없어 포로 받는 사례에 의하여 각 동에서 스스로 거두어 납부하도록
한다.

해당 색리가 자꾸 핑계를 대면서 둔민에게 마련하라고 하는 폐해는 원래
정식定式이 한번 마련된 후에는 비록 일렵일모一鬣一毛라 하더라도 두 번
다시는 징수하지 말 것이며, 백렵白鬣은 희귀한 물건이니 준비할 때 잡모
雜毛와 백렵을 혼동 하여 받아오므로 필경은 흑이 변하여 백이 되고 있고
털이 변하여 재산이 되고 있다.

대납할 때 그 폐해는 배가되고 있어 큰 고통이 될 수밖에 없고 민간에서
받아들이는 것을 혁파함에 따라, 단지 원래 색깔과 잡 털을 고르는 문제
는 백렵을 해당 색리로 하여금 사용하는 곳에 따라 가격을 지급하고 개인
에게 사서 쓰도록 하면 될 것이다. 使(수압)

이밖에 「오면황우혁파설치본전절목五面黃牛革罷設置本錢節目」은 고종17
년(1880) 정월에 제주목 송상순宋祥淳 판관이 제주목 5면(구좌면, 신좌면,
중면, 구우면, 신우면)에서 대향大享의 제수祭需로 바쳐오던 황우를 혁파
하고 그 대신 본전 200냥을 마련하여 향청鄕廳으로 하여금 각 마을에 나
누어 주어 이자를 불리게 하였다가 그 이자로 제향祭享에 소용되는 황우
를 매입하여 바치도록 제주목 각 마을에 발급했던 문서이다.[60]

3. 제주목장구폐완문

「제주목장구폐완문濟州牧場救弊完文」(1860)에는 조선후기 제주목장의
폐단과 이를 시정하기 위한 정책들이 제시되어 있다. 특히 목장에서 우

---

60 북제주문화원, 『하가리소장고문서』(2007), 세림원색인쇄사, 383-389쪽.

마 생산에 직접 참여했던 목자들이 담당했던 목자역牧子役의 어려움이 잘 나타나 있다. 여기에서는 목자역 관련 내용을 발췌하여 그 실태를 보려 한다.

① 천하고 괴로운 잡역으로는 목자같이 심한 것은 없을 것으로 생각한다. 깊은 산 막다른 골짜기 가운데 멋대로 놓아둔 말들을 밤낮으로 돌보아 기르며 생업을 전부 놔두는 측은함은 이루 말할 수 없다. 말을 잘못 잃어버리기라도 하면, 모두 목자들에게 대신 징수시켜 항상 징수하는 명목이 간혹 3, 4필에 이르게 되니 그 재산을 탕진하게 되고 징수가 그 친족에게까지 미치게 됩니다. 비록 풍족한 백성이라 할지라도 한번 그 역에 들어갔다가 거지가 되고 난 다음에야 끝나기 때문에 백성들은 모두 싫어 피함이 죽으러 가는 곳처럼 보고 있습니다.[61]

사료 ①에는 목자역의 고통이 적나라하게 나타나 있다. 그들은 생업을 포기하다시피 하면서 말들을 관리해야 했고, 말을 잃어버릴 경우, 책임지고 변상을 하기 위해 재산을 탕진해야 했다. 심지어 친족에도 변상책임이 전가되었다. 따라서 백성들은 일단 목자역에 들어가면 재산을 탕진하여 거지가 되어야 끝나므로 목자역은 매우 회피대상이었음을 알 수 있다.

② 점락點烙을 할 때에는 여러 가지 빌미를 대므로 (백성들은) 의례 빚을 지게 되며, 봉진封進할 때에도 정비情費가 여간하여 원료元料 아래에 응하게 하는 것이 영속營屬들의 호주머니로 들어가서 목자들은 살아갈 밑천에 대책이 없어 기아에 허덕이게 되며 심지어 마축馬畜을 도살하는 폐해까지 있게 되어 사정이 역시 좋지 않다.[62]

③ 마정이 비록 말을 중히 여기겠지만 저절로 길러지는 것이 아닙니다. 그런 말을 기르는 자가 목자라 한다면, 목자를 생각하여 보호하는 것이 바로 마정을 중히 여기는 것입니다. 이를테면, 영속들의 여러 가지

---

61 제주문화유적지관리사무소(2007), 『도영절차·영해창수록』, 59쪽.
62 제주문화유적지관리사무소(2007) 위의 책, 60쪽 : "點烙時例債封進時 情費如 干元料之 應下者盡入於營屬之囊橐牧子輩資活無策饑困轉甚至有屠殺馬畜之弊 情亦慽矣."

토색질을 한꺼번에 금지해야 할 것입니다. 본 목장의 채소밭을 구역으로 그어주고, 여름과 가을에 주는 요미料米(급료로 주는 쌀)의 상하는 관례에 따라 구휼함을 고려해서 목축을 돌보는데 뜻을 두도록 해야겠습니다.[63]

사료 ②를 통해 점락點烙할 때에 (영속들에 의한) 금품수수가 있었음을 알 수 있다. 점락은 우마를 점검하며 낙인을 찍는 일을 의미한다. 점락할 때 여러 가지 빌미를 대며 의례 빚을 지게 했다는 것은 우마에 낙인할 때 그 대가로 금품을 받았다는 것을 암시해준다. 당시에는 낙인 쇠를 관청이 가지고 있었기 때문에 돈을 내고 빌려야 했다.

사료 ③을 통해 목자들은 말을 봉진하는 과정에서 영속(관리)들에게 바치는 정비情費(인정으로 내는 잡비)를 마련하느라 굶주리다 자신의 말을 도살하여 연명해야 했음을 보여준다. 목자들을 보호하기 위해 영속들의 토색질을 금지할 것을 강조했다.

④ 각 목장의 범위 안에 반을 나눠서 가로로 담을 쌓고(횡축), 1년을 돌려가며 경작하게 하고, 만일 농민배들이 방마放馬한 목장에서 점검도 무시하고 구획을 넘어 경작하여 심은 곡물이 드러난 것에 따라 공물公物에 소속시켜 말을 사는 자본에 보충하도록 하며, 곡물과 풀(촐)을 거두어 들여 본 목장에 납품하도록 해서 한 겨울에 수척해진 말을 보양시키는데 사용 할 것이다.[64]

사료 ④는 1800년대 중반 제주도 국영목장에 중잣성이 출현했음을 보여주는 매우 중요한 사료이다. 각 목장을 반으로 구분해 돌담을 쌓아 돌

---

63 제주문화유적지관리사무소(2007), 위의 책, 60쪽 : "馬政雖重馬不能自養養其 馬者牧子則懷保牧子乃所以重馬政也所謂營屬之諸般誅求一倂甫禁是白遣本場菜 田之劃給夏秋料米之上下拔例顧血俾得着意看牧是白乎㢱"

64 제주문화유적지관리사무소(2007), 위의 책, 62쪽 : "各場圍內分半橫築間一年 輪耕是矣如或農民輩犯劃冒點於放馬之場則所種穀物隨現屬公俾補貿馬之資穀草收納本場深冬時喂養瘦馬是齊."

아가면서 윤작했다는 사실은 중잣성의 축조이유를 보여준다. 즉, 중잣성
에서 하잣성 사이에서 경작할 때는 중잣성과 상잣성 사이에서 국마를 방
목하게 했다. 이것은 이른바 '경목교체형'耕牧交替型 토지이용 방식이라
고 할 수 있다.[65]

목장기능이 약화되는 시점에 농민들이 목장내로 들어가 경작하는 현
상이 발생하면서 조정에서는 목장 내에서 경작한 농민을 찾아내어 세금
을 부과하여 말을 사는 비용으로 충당하거나 나아가 목장 내 경작 터에
서 찾아내 거두어들인 곡물과 풀을 겨울에 수척해진 말들에게 먹이로 주
도록 했음을 알 수 있다.

4. 대정현아중일기

『대정현아중일기大靜縣衙中日記』는 대정현감을 역임했던 김인택金仁澤
(1817.6~1820.4)이 작성한 것으로, 당시 대정현이 관할했던 7소장과 8소
장 및 모동장에 대한 기사들이 등장한다. 특히 이들 목장의 운영과정에
서 문제를 일으켰던 목자들에 대한 처벌기록이 눈에 띤다. 일부를 간추
려 제시하면 다음과 같다.

- 6월 18일 : 현의 백성 김차동金次童을 곤장 열여섯 대를 치고 강폄 降窆
  하였다. 목자가 말을 도적질하여 팔았다가 발각된 죄때문이다.
- 6월 21일 : 마감 두 사람과 군목 두 사람에게 곤장 일곱 대를 쳤다. 공마
  를 잃어 버렸기 때문이다.
- 7월 22일 : 팔소장의 군목 두 놈을 각각 곤장 다섯 대를 쳤다. 목장의 말
  을 잘 돌보지 아니하여 죽었기 때문이다.
- 7월 24일 : 무릇 제주의 풍속은 사월 초가 되면 각 목장에 우마를 몰아
  들였다가 십일월 초가 되면 반드시 목장에서 내보내는 데 산야에 흩어
  진 우마들이 혹시 몰래 인가로 내려와 곡식을 해친다. 그래서 들로 몰

---

65 김상호(1979), 「한국농경문화의 생태학적 연구 : 기저 농경문화의 고찰」, 『사회과
    학논문집』 4, 서울대 사회과학대학, 94쪽.

아내어도 어떤 때는 담을 뛰어 넘어 타인의 밭에 들어감으로써 밭마다 돌로 담을 쌓기도 하고, 나무로 울타리를 만들기도 하나 만약 견실하지 아니하면 반드시 우마에게 곡식을 먹히고 만다.

• 8월 18일 : 목자 한 명에게 곤장 석대를 쳤다. 군역을 피하려 했기 때문이다.

• 9월 19일 : 모동장의 우감에 곤장 열대를 쳤다. 답장畓場 안에서 목자의 채전을 탈취하였고, 국마로 하여금 사전私田을 답전하였기 때문이다. 답전踏田(밭볼리기)이라는 것은 이 섬의 농사짓는 법으로, 곡식 씨를 뿌린 뒤에 말이나 소떼로 밭을 밟은 뒤에, 싹이 나게 하는 것이다. 우마를 기르는 자는 많으면 이백 마리, 적으면 오십 마리까지 기르므로 부자는 반드시 우마가 많다. 군두 한 사람을 곤장 다섯 대를 쳤다. 간계를 알면서 고하지 아니한 죄를 물었다.

• 9월 28일 : 모동장의 군두 한 놈을 곤장 여덟 대 쳐서 목자로 강폄시켰다. 목장 소들이 곡식을 먹어 버렸기 때문이다.

• 10월 19일 : 모동장의 목자 한 놈에게 곤장 아홉 대를 쳤다. 장감場監을 후욕한 죄 때문이다.[66]

위의 사료를 통해 첫째, 목자들은 말을 도적질하여 팔기, 공마를 잃어 버리기, 말을 제대로 돌보지 않고 죽게 하기, 군역軍役을 회피하기, 국마를 이용해 사전私田을 밟게 하기, 목장운영 조직의 위계질서를 무너뜨리기 등을 할 경우, 모두 대정현감으로부터 처벌대상이었음을 알 수 있다.

둘째, 제주의 오래된 목축문화로 우마를 투입한 밭 볼리기 전통과 방목풍습이 제시되어 있다. 특히 사월 초가 되면 목장에 우마를 올렸다가, 십일월 초가 되면 목장에서 내보내는 목축전통은 이미 이 시대에도 존재했음을 알 수 있다. 따뜻해져 목장에 새로운 풀이 돋아날 때 우마를 목축지로 올리고, 추워져 풀이 시드는 시기에 목장에서 마을로 내려 보내는 방목모습은 현재까지 유지되고 있는 마을공동목장 운영에도 나타나고 있다.

셋째, 그는 모동장의 운영모습이 나타났다. 당시 모동장에는 장감場

---

66 김인택(1817~1820), 「丁丑六月日 大靜縣衙中日記」, 『귀양객들이 넋이 스민 대정 고을』, 반석출판사, 141-183쪽.

監·우감牛監·목자牧子가 존재했다. 대정현감 김인택은 모동장의 우감이 답장畓場 안에서 목자의 채전菜田을 탈취하고, 국마를 이용해 사전私田을 밟게 하여 국마에게 피해를 입혔다는 죄를 물어 곤장 열대를 쳤다.

또한 모동장의 군두 한 명이 목장의 소들이 농경지로 들어가 곡식을 먹어 버리는 것을 방치했다는 책임을 물어 군두에서 목자로 강등하는 조치를 내렸다. 이것은 군두가 잘못하면 죄를 물어 최하층인 목자로 내려갈 수 있었음을 보여주는 사례이다. 모동장의 목자가 상관인 장감을 뒤에서 욕해도 처벌받았다.

5. 목장신정절목

『목장신정절목牧場新定節目』은 정조 18년(1794)에 제주도에 파견된 어사 심낙수沈樂洙가 산마장 침범 경작자들로부터 받아 오던 세금의 과중한 폐단을 시정하기 위해 작성한 문서로, 흔히『산장절목』으로 알려져 있다. 18세기 말 산마장의 운영 실태를 파악할 수 있는 중요한 사료로 평가되어 2013년 제주도지정 문화재자료로 지정되었다(그림 57).

이 문서에는 첫째, 산마장이 재정비되어 등장한 녹산장, 침장, 상장의 공간범위와 각 목장에 있는 경계용 돌담[間墻]과 하천이 표시되어 산마장의 경관구조를 이해하는 데 도움을 주고 있다. 둘째, 산마장의 운영조직이 나타나 있다. 산마장은 산마감목관-군두-군부-목자로 이어지는 마정체제를 기초로, 암말 100필과 수말 15필을 하나의 패牌(群에 해당)로 편성, 매 패마다 목자 10명을 배치해 조직적으로 운영되었다.[67] 셋

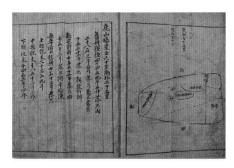

〈그림 57〉『목장신정절목』중 녹산장 자료
(제주도민속자연사박물관 소장자료)

째, 산마장이 경작이 가능한 장소와 농경이 금지된 방목지로 이루어졌음을 보여준다.

6. 삼소폐장획급절목

국마장의 폐장현상은 절목문서에서도 확인된다. 실례로, 1871년 조희 순趙義純 제주목사가 작성한 「삼학개정절목三學改定節目」에는 '삼소폐장 세미십오석 환부진세하三所廢場稅米十五石還付賑稅下', '육소폐장 세미십 오석 환부진세六三所廢場 稅米十五石 還付賑稅'라는 기록이 등장한다.[68] 여기서 세미는 관가의 땅(국마장)을 빌린 경작자로부터 받아내는 세금형 식의 쌀로, 제주목사는 관할 3소장과 6소장이 폐장되는 과정에서 목장지 대로 들어가 개간하여 농사짓는 농민들로부터 세미를 받아내 이것을 구 휼에 필요한 비용인 진세賑稅로 돌렸음을 알 수 있다.

「삼소장폐장획급절목三所廢場劃給節目」은 1876년인 병자년 11월 제주 목사겸방어사 이희충李熙忠(1874.7~1877)이 작성한 문서로, 그는 고종 12 년(1875) 경신재敬信齋를 만들어 제주 선비들의 유교 경전 공부와 상호교 류를 도운 인물이었다. 이 절목은 1800년대 후반부터 본격화된 십소장 폐장현상을 입증하는 자료로, 제주향교가 있었던 제주목 3소장의 폐장세 廢場稅가 귤림서원[69]橘林書院 운영비로 충당되던 중 이 서원이 소멸되면 서 폐장세를 경신재로 돌려주었다는 내용이다.[70] 3소장 아래에 위치했던 봉개와 세천細泉(회천동)마을 농민들이 폐장된 3소장에서 경작하였음을 짐작할 수 있다.[71]

---

67 남도영(2003), 앞의 책, 310쪽.

68 김지홍·원창애(2003), 『제주삼읍교학사료집』, 전국문화원연합회제주도지회, 53-54쪽.

69 귤림서원은 충암 김정·규암 송인수·동계 정온·청음 김상헌·우암 송시열의 위패 를 모시고 후학을 양성하던 유교 교육기관이었다.

70 오성찬 외(1988), 『봉개리』, 반석출판사, 60쪽 : 敬信齋란 1658년에 세워진 藏修堂의 후신으로, 현재의 오현단 부근에 설치되었던 교육기관이었다.

71 「삼소폐장획급절목」(1876), 『제주도 일반동산문화재』(조사보고서)(1991), 제주도민

7. 전답문서

동색마同色馬는 목자들이 부담했던 대표적인 고역을 상징한다. 이것은 목자들이 관리했던 말이 죽으면, 가죽을 벗겨 관아에 가져가는 데, 이때 관아에서는 보관 중이었던 마적과 비교해 모색과 일치하면 그 변상을 면해 주도록 했으나 여러 가지 이유를 대며 죽은 말과 동일한 말로 구입해 변상하도록 한 것을 의미한다. 따라서 목자들은 동색마 문제를 해결하기 위해 자신의 토지를 팔거나 심지어 처자식을 넘긴 돈으로 말을 구입해 관아에 바쳐야 했다. 당시 이런 동색마 문제를 해결하려는 자구책이 전답문서田畓文書에 반영되어 있다.

『제주도고문서연구』(고창석, 2001: 69)에 실린 전답문서에는 "건융 34 년인 영조 45년(1769) 4월 17일에 전주인 고만高萬이 고서감高瑞鑑에게 아들 고석高石의 신역身役이 9소장 목자로 있는데, 9소장 둔마 중에 변상해야 할 동색마가 많아 하는 수 없이 동택(고서감)에서 두 살베기 수말 한 필을 대출한 후, 말 값으로 정목 1필 반과 가시뢰원加時磊員의 속종粟種 5되 부치기 밭을 정목 1필로 값을 정하고(중략), 남은 정목의 값은 이 몸의 딸 둘을 동택의 수양고공收養雇工(수양한 집에서 기거하면서 일을 해주는 사람)으로 일하게 하는 것으로 하며, 본문기와 함께 영원히 보납報納한다."[72]는 내용이 들어 있다.

이 명문을 통해 동색마 문제를 해결하는 구체적인 방책이 무엇이었지를 알 수 있다. 이 문서에서처럼, 고만은 자신의 아들이 9소장 감목처監牧處에 바쳐야 할 '두 살 베기 수말 한 필'을 넘겨받는 대신에 말 주인

속자연사박물관, 98-99쪽.

72 고창석(2001), 『제주도고문서연구』, 제주대학교 탐라문화연구소, 69-70쪽 : "右明文事段 矣身子奴高石 身役玖所牧子(탈락)是白如可 本場屯馬中 同色馬, 許多是乎等以 勢不得已 同宅 貳禾雄馬壹匹代出後 價本段 正木壹匹半 及加 時磊員 粟種五升付只田 正木壹匹論價是遺 肆標段 東小川 西小路 南金成宅 田 北李復隆田 餘木價 矣身女貳 同宅拾胖[收養]告[雇]工使 還[喚]爲称 本文 記并以 永永報納爲去乎 日後子孫中 雜談之弊是去等 持此文記告官卞正事 田主 高萬(左手村) 執筆 梁順平(手決)."

인 고서감에게 말 값으로 자신의 밭을 주고, 또 부족한 금액은 두 딸을 말 주인집에 수양고공으로 보냈다는 것이다. 이러한 사실은 목자들에게 있어 동색마로 인한 폐단이 매우 컸음을 시사해 준다.

Ⅳ. 마을공동목장의 목축경관

　마을공동목장에는 우마 방목을 위한 목축시설들이 필요했다. 목장 내 넓은 초지 공간에 만들어진 급수장·간시사·가축수용사·경계 돌담 등은 공동목장을 구성하는 목축경관 요소였다.

　이 가운데 급수장은 바람을 막아줄 수 있는 일정 공간에 인공적으로 축조한 물통이다. 공동목장이 위치한 중산간 지대가 대부분 틈(절리)이 발달된 현무암층으로 되어 빗물의 지하침투가 용이하기 때문에 빗물 저장용 시설이 필요했다. 급수장 공사를 위해 조합원들이 출역했다. 인공적으로 만든 급수장은 원형 또는 사각형 형태가 많다(그림 58·59). 또한 자연적으로 형성된 못은 천연 급수장으로 이용된다. 제주시 오등동 공동목장(그림 60)과 애월읍 삼리 공동목장 내에는 자연적으로 형성된 습지가 있어 현재는 우마들의 급수장으로 이용되고 있다.

〈그림 58〉 송당리 공동목장　　　　〈그림 59〉 수망리 공동목장
　　　급수장(현지촬영)　　　　　　　급수통(현지촬영)

〈그림 60〉 제주시 오등동
급수장(현지촬영)

〈그림 61〉 유수암리 공동목장
관리사(현지촬영)

〈그림 62〉 공동목장내
축사(현지촬영)

〈그림 63〉 윤환방목을 위한
경계림(현지촬영)

간시사看視舍는 일본식 용어로 우마방목 상태를 관찰하기 위해 만들어진 시설이다. 규모가 큰 목장일 경우, 2~3개의 간시사가 세워지기도 했다. 이것은 '테우리막' 또는 목장관리사에 해당하며, 방목우마를 관리했던 목감이 일시 기거했다(그림 61). 가축 수용사는 비바람을 피해 우마를 수용하는 축사였다. 현재는 서귀포시 하원동이나 제주시 오등동의 경우처럼 공동목장 내에 축사를 만들어 가축수용사로 활용하고 있다(그림 62).

마을공동목장 내에서도 식림사업이 이루어져 물을 얻기 위한 수원림水源林과 바람막이용 방풍림防風林 등 목장림牧場林이 조성되었다. 그리고 공동목장 내 윤환방목을 실시하기 위한 공간구획을 위해 경계선을 따라 삼나무가 심어졌다(그림 63). 또한 흡혈성 곤충인 진드기를 구제하기 위한 '부구리통'도 있었다. 이밖에 공동목장 내에서 이루어지는 출역 작업과 진드기 구제나 방앳불 놓기를 위해 목장도로가 만들어졌다.

    또한 공동목장 설치와 확대 및 개보수에 공적을 세운 인물들을 기억
하기 위한 비석이 공동목장 내에 남아 있다(그림 64·65). 일제시기 목축
경관 요소들의 모습은 남원면 목장조합 문서를 통해 확인된다(표 9). 이
자료에는 피서림避暑林과 우마용 급수장 및 천연 급수장이 나타난다. 농
경이 일시적으로 허가된 경작지, 우마의 방목상태를 살펴보기 위한 간시
사看視舍, 건초용 '촐'이 자라는 청초지靑草地도 중요한 목축경관이었다.

<그림 64> 마을공동목장내
공적비(현지촬영)

<그림 65> 하도리 목장부활
기념비(현지촬영)

<표 9> 남원면 공동목장내 목축경관요소(1943)

공동목장	소재지	지목	지번	목축경관요소
신흥리	신흥리	산	41	피서림
			61	피서림
			72	피서림
			59-2	급수장
			43	피서림
			52	천연 급수장
			47	경작용
한남·남원	한남리	산	7	경작지
			8	경작지
		산	5-1	기설 급수장
			76	간시사, 천연 급수장

신례리	신례리	산	61	피서림
			22	피서림
			13	피서림
			12	급수장
			11	간시사
			33	피서림
			80	급수장

출처 : 강만익(2011), 『일제시기 제주도 마을공동목장조합연구』, 제주대학교 대학원 사학과 박사
논문, 142쪽.

제4부
제주지역 목축문화의 원형

Ⅰ. 목축문화의 원형
Ⅱ. 목축문화의 마을별 존재양상

I. 목축문화의 원형

제주지역의 목축문화는 테우리들이 오랜 세월동안 목축을 하면서 만들어 놓은 '오래된 전통'에 해당한다. 제4부에서는 제주지역 목축문화의 실태를 말 문화[馬文化], 소 문화[牛文化] 그리고 반농반목半農半牧 목축문화로 구분해 각각의 의미를 제시한다.[1] <표 10>은 제주도의 지대별地帶別로 존재했던 목축문화의 구성요소들을 나타낸 것이다.

〈표 10〉 제주도 목축문화 구성요소

지대별	해안지대 (0~200m)	중산간지대 (200~600m)	산간지대	
			삼림지대 (600~1400m)	아고산지대 (1400m~)
목축 문화	·해안방목 ·번쉐, 낙인 ·축사사육 ·밭 밟기 ·목축민요 ·물방애 ·마조제 ·공마해신제 ·물총공예	·십소장, 잣성, 테우리 ·마을공동목장 ·방앳불 놓기火入 ·공동목장 출역出役 ·번쉐, 멤쉐 ·낙인, 귀표, 검은쉐 ·목장경계용 돌담보수 ·테우리 제사(백중제) ·잣성, 공마, 점마, 촐 (꼴) 베기, '케' 방목	·곶물, 곶쉐 연중 방목	·곶물, 곶쉐 연중 방목 ·상산방목 ·우마찾기 고사

출처 : 강만익(2013), 「근현대 한라산 상산방목의 목축민속과 소멸」, 『탐라문화』(43), 165쪽.

---

[1] 제주지역 목축문화의 원형과 실태 그리고 활용방안 부분은 2014년 8월 제주발전연구원에 제출했던 『제주도 목축문화의 실태와 보전·활용방안』 보고서를 근간으로 보충했음을 밝힌다.

2008년 제주특별자치도는 제주마·검은쉐[黑牛]·잣성·고득종高得宗·테우리·물방애·번쉐와 멤쉐를 100대 제주문화상징으로 선정했다.[2]

1. 말 문화[馬文化] 요소

말 문화에는 공마, 점마, 낙인, 물테우리, 연중방목 등이 있었다. 이러한 말 문화의 구성요소들은 목축민들이 중산간 국마장이나 일제시기부터 현재까지 이어지는 마을공동목장 등을 배경으로 만든 것이었다. 특히 공마와 점마는 국가권력에 의해 창출된 것으로, 조선시대 국영목장을 유지시켰던 양대 제도였다는 점에서 중요했다.

1) 공마貢馬와 공마선貢馬船

공마는 국마장에서 선정된 우수한 말들을 한양으로 보내는 것을 의미한다. 이것은 흉년이나 큰 가뭄이 발생한 때를 제외하고는 해마다 수시로 이루어졌다. 공마로 선정된 말들은 제주목관아내 관덕정 앞에서 제주목사가 마적과 하나하나 대조하며 최종 확인을 거친 후, 애월포·화북포·조천포에서 공마선을 타고 전라도 남해안으로 운송되었다. 이 가운데 조천포는 수심이 깊어 조선시대 육지를 오가는 큰 배들이 많이 이용했던 포구였다. 공마선에는 공마와 함께 대체로 30~40여명의 격군(노를 젓는 군인)들이 탔다. 공마선은 조천포에서 출발해 전라도 강진의 마량포나 영암과 해남의 관두량과 이진포에 도착했다.[3]

공마는 해마다 바치는 연례공마年例貢馬, 3년마다 바치는 식년공마式年貢馬, 그리고 부정기적으로 바치는 공마로 구분되었다. 연례공마는 세공마歲貢馬·삼명일 진상마三名日進上馬(정조·동지·탄일)·연례 진상마年例進上馬가 있었으며, 연례공마의 총수는 1년에 270필 내외였다. 식년공마

---

2 제주특별자치도(2008), 『제주문화상징』, 제주문화예술재단.

3 『강진신문』 2006년 10월 19일자, 「탐진~탐라 조랑말이 달린다 3. 아 현무암… 말이 육지에 닿았다」.

는 자·묘·오·유가 들어가는 해에 바치는 말로, 200~700필 내외가 진상
되었다.

헌종 12년(1846) 제주목사 이의식李宜植의 보고에 따르면, 제주의 공마
는 매년 보내는 소공마小貢馬와 3년마다 보내는 대공마大貢馬(20척) 그리
고 해마다 보내는 흑생우黑牲牛 2척으로[4] 이루어졌음을 알 수 있다.

공마에서 가장 충당하기 힘든 것은 부정기적으로 바치는 마필의 확보
문제였다. 왕명에 의한 전마 혹은 무역을 위한 말의 징발은 제주목사와
제주판관·대정현감·정의현감 뿐만 아니라 도민들을 힘들게 했다. 더구
나 제주도에 내려 온 지방관들이 민간에서 기르는 말을 빼앗아 사사로이
중앙정부에 바치는 폐단도 있었다.

그러면 조선시대 제주에서 한양으로 보내는 공마의 시작은 언제부터
일까? 『태조실록』에 의하면, 태조 7년(1398) 태조가 제주에 세공마 1백
필과 소 1백두를 바치게 했다는 것이 최초의 공마기록이었다.[5]

공마선 운영에는 많은 식량이 요구되었다. 이에 따라 태종 18년(1418)
4월 전라도관찰사는 조천포朝天浦에서 바람을 기다리거나 공마선이 바
다를 건너갈 때 격군들에게 줄 양식 등 일 년에 소비되는 약 1천여 석을
확보하기 위해 제주에 둔전을 설치하도록 했다.[6]

공마선정 절차를 보면, 먼저 병조에서 우마적牛馬籍에 기초해 말공납
을 사복시에 명령하면, 이것은 전라도관찰사를 거쳐 제주목사에게 전달
되었다. 그러면 제주목사는 이를 삼읍의 감목관에게 지시하고, 삼읍 감
목관은 각 목장에서 공마용 말의 징발을 위해 결책군結柵軍과 구마군驅
馬軍을 대동하여 공마선정 작업에 착수했다. 결책군은 넓은 목장의 말을
붙잡기 쉽도록 하기 위해 목책이나 원장圓場과 사장蛇場을 설치했던 사
람들이었다. 원장은 우마를 일정한 장소에 취합하기 위해 만든 원형목책
이며, 사장은 취합된 우마가 1필씩 통과하게 만든 목책 통과로였다. 구마

---

4 『승정원일기』 제2453책, 헌종 12년(1846) 7월 25일(무신).
5 『태조실록』 권13, 태조 7년(1398) 3월 17일(갑자).
6 『태종실록』 권35, 태종 18년(1418) 4월 2일(임오).

군은 말 몰이를 담당했던 사람들로, 말을 일정 장소로 몰아 원장 내로 말을 몰아넣었다.

한편, 제주·정의·대정 각 영문에서는 감목관의 책임 아래 습마習馬 6명이 각 목장에서 선정된 말의 마적과 낙인자烙印字를 확인했다. 판관과 현감은 말의 나이, 키, 털빛, 건강 실태 등을 면밀히 조사해 선정한 공마의 목록을 제주목사에 제출했다. 17세기말 정의현감을 역임했던 김성구金聲久는 『남천록南遷錄』(1679~1682)에서는 다음과 같이 공마장면을 기록했다.

숙종 6년(1680) 6월 10일 말을 실은 배를 띄어 보내었다. 매년 5, 6월 감영에서 삼읍의 말을 골라 봉진한다. 조천관에서 바람을 기다리게 하고, 삼읍의 수령들이 윤번으로 차원差員을 정하여 그로 하여금 공마를 실어 보내는 일을 맡게 한다. 금년은 대정현감이다. 말을 실은 배는 다른 배와는 달라 반드시 강한 바람이 있은 연후에 비로소 배를 출발시키는 데, 실은 것이 무거울 뿐만 아니라 만약 하루 만에 도착하지 못하면, 여러 섬에서 머물러야 하므로 말이 많이 상하기 때문이다. 본현(정의현에 해당)이 금년 진상하는 수는 연례마 3필, 세공마 51필, 동지마 6필, 탄신일마 5필, 정조마 7필, 흥구마 15필, 노태마 5필 도합 92필이다.[7]

위의 기록을 통해 매년 초여름인 5, 6월에 공마봉진貢馬封進이 이루어졌다는 점, 조천관朝天館에서 바람을 기다리고 삼읍의 수령들이 돌아가며 차사원을 담당했다는 점, 강한 바람이 불고 난 직후에 공마선을 출발시켰다는 점 등을 알 수 있다.

각 목장에서 징발된 말들은 공마선을 이용해 전남 해안인 해남·강진·영암 해안에 도착했다. 여기서부터 공마는 육로로 각 지역 지방관들의 책임 하에 '삼남대로'三南大路를 따라 한양까지 운송되었다. 한 배에 30여 필의 말을 실은 공마선의 경우, 태풍을 만나 파선되거나 표류하는 경우가 있어 말이 유실되고 동시에 인명피해도 발생했다. 간신히 파선을 면

---

7 김봉옥 편역(1994), 『속탐라록』, 제주문화방송주식회사, 197-255쪽.

해 육지에 도착해도 풍랑에 지친 말들이 쓰러져 죽는 경우가 허다했다.

공마선에는 배 밑창에 배의 균형을 잡기 위한 평형수 역할을 했던 돌 (현무암)을 적재했다. 그리하여 배가 균형을 잡으면 공마를 실어 출발했다. 공마운송을 책임진 차사원은 조천관에서 바람을 기다리다가 공마선을 출발시켰다. 조천관은 제주와 한양을 오고가는 관리들의 숙소였으며, 공마선을 발선할 때도 차사원으로 임명된 판관이나 현감들이 이곳에서 공마선을 출발시키기에 적당한 바람을 기다렸다. <그림 66>은 『탐라순력도』의 「조천조점」에 나타난 조천관의 위치이다. 조천관이 있다고 해서 마을이름을 조천관리라 했으며, 오늘날 조천리에 해당한다.

〈그림 66〉 공마선이 출발했던 조천포와 조천관 모습

출처 : 제주시(1999), 『탐라순력도』, 41쪽.

공마선이 전라도 강진군 마량포나 해남군 이진포 등에 무사히 도착하면, 말들을 포구주변의 성곽 내로 이동시켜 먹이를 주면서 쉬게 했다. 공마선이 제주로 돌아올 때는 배 밑창에 있었던 현무암 돌덩이를 포구에 내렸다.

과거 공마선이 도착했던 포구에는 지금도 제주현무암이 남아있으며, 집 벽에도 현무암이 박혀 있는 사례가 있다(그림 67). 전남 해남군 북평

〈그림 67〉 전남 해남군 이진리 집담
벽에 박혀 있는 제주현무암

첩정, 1889, 38cm×29cm, 등록번호 50783

〈그림 68〉 조천진 조방장이
겸방어사에게 올린 첩정
출처 : 제주교육박물관(2012), 『제주의 고
문서』, 80쪽.

면 이진마을에는 현재도 '곰보돌'(현무암)이 남아있다. 이 돌은 제주도에
서 이진포로 말을 싣고 올 때, 배의 균형을 잡기 위해 배 밑창에 깔았던
것으로, 배가 다시 제주도로 갈 때는 곡식 같은 것을 싣고 가기 때문에
균형을 잡을 필요가 없어 이곳에 돌을 버리고 간 것이다.[8]

<그림 68>은 고종 26년(1889) 6월 초 9일 조천진 조방장 박朴이 겸방
어사[9]에게 올린 첩정이다. 여기에는 3소장의 목자 권인복權仁福이 본 목
장의 공마 중 유웅마騮雄馬 1필이 지난밤에 병이 나서 죽었다고 보고한
것에 대해 죽은 말의 가죽을 즉시 올려 보내라는 처분 내용이 기록되어
있다. 이 문서를 통해 1889년 6월의 공마는 제주판관 관할 목장에서 담
당했음을 보여준다.

한편, 『단자사복시제주세공마單子司僕寺濟州歲貢馬』(규장각도서 : 26010)
에는 제주에서 보낸 세공마 200필에 대한 기록이 등장한다. 여기에는 제
주마의 모색에 따른 구체적인 이름과 나이, 수용처[水原府別驍士, 16필],
용도[軍馬, 82필] 그리고 한양으로 운반도중 죽은 말(中路故失馬) 7필이

8 우리마을의 삶과 문화 편찬위원회, 『우리마을의 삶과문화』(상권), 해남문화원,
2011, 656쪽.
9 당시 겸방어사(제주목사)는 송구호宋龜浩(1888.7~1890.4)였다.

〈그림 69〉 공마진상단자

출처 : 제주교육박물관(2012), 『제주의 고문서』, 258쪽.

〈그림 70〉 해남현감 서목

출처 : 제주시(2013), 『제주목관아소장유물』, 22쪽.

나타나 있다.

공마수송은 주로 봄부터 여름에 걸쳐 이루어졌다. 하나의 공마선에는 영선천호領船千戸 1명, 압령천호押領千戸 1명, 선장船長 1명, 사관射官 4명 등 모두 7명이 탔다. 격군格軍은 대선이면 43인, 중선이면 37인, 소선이면 34인이 분승하여 노 젓는 일을 맡았다.

제주에서 한양까지 운송하는 데는 약 2개월 정도가 소요되었으며, 해로운송 중에 조난사고가 발생하는 경우도 있었다. 공마선은 해마다 평균 10척이 왕래했다.

공마선에 실린 말들과 선원들의 수는 진상단자에 자세히 기록되었다 (그림 69). 이 단자는 철종 14년(1863) 5월 28일 제주목에서 진상한 말의 구체적인 내역을 기록한 문서로, 진상마는 세 고을에서 준비한 공마선에 나누어 실어 보냈으며, 성책(장부)에 기록해 전라도감영에 보고했다.

공마선에 대해서는 조선후기 제주도에 유배 왔던 북헌北軒 김춘택金春澤(1670~1717)이 자신의 『북헌집』(1760)에 남긴 '재마선載馬船'(말 싣는 배)이라는 한시를 통해서도 알 수 있다. 이에 따르면, 20척의 공마선은 동풍을 이용해 조천포구에서 출발했으며, 배 하나에는 돛이 2개가 있었다. 그리고 감리監吏가 호송책임을 맡았음을 알 수 있다.

東風初日昭朝天 동풍 부는 초하루 햇살 밝은 조천포구
泛送卄艘載馬船 20척 말 실은 배 띄워 보내네

遠望不見船中馬 멀리 바라보니 배 속의 말 보이지 않고
但看船有雙帆懸 다만 배의 쌍 돛만 보이네
聞道驊騮百千匹 듣건대 화류 몇 백 필을
監吏押領年復年 감리가 해마다 호송한다하네[10]
(이하 생략)

<그림 70>은 1874년 6월 초 8일 전라도 해남현감이 도회관인 영암군수에게 보낸 문서로, 제주에서 올라온 세공마 수를 확인해 기록한 다음, 영암군수에게 보고한 내용을 담고 있다. 이 문서에 나타난 도회의 실체에 대해서는 『비변사등록』(영조 40년, 1764)에 기록된 사료를 주목할 필요가 있다.

> 영의정 홍봉한洪鳳漢이 말하기를 "전 제주어사 이수봉이 강진·해남이 제주를 왕래하는 도회관都會官이나 근래에는 수로가 여러 번 변경되어 이진, 고달도에서 배가 출발하였는데, 고달도는 영암 땅입니다. 이진에서 순풍을 기다리려고 하면 해남에서는 다른 지역이라 말하고 음식을 제공하지 않고, 영암에서는 도회관이 아니라고 음식을 제공하지 않기 때문에 도로 해남에 머물다가 순풍을 놓치게 됩니다."[11]

도회에 관련하여 고종 26년(1889, 기축년) 공마감관 오영吳永이 도회를 혁파하였다는 구폐석求弊石이 조천포구에 남아있다(그림 71). 전면에 기록된 "도회를 혁파해 뱃사람들이 은혜를 입었다. 이에 공덕을 돌에 새겨 천년을 전하노라(都會 革罷船人蒙惠玆庸銘勒以傳千示異)"[12]라는 내용 중 도회의 실체를 밝힐 필요가 있다.

도회都會는 '뱃사람들의 모임'과는 성격을 달리한다. 이것은 공마선이 도착한 포구를 관할하는 수령이 공마선에서 내린 말들을 일정 장소로 이

---

10 김춘택 저, 김익수 역(2005), 『북헌집』(제주기록), 전국문화원연합회제주도지회, 57쪽.
11 『비변사등록』 제146책, 영조 40년(1764) 9월 5일.
12 김봉옥(2000), 『제주통사』, 제주발전연구원(2013), 112-113쪽.

동시켜 쉬게 하고, 동시에 공마선
을 몰고 온 격군들에게 음식을 제
공할 의무를 맡았던 조직이라 할
수 있다. 따라서 도회를 혁파한다
함은 바로 공마선의 운영을 포기하
는 것이기 때문에 일개 공마감관貢
馬監官[13]이 도회를 혁파하는 것은
사실상 불가능했다.

도회의 임무를 맡은 도회처都會
處는 국가가 지정해 주는 장소이
며, 이곳에서는 일정기간 돌아가며
공마를 받는 중대한 업무를 수행해
야 했다. 이런 점을 고려할 때, 도

〈그림 71〉 공마감관 오영
구폐석(현지촬영)

회와 관련된 비석은 응당 공마선의 출발지가 아니라 도착지에 세워져야
한다. 조선시대 조천포는 공마선의 도착지가 아니라 출발지였기 때문이
었다. '공마감관 오영 구폐석'은 그 위치 자체가 문제가 될 수 있다. 다
만, 공마감관을 맡았던 오영의 출신지가 제주도였기 때문에 그의 업적을
후세에 전하고자 했던 특정주체에 의해 공마선의 출발지였던 조천포에
이 구폐석이 세워진 것으로 보인다.

공마선貢馬船에 대해서는 『조선왕조실록』과 『승정원일기』에도 등장한
다. 이에 따르면, 첫째, 공마선이 왜적에게 약탈당했던 경우가 있었다. 『중
종실록』(1509)에 의하면, 좌의정 박원종朴元宗은 왜적이 제주 공마선을
습격한 것을 문제 삼아 이를 문책하기 위해 대마도對馬島에 경차관敬差

---

13 감관監官은 조선시대 각 관아나 궁방에서 금전출납을 맡아보거나 중앙정부를 대
  신하여 특정업무의 진행을 감독하던 관직이었다. 여기에는 각 지방의 곡식을 한
  양으로 운송하는 배를 탔던 영선감관領船監官, 곡식을 바치는 일을 관리했던 봉상
  감관俸上監官, 유황광산硫黃鑛山 개발을 독려했던 유황감관硫黃監官 그리고 공마의
  일을 관리했던 공마감관貢馬監官 등이 있었다. 봉상감관은 사대부에서 선발되었으
  나 나머지 감관들은 신분이 미천한 사람들이 담당했다.

官을 파견하자고 건의했던[14] 일이 있었다.

둘째, 공마선이 침몰하거나 파선 또는 표류했던 사례도 있었다. 인조 23년(1645) 7월 제주의 공마선이 추도楸島에 이르러 침몰하는 바람에 뱃사람 12명과 공마 36필이 익사하는 사고가 있었다.[15] 제주를 출발한 공마선이 큰 바람을 만나 정해진 경로를 이탈해 경상도 통영의 추도에서 공마선이 침몰하는 사고가 발생한 것이었다. 현종 10년(1669) 6월에도 공마선이 침몰하여 세공마 25필이 죽는 사고가 있었다. 이 일에 책임을 물어 당시 차사원이었던 정의현감 최국성崔國成이 파직 당했다.[16]

셋째, 공마선이 파선될 경우 그 책임을 물었다. 실례로 숙종 9년(1683) 제주목사 윤구동尹久東은 공마선이 치패致敗된 것에 대한 책임을 물어 차사원 정의현감 이종덕李種德을 파출罷黜(파직시키는 동시에 관등을 낮춤)시킬 것을 건의했다.[17]

공마선이 항해 도중에 바람이 심하게 불어 일시적으로 표류해도 처벌 대상이 되었다. 이것은 공마선 출발시기를 잘못 선정해 피해가 발생한 것에 대한 책임을 추궁한 것이다. 고종 9년(1872) 6월 제주에서 출발한 공마선이 일시 표류한 것에 본보기로 책임을 물어 차사원 정의군수旌義郡守 이병한李秉漢을 파직시키고, 조천진 조방장 홍재의洪在儀를 엄히 곤장을 쳐서 다스려야 한다는 제주방어사 조희순趙羲純의 장계가 있었다. 이에 조정에서는 공마선 표류가 갑자기 발생한 비바람 때문이었다는 점을 고려해 정의군수를 특별히 용서하고, 조천진 조방장에 대한 처벌을 보류하라고 지시했다.[18]

넷째, 제주에서 세공마를 실은 공마선이 남해안에 도착하면 전라도와 충청도를 거쳐 한양으로 운송되었다. 이 과정에서 양도의 감사監司들이 세공마 운송을 담당했다. 만일 세공마 운송에 문제가 발생할 경우 문책

---

14 『중종실록』 권8, 4년(1509) 3월 29일(신유).
15 『인조실록』 권46, 23년(1645) 7월 29일(무인).
16 『현종실록』 권17, 10년(1669) 7월 16일(정미).
17 『승정원일기』 제2060책, 순조 15년(1815) 7월 14일(정유).
18 『승정원일기』 제2777책, 고종 9년(1872) 6월 6일(기미).

이 가해졌다. 『승정원일기』(1683)를 보면, "금년 제주 세공마를 중간에
잃어버려 제대로 운송하지 못한 책임을 물어 공홍도公洪道(충청도) 감사
등을 추고推考하고, 나아가 연로沿路(공마운송로)의 각읍 관리를 문책하
는 문제를 논의했다."[19]는 기록이 있다.

2) 점마點馬와 점마별감

점마는 봄 또는 가을철 제주목사와 점마별감이 말들을 일정 장소에
모아 놓고 마적과 대조하면서 하나하나 점검했던 것을 의미한다. 점마에
는 목장 내외에 설치된 원장과 사장이 이용되었다. <그림 72>는 하도리
에 있었던 별방진성 내의 원장과 사장을 활용해 이형상 목사가 '별천자
둔別天字屯' 목장 소속의 둔마를 점마했음을 보여준다.

점마에는 목자와 농민들도 동원되었다. 흉년과 가뭄이 발생한 경우는

〈그림 72〉『탐라순력도』「별방시사」의 점마장면
출처 : 제주시(1999), 『탐라순력도』, 47쪽.

---

19 『승정원일기』 제300책, 숙종 9년(1683) 7월 18일(정해).

점마가 생략되기도 했으나 정상적인 경우 조정에서 4~5년마다 한 번씩 봄 또는 가을철에 전국의 목장으로 점마별감을 파견했다. 제주목사는 십소장과 산마장의 말들을 대상으로 점마한 반면, 중앙에서 내려 온 점마별감은 농민들 소유의 말들까지도 점마해 많은 부작용을 초래했다.

실례로, 점마과정에서는 암수가 서로 물고 차는 과정에서 임신한 말들이 낙태되어 버려 국마가 감손되는 문제,[20] 4~5월 사이에 점마할 경우, 말을 모는 과정에서 새끼 밴 말이 다치고, 밭을 밟아 곡식을 손상시키는 폐단이 발생했다.[21] 봄철에 점마별감이 내려와 개인목축지[私屯場]의 말을 점마할 경우, 점마시기가 농사철과 중복되어 "점마한 다음 해에는 흉년이 든다"는 말이 생길 정도였다.[22]

한편, 이익태 목사의 『지영록知瀛錄』(1695)에 따르면, 제주목에서 점마할 때 동장東場 사소四所는 별방소와 조천소로 그리고 서장西場 사소四所는 명월소와 애월소로 몰고 오게 했다.[23]

이것은 이익태가 목사로 부임하여 순력할 때 이루어진 점마관련 내용으로, 이를 통해 그가 제주목사로 재임했던 숙종대(1694.7~1696.9)에 제주목 관할 지역에는 모두 8개의 국마장이 편성되었음을 알 수 있다.

〈그림 73〉 울산광역시에 있었던   〈그림 74〉 남원읍 하례2리
점마청(경북일보)   점마소터(현지촬영)

20 『성종실록』 권281, 성종 24년(1493) 8월 5일(정묘).
21 『중종실록』 권60, 중종 23년(1528) 2월 15일(정사).
22 『중종실록』 권55, 중종 20년(1525) 9월 28일(갑신).
23 이익태 저·김익수 역(2010), 앞의 책, 105쪽.

점마와 관련된 시설로 점마청[점마소]이 있었다. 이것은 점마별감이 점마업무를 수행했던 건물에 해당된다. <그림 73>은 울산광역시에 일제시기까지만 해도 남아있었던 점마청 사진이고, <그림 74>는 서귀포시 남원읍 하례2리의 점마소터이며, 하원동에도 점마소터가 있었다.[24]

〈그림 75〉 남원읍 하례2리 예기소
출처 : 남원읍 하례2리(1994), 『학림지』, 31쪽.

남원읍 하례2리에는 점마별감과 관련된 전설이 남아있어 주목된다. 이 마을에 남아있는 점마소터와 점마별감, 그리고 예기소藝妓沼 전설은 모두 점마와 관련된 목축문화라는 점에서 역사적 가치가 높다(그림 75). 다음은 점마와 관련된 예기소 전설이다.

> "중종 20년(1525)경 정의현감은 한양에서 내려온 점마별감을 대접하기 위해 풍광이 좋은 마을 하천의 소(沼 : 물이 고이는 웅덩이)에(그림 75) 기생들을 모아 놓고 잔치를 베풀었다. 이때 소의 양쪽 바위 절벽을 연결하는 줄을 매달아, 한 기생에게 줄 위에서 춤을 추게 했다. 애석하게도 기생은 실수로 떨어져 죽고 말았다. 이 일로 관리들의 향연은 금지됐고, 사람들은 이곳을 '예기소'라 불렀다."[25]

3) 잣성[牆垣] 쌓기

잣성은 조선시대 제주도 국마장의 상하, 좌우 경계를 따라 쌓은 목장 경계용 돌담으로, 국마장의 존재를 증명해주는 대표적 역사유적이다.[26]

---

24 하원마을회(1999), 『하원향토지』, 212쪽.
25 남원읍 하례2리(1994), 『학림지』, 30-31쪽. 마을주민들은 '예기소'를 '고냉이소'라고 부른다.
26 잣성에 대해서는 강만익의 「조선시대 제주도 잣성(牆垣) 연구」(제주대학교 탐라문화연구소(2009), 『탐라문화』 제35호, 205~246쪽)가 참조된다.

〈그림 76〉 3소장 회천동 하잣성

〈그림 77〉 9소장 한남리 상잣성

〈그림 78〉 5소장 광령리 중잣성

〈그림 79〉 가시리 갑마장 간장

1430년대부터 축조되기 시작한 하잣성은 우마들이 농경지에 들어가 농작물에 입히는 피해를 예방하기 위해(그림 76), 그리고 상잣성은 우마들이 한라산 밀림지역으로 들어가 고실故失되거나 동사하는 피해를 방지하기 위해(그림 77) 축조되었다. 중잣성은 목장지대를 이등분해 농경과 목축을 번갈아가며 하기 위해(그림 78) 축조된 것으로 보인다. 특히이 잣성의 경우, 『탐라순력도』(1703)의 「교래대렵」에 현재의 대록산과 소록산 사이에 존재하는 중잣성이 없는 것으로 볼 때, 이곳의 잣성은 1703년 이후에 등장한 것이라 추정할 수 있다. 간장은 국마장 내의 좌우경계선으로 만들어진 돌담으로, 표선면 가시리에는 녹산장 내 갑마장과 10소장의 경계선에 해당하는 간장이 잘 보존되어 있다(그림 79).

잣성 축조에 필요한 노동력은 해당 잣성이 축조될 위치에 있는 마을 주민들로부터 부역으로 공급받았다. 해당 감목처에서는 마을별로 일정 범위를 할당해 축성하도록 했다. 『제주계록』(1846~1884)에 따르면, 허물어진 잣성은 해당 감목처에서 해마다 주민들을 동원해 보수했음을 알 수 있다.

조선시대 제주의 목장지대 돌담들은 말들이 매우 중요했기 때문에 겹담으로 쌓았으며, 왕의 허락을 받아 신축 또는 훼철하거나 보수가 가능했다.

4) 목축사의 주인공, 물테우리

물테우리는 '물테'[馬屯]를 기르는 사람을 의미한다. 본래 '테우리'라는 용어는 목축에 종사하는 목자를 말하는 제주어이다. 몽골사 전문가인 박원길(2005)은 이 용어를 '모으다'는 뜻을 가진 중세 몽골어에서 유래한 말이라는 주장한다.[27] 그는 테우리를 몽골의 공식명칭이 아닌 탐라의 독특한 명칭으로 파악하고 있다.[28] 즉, 고려말 탐라로 파견된 몽골출신 목축인이었던 '카치Khachi(哈赤)',[29] 또는 '카라치Kharachi'와는 달리 테우리는 목축에 종사했던 탐라인을 지칭하는 용어라는 것이다.

남도영(1996)은 목자의 유래에 대해 우마생산에 종사하던 노자奴子가 몽골 지배기간에 몽골에서 파견된 목호의 영향을 받아 공민왕 16년부터 '목자牧子'로 바뀌었다고 했다.[30] 테우리는 조선시대 각종 사서에 목자로 등장했다. 이들은 전문적인 목축기술을 가지고 목축목화를 만들어낸 주체들이었다. 또한 이들은 방목지에 위치한 오름과 하천, 동산의 이름 그리고 우마 이동로와 관련된 주요 지명을 손금 보듯이 알고 있었다. 또한 바람을 막아줄 수 있는 오름의 위치, 물을 먹일 수 있는 용천수나 하천의 위치 그리고 기름진 풀이 자라고 있는 위치를 경험적으로 인지하고 있었

---

27 박원길(2005), 「제주 습속 중의 몽골적 요소」, 『제주특별자치도 추진과 탐라국 독립성 상실 900년 회고』, 사단법인 제주학회, 72쪽.
28 박원길(2014), 「대몽골(원) 제국시대의 양마법과 기마장비」, 『제주마 문화정립을 위한 제주학의 역할』(제3회 제주학 국제학술심포지엄 자료), 제주발전 연구원, 78쪽 각주 13참조.
29 카치는 『고려사』에 목호牧胡라고 번역되어 있다(박원길, 위의 논문, 78쪽 각주 13 참조).
30 남도영(1996), 앞의 책, 313-315쪽.

다. 이러한 능력이 구비되어야 테우리들은 방목지에서 우마의 생명을 지킬 수 있었다.

조선시대 목자들은 관노官奴·촌민·사사노寺社奴, 그리고 양인(농민)에서 충원되었다. 이들은 거주이전과 전직轉職이 금지되었을 뿐만 아니라 목자의 역은 육고역六苦役[31]에 해당될 정도로 매우 기피대상이었다. 이들은 16세부터 60세까지 국영목장의 국마생산과 관리에 종사했으며, 그 직은 아들에게 세습되었다. 실적에 따라 쌀 또는 포목으로 포상하는 제도가 있었으나 동색마同色馬 부담[32] 등 수많은 고역이 가해졌다. 이들은 목장 내 또는 목장 인근 마을에 거주했다.[33]

테우리들은 조선후기 호적중초戶籍中草에도 등장했다. 실례로, 대정읍 하모리 호적중초에 기록된 강성발姜成潑은 가파도별둔장[34] 그리고 순조 14년(1813) 도순리 호적중초에 등장한 천영관天永寬은 8소장의 목자였다.[35] 한경면 두모리 6소장 목자 고윤문高允文은[36] 부모에 대한 효행이 알려져 복호復戶[37]된 인물이었다.

31 6고역에는 대체로 잠녀(물질, 미역채취), 포작(전복채취), 목자(우마관리), 과원직(귤 재배), 선격(진상품 운반), 답한(관청땅 경작) 역이 해당된다.

32 동색마란 목자가 관리하던 말이 죽게 될 경우, 마피를 벗겨 관청으로 가져가 마적에 기록된 말의 모색과 동일해야 변상을 면해주던 제도로, 관에서는 여러 이유를 붙여 해당 목자에게 변상을 시켜 목장들에게 부담을 주었다.

33 대정현 지역의 호적중초 자료를 분석한 결과에 따르면, 東城里[안성리], 自丹里[덕수리], 水勿路里[사계리], 中文里(중문리)에 마감, 군두, 목자가 거주 했던 것으로 나타났다(자료 : 김동전(1991), 「19세기 제주 지역의 신분구조와 직역의 사회적 의미」, 『19세기 제주사회연구』, 일지사, 14~16쪽).

34 「가경 12년(1807) 하모리 호적중초」, 『제주하모리 호적중초(Ⅰ)』, 탐라문화연구소, 2000, 79쪽 : "第四戶加波島牧子 姜成潑 年二十八己亥本晋州."

35 『가경 18년(1813) 돌송리[乭宋里] 호적중초』(서귀포시 도순동 소장자료).

36 목자 고윤문의 비석은 현재 한경면 두모리 도로변에 세워져 있다. 고윤문에 대해서는 『한경면역사문화지』(2008, 161-162쪽)가 참조된다.

37 『순조실록』 권19, 순조16년(1816) 6월 8일(병진) : 복호復戶는 조선 시대에 충신과 효자, 군인 등 특정한 대상자에게 보상으로 부역이나 조세를 면제하여 주는 것을 의미한다.

고윤문高允文은 본주 두모리頭毛里 사람이다. 일찍이 아버지를 여의고 홀
몸으로 어머니를 봉양하였는데, 직접 목자(6소장 소속)의 부역賦役에 응하
여 쉬는 날이 오히려 적었으나, 매양 부역에 나갈 때는 반드시 식량과 반
찬을 마련하여 어머니의 아침과 저녁상을 준비해 드렸고, 돌아와서는 어
머니의 배고픔과 배부름을 물어서 만일 어머니가 배고프다고 하면 놀라
서 분주하게 밥을 지어 올려서 반드시 배부르게 함을 법도로 삼았다. 어
머니 성품이 조급하고 노여워하여 자주 꾸짖고 매질을 할 때에는 앉아서
그 매를 맞았는데, 사람들이 혹 피하라고 권하면, "어머니의 노여움이 한
창이신데 아들이 만일 피하여 달아나면 자식의 도리에 어긋날 뿐만 아니
라 어머니의 노여움이 더 할까 두렵다."고 하였다. 나이가 이미 성인이 되
었으니 "만일, 아내를 맞이하라고 권하면 홀아비로 살면서 직접 어머니의
뜻을 받드느니만 못하다."고 하여 한평생 아내를 얻지 아니하였다. 갑술년
(순조 14년, 1814)에 제주찰리사濟州察理使 이재수李在秀가 장계狀啓로 조정
에 보고해 정문旌閭을 세웠다.[38]

조선시대 목자들은 첫째, 목축을 할 때, 초옥草屋 서너 채를 지어 말들
에게 추위와 더위를 피하게 했다. 또한 매년 야초를 베어 쌓아 놓아 풍설
과 기한飢寒에 대비했다."[39] 둘째, 목자들은 관마를 5일마다 교체하여 번
을 들었으며, 이때 인계받은 말들의 숫자를 세어 다음에 번을 서는 목자
에게 넘겨주었다.[40]

한편, 목자들은 조정에 의해 철저히 관리되었다. 『세종실록』에 의하면,
목장에 감목관이 설치된 후, 전국 목장에 소속된 목자들의 명부를 작성
하고 3년마다 한 번씩 고치도록 했다. 조정에서는 병조의 건의를 받아
목자 중 부자가 서로 전승傳承하여 명부에 오른 자를 제외하고, 이사간
자, 새로 태어난 자, 사망한 자를 구분해 기록했다. 나아가 각도에서 정
역定役이 없는 백성을 목자로 충당해 '군'으로 편성한 다음, 목자·목마군

---

38 제주교육박물관(2011), 『역해 향토문화교육자료집』, 43쪽. 고윤문을 조정에 추천한
　　사람은 제주찰리사 이재수였다(『순조실록』 권17, 순조14년(1814) 4월 8일(기사)).
39 『태종실록』 권13, 태종 7년(1407) 3월 29일(계미).
40 『세종실록』 권64, 세종 16년(1434) 5월 1일(정축).

牧馬軍의 명부를 작성하도록 했다.[41]

이상과 같이 테우리들은 목축기술을 가지고 목장지대에서 우마를 방목하면서 목축목화를 만들어낸 주체들이었다. 바다의 줌녀(해녀)들이 "해양의 문화"를 창출한 주체라면, 중산간의 테우리들은 "초원의 문화"를 만든 주체였다. 현대의 사례이나 테우리들이 행하는 구체적인 목축일은 다음과 같다.

> 말 테우리들은 자기 소유의 말도 돌보지만 동네 사람들이 맡긴 말을 돌보는 일을 주로 합니다. 그들은 말 떼를 몰고 풀이 좋은 곳을 찾아다니며 풀을 먹입니다. 이른 새벽 점심밥을 담은 "차롱"이라는 대나무 도시락을 어깨에 메고 산에 오릅니다. (……) 말이 풀을 뜯을 때면 말 테우리들은 병든 말은 없는지, 새끼를 낳으려는 말은 없는지, 다친 말은 없는지 살핍니다. 그리고 한낮이 되면 말 떼를 몰고 물을 먹이러 갑니다. 이 산 저 산에서 풀을 뜯던 말들이 모여 들면 남보다 먼저 고운 물을 먹이려고 애씁니다. 더러운 물을 먹은 말은 야위어 병이 들기 때문에 남 보다 먼저 깨끗한 물을 먹이거나 바닷가에 있는 샘물까지 몰고 가서 물을 먹입니다. 비가 오는 날이나 눈이 내리는 날에도 말 테우리는 말을 돌보기 위해 산으로 올라가는 것을 멈추지 않습니다. 태풍이 부는 날이나 안개가 낀 날에도 말 테우리는 풀을 찾아 나섭니다.[42]

테우리들은 자신의 우마를 키우는 경우, 일정한 보수를 받고 다른 사람들의 우마들을 키우는 경우, 마을 공동목장에 고용되어 우마를 키우는 경우로 구분할 수 있다. 마을공동목장 고용 테우리는 일제강점기 마을별로 설립된 목장조합에 일정기간 고용되어 '목감牧監'으로 불렸다. 이들은 1970년대 이후 소 값 파동이 발생하여 공동목장이 폐쇄 위기에 놓이자 농사일에만 매달리게 된 목장계꾼들에게 고용되기도 했다.[43]

---

41 『세종실록』 권40, 세종 10년(1428) 4월 7일(기미).

37 박재형(2003), 『고태오 할아버지가 들려주는 마지막 말테우리』, 파랑새어린이, 20-22쪽.

38 현기영(1994), 『마지막 테우리』, 창작과비평사, 12쪽.

테우리들은 지역차가 있으나 대체로 음력 3월 청명淸明에 우마를 공동목장에 올린 다음, 음력 9월 상강霜降 이후 하늬바람이 불어 공동목장에 풀이 마를 때까지 우마 관리를 담당하였다. 이들은 목장 인근의 마을에 거주하면서 공동목장으로 올라가 우마의 방목상태를 관찰하는 경우도 있었으나 공동목장 내에 만들어진 '테

〈그림 80〉 '마지막 테우리' 고태오씨와의 인터뷰 장면(2005년 7월, 가운데가 고태오씨)

우리 막'에 일시적으로 거주했다. 2005년 7월 제주 KCTV와 함께 이루어진 '마지막 테우리' 고태오씨와의 인터뷰에서(그림 80), 테우리들은 우마에 먹일 적당한 풀과 물을 찾아 이동하는 생활을 하면서 주변의 지리적 환경을 세세히 인지하는 사람들이었음을 확인했다.

5) 낙인烙印·귀표·거세去勢

낙인은 소유주를 구별하기 위해 행해진 것이었기 때문에 목축을 했던 여러 나라에서 공통적으로 이루어졌다. 실례로 스페인 남서부 세비야 Sevilla 지방에서는 봄철에 소들을 울타리 안으로 가두어 놓고 새끼 송아지들에게 낙인을 했으며, 일찍부터 의무적으로 낙인등록부를 만들어 활용했다.[44]

테우리들은 방목중인 우마를 식별하기 위해 낙인을 했다. 이것은 자형이나 도형이 새겨진 쇠붙이를 불에 달구어 우마의 대퇴부에 찍는 일종의 쇠도장이다. 조선시대 국마장에서는 천자문 글자인 천天, 지地, 현玄, 황黃 등을 낙인자烙印字로 이용했다. 반면 개인이 사육하는 말들의 낙인에는 천자문 글자를 사용할 수 없었다. 이것은 국마와 사마를 구별하기 위

44 Terry G. Jordan, 『North American Cattle-Ranching Frontiers』, University of New Mexico Press, 1993, 26쪽.

한 제도적 장치였다.

낙인은 말을 잃어버리거나 농작물에 피해를 입혀 분쟁이 일어났을 때 목장별, 마을별, 개인별 소유관계를 밝혀주기 위해 행해진 것이다. 다음의 사료들은 『조선왕조실록』에 등장하는 낙인 관련 기사이다.

- 사복시에서 마정에 관한 사목을 올리고 아뢰기를 (중략) 병이 있어 반드시 거세 해야 할 것은 서울에서는 병조에 고하고, 외방에서는 수령에게 고하게 하여 그 허위와 사실을 상고하여 낙인烙印한 연후에 거세하도록 허락하소서.[45]
- 공사간 목장들에 품질 좋은 수말은 부父라는 낙인을 찍어 육지로 나가는 것을 허락치 아니한다.[46]
- 구례에는 제주의 흥리인興利人(상인)이 마필을 교역할 경우에는 목관에서 반드시 문안을 상고하여 '시市'자의 도장을 낙인 하여 육지로 내보내게 하 였다. 근래에는 도장[낙]인이 없는 말을 잡아서 고발하라는 법령이 없어 인표印標가 없이도 쉽게 육지에 나갈 수 있어 도적이 날로 불어 뒷날의 폐단을 막기 어렵다.[47]

『조선왕조실록』에서 낙인에 대한 기사는 태종 7년(1407)에 처음 등장한다. 1407년은 조선 건국 초이므로, 낙인이라는 목축문화는 고려시대에도 이미 있었음을 알 수 있다. 조정에서는 제주의 품질 좋은 종마에 대해 '부父'자 낙인을 찍어 반출을 제한해 종마를 보호했으며, 시장거래의 대상이었던 말에게는 '시市'자로 낙인 해 일반 말과 구분했다. 이익태의 『지영록』(1695)에는 낙인과 관련한 기록이 등장하여 주목된다.

10월 27일 : 본주의 원둔마元屯馬에 낙인을 찍는 것을 살피는 일로 먼저 동장東場에 가서 송당리松堂里에서 잤다. 일소一所와 별둔別屯의 구자九字 낙인찍은 말이 1160필, 흑우가 280여 마리 있고, 다음 날 오전에 열점閱点

---

45 『태종실록』 권13, 태종 7년(1407) 3월 29일(계미).
46 『세종실록』 권61, 세종 15년(1433) 9월 9일(무자).
47 『성종실록』 권14, 성종 3년(1472) 1월 30일(정묘).

한 후 보문寶門(조천읍 대흘리 원동)으로 옮겨왔다. 이소장二所場은 육자六字한 말이 700여필이었다. 낙인검열을 미치고 29일 영쯤으로 돌아왔다.

11월 02일 : 저물녘에 서장西場을 향해 늦게 출발하여 애월성 안에서 잤다. 이튿날 새벽에 곽지촌의 결장처結場處에 도착했다. 제3소의 팔자八字 말이 1,100여필이었는데 하루 종일 낙인을 점검하고, 저녁에 애월에 돌아와 잤다.

11월 04일 : 닭이 세 번 울 때 도근천 결장結場에 도착했다. 제4소의 십삼자十三字 말이 1200필이었다.[48]

이 글에 나타난 일소一所와 별둔別屯의 구자九字, 이소장二所場의 육자六字, 제4소의 십삼자十三字 낙인은 서로 다른 낙인자의 수와 관련되며, 이것은 또한 소장 내에 몇 개의 자목장이 있었는지를 알려준다. 조선시대에는 자목장별로 낙인자가 달랐기 때문이다. 4소장에는 13개의 낙인자가 있었다는 점에서 1소장, 2소장, 4소장 가운데 4소장의 규모가 컸음을 알 수 있다. 곽지촌과 도근천변에 있었던 결장처結場處는 말들을 모아 점마를 했던 장소로 보인다.

낙인은 무쇠를 이용하여 자기의 성씨나 마을별 또는 문중별로 정해진 약자를 사용했다. 낙인을 불에 달구고 마소의 네 발을 묶고 넘어뜨린 다음 이것을 대퇴부에 지졌으며, 한 번에 성공해야 우마의 고통을 최소화할 수 있었다. 어린 새끼와 숲 속에서 방목하는 '곳물'[野馬]·'곳쉬'[野牛] 그리고 '상산'上山이나 공동목장에 풀어놓는 소들에게도 낙인을 했다.

낙인의 실례를 보면, 쇠꼬챙이 끝에 두 글자를 새긴 것과 한 글자를 새긴 것으로 나타났다. 두 글자는 마을이나 단체별로 사용하는 자형으로, 리명里名을 새기고 있다(그림 81). 한 글자를 새긴 것은 가문별, 개인별로 고유의 글자를 정하여 사용하는 경우이고, 마을 단위의 낙인은 마을의 한 자명을 줄여 만들었다.

마을별 낙인 사례를 보면, 애월읍 고성마을에서는 리명의 첫 글자인 '고古'자 낙인을 만들어 공동으로 이용했다. 남원읍 하례마을에서는 낙

---

48 이익태 저·김익수 역(2010), 앞의 책, 104-105쪽.

〈그림 81〉 광령리 낙인
(이영배, 1992)

인 글자로 己·土·卜,[49] 구좌읍 한동마을에서는 巾·仁·凡 자를 사용했다.[50] 애월읍 상가리에서는 양력 3월 범날을 골라 '上加' 낙인을 했다. 서귀포시 색달 마을에서는 '다간'(두살짜리 소)과 이수메(두살짜리 말)에 낙인했다.

테우리들은 우마의 귀 일부를 잘라 자기 우마임을 나타내는 귀표를 했다. 남원읍 하례마을에서는 귀에 V, W를 했다. 애월읍 상가마을에서는 '귀표왓'에서 음력 10월경에 귀표를 했다.

귀표는 송아지 잃어버리지 않기 위한 조치로, 주인만 아는 표시를 했다.[51] 상가마을에서는 농번기와 방목이 끝나는 음력 10월 첫 번 째 상사일上巳日(뱀날)에 귀표고사를 지냈다. 소 임자들은 형편에 따라 제물을 차리고 고사를 행했다. 제물은 '돌레떡', '오메기떡' 그리고 술 정도였다.[52] 도려낸 귀 한 부분을 구워서 제물로 삼는 경우도 있었다. 성산읍 수산마을에서는 음력 10월 중에 소설小雪이 되면 첫 번째 자일子日을 택해 '조크르'(조를 경작했던 그루가 남아있는 밭)에 말을 가두고 귀를 '＞'자 또는 '∨'자로 잘라 표시했다. 이때 귀표를 하면서 배어낸 부분을 낙인과 함께 진설해 제를 지냈다.[53]

상가마을에서는 낙인을 할 때도 고사를 지냈다. 낙인하는 날·하루 전에 '메'(산되로 지은 밥), 구운 생선 한 마리, 술 한 되 등 음식을 준비한다. 고사는 낙인을 찍을 말에 걸릴 밧줄을 잘라 원형으로 만든 다음, 그

---

49 남원읍 하례리 마을회(1999), 『하례마을』, 서울문화사, 78쪽.
50 구좌읍 한동리(1997), 앞의 책, 220쪽.
51 애월읍 상가리 노인회장 김재문씨와의 전화인터뷰 자료이다(2009년 5월 25일 18:30).
52 돌레 떡은 새로운 밭벼로 만들고, 오메기 떡은 새 좁쌀로 빚는다.
53 성산읍 수산리(1994), 『수산리지』, 135쪽.

위에 음식을 차려 놓고 메 한 '낭푸니'에 수저를 꽂은 후, 주위에 'ㅋ시'를 했다. 의례가 끝난 다음 4인이 1조가 되어 낙인을 했다.[54]

테우리들은 우마에 대해 필요할 경우, 거세를 했다. 거세하는 것을 제주어로는 '불알까기'라고 했다. 말을 거세할 경우, 성질이 온순해져 키우기가 쉽고, 교미능력이 상실되어 암수의 혼용사역混用使役이 가능했으나, 말 본래의 성질을 잃어버렸다.

거세에 대한 기록은 태종 7년(1407)에 처음 등장한다. 이를 통해 거세술은 이미 고려시대에 원이 관할했던 목장들에서 행해지다가 조선 시대에도 전해졌다고 볼 수 있어 거세술은 몽골에서 조선과 제주로 전파된 목축문화라고 할 수 있다.

6) 연중방목

방목放牧은 초지와 산지에 우마를 놓아기르는 목축형태이다. 이것은 조선시대 전국의 목장에서 공통적으로 행해지던 목축방법이었다. 연중방목은 제주도 전역에서도 특히 중산간의 목장지대에서 전형적으로 이루어졌다. 강수량이 적은 반건조 초원지대에서 풀과 물을 찾아 가축을 이동시키는 유목遊牧과는 성격이 다소 다르다. 즉, 온난 다습한 제주도는 연강수량이 많을 뿐만 아니라 주요 방목지였던 중산간 목장지대는 서늘하고 목초가 잘 자라는 생태환경을 구비하고 있어 수초水草를 찾아 떠나는 장거리 이동보다는 정해진 공간범위 내에서도 충분히 가축을 놓아기르는 방목이 가능했다. 물이 부족할 경우, 용천수가 있는 해안지대로 우마들을 이동시켰다. 제주에 유배왔던 김춘택이 '호원미론추수초胡元未論逐水草'라고 표현한 것처럼,[55] 제주에 들어온 몽골인들은 제주[탐]라에서 더 이상 물과 풀을 쫓아다닐 필요가 없었다.

해안지대에서도 취락지와 농경지 인근에 있는 풀밭이나 휴한지休閑地

---

54 애월읍 상가리, 앞의 책, 298-300쪽.
55 김춘택 저, 김익수 역(2005), 앞의 책, 58쪽.

<그림 82> 겨울철에도 방목중인 조랑말
사진 : 장덕지(2014)

에 농경용 또는 운송용으로 이용하는 말을 방목했다. 말은 1년 내내 목축지에서 연중 방목되었다. 그 결과, 말은 겨울철에도 놓아기르기 때문에 제주의 전통 가옥구조에 '몰막'[마방]이 거의 나타나지 않았다.

말은 눈 덮인 겨울에도 눈을 치우고 마른 풀을 먹는다(그림 82). 눈이 심하게 내리는 경우에는 '몰통[馬筒] 절임'이 발생하여 말들이 죽는 경우 가 있었다. 이에 테우리들은 말들의 '몰통 절임'을 예방하기 위해 겨울철 산야의 굴실窟室(바위굴인 '궤'에 해당)에서 살기도 했다. 함박눈이 내려 산야에 눈이 쌓이기 시작하면, 말들은 지레 겁을 집어 먹고, 끼리끼리 몸을 붙여 서서 밤새도록 발을 구른다. 그리하여 뜬 눈으로 밤을 지새운 결과, 그곳만 눈이 녹아 원형을 이루며, 말들은 그 원형 안에 갇혀 꼼짝 못하고 추워서 죽고 마는데 이것을 '통절임'이라고 했다. 이때 테우리들은 준비해간 멍석을 펼쳐 바깥쪽과 통절임 지점을 연결해 말들이 멍석을 밟고 '통절임' 현장 밖으로 빠져나올 수 있도록 해야 했다.[56] 이러한 '몰통 절임' 현상은 겨울철에도 말을 방목하면서 나타난 문제였다.

7) 마조제·공마해신제

조선시대 국가적 말 관련 제의는 『경국대전』에 이르러 공식화되었다.[57] 이에 근거하여 지방관아에서도 목축의례가 행해졌다. 제주지역에서는 지방관이 주체가 되어 마조제馬祖祭와 공마해신제貢馬海神祭가 행해졌다.[58] 마조제는 본래 말의 조상신인 방성房星에게 지내던 제사로, 고

---

56 김인호(1997), 『한국제주역사문화뿌리학』(상), 우용출판사, 183쪽.
57 임동권 외(1999), 『한국의 馬민속』, 집문당, 151쪽.
58 좌동렬(2010), 「전근대 제주지역 목축의례의 역사민속학적 연구」, 제주대 사학과

〈그림 83〉 한양대학교내
마조단터(현지촬영)

〈그림 84〉 마조제
실연장면(현지촬영)

려시대에도 존재했다. 조선시대에는 한양의 살곶이 목장에 마조단馬祖壇을 두어 봄·여름·가을·겨울, 네 차례 걸쳐 말의 건강을 기원하며 지내던 제사였다.

마조제는 중춘仲春(음력 2월)에는 말의 조상[馬祖]인 천사신天駟神, 중하仲夏(음력 5월)에는 처음으로 말을 길들여 가축화한 선목신先牧神, 중추仲秋(음력 8월)에는 마구간의 토지신인 마사신馬社神, 중동仲冬(음력 11월)에는 말의 건강을 지켜주는 마보신馬步神에 대해 제사를 행했다.[59]

마조제는 살곶이 목장 내에 있었던 마조단(현재 한양대학교 터에 위치함, 그림 83)에서 주로 행해졌다. 『세종실록』에는 사헌부에서 사복시 관원들이 마조제를 빙자해 살곶이 목장에 모여 소를 잡고 기생들과 함께 방자하게 잔치를 벌였기 때문에 벌을 주도록 요청했다[60]는 기사가 등장한다. 마조제를 지낼 때 사복시 관원과 기생들이 소를 잡아 먹으며 음주가무를 벌인 것이 마조제 예법에 어긋나 벌을 주도록 한 것이었다.[61]

석사논문, 6-19쪽.

59 마조제에 대해서는 고문석·장덕지·양성룡(2013)이 발간한 『제주말문화』(농촌진흥청 국립축산과학원 난지축산시험장, 191-195)에 자세히 소개되어 있다. 여기에서는 좌동렬(2010)과 장덕지(2013)의 연구결과를 일부 요약했음을 밝힌다.

60 『세종실록』 권6, 세종 1년(1419) 12월 3일(계유) : "司憲府啓 司僕寺官吏等托 以馬祖祭, 會于箭串, 宰牛携妓, 恣意設宴."

61 마조제의 절차에 대해서는 『國祖五禮儀』의 <吉禮>편에 <先牧에 향사하는 의식>

제주의 마조단 터는 KAL호텔 입구에 남아 있다. 1895년에 작성된『호남제주대정정의읍지湖南濟州大靜旌義邑誌』에는 마조단이 "재남문외이리在南門外二里"라 하여 제주읍성 남문 밖 2리에 위치한다고 기록되었다. 기록상 마조단이 제주도에 처음 등장한 시기는 1852년으로, 국마장이 설치되었던 1430년대보다 무려 400년 이상 늦었다. 조선후기 국마장 운영이 부실해지는 상황에서 그 대책의 하나로 마조제가 행해졌을 가능성이 있다. 2013년과 2014년 (사)제주마연구소에서는 새별오름에서 열렸던 들불축제 행사장에서 마조제를 유교식으로 실연했다(그림 84).

공마해신제는 공마를 실은 배가 출항하기에 앞서 제주목사가 공마선의 순항을 기원하며 해신海神에게 지내던 제사였다. 항해에 적당한 바람이 불기를 기원하고, 공마선이 제주해협을 무사히 건너 빠른 시간 안에 육지(전라도 남해안)에 도달하기를 빌며 지내던 의례였다.[62] 남도영(2003)은 공마해신제를 지냈던 이유에 대해 선원(격군)들을 안심시키고 격려할 뿐만 아니라 공마선의 안전한 항해를 기원하는 뜻을 담고 있다고 주장했다.[63]

헌종 7년(1841) 제주목사 이원조가 공마선을 출발시킬 때 해신에게 올렸던 「공마방선시제해신문貢馬放船時祭海神文」의 원문은 아래와 같이『탐라록』에 실려 있다. 출항한 공마선이 침몰하자 제물을 갖추어 해신에게 제사를 지내며 공마선의 안정한 항해를 기원한 것으로 보인다.

貢馬放船時祭海神文

維年 月 日

제주목사 이모모는 삼가 병마종사兵馬從事 심구조沈龜祖를 보내어 돼지 1마리, 찬 12그릇, 술 1병으로, 조정에 조회하는 바닷가에 제사하면서 해신에게 고합니다. 큰 바다 넘실거려 하늘에 닿아 벽이 없습니다. 아득한 이

이라는 제목으로 기술되어 있다(법제처, 1981,『국조오례의』(1) 법제자료 제118집, 355- 360쪽).
62 좌동렬, 앞의 논문, 13쪽 ; 고문석·장덕지·양성룡(2013),『제주말문화』, 농촌진흥청 국립축산과학원 난지축산시험장, 196-199쪽.
63 남도영(2003), 앞의 책, 541쪽.

탐라도도 역시 왕국의 경내에 매였습니다. 매년의 공헌하는 말과 사람을 실은 배는 신의 직분입니다. 오! 바다에 신이 계셔 바람의 신을 지휘합니다. 뭇 배가 순조로이 건너 천리가 한 순간입니다. 혹 거친 적재물이 있더라고 그 책임을 지겠습니다. 신께서 자애롭지 않음이 아니라 관리의 정성이 모자란 것입니다.

지금 공헌하는 배가 이미 떠났다가 되돌아왔습니다. 한 척이 침몰하여 뭇 생명이 모두 손상당했습니다. 허물은 실은 제게 있으며 조심 스러이 송구합니다. 게으름이 제 몸이 아님을 일찍이 살피지 못했습니다. 만약 올리는 정성을 물리치면, 침식寢食이 달지 않습니다. 다시 별자리를 점쳐 거듭 배들을 정비합니다. 사공들 돛대에 의지하여 흰 파도에 시선이 가득 합니다. 지어미와 자식들 손잡고 발을 구릅니다. 잠깐 사이 닻을 올리면, 죽고 삶이 순간입니다.

감히 신의 은혜를 바라노니 한 자리를 준비해 주소서. 바람이 남쪽에서 있어 급하지도 더디지도 않게 하소서. 마치 물고기 수염 날리고 새들이 날개 펴듯 하소서. 사람들 기뻐하고 말들은 줄지 않습니다. 향 갖추어 정성 드리며 공손히 마음 속으로 기원합니다. 감동 있으면 반드시 응당함이 이 이치에 어긋나지 않습니다. 뚜렷하신 영험의 신이여, 저의 정상을 설펴 주소서.[64]

8) 말총공예·물똥줍기

말에서 생산되는 꼬리털인 말총과 말갈기는 탕건과 갓 등을 생산하는 재료로 이용되었다.[65] 제주목사를 역임했던 충청감사 이익한李翊漢은 "제주의 여자들은 말갈기를 이용해 종립騣笠(총모자)을 만들어 육지로 내다팔아 먹고 살고 있다고 했다."고 말했다.[66] 말에서 생산되는 털을 이용한 공예품이 제주여성들에게 경제적 이득을 가져다 준 것이다.

조선시대 제주도에는 국마장과 개인목장에서 말이 다수 생산되었기 때문에 갓과 탕건, 망건을 만드는 말총을 쉽게 구할 수 있었다. 특히 말

---

64 남도영(2003), 앞의 책, 542쪽.
65 제주시·제주대학교박물관(2000), 『갓일』, 12쪽.
66 『현종실록』 권8, 현종 5년(1664) 3월 26일(무자).

총을 이용한 갓 모자 만들기는 제주시 도두·이호·외도동, 망건은 조천·
신흥·함덕, 탕건은 화북·삼양·신흥·도련 등지에서 행해졌으며, 소의 꼬
리털인 '쉐총'으로 모자를 만들었던 사례도 있었다.[67]

애월읍 납읍리 주민들은 가을철 촐 비는 일이 끝나면, 공동목장에 있
던 말들을 마을인근의 '촐'(꼴) 밭에 방목시켰다. 그런 다음, '물망텡이'를
둘러메고 산과 들로 나가 말똥을 줍는 풍습이 있었다. 말똥은 겨울 동안
의 땔감으로도 쓰였다. 말은 초식동물이기 때문에 다른 짐승과 달리 그
똥은 일단 불이 붙으면, 서서히 탈 뿐만 아니라 화력이 강하여 '굴묵'[68]
을 때는 연료로 이용되었다.[69]

2. 소 문화[牛文化] 요소

1) 계절적 방목·윤환방목

제주지역에서 소는 마을공동목장이나 목축지에서 봄부터 가을까지 방
목되었다. 테우리들은 기온이 내려가 풀이 시드는 상강霜降을 전후해 소
를 집으로 몰고 오는 이른바 계절적 방목을 행했다. 그러면서 소는 추위
에 약하기 때문에 겨울철에는 '쉐막'(외양간)에서 '촐'(꼴)과 농업 부산물
을 주며 길렀다.[70]

계절적 방목의 경우, 겨울철에는 집에서 건초를 이용해 소를 기르다가
새로운 풀이 돋아나는 봄철이 되면, 소들을 중산간 목초지(마을공동목장)

---

67 김순자(2006), 『와치와 바치』, 도서출판 각, 15-23쪽.
68 굴묵은 제주도의 전통가옥구조에서 구들방에 난방을 하는 공간이다.
69 납읍향토지편찬위원회(2006), 『납읍향토지』, 400쪽.
70 쉐막[외양간]은 '쉐막사리'라고도 한다. 쉐막사리에 사는 부렝이[수송아지]를 주
   인공으로 한 제주어로 쓰인 시가 있어 소개한다.
   쉐막사리 부렝인 촐도렌 들락퀴곡/ 돗통읫 도새긴 것 도렌 보채어 대곡
   밧거리 씨어멍은 무사 저영 준다닌고/ 산지항에 하늬보름 모질덴 허주마는
   씨어멍 존다니만은 홈치홈치 못헐꺼여/ 쉐막사리 부렝인 촐 도렌 들락퀴곡
   돗통읫 도새긴 것도렌 보채어 대곡/ 씨어멍 존다닌 무사 저영도 함싱고
   (출처 : 김광협(1990), 『유자꽃마을』, 신원문화사, 180-181쪽)

로 이동시켜 방목하는 형태였다. 이것은 해안 저지대와 산간지역을 왕래하는 이목移牧에 해당되며, 우리나라 다른 지역에서는 찾아볼 수 없는 제주도적 목축형태였다.

구좌읍 한동마을에서는 하절기[青草期]에 소를 방목하고, 동절기[枯草期]에는 하산시켜 농가에서 사육했다. 이 마을에서는 방목기간에 '번치기' 방목을 했다. 이것은 소를 소유한 축주들이 순번을 정해 윤번제로 돌아가면서 소 방목을 관리했던 형태로, 이때 나무패[71]를 돌려 미리 당번임을 알렸다. 번치기 당번은 환축患畜 발생 유무와 마릿수 확인, 목초 생육상태에 따른 우군牛群 이동 그리고 급수장까지 우군을 이동시키는 일 등을 담당했다.[72]

윤환방목輪換放牧은 마을공동목장에서 목초지를 일정한 순서에 따라 이동하며 목축하는 형태였다. 실례로, 서귀포시 하원동 공동목장에서 윤환방목은 목장을 가로지르는 산록도로와 도순천 지류 그리고 지형지물 등을 이용해 목장을 6개 구역으로 구분해 이루어졌다. 이 목장에서는 소들을 한 구역에서 5일씩 풀을 뜯게한 다음, 다른 구역으로 이동시키는 형태를 취하고 있다.[73] 애월읍 유수암리 공동목장에서는 일정한 면적으로 방목지를 구획한 다음, 경계선을 따라 삼나무를 심어 윤환방목에 이용했다. 소들을 공동목장 전 지역에 동시에 풀어놓는 것이 아니라 순서를 정해 돌아가면서 풀을 뜯게 했던 지혜였다.

윤환방목은 공동목장 내 초지를 효율적으로 이용할 수 있어 대부분의 마을공동목장에서 행해진 방목방법이었다. 이것은 이른바 '공동목장의 비극'인 초지의 황폐화를 막는 방법인 동시에 공동목장을 지속가능하게 운영하는 지혜의 산물이라고 할 수 있다.

윤환방목은 제주도 고유의 목축방법은 아니며, 초지를 이용해 목축을 행하는 여러 나라에서 보편적으로 나타난다. 대규모 목축을 하는 뉴질랜

---

71 나무패는 축주명단을 기록해 방목 순번을 정해 놓은 나무 조각이다.
72 북제주군 구좌읍 한동리, 앞의 책, 218-220쪽.
73 『제민일보』 2014년 4월 14일, 「합심으로 일궈 지켜온 마을의 공동유산」.

드에서는 목장을 등분 구획한 다음, 소나 양을 한 구역에서 얼마정도 풀을 뜯게한 뒤 그곳의 풀이 거의 없어지면 또 다른 구역으로 옮겨 풀을 뜯게 하고 있다.[74]

2) 쇠테우리, 목감 그리고 케파장

쇠테우리는 목초지에서 소를 전문적으로 길렀던 목축민들이었다. 말테우리들과는 달리 여름에는 마을공동목장, 겨울에는 마을내 개인 쇠막에서 소를 길렀다.[75]

목감은 마을공동목장조합에 보수를 받고 고용되어 공동목장 내에서 소를 관리했던 민간인 목축전문가였다. 이것은 일제강점기부터 등장했던 용어로, 현재는 공동목장의 목축기능이 정지되면서 사라지고 말았다.

목감에게는 일정한 보수가 지급되었다. 애월읍 고성리 마을공동목장조합에서는 목감에게 방목시킨 소의 두수에 따라 보리쌀로 삯을 지급하였는데 이를 '번곡'이라 했다. 번곡은 조합원과 비조합원 간에 차이가 있었다. 조합원은 번곡으로 넉 되, 비조합원은 여덟 되를 준비했다. 어린 송아지를 방목한 경우에는 그 절반이면 되었다.[76]

'케파장'은 『제주어사전』(2009)에 의하면, 방목지에 풀어놓아 먹이는 소를 관리하는 사람이었다.[77] '케'는 마을에서 공동으로 관리하는 땅으로, 대체로 목축지 또는 채초지에 해당된다. 케파장은 한경면 고산리와 같이 마을소유의 공유지('케')에 방목했던 소들이 농경지로 들어가는 것

---

74 조화룡(2006), 『뉴질랜드 지리 이야기』, 한울, 49-50쪽.
75 '쇠테우리 요 내 신세'라는 시를 통해 제주지역 쇠테우리의 애환을 알 수 있다.
    쇠테우리 요 내 신세/ 동그렁착 보리밥에/ 범섬 자리(*자리돔) 하영도 먹었쩌/ 쇠테우리 십년 세월/ 십년세월 물광 같곡/ 십년세월 바람이여/ 사름 부렝인 늙은 밧갈쇠 되곡/ 요 내 신세 미싱거니/ 장겔 한번 가봐시카/ 쇠테우리로 늙은 신세/ 하주마는 우리 인생/ 동그렁착 보리밥에/ 범 섬 자린 구만먹곡/ 돌랭이라도 하나사곡/ 애기업개 비바리 하나도랑/ 살아보게 잘 살아보게(출처 : 김광협(1984), 『돌하르방 어디 감수광 : 제주민요시집』, 태광문화사, 58쪽)
76 고성리 향토지편찬위원회(1993), 『고성리지』, 120-160쪽.
77 제주특별자치도(2009), 『개정증보 제주어사전』, 830쪽.

을 감시하기 위한 사람이었다.

3) 밧갈쉐·번쉐·멤쉐·삿쉐

밭농사 지대인 제주에서 '밧갈쉐'[耕牛]는 중요한 농경수단이었다. 밧
갈쉐로 이용된 것은 수소였다. 이 소는 암소에 비해 인내심이 강하고 힘
이 세기 때문에 돌과 억새의 뿌리가 많은 토양환경에서 이루어지는 밭갈
이에 매우 유용한 가축이었다. 밧갈쉐의 확보여부는 그해 농사를 좌우할
정도로 중요했으며, 그래서 농민들은 밧갈쉐를 필수적으로 길렀다.

밧갈쉐는 힘든 일을 해야 하기 때문에 훈련이 필요했다. 한림읍 동명
리에서는 밧갈쉐를 바로 밭갈이에 투입하지 않고, 약 30kg 안팎의 돌에
구멍을 뚫어 만든 '곰돌'('코돌')을 '멍에'에 매달아 끌게 하면서 훈련을
시켰다(그림 85). 한림읍 금능리에서는 해수욕장을 이용해 소에 쟁기를
씌어 밭갈이 연습을 시켰다(그림 86).

<그림 87>은 '곰돌'을 소의 멍에와 연결시켜 훈련시키는 장면을 재
현한 것이다. 멍에와 곰돌 사이에 연결된 줄은 소의 등에 걸치는 것이다.
소의 주인은 무거운 곰돌을 이용해 훈련을 시작한 다음, 잎이 있는 소나
무 가지를 연결해 다시 훈련을 시킨다. 마지막으로 쟁기를 장착해 빈 밭
에서 밭갈이 연습을 하면 진정한 밧갈쉐로 탄생하는 것이었다. 이 과정

〈그림 85〉 밭에서 농우 길들이기

사진 : 강만보(1994), 고광민(2011)

〈그림 86〉 해변에서 소 길들이기

사진 : 제주특별자치도(2009), 『1900~ 2006
사진으로 보는 제주역사』, 1103쪽(한림읍 금
능리 해변에서 이루어진 훈련장면)

〈그림 87〉 곰돌을 이용한 밧갈쉐
길들이기(현지촬영)

애월읍 고성1리 문석화씨가 멍에에 곰돌을 연결시켜 밧갈쉐 훈련장면을 재현했다.

에서 소의 주인은 밭갈이 연습을 어두워질 때까지 계속시켰다. 그래야 밧갈쉐는 하루 종일 밭갈이 하는 것을 당연하게 생각한다고 했다.[78]

한편, 자갈이 많은 애월지역은 힘이 센 수소를 밭갈이에 이용한 반면에 토양에 자갈함양이 적은 구좌, 성산, 남원지역에서는 암소를 이용하는 경우도 있었다.[79] 일부 지역에서는 말을 밭갈이에 이용했다. 그러나 말은 소에 비해 견인력이 강하고 움직임도 민첩하나 머리를 쳐들고 어깨 폭이 좁아 멍에를 씌우기가 힘들다는 단점으로[80] 밭갈이에 그다지 선호 되지 않았다.

애월읍 유수암리에서 밧갈쉐 한 마리는 밭 1,000~1,500평에 해당할 정도로 큰 재산이었다. 이 마을에서 밧갈쉐가 없는 집은 농사철에 소를 빌려 이용했다. 이 소를 한번 빌리는 대가로는 돈을 주는 대신에 밧갈쉐 주인의 밭에서 3일 동안 '검질'(김)을 매주었다. 밧갈쉐를 빌려 오면 청촐이나 보릿겨를 사료로 제공하며 극진히 대접했다.

'번쉐'는 농한기에 이웃끼리 순번을 정해 각 호戶의 소를 몰아다가 먹이는 소였다. 제주에서는 여름철 '조 볼리기'가 끝나면, 소를 직접 농사

---

78 2015년 1월 3일에 이루어진 『제민일보』와의 공동취재 결과이며, 문석화씨(애월읍 고성1리, 73세)의 도움을 받았다.

79 『제주도민일보』 2011년 7월 12일자, 「같은 밭, 다른 소 선택의 이유」.

80 모토무라 료지 지음·최영희 역(2005), 『말이 바꾼 세계사』, 가람기획, 169쪽.

에 이용할 일이 없어지므로, 이웃끼리 의논해서 '번쉐'를 하였다. 대개 10~20호가 합의해 소를 돌보는 당번을 정하면 번쉐가 시작되었다.

'멤쉐'는 소가 없었던 가난한 농가가 소를 많이 보유한 농가로부터 암소를 대신 맡아 기른 다음, 새끼를 낳으면 서로 나누어 가졌던 소를 의미한다. 멤쉐의 대상은 대체로 새끼를 낳을 수 있었던 암소였다. 멤쉐는 소가 없는 사람이 소를 마련하기 위해 행해졌다.[81] 즉, 소가 없는 집에서는 대신 길러주는 남의 집 암소를 이용해 밭을 갈고, 이 암소가 새끼를 낳으면 첫 번째 새끼는 암소를 대신 기른 사람이 먼저 가지고, 다음 새끼는 암소를 빌려준 주인 몫이 되었다. 멤쉐는 가난한 사람도 농사에 소를 이용하는 기회를 제공해 주었으며, 나아가 출산한 새끼소들을 나누어 가지는 제도[82]라는 점에서 상부상조의 정신을 엿볼 수 있는 목축문화에 해당한다. 멤쉐는 4·3사건을 거치며 붕괴된 마을축산을 일으키는 데에 도움을 주었다. 이러한 번쉐와 멤쉐는 2008년 제주도 문화상징으로 선정되었다.

'삯쉐'는 해안마을의 소들을 목장이 있는 중산간 마을에 위탁했던 소였다. 과거 제주읍 도두리(해안마을) 주민들은 여름작물 파종이 끝난 후, 소를 중산간 마을인 제주읍 해안리 주민들에게 위탁하여 추분秋分까지 해안리 공동목장에서 길렀다. 소를 위탁시킨 도두마을 주민들은 농우 한 마리당 보리 세 말을 삯으로 지불했다.[83] 대정읍 일과리에서는 일소를 가지고 있는 주민들이 특정인에게 소를 맡겨 대신 기르게 하여 한 마리당 삯으로 보리쌀 세 말을 주는 형태도 있었다.[84]

4) 방앳불 놓기

공동목장이나 개인 목축지에서 공동으로 혹은 개별적으로 불을 놓아

---

81 고성리 향토지편찬위원회(1993), 위의 책, 149쪽.

82 현용준(2003), 「번쉐와 멤쉐」, 『제주문화상징』, 제주특별자치도, 390-393쪽.

83 『제주도민일보』 2010년 10월 26일자, 「목초 산 사람은 목초 주인의 밭 갈아주는 것으로 값 지불」.

84 『제주도민일보』 2010년 6월 22일자, 「제주생활사를 가르쳐준 나의 스승」.

잡초나 초지를 태우는 것을 '방앳불[放火] 놓기'라고 했다. 이것은 방목
지를 정비하는 효과적인 방법이며, 일제시기에는 '화입火入'이라고 불렀
다. 방앳불 놓기는 이른 봄철에 목축지를 태우는 행사이므로, 말보다는
소를 위한 행사였다. 말들은 겨울철을 지나 봄철에도 목장에 남아있는
마른 풀이라도 뜯어 먹어야 하는 상황에서 방앳불 놓기는 말들의 먹이를
태워 버렸다. 이 행사는 목초지에서 해마다 이루어졌던 연례행사였다.
대체로 음력 2월이나 3월 초순 새 풀이 돋아나기 전에 불 놓기를 했으며,
각종 해충을 없애는 기회였다(그림 88).

구좌읍 한동리에서는 해마다 1~2월에 둔지봉을 중심으로 한 방목지
대(조선후기 황태장 목장터에 해당)에서 불을 놓았다.[85] 서귀포시 서홍동
에서는 모든 마을 주민들이 우마의 유무에 관계없이 이른 봄철 목장에
불 놓기를 했다.[86] 애월읍 상가리에서는 방앳불 놓기에 적당한 날을 선
정하고 이에 필요한 인원을 동원해 배치할 계획을 세운 다음, 바람방향
과 그 변화 가능성을 잘 가늠해 불을 놓았다.[87]

목장에 불 놓기는 과거와는 다르게 현재도 일부 지역에서 행해지고
있다. 서귀포시 하원동에서는 봄철 한가한 때를 골라 서귀포시청의 허락

〈그림 88〉 금덕리(유수암)에서
이루어진 방앳불 놓기
사진 : 강만보, 2010.

〈그림 89〉 방앳불 놓기를 계승한
들불축제(http://www.buriburi.go.kr)

85 북제주군 구좌읍 한동리(1997), 앞의 책, 218쪽.
86 서귀포시 서홍동(1996), 『서홍로』, 보광인쇄사, 202쪽.
87 애월읍 상가리(2007), 『상가리지』, 193-195쪽.

을 받은 다음, 소방차를 공동목장에 대기시켜 불 놓기를 한다. 방앳불 놓기를 현대적으로 계승한 것이 제주시가 매년 정월 대보름을 전후해 새별오름에서 여는 들불축제이다(그림 89).

5) 진드기 구제

마을공동목장에 소를 방목했을 때 소의 생명을 가장 위협하는 동물은 호랑이나 늑대가 아니라 진드기였다. 이 해충은 몸길이가 0.2~10mm 정도이며, 가축의 피를 빨아먹는 흡혈성 동물이다. 쇠똥, 말똥, 참억새 등에 산란하고 일생을 마감한다. 진드기가 많이 기생하면 소는 영양실조와 빈혈을 일으켜 죽는 경우가 있어 반드시 제거가 필요했다.[88]

진드기[壁蝨] 유충이 겨울잠을 자는 음력 2월에는 방목 지대에 불을 놓아 진드기 알을 제거하거나 여름철에는 소에 기생하는 진드기를 긁어내는 '부구리체'를 이용해 구제했다. 근래에는 약품(DDT)을 물에 탄 다음, 이를 수건에 적셔 진드기를 없앤다.

서귀포시 하원동 목장조합원들은 공동목장 내 진드기 구제장 3곳에서 10일에 한 번씩 진드기 구제를 해준다. 표선면 가시리 공동목장에는 부구리(진드기) 구제장이 두 군데 있다. 사각형 모양의 구제장은 80년 초까지 이용된 시설이며, 낙인 공간으로도 겸용되었다. 녹산로 동쪽 동장東場의 부구리 구제장은 도로변에 그리고 서장西場의 그것은 조랑말박물관 옆의 원래의 위치에 복원되어 있다(그림 90).

〈그림 90〉 가시리 공동목장내
복원된 진드기 구제장(현지촬영)

---

88 『제주도민일보』 2010년 11월 2일자, 「진드기가 겨울잠 든 음력 2월, 방목지 대에 불 놓았다」.

6) 백중제百中祭

백중제는 음력 7월 15일에 목축지에서 지냈던 고사로, '테우리 코시', '모쉬멩질', '테우리 멩질' 등으로도 불렀다. 이것은 우마의 번식과 질병에 걸리지 않기를 기원하는 목축의례였다.[89] 백중날 떡과 밥, 술 등 제물을 가지고 자기 우마를 기르는 목축지 또는 공동목장 내에 위치한 오름 정상에 올라 "천왕 테우리도 먹엉갑써, 인왕 테우리도 먹엉갑써"하면서 그리고 방목 장소들과 마을공동목장의 이름을 하나하나 거명하며 제를 지냈다(그림 91).

백중제에서는 본래 배례拜禮 절차가 없었으나 유교식으로 치제하는 경우 배례가 행해지기도 한다. 애월읍 장전 공동목장조합에서는 음력 7월 15일 오전 10시 3명의 헌관(초헌관, 아헌관, 종헌관)과 2명의 집사에 의해 궷물 옆에 마련된 제단에서 유교식으로 백중제가 이루어졌다(그림 92).

먼저 '새'(띠)를 제단에 깔고 난 후, 제단 위에 돼지머리, 삶지 않은 돼지고기, 말리지 않은 옥돔(3마리), 말린 명태(1마리), 메(쌀밥 2개, 좁팝 2개), 과일(사과, 배, 귤, 대추), 고사리, 제주 등을 올린다. 그런 다음 '궷물'을 떠온 그릇으로 가서 헌관들이 손을 씻는다.

〈그림 91〉 송당리 아부오름 정상에서의 백중제 재연(한라일보자료사진)

〈그림 92〉 장전리 공동목장내 백중제 실연(현지촬영)

89 제주도문화예술과(2002), 『제주도 제주마』(제주마문화연구보고서 1), 326쪽.

초헌관은 장전공동목장조합장이 맡고, 아헌관과 종헌관은 목장조합 이사가 맡아 유교식 제사순서에 따라 제를 지냈다. 마지막으로 초헌관이 축문을 읽은 다음, 이를 태우면 백중제는 종료되었다.

7) 한라산 고산지대 상산방목[90]

제주지역에서는 해발 1400m 이상의 고산지대에서 방목이 이루어졌으며, 이를 "상산에 올린다"고 했다.[91] 이것은 1980년대 초까지만 해도 음력 6월경 여름농사와 밭갈이가 끝난 후, 더위에 지친 소들을 서늘한 상산에 올려 쉬게 했던 목축방식이었다.

대체로 청명을 전후해 소를 상산에 올리는 날은 무더위에 대비해 새벽에 같은 동네에서 4~5명씩 동아리를 만든다. 대개는 한 사람이 소 한두 마리를 몰고 가는 경우가 많았다.[92]

상산(1400~1950m)은 해발고도가 높아 여름철 기온이 낮고 바람이 많아 진드기 피해가 적은 곳이었다. 이곳은 무료로 이용할 수 있는 자연초지와 물 그리고 비바람을 피할 '궤'(바위굴)가 삼위일체 되는 장소여서 조선시대에도 방목지로 활용되었다. 상산방목은 한라산 산정부의 지형조건과 기후 및 식생환경을 인식한 주민들에 의해 이루어졌다. "사람을 낳으면 서울로 보내고, 말을 낳으면 상산으로 보내라"는 제주의 속담처럼, 상산은 그야말로 우마들의 유토피아Utopia로 인식되었다.

(1) 상산방목지의 특성

근현대 제주지역 목축민들이 이용했던 상산 방목지는 우리나라에서는 해발고도가 가장 높은 장소에서 이루어진 목축지다. 주요 방목지는 백록담 남쪽의 선작지왓, 움텅밭, 백록담 북서쪽의 사제비~만세동산, 큰두레

---

90 상산방목은 강만익의 논문(「근현대 한라산 상산방목의 목축민속과 소멸」, 『탐라문화』(43), 제주대 탐라문화연구소, 2013)을 요약해 제시한 것이다.
91 이에 대해 오성찬의 소설 『한라산』(고려원, 1990)에 자세히 나타나 있다.
92 고광민(1996), 「목축기술」, 『제주의 전통문화』, 제주도교육청, 310쪽.

〈그림 93〉 한라산 백록담 부근 마지막 말 방목장면

1988년에 촬영된 사진으로, 가운데 부분은 백록담 화구벽, 앞쪽 왼쪽은 윗세상봉(붉은오름), 뒤쪽은 장구목으로 가는 왕석밭, 오른쪽 오름 둘은 윗방애와 방애오름에 해당함(사진 : 신용만)

왓, 가메왓, 개미등 이었다(그림 93).

움텅밭 방목지는 행정구역상 서귀포시 동홍동 산 1번지 일대에 위치한 윗방애오름(1748m), 방애오름(1,699m), 알방애오름(1,585m)을 연결하는 방목지이다. 이 오름들은 남북방향으로 발달되어 있어 하늬바람과 북서풍을 막아주는 역할을 하고 있다. 이곳은 서귀포시 남원읍 하례리,[93] 서귀포시 하효동·상효동·토평동·호근동 목축민들의 공동방목지였다. 방목지가 위치한 장소의 해발고도(1500m~1600m)가 높아 안개가 수시로 발생하며, 여름철 기온이 낮아 흡혈성 진드기를 거의 찾아볼 수 없는 곳으로 알려졌다. 건천인 영천(효돈천)과 방애오름샘 그리고 '움텅밭 내창궤'가 위치하고 있다. 현지답사 결과, 방애오름과 알방애오름 사이에도 물이 존재하고 있음을 확인했다. 움텅밭이라는 지명은 생김새가 마치 분지盆地처럼 되어 있어 붙여진 명칭이며, 1930년대 후반 한라산을 다녀간

---

93 남원읍 하례리 마을회(1999), 앞의 책, 80쪽.

이은상李殷相이 남긴 『탐라기행한라산耽羅紀行漢拏山』(1937)에도 등장하고 있어 이 시기에도 움텅밭이라는 지명이 이용되었음을 알 수 있다. 이곳에 방목하던 우마들이 풀과 물이 부족해지면 북서쪽으로 서서히 이동해 당시 남북제주군 경계선을 지나 장구목 오름 사면으로 가기도 했다.

백록담 남서쪽에는 고산초원을 연상시키는 '선작지왓' 방목지가 있다. 이곳은 영실기암과 병풍바위를 지나면 시작된다. 제주어로 '돌이 서있는 밭'을 의미하는 '선작지왓'은 영실기암 상부에서 윗세오름에 이르는 한라산 고원 초원지대이며, 털진달래·산철쭉·눈향나무 등의 군락이 발달해 있어 등산객들 사이에 '산상의 정원'으로도 불리고 있다.

이곳은 영실 병풍바위 기점에서 동쪽으로 동홍천 상류지점과 윗세오름 남쪽을 연결하는 해발 1600~1700m 일대에 해당한다. 이곳에는 노루샘과 '탑궤'가 분포하고 있으며, 행정구역상 서귀포시 하원동·도순동·월평동·영남동에 해당된다. 노루샘은 '보섭코지' 물에서 흘러나온 샘이며, 보섭코지 물은 백록담 물이 말라도 거의 마르지 않고 흐르는 물로서, 상산방목지에 올린 우마들과 테우리들이 먹었던 물이었다. 서귀포시 도순동, 하원동 주민들이 1980년대까지 소들을 방목했다.

산북지역 상산방목지로는 개미등, 만수동산~사제비오름, 큰두레왓, 장구목 방목지가 대표적이다. 개미등 방목지는 해발 1200~1500m 일대에 위치하며, 제주시 오라동 주민들과 정실마을 목축지로 이용되었다. '개미목도'를 오르면 1km 정도 긴 능선으로 이어진 곳이 개미등(개미목밭)이며, 1년에 한 번씩 불을 놓아 잡초를 태운다음 소떼들을 풀어놓아 기르던 목축지로 알려졌다. 주기적인 불 놓기로 나무가 자라지 못해 초원이 유지되었으나 현재는 방목이 금지되어 나무들이 무성히 자라고 있다.[94]

사제비오름(광령리, 1,425.8m)과 만수(세)동산,[95] 민대가리오름, 장구목

---

94 양송남, 『양송남의 40년지기, 한라산 이야기』, 2010, 태명인쇄사, 106-107쪽.
95 만수동산(광령리, 1,606.2m)은 「탐라지도병서」(1709)와 「제주삼읍전도」(1872), 「제주지도」(1899) 등에 만수동산晩水同山, 「제주삼읍도총지도」(18세기전반)에는 萬水同山

오름을 연결하는 방목지는 제주시 애월읍 광령리 주민들의 주된 방목지였다. 사제비 오름에서 만세동산을 가는 도중에는 사제비샘이 있다. 만세동산 서쪽 약 300m 지점에 '상궤'[황궤]라는 5~6명이 살 수 있는 작은 바위 굴이 있다. 1970년대까지만 해도 애월읍 광령리 주민들은 이 궤에 임시 살면서 우마들을 방목했다. 장구목 오름도 방목지였다. 장구목에는 '신카름밭'이라고 하여 과거 산남, 산북사람들이 우마를 방목할 적에 돌담을 쌓아 경계를 만들어 돌담 경계선 남쪽에서는 서귀포시 하원동, 북쪽에서는 제주시 연동, 노형동 주민들이 방목했던 곳으로 알려졌다.[96]

백록담 방목지와 윗세오름 방목지는 여러 지역 행정경계선이 만나고 있어 1980년대까지만 해도 남북군 지역 우마들이 공동으로 방목되던 목축지였다. 백록담 방목지는 한라산을 등반했던 수많은 관광객들과 시인詩人들의 작품에 등장했다. 백록담은 비록 행정구역상 서귀포시 토평동 산1번지에 해당되지만 그야말로 물과 풀을 찾는 상산방목 우마들이 자유롭게 출입할 수 있었던 화구호火口湖였다..

윗세오름 일대는 서귀포시 하원동과 애월읍 광령리 주민들의 주요 공동방목지였다. 이곳은 한라산 영실코스와 어리목 코스가 합쳐지는 장소이기도 하다. 윗세 큰오름 정상 남서쪽은 서귀포시, 동북쪽은 제주시 애월읍 광령리이다. 따라서 윗세오름 남쪽은 서귀포시 하원동 그리고 북동쪽은 애월읍 광령리 주민들이 방목했다. 이 경계선에 위치한 마을로는 제주시 애월읍 광령리와 해안동 그리고 서귀포시 하원동, 도순동, 영남동, 서홍동에 걸쳐 있다. 이런 이유로 윗세오름 일대는 과거 남북군南北郡 지역 우마들의 집합장소이자 테우리들의 만남 장소였다. 이곳에 가면 다양한 낙인을 한 우마들이 서로 섞여 방목하는 장면을 목격할 수 있었

<hr>

으로 표기되어 있다.
96 양송남, 「한라산의 지명연구」, 『山書』 제14호, 한국산악회, 2003, 53쪽. 이와 관련된 내용은 1974년 제주도가 펴낸 『한라산천연보호지구 자원조사보고서』에도 장구목 오름 정상부 돌담 내용이 실려 있다.

다.[97]

상산방목의 시작은 조선시대로 소급할 수 있다. 영조 7년(1731) 9월 한라산을 오른 정운경鄭運經(1699~1753)이 백록담 내에서 물을 먹고 있는 산마를 목격했다는 기록을 토대로 조선시대에도 상산방목이 이루어졌을 가능성은 충분하다.

상산방목 모습은 다수의 문학작품에 등장한다. 실례로, 고종 5년(1901) 한라산 높이가 1,950m임을 서양세계에 최초로 알린 지그프리이트 겐테 Siegfried Genthe의 『겐테의 한국기행』(1905), 이치카와 산키市河三喜의 「한라산행漢拏山行」(1905), 이은상의 『탐라기행한라산耽羅紀行漢拏山』(1937), H. 라우텐자흐(1945)의 『코레아 I 』, 정지용의 『백록담白鹿潭』(1941), 신석정의 「백록담白鹿潭에서」(1968), 이병태의 「60년대 한라산 등반기」(2003), 김광협의 「상산에 올린 쉐」(1994) 등은 상산방목을 표현한 기록과 작품이라는 점에서 주목할 만하다. 다음은 김광협의 「상산에 올린 쉐」와 정지용의 「백록담」이라는 시의 일부로, 모두 상산방목을 생생하게 표현한 수작이다.

상산에 올린 쉐

한라산도 불구룽 ᄒ여 가곡
조팥듸 조 코구리도 노리룽 ᄒ여 감쪄
상산에 올린 쉐도 ᄂ려올 때가 되염꾸나
저놈의 쉐 ᄂ려오멍 송애기랑 ᄒ나 낭 오지 못홀전정
놈의 집 조팟이나 판내우지 말아시민
여름 ᄒ철 진둑광 부구린 무사사 경 한디
진둑도 털어지곡 부구리도 털어지곡
문짝 술쳐아정 오커던 오라
놈의 집 조팟이나 콩밭디랑 얼러 뎅기질 말라

---

97 강만익(2013), 「근현대 한라산 상산방목의 목축민속과 소멸」, 『탐라문화』(43), 제주대학교 탐라문화연구소, 186-189쪽.

ᄒ다 ᄒ다 얼러뎅기질 말아 도라[98]

백록담

바야흐로 해발 육천 척 위에서 마소가 사람을 대수롭게 아니 여기고 산다. 말이 말끼리 소가 소끼리, 망아지가 어미 소를 송아지가 어미 말을 따르다가 이내 헤어진다.

첫 새끼를 낳노라고 암소가 몹시 혼이 났다. 얼결에 산길 백 리를 돌아 서귀포로 달아났다. 물도 마르기 전에 어미를 여읜 송아지는 움매―움매―울었다. 말을 보고도 등산객을 보고도 마구 매어 달렸다. 우리 새끼들도 모색(毛色)이 다른 어미한테 맡길 것을 나는 울었다.[99]

상산방목은 산남지역인 서귀포시 하원동·도순동·호근동·상효동마을과 산북지역인 애월읍 광령리·유수암리·상가리 마을에서 주로 행해졌다.
다음은 상효·광령·하효·하원마을에서 관습적으로 이루어졌던 상산방목의 풍경들이다.

(2) 상산방목의 사례

① 상효마을 상산방목

서귀포시 상효마을에서 상산방목은 1985년에 사실상 종료되었다. 소 40~50두를 집단적으로 상산에 올렸던 사람도 있었다. 이것은 상산의 초지가 좋기도 했지만 무료로 이용할 수 있었기 때문이었다. 소를 팔기 위해 상산에서 기르기도 했으며, 흑우 또는 종모우種牡牛(씨수소)로 이용하는 외국산 브라만을 올렸던 사례도 있었다.
소를 찾으러 갈 때 빨리 찾게 해 달라고 기원하는 의례를 행했으며, 준비물로는 굽지 않은 마른 생선(솔라니 : 옥돔이며 현장에서 굽는다),

---

98 김광협(1984), 『돌하르방 어디 감수광 : 제주민요시집』, 태광문화사, 98쪽.
99 정지용(1946), 『백록담』, 백양당, 15-16쪽.

양초, 향 등을 항고(반합)에 담고 갔으며, 항고는 밥을 할 때도 이용되었다. 상산에 쉐를 올릴 때마다 '평지궤'에서 한라산 남벽을 보며 고사를 지내며 방목우마의 무사함을 기원했다. 우마를 찾으러 갈 때 평지궤, 동광암궤, 움텅밭 내창궤에서 숙식했으며, 이 가운데 평지궤가 가장 안전했다.

방목 중에는 부렝이(어린 수소)를 잘 잃어버렸다. 특히 다간(두 살된 소), 사릅(세살된 소)은 한 자리에 오래 있지 않고 자주 이동을 해버리거나 다른 암소를 따라 이동해 잃어버리는 사례도 있었다. 양력으로 5월말부터 마을에 '쉬포리'(소에 달라붙는 파리)가 생기기 시작하면 소들이 저절로 엉덩이를 들썩 거리며, 이때가 되면 마을사람들은 일정한 날을 정해 상산에 소를 올렸다. 상산에는 곶쉐와 곶물들도 섞여있었으며, 이들은 오래 전에 상산에 풀어놓은 우마들로, 야생화된 상태로 살아가는 우마들이었다. 움텅밭 일대에는 '물걸리는 내'가 있어 일단 이곳으로 말을 들여보내면 빠져나올 수 없었다. 방목기간은 대체로 청명을 전후한 5월 중순부터 10월 상강일 까지였다. 이 마을 목축민들은 열흘에 한 번씩 상산으로 올라가 소가 새끼를 낳았는지 또는 바위에 다리가 끼어 죽지 않았는지 확인했다. 낙인은 平, 8, 八자를 이용했다. 상산에는 진드기가 거의 없었으나 대신 쉬포리가 있었다.

흡혈하는 진드기 피해가 없어 이곳의 우마들은 살이 잘 올랐으며, 상산에 올린 쉐는 육질이 탄탄해 질이 좋았다. 맑은 물과 공기 그리고 진드기가 없고 약초와 같은 풀들이 품질 좋은 소를 길렀다.

방애오름에서 '등터진궤'를 연결하는 방목지에서는 테우리들이 길을 잃어 버리는 것을 방지하기 위해 암석 위에 돌을 쌓아 만든 이정표가 있었다. 상산에 방목시킨 우마들은 김의털, 조릿대 잎을 먹기도 했다. 등터진궤 방목지에서 소들이 다리가 부러지는 사고가 있었다. 이곳은 땅이 푸석푸석하고 작은 돌이 많았기 때문이다. 발정기에 있는 수소들은 암소 위로 올라타기 위해 달려가다가 발이 돌 틈에 빠져 골절되는 경우도 있었다.

태풍 불 때 어린 소들이 사고를 당했다. 이때 '톨' 속으로 들어가 바람을 피했으며, 톨은 나무와 나무 사이의 빈 공간('트멍')을 의미한다. 구상나무와 주목으로 이루어진 나무숲의 빈 공간으로 들어가 바람을 피했다.

② 광령마을 상산방목

이 마을에서 최종 방목지인 사제비~만세동산에 우마를 올리는 길은 험난했다. 상산방목 루트를 보면, 마을~오목이도(5소장 하잣)~비남내~몰통~존다리왓~궤약장막~민둥산(1100로 근처에 위치)~진모를~상돗궤(큰 바위굴로 15명 정도 잘 수 있으며, 간혹 여자귀신 나온다고 함)~만세동산이었다. 해마다 상산에 올리는 소들은 올라갔던 길을 알고 있었기 때문에 집밖으로 보내면 스스로 목적지를 향해 길을 찾아 올라갔다.[100]

광령리에서 소를 몰고 사제비 오름에 가면 점심시간이 된다. 이 오름 밑에는 샘이 있으며, 여름철에는 물이 너무 차서 먹지 못할 정도였다. 점심은 '동고량'[101]에 담고 갔으며, '개역'[102]을 물에 말아 먹기도 하고, 근처에서 쉽게 찾을 수 있었던 시로미 열매도 따서 먹었다.

두 세살 될 때 엉덩이에 '광光' 또는 '령令'자 낙인을 하고 귀를 찢어 표시를 한 다음, 상산에 올리면,[103] 인간들의 별다른 간섭 없이 상산에서 살다 새끼를 낳고 추워지면 집을 찾아 내려왔다. 그러나 소를 잃어버려 상산에서 소를 찾을 때 고사를 지냈다. 상산으로는 암소와 송아지를 함께 올렸으나, 농경용 '밧갈쉐'는 일 소여서 상산에 올리지 않는 경우가 많았다. 상산의 소와 말들은 'ᄀ대'(조릿대)를 먹었다.

---

100 애월읍 광령리 주민들의 상산방목로는 2012년 11월 8일 광령1리 노인회관에서 이루어진 인터뷰 자료이다.
101 동고량은 대나무로 네모나게 만든 도시락 통이다.
102 볶은 보리나 콩을 갈거나 빻아서 만든 가루 음식물인 미숫가루를 말한다.
103 상산에 소는 대체로 청명을 전후하여 올렸다. 제주시 오등동에서도 청명(한식) 후 밭벼(陸稻)를 파종한 다음, 우마를 동원해 밭을 밟아준 뒤 마을에서 일정한 날을 정해 우마에 낙인을 했다. 낙인은 사람의 인감과 같아 법원에 등록을 했다. 오등본동은 품, 간다시 마을은 回, 죽성마을은 ㅏ자를 이용해 낙인했다(오등동 향토지편찬위원회, 2007, 『오등동향토지』, 135쪽).

소를 올릴 때, 올라가는 길이 아무리 경사가 급해도 소 한 마리가 앞
장 서 올라가면 줄지어 나머지 소들도 따라 올라갔다. 상산에는 '막은 다
리'라는 곳이 있었다. 이곳은 사방이 막혀 있어 우마들을 들여놓고 '도'
(입구)를 막아버리면 우마들이 쉽게 빠져 나오지 못했다. 방목 중이던 소
를 집으로 데려와야 할 때 본인의 소를 '막은 다리'로 들여보내 소의 목
에 줄을 걸어 몰고 내려왔다.

상산에 소를 올린 목축민들은 10일에 한번 정도 주기적으로 올라가
방목상태를 점검했다. 그래야 사고로 다친 소들은 확인하여 적절한 조치
를 취할 수 있었다.

6월 농사가 끝나 상산에 우마를 올렸다가 10월을 전후해 각자 편한 날
짜에 데려 왔다. 목축민들은 일정한 날을 골라 힘을 모아 동시에 우마들
을 상산방목지로 출발시켰다. 이 마을 목축민들이 만세동산에 올렸던 소
들이 남제주군(현재 서귀포시) 중문면 하원리, 도순리 쪽으로 내려가는
경우도 있었다. 이 마을과 반대 방향에 위치한 하원마을과 도순마을로
내려가는 '쉐테'(소의 무리)에 끼여 내려가 버려 소를 잃어버린 방목자들
은 하원마을과 도순마을로 가서 수소문해 찾아오는 사례도 있었다.[104]

③ 하효마을 상산방목

이 마을 목축민들은 여름철 좁씨 파종이 끝나 더워지기 시작하면 상
산에 소를 올렸다. 이때가 되면 소들이 저절로 날뛰었다. 이 마을 주민들
은 우마를 백록담 인근의 방애오름~윗세오름 부근으로 이동시켰다.[105]
상산은 고지대여서 시원한 바람('상산ㅂ름')이 불고, 진드기가 거의 없는

---

104 2012년 11월 8일 15:00 광령1리 노인회관에서 이루어진 인터뷰 자료를 정리한 것
으로 고치훈(78세, 광령1리 1227), 진봉문(76세, 광령1리, 1181), 양재안(89세, 광령
1리 1261), 김장헌(74세, 광령1리 1247-2), 김덕칠(71세, 광령1리 1090)씨의 도움을
받았다.
105 하효마을 상산방목에 대한 면담조사는 2008년 10월 5일 마을회관에서 당시 노인
회 부회장이셨던 정성호(72세, 하효동 193-1)씨 및 고성수(79세, 하효동 734-3)씨
와 이루어졌다.

곳이었다. 가을걷이가 시작될 때 소들을 몰고 왔다. 1960년대까지만 해도 여름 농사에 지친 소들을 서늘한 '상산'에 올려 쉬게 했다.

소를 상산에 올리는 날은 무더위를 피해 새벽에 일어나 서너명씩 모여 이동했다. 소를 몰고 상산으로 올라가는 길은 돈네코 등반로를 이용했다. 현재는 나무와 풀이 길을 덮고 있으나 과거에는 소들이 알아서 길을 찾을 정도로 선명하게 남아있었다.

백록담 남쪽 아래 '태역'(잔디) 밭인 '앞갈퀴'('움텅밭' 부근)에서 방목했다. 이곳에는 소들이 날라 갈 정도로 바람이 매우 강했다. 또한 풀이 있는 곳에는 요철凹凸이 발달해 소들이 다치는 경우도 있어 소의 건강과 안전 상태를 확인하기 위해 1주일 또는 10일 간격으로 소를 보러 올라갔다.

이 마을 동부락과 서부락은 같은 마을임에도 방목위치가 달랐다. 서부락 사람들은 '앞갈퀴'에서 방목했다. 이곳은 돌들이 많았으나 소의 먹이가 되는 풀들이 풍성했다. 동부락 사람들은 '앞갈퀴'에서 동쪽으로 이동해 '등터진궤'를 지나면 나타나는 '속밭'에서 방목했다. 동부락 방목지인 '속밭'은 평탄한 곳이며, 태풍이 불어도 피해가 적은 곳이었다.[106] 동부락에서 보면 '앞갈퀴'보다는 속밭지경이 마을과 더 가까웠다.

상산에 올린 소들은 한라산을 넘어 북쪽으로 스스로 이동하기도 했다. 붉은오름 근처에서도 방목했다. 이곳에도 초지와 물이 있어 소들이 저절로 들어갔다. 인근의 호근마을 소들도 함께 방목되었다. 호근마을과 하효마을은 마을간 거리가 멀지만 상산지대에서는 공동방목이 이루어진 것이다. 낙인만 서로 달랐을 뿐이다. 처서를 지나 추워지기 시작하면 소를 몰러 갔다. 소들이 스스로 집으로 걸어 내려오는 경우도 있었다.

상산방목지로 소를 찾으러 갈 때에는 '곤밥'(쌀밥)과 옥돔을 준비해 가져갔다. 평소에는 '조팝'을 먹다가도 소를 찾아 나설 때는 '곤밥'을 해 갔

---

106 '속밭'은 성널오름과 어후오름 사이인 한라산 성판악 등반로를 따라 3.5km 지점에 위치한다. 1970년대 이전만 해도 넓은 초원지대로 털진달래 등 관목림이 무성한 곳이었다. 현재는 삼나무로 조림되어 과거의 모습을 찾아볼 수 없다. 이곳은 해발 1,000~1,100m 일대에 전개된 고원지대이다(제주특별자치도 환경자원연구원, 2009, 『한라산의 자연자원』, 디자인 열림, 286-287쪽).

다. 소를 찾게 해달라는 '고스레'를 하기 위한 목축민의 정성이었다. 만일 소를 하루 안에 발견하지 못하면 찾을 때까지 상산에 머물러야 했다. 그래서 임시로 잠을 잘 장소가 필요했다. 이 마을 사람들도 '평지궤'에서 숙식했다. 이곳은 7~8명이 함께 누울 수 있는 공간이었다. 밤에는 '소리낭'[107]을 태우며 추위를 이겨냈다. 여름철에 방목지에서 비를 만났을 때도 이 동굴에서 피했다.[108]

④ 하원마을 상산방목

이 마을의 목축민들은 4~5월에 소를 상산에 올렸다. 대체로 10월경까지 방목했으나 농사 사정에 따라 8월에 소를 데려오는 경우도 있었다. 이 마을에서는 공동목장에 풀어놓았던 소들이 경계돌담을 지나 스스로 상산에 올라가기도 했다. 이곳에서는 백록담이 잘 보이기 때문이다(그림 94). 예외적인 사례이나 1년 내내 소를 방목했던 경우도 있었다. 상산에서 여름철 비바람이 불 때 소들은 구상나무 숲속으로 들어가 비바람을 피했다.

겨울철에는 상산방목지에서 아래로 내려와 밀림 속에서 겨울을 났다. 방목중인 소들은 '쉐테'를 따라 북제주군지역인 애월읍 더럭, 상가, 금덕, 심지어 하귀마을까지 내려가는 경우도 있었다. 상산방목지에서 해안마을인 애월읍 하귀리下貴里까지는 지형적인 막힘이 없어 소들이 내려갈 수 있었다. 잃어버린 소들은 낙인을 보고 서로 연락을 취해 찾을 수 있었다.

상산방목이 이루어질 때 테우리들은 서로 인정이 있어서 다른 마을 소를 보면 인편을 통해 알려주던 것이 관습이었다. 하원마을에서는 낙인으로 마을을 상징하는 '下元'[109]을 이용했으나 집안에 따라 乙, 卜, 元을

---

107 소리나무의 제주방언으로, 참나무과에 해당하는 낙엽활엽 교목이다.
108 서귀포시 하효마을회(2010), 『하효지』, 276-282쪽 ; 강만익(2010), 「제주도민의 목축생활사① 하효마을의 사례」, 『제주학』 제6호(겨울), 제주학연구소, 도서출판 세림, 80-83쪽.
109 하원의 한자표기는 '河元'이나 본래 낙인은 쉬운 글자여야 하므로 이 마을에서는 '河'대신에 만들기 쉬운 '下'를 이용해 '下元'이라 낙인했다.

〈그림 94〉 하원마을 공동목장에서 바라본 한라산 백록담(현지촬영)

이용하는 경우도 있었다. 한 사람이 소 30여두를 방목해 판매했던 경우가 있었다.[110]

상산에서 잃어버린 소를 찾으러 갈 때 바닷고기, 향, 양초를 준비해 방목지에 있는 큰 바위 위에서 고사를 지냈다. 잃어버린 소들은 애월읍 소길리, 장전리 심지어 한림읍 금악리 마을에서 찾기도 했다. 하원마을 소들은 선작지왓, 윗세오름, 움텅밭, 등터진궤 일대에서 방목했다.[111]

(3) 상산방목의 소멸

상산방목은 한라산이 1970년 7월부터 국립공원으로 지정된 후 자연보호를 이유로 금지되었다.[112] 이러한 법적 조치는 가축방목으로 희귀식물이 훼손되고 축주畜主들이 가축관리를 빙자해 국립공원으로 무단 침입

---

110 강○규(88세, 하원동 1317번지)씨와의 면담결과이다. 그는 1976년 6월 한라산 국립공원 내에서 방목하던 자신의 소가 제주도당국에 적발되어 자필로 해명서를 쓴 다음 중문면장을 통해 제주도청에 제출했던 인물이다.
111 김기윤(75세, 하원동 419)씨의 면담결과이다.
112 제주도·한라산생태문화연구소(2006), 『한라산의 등반·개발사』, 각, 107쪽.

함에 따른 것으로 당시 제주도청에서는 국립공원 내 방목행위 일체를 불
허하고 위반자는 사법처리하겠다고 공언하며 단속을 전개했다.

다시 말하면, 국가권력에 의해 한라산이 국립공원으로 지정되어 상산
방목이 금지되면서 상산방목 목축문화가 소멸되고 말았다. 상산방목에
대한 금지조치 이후에도 일부지역에서 상산방목이 계속 됨에 따라 제주
도청·한라산국립공원관리사무소와 목축민간에 갈등이 발생하기도 했다.

다음은 국가기록원이 관리하고 있는 1976년과 1977년에 작성된 4개의
문서를 토대로 상산방목 금지가 어떤 과정을 통해 이루어졌으며, 이에
따른 제주도청의 대책을 무엇이었는지에 대해 검토하고자 한다.

첫째, 「국립공원 구역내 방목가축주 인적사항조사의뢰」(1976.7.16)[113]
에는 제주도청이 관계공무원들을 통해 1976년 7월 8~9일 2일간에 걸쳐
한라산 국립공원에 대한 합동순찰을 실시한 내용이 나타나 있다. 이에
따르면, 국립공원구역 내에 가축이 무단방목 되어 자연이 훼손되고 있음
에 따라 제주도청에서는 해당 축주를 법에 따라 고발조치하기 위해 해당
기관에 축주의 인적사항을 상세히 조사해 통보하라고 지시했다.

1976년 7월 8일 12시경 영실 앞 진달래 밭에서 검정 암소 1두, 노란 수
소 1두, 송아지 1두 등 모두 3마리가 적발 되었으며, 우적牛籍이 7-5-268
으로 중문면 하원리에 주소를 소였다. 당시 합동순찰에 참가한 관계공무
원이 작성해 제출한 「복명서復命書」에는 구체적인 순찰내용이 적시되어
있다. 이에 따르면, 중문면 하원리 소는 21림반 일대 영실주변에 대한 관
계 공무원들의 합동순찰에서 적발되었다.[114]

한라산 5.16도로 성판악 등산로에서 정상까지 이루어진 순찰에서는
성판악 제2대피소에서 정상 쪽 200m 지점에서 9마리, 백록담과 정상 밑
에 18마리 모두 27마리가 방목되고 있었음이 확인되었다.[115] '아흔아홉

113 제주도청 문서(430-1464 : 1976.7.16), 국가기록원 관리번호 : BA 0061356.
114 이 복명서는 제주도청 문서(430-1464 : 1976.7.16)에 첨부된 것으로, 1976년 7 월 10
    일에 작성된 것이다. 복명자는 제주도청 지역계획계장 강○훈, 지역계획과 강○
    상, 관광운수과 강○진, 북제주군 오○수, 제주시 강○수, 산악회 변○종이었다.
115 이 복명서는 제주도청 문서(430-1464 : 1976.7.16)에 첨부된 것으로, 1976년 7 월

골'과 '석굴암' 일대, 표고밭 적송지대에 대한 순찰과[116] 서귀포 남쪽의 등반로인 돈네코~정상~영실에 대한 순찰에서는 방목우마가 확인되지는 못했다.

1976년 7월 돈네코 등반로를 통해 한라산 정상으로 올라가는 길의 특정 지점 명칭으로 '살체기도', '썩은 물통', '평지암(평지궤)'이 등장하고 있어 주목된다.[117] 단속반원들이 한라산 관음사 등산코스(관음사~탐라계곡~개미등~용진각~한라산정)를 따라 올라가며 확인한 순찰결과, 한라산 용진각 대피소 부근에 방목중인 소 17두를 발견해 국유림 밖으로 하산 조치했다.[118]

이상과 같은 「복명서」 기록을 통해 1976년 7월에도 상산방목이 일부 이루어졌으며, 당시 적발된 국립공원 내 방목우마에 대해 의법조치하거나 국유림 밖으로 추방하는 조치가 행해졌음을 알 수 있다.

둘째, 「한라산 국립공원내 방목가축 처리」(1976.7.29)[119]에는 합동순찰 결과 적발된 남제주군 중문면 하원리 강○규에게 제주도지사가 한라산 국립공원 구역에 방목 중인 강씨 소유의 암소에 대해 1976년 8월 5일까지 하산조치시킴과 동시에 그 결과에 대해 중문면장의 확인서를 받아 제출하도록 지시했다. 아울러 만일 상기 일까지 이행치 않을 시는 관계법에 위거 고발조치하겠다는 내용이 기재되어 있다. 이러한 행정조치를 전달받은 강○규姜○圭(50세)는 직접 작성한 「경위서」를 먼저 제출했다.

10일에 작성된 것이다. 복명자는 농림기사 강○윤, 문화재 순시원 박○중, 양○남 임○성이었다.

116 당시 순찰자는 제주도청 개발국 관광운수과 정○수, 개발국 지역계획과 문○호, 개발국 산림과 정○삼, 제주시 녹지과 임○혁, 북제주군 공보실 고○배, 남제주군 산림과 황○중이었다.

117 당시 순찰자는 한라산 국립공원 관리사무소장 지방행정사무관 반장 양○수 대원, 제주도 산림과 강○호, 도지역계획과 강○희, 시문화공보실 양○수, 북제주군 산림과 유○권, 남군 문화공보실 이○권이었다.

118 당시 단속조는 제주도 문화공보실 문화계장 강○진, 도 개발국 산림과 김○돈, 제주시 녹지과 농림기원보 김○우, 산악회 김○도였다.

119 제주도청 문서(430-1566 : 1976.7.29).

이 문서에는 본래 하원공동목장에서 방목 중이던 소가 1976년 6월 중 순경 도주했다고 목장 간호인으로부터 연락받은 후 세 차례 이상을 산속 에서 찾고 다녔으나 제주도청으로부터 본인 소유의 소가 국립공원 내에 있다는 연락을 받았으며, 이에 대해 관대한 조처를 해주면 이후 축우방 목에 대해 위반하지 않을 것임을 약속하는 내용이 담겨 있다. 이를 통해 공동목장에 방목 중인 소가 6월경에 상산으로 올라갔으며, 이를 확인한 제주도청은 강○규에게 중문면을 통해 문서를 보내 즉각 국립공원 내에 서 소를 데려가도록 하고 이를 이행했다는 내용의 중문면장 확인서를 제 주도청에 제출하도록 했음을 알 수 있다.

셋째, 「한라산 국립공원 관리구역 내 방목가축 수용관리계획」(1976. 10.29)[120]에 따르면, 제주도지사가 한라산 국립공원관리사무소장에게 공 문을 발송해 한라산 국립공원 관리구역 내 무단방목 가축에 대한 수용관 리계획을 세우도록 지시했음을 알 수 있다. 국립공원관리사무소는 인계 받은 무단방목 우마를 제주도축산개발사업소로 보냈다.

이곳에 수용된 가축은 국립공원 구역 내에 무단방목된 우마를 단속 공무원이 적발해 제주도축산개발사업소에 인계된 것이었다. 수용관리 기간 중 우마 축주로부터 보호관리비를 징수했다. 즉 해당 축주는 축산 개발사업소에 다음과 같은 관리비를 지불하고 가축을 인수하도록 했다.

제주도축산개발사업소에 들어온 우마들은 관리카드를 비치해 사육되 었으며, 수용관리 기간 중 우마가 도난당하거나 도주할 경우는 이 사업 소가 책임지는 것으로 했다. 발병 시는 진료부를 비치해 치료한 후 축주 에게 치료비를 부담시켰다.

천재지변 또는 치료가 불가능한 질병 등으로 인해 발생한 돌발적인 사고에 대해서는 책임이 없었다. 징수된 보호 관리비는 개량초지 사후관 리, 목부 급료 및 목장시설 유지관리비로 충당했다. 수용·관리하는 가축 이 1개월 이상 경과해도 인도자가 없을 시는 공원법, 유실물법 및 민법 에 준해 조치를 취하도록 했다. 인계인수에 따른 제반사항 및 축주의 수

---

120 제주도청 문서(430-2334 : 1976.10.29), 국가기록원 관리번호 : BA0061355.

배, 관리비 징수, 법적 조치 등은 한라산 국립공원 관리사무소에서 담당하도록 했다.

넷째, 「한라산 국립공원 구역내 축우방목에 따른 여론통보」(1977.9.24)[121]에는 제주도지사가 업무담당 부서인 제주도청 축정과와 한라산 국립공원 관리사무소장, 경찰국장에게 문서를 보내 한라산 국립공원구역인 해발 1700~1800m에 많은 축우들이 무단 방목되고 있어 자연훼손과 등반로 손괴 등 막대한 피해를 입히고 있을 뿐만 아니라 특히 외래 관광객들에게 한라산에 대한 부정적인 이미지를 심어주고 있다는 여론이 있음을 통보한 내용이 등장한다.

이에 따라 해당 업무담당 부서에서 매스컴을 통해 축우방목자들에게 지도계몽을 전개해 앞으로 국립공원 구역 내에서 무단방목 하는 사례가 없도록 하라고 지시했다.[122] 이상과 같은 과정을 통해 1976년부터 국립공원 내에서의 방목행위가 금지되던 중 1988년에 비로서 상산방목은 제주지역 목축사牧畜史에서 완전히 소멸되고 말았다.

8) 촐비기

촐(꼴)은 우마의 먹이로, 축사에서 겨울을 보내는 소에게 있어서는 반드시 준비해야 하는 것이었다. 촐이 자라는 곳을 '촐왓'이라 했다. 소를 먹이기 위한 촐왓은 일반 밭보다 비싸 '촐왓을 가진 사람은 부자'라는 말도 있었다.

추석 무렵 하늬바람(제주에서는 북풍에 해당)이 터지면 촐을 베기 시

---

121 한라산 국립공원 지역내 축우방목에 따른 여론통보는 1977년 9월 20일 제주도경찰국장이 제주도 총무국장에게 통보(정보 2064-6385 : 1977.9.20)함에 따른 것으로 이에 제주도청에서는 1977년 9월 24일에 문서를 작성해(제주도청 문서 430-1834 : 1977.9.24, 국가기록원 문서관리번호 : BA 0061357) 제주도청 식산담당관, 한라산 국립공원관리사무소장, 제주도경찰국장에게 보낸 다음 국립공원 내에서의 우마방목을 강력히 단속하도록 지시했다.

122 「한라산 국립공원 구역내 축우방목에 따른 여론통보」(제1안, 수신 : 식산담당 관, 참조 : 축정과장, 제2안 한라산국립공원관리사무소장, 제3안 경찰국장).

작했다. 하늬바람은 건조한 바람이므로 촐을 베어 말리는 데에는 안성맞춤이었다.[123] 우마가 많은 집에서는 많은 양의 촐이 필요하여 식구들이 총동원되어 촐을 베었다. 촐이 자라는 곳에 '머지멍'(자면서) 베기도 했다.

성산읍 신풍리에서는 팔월절(추분) 이후 10여 일간 풀이 굳어지기 전에 촐을 베어 말렸고, 일기가 불순하여 비에 젖으면 빛깔이 변하고, 맛이 떨어져 '지들커'로 썼다. 촐은 대체로 산의 풀을 벤 것을 '새꼴', 밭에 가꾼 뒤 베어낸 것을 '자굴촐', 농사짓지 않는 밭에 저절로 자란 바랭이를 베어 말린 것을 '재완지촐'이라 했다. 우마가 먹고 난 찌꺼기 촐을 '쇠대치', 또는 '쇠머리'라 부르고 '지들커'로 이용했다.

베어 말린 촐은 일단 '촐왓'에 묶어 눌었다가 우마로 실어다가 집 마당 울안에 쌓았다. 촐왓에서 눌 때는 둥글게 눌지만, 집에 실어 와서는 양이 많기 때문에 길쭉하게 또는 둥글게 쌓았다. 이것을 '촐눌'이라고 했다. 촐의 양은 대개 바리수로 가늠하며, 새꼴, 자굴촐, 재완지촐은 30단이 1바리이며, 우마를 많이 기르는 집에서는 300바리의 촐이 필요했다.[124]

남원읍 의귀마을에서는 소 1마리가 겨울을 나는 데 30바리가 필요했다. 소설小雪 무렵에 소를 공동목장에서 데려와 쉐막에서 키우며 청명 때까지 촐을 먹였다. 소는 생풀을 먹어야 살이 찌기 때문에 7~8월에 살이 찌는 편이나, 마른 촐을 먹이는 겨울철에는 마르게 마련이었다.[125]

남원읍 한남리에는 "소는 1말을 뜯고, 말은 3말을 뜯는다"는 속설이 남아있다. 이것은 말이 소보다 촐을 3배나 더 많이 먹는다는 의미이다. 이 마을에서 촐은 추분을 전후해 준비했다. 보통 겨울동안 소 1마리가 먹는 양은 30바리 정도였으며, 1마리를 키우는 집에서는 40~50바리를 충분히 준비했다.[126] <그림 95>는 한남리 고창부 가옥 평면도로, 여기에는 쉐막과 촐눌의 위치가 나타나 있다.

---

123 서귀포시 하효마을회(2010), 앞의 책, 276-285쪽.
124 성산읍 신풍리(2006), 『냇가의 풍년마을』, 461-466쪽.
125 남원읍 의귀리(2012), 『의귀리지』, 360쪽.
126 남원읍 한남리(2007), 『내고향 한남리』, 210쪽.

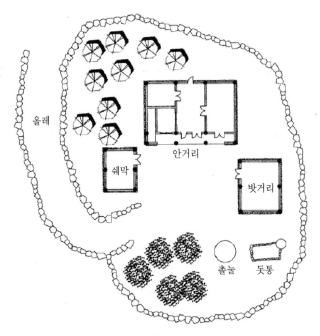

<그림 95> 제주 전통가옥의 쉐막과 촐눌 배치도
출처 : 남원읍 한남리(2007), 『내고향 한남리』, 272쪽.

　하효동에서는 촐을 벨 장소에 미리 '담줄'을 놓았다. 이것은 해마다 촐을 해오던 곳에다 선점先占의 의미로 돌을 한 줄로 쌓은 것이다. 만일 담줄이 없을 경우는 미리 촐을 베어 경계를 표시해 두기도 했다. 그러면 다른 사람들이 '이곳은 임자 있는 촐 밭이다'고 여겨 접근하지 않았다.
　촐은 '바래기'라는 마차를 이용하여 운반했다. 촐은 마당에 쌓아두었다가 건초로 사용했다. 촐은 작두를 이용해 일정한 크기로 잘라낸 다음, 여기에다 소들이 즐겨먹는 가루를 혼합해 먹였다.[127]

---

127 서귀포시 하효마을회(2010), 『하효지』 276-281쪽.

9) 쉐장시[128]

애월 지역는 예로부터 '쉐[물] 장시'들이 많았다. 이들은 속칭 "육바리 장시"라고 불렸다. 이것은 사람의 다리 2개와 소의 다리 4개가 합해져 생겨 난 비속어였다. 이 지역에는 예로부터 밭농사를 크게 했던 농민들이 있었기 때문에 밭갈이용 '밧갈쉐'들이 집집마다 많았다. 물방애(연자매)를 돌리거나 운송용으로 길렀던 조랑말들도 많아 이들을 매입한 후, 일정 기간 길러 판매해 이익을 남겼던 쉐장시들이 자연스럽게 등장했다.

1960년대 봉성마을에서 쉐[물] 장시를 오래 했던 양두행(78)씨는 고등학교를 졸업한 후 농사를 짓다가 30세 부터 본격적으로 이 일을 시작했다(그림 96). 새마을운동이 시작되기 이전인 1960년대만 해도 제주도에는 우시장이 없어 이 일을 할 수 있었다.

제주산 소와 조랑말에 대한 국내외의 수요가 있어 우마거래를 통해 수익을 올릴 수 있었다. 1960년대에는 직접 말 30필과 암소 15마리를 기르기도 했다. 이 우마들은 6소장 하잣성 아래에 위치한 '흘축밭' 삼리(봉성리·곽지리·금성리) 공동목장이나 집의 마방에서 길렀다. 그는 우마를 구입하기 위해 봉성리와 인근 마을의 공동목장 그리고 남제주군의 여러 마을들과 한림읍 금악리부터 구좌읍 세화리까지 곳곳을 다녔다. 태어난 지 3개월 정도 된 송아지를 구입해 마방에서 1년 동안 기르면, 시장에 내다팔 수 있는 비육우로 성장했다.

구입한 큰 암소는 바로 서울로 보냈다. 송아지를 100만원 정도에 구입해 1년 동안 기르면 250 만원 정도에 팔 수 있었다. 비육우로 기르기 위해 집에서는 촐에 사료를 섞어 먹였다.

조랑말은 일본상인으로부터 주문을 받아 구입했다. 조랑말의 매입가는 정해져 있지 않고, 상황에 따라 변동되었다. 3세 이상의 조랑말을 대상으로 매입해 일본상인에게 넘겼다. 당시 일본에서는 조랑말 고기를 통

---

128 쉐장시를 경험했던 봉성리 양두행(봉성리 4025-1, 78세)씨와의 인터뷰 결과를 정리했다(2014.7.5). 관련 내용은 『제민일보』(2014.7.7.)에도 소개되었다.

조림 제조용으로 이용했다. 산지에서 조랑말의 매입가는 1두당 대체로 20~30만원 정도였다. 우마 매입에 필요한 비용은 본인이 부담했다. 현금이 부족한 경우, 외상거래를 하거나 현금을 보유한 개인에게 월 4푼의 비싼 이자를 주며 빌린 돈으로 매입했다.

쉐장시를 하면서 경험이 많은 사람들은 이득을 남겨 집이나 땅을 사는 경우도 있었으나 반면 소를 비싸게 구입한 후, 서울 우시장에서 소 경매가가 낮게 형성되어 손해를 보는 사례도 있었다. 음력 4월 말에 서울 마장동 우시장으로 공급되는 제주산 소는 시세가 높았다. 이 시기에는 육지 소들이 논갈이에 투입되어 우시장에 많이 나오지 못하기 때문이었다.

한편, 공동목장에서 구입한 우마들은 현장에서 바로 트럭에 실어 한림항이나 제주항으로 운송했다. 말 1마리당 운송료는 2만원 정도였으며, 운송료는 본인이 부담했다. 우마 운송용 트럭이 도입되기 전에는 일꾼을 빌어 항구로 운송했다. 마을 청장년들이 우마 운송에 참여했다. 보통 큰 소 2마리를 제주항으로 운송하는 비용은 15,000원 정도였다. 소 20마리를 운송하기 위해 일꾼 10명을 고용할 경우, 운송비는 150만 원 정도 발생했다.

우마를 몰고 봉성리에 출발해 광령리를 거쳐 제주항에 도착하는 데 4~5시간 걸렸다. 제주항에서는 대한통운 배를 이용해 목포항으로 운송했다. 오후 5~6시 쯤 제주항을 출발한 배는 다음날 오전에 목포항에 도착했다. 우마를 배에 실은 쉐 장시는 같은 배로 가거나 아니면 우마를 배로 보낸 뒤, 비행기로 가기도 했다.

우시장이 열렸던 서울 마장동에서는 처음 자유판매제로 우마가 거래되었다(그림 96).[129] 그러나 이 과정에서 판매대금을 제대로 받지 못하거나 사기를 당하는 피해사례가 발생하면서 정부에서는 자유판매제 대신에 위탁 판매제를 시행하여 안전하게 우마가 거래될 수 있도록 했다.

---

129 서울특별시 마장동에서 이루어진 우마거래에 대해서는 서울역사박물관에서 발간한 『마장동』(2013)이 참조된다.

〈그림 96〉 1960년대 서울 마장동의 가축시장 모습
출처 : 서울역사박물관(2013), 『마장동』, 74쪽.

10) 테우리막·공동목장 출역出役

공동목장 내에는 테우리막이 세워졌다. 이것은 방목기간 동안에 우마 관리를 책임 진 테우리들이 살아야 했기 때문에 필요했다. 애월읍 장전 마을에서는 궷물오름 정상 인근 아랫자락에 3평 남짓 '도롱담'(둥그렇게 쌓아올린 담)을 쌓아 올린 후, 지붕용 나뭇가지를 걸치고 그 위에 '새' [띠]나 '어욱'[억새]을 덮어 테우리막을 만들었다. 이 집은 테우리들의 쉼터인 동시에 비가 올 때 백중제를 지내는 장소로 이용되었다.

애월읍 삼리 공동목장에 있었던 테우리막의 벽은 돌을 이용해 원형 으로 2m 정도 쌓아 올렸다. 지붕은 비가 새지 않도록 초가집처럼 '새' (띠)를 이용해 촘촘하게 덮었다. 바닥에는 억새를 깔아 땅에서 올라오는 습기를 차단했다.

공동목장에 출역하는 것은 마을공동체 행사이면서 연례행사였다. 제 주시 오등동 마을에서는 4월 중순 공동목장으로 소를 올리기 전에 초지 를 개간하거나, 흙이 쌓여 좁아진 물웅덩이 청소, 목장 내 켓담 정비작업 에 집집마다 1명씩 노동력을 제공했다. 이를 '출역出役'이라고 했다. 만일 출역에 타당한 이유 없이 3번 이상 불참하면 마을공동목장조합 규약에 의해 영구제명처리를 했다.

애월읍 고성리에서 출역은 공동목장 내 잡목제거와 돌담 보수를 위해 출역이 이루어졌다. 출역에 불참한 사람은 하루의 일당에 해당하는 금액을 '궐금'으로 납부했다. 마을에서는 각 반별로 이 돈을 모았다가 연말행사에 이용했다. 한경면 청수리에서는 공동목장 출역을 '월령'이라고 했다.

3. 반농반목 목축문화 요소

1) 밧볼리기

구좌읍 한동리의 향토지인 『둔지오름』에는 "요놈의 몽생이들아 간세마랑 신난디 만 ᄌᆞᆫᄌᆞᆫ 혼저 볼라 뒹 밭 바깟디 나강 출 먹으라."[130]는 구절이 있다. 이것은 말을 이용해 이루어진 밭 밟기 장면을 나타낸 것이다.

밭 밟기(볼리기)는 농경문화이면서도 우마를 이용했다는 점에서 혼합목축문화의 범주에 포함시킬 수 있다. 제주지역은 건조한 토양환경으로 인해 씨앗을 파종해도 바람에 날려 버리기 때문에 우마들을 농경지로 들여보내 토양을 밟아 주어야 했다. 이를 진압농법鎭壓農法이라 한다.[131]

밭을 밟아주면 토양입자 간격이 좁아져 수분증발을 막는 효과가 있어 발아에 도움을 주었다. 이것은 농경과 목축을 병행했던 제주사회에서 찾아볼 수 있었다(그림 97).

밭 밟기는 1411년 『태종실록』에도 등장할 정도로 역사가 오래며, 제주도민의 전통지식傳統知識이었다. 즉, 화산회토火山灰土인 제주의 토양은 쉽게 푸석하고 들뜨기 때문에 바람이 불면 흙이 날려버려 여름철 밭에

---

130 구좌읍 한동리(1997), 앞의 책, 221쪽.

131 제주도의 토양은 화산재가 덮인 '뜬땅'(화산회토)이 많아 봄과 가을의 작물파종 시에는 종자의 발아정착이 잘 안되어 진압농법을 위한 노동력이 더해져야 했다. 이것이 방목형태로 조랑말을 많이 사육하게 되었고 마을공동목장의 출현을 가져오게 한 하나의 원인이 되었다(송성대, 2001, 『문화의 원류와 그 이해』, 도서출판 각, 262쪽).

〈그림 97〉 말테를 이용한 밭볼리기

제주특별자치도(2009), 『1900～2006 사진으로 보는 제주역사1』, 106쪽 :
사진의 왼쪽은 다랑쉬 오름, 가운데 부분은 아끈 다랑쉬 오름으로, 밭 밟기
가 이루어진 장소는 '제주 4·3 잃어버린 마을'에 해당한다.

뿌린 좁씨들도 흙과 함께 날려버려 여름 농사를 망쳐 버리는 경우가 많
아 제주도민들은 경험적으로 우마를 이용해 땅을 밟아주면, 토양 속에 있
는 수분증발을 막을 수 있다고 믿어 우마를 이용해 밭 밟기를 한 것이다.

조선시대에도 우마를 이용한 밭 밟기를 행했음을 다음 사료에서 확인
된다. 해마다 농사철이 되면, 공사公私의 말들이 피곤하게 되고, 목자들
이 농사철에 사사로이 국마를 개인 농경지로 몰고 들어가 약간의 보상을
받고 밭 밟기에 이용해 결국 국마장의 말들이 피해를 받았다는 내용이다.

제주도 토성은 푸석하고 들떠서 곡식을 파종하려는 자는 말과 소를 모아
그 땅을 밟아 땅이 반드시 단단해진 뒤에 종자를 뿌리니 공사의 말들이
이 때문에 피곤해 진다. 공가公家에서 비록 금령이 있으나, 몰래 목자와
짜고 말을 병들게 합니다.[132]

이원진의 『탐라지』(1653) 풍속조에는 "제주의 토질이 푸석푸석하고 건

132 『태종실록』 권22, 태종 11년(1411) 7월 27일(병술).

조하여 밭을 개간하면 반드시 많은 말을 몰아 밟아야 한다"고 했다. 김
춘택은 『북헌집』에서 섬의 토질은 푸석푸석하고 건조하여 말로 밭을 밟
은 다음에 경작한다고 했다.[133]

애월읍 납읍마을에서 행해졌던 '밧 볼리기'는 6월절을 전후해 3일 안
에 여름작물인 조를 파종한 후 이루어졌다. 제주의 밭은 '뜬땅'이므로 우
마를 이용해 잘 밟아주어야 하는데 다른 사람의 우마들을 빌려 밭을 밟
을 때는 밭 밟는 '장남'(테우리)을 잘 대접해야 하는 풍습이 있었다. 잎이
무성한 나뭇가지를 단단히 동여 맨 '섬피'나 남테, 돌테를 끌고 다니며
흙을 다져주기도 했다.[134]

2) 바령

바령은 농사에 필요한 거름을 확보하기 위한 방법이었다. 제주도의 토
양은 비교적 척박해 농사를 위해서는 거름을 마련하는 것이 매우 중요했
다. 이에 따라 도민들은 돗통시(돼지우리), 쉐막(외양간), 정지(부엌)에서
도 거름을 마련했다. 또한 우마들을 이용해 거름을 확보했는데 이를 '바
령'이라고 했다. 이건李健은 『제주풍토기』에서 이것을 분전糞田이라 했
다.[135] 『세종실록』(45권, 1429)에는 아래 사료와 같이 바령이 '팔장八場'으
로 기록되어 조선초기부터 바령이 행해진 것으로 판단된다.

병조에서 아뢰기를, 상호군 고득종 등이 상언하여 청하기를, …제주는 토
성이 메마르므로 농부들은 밭 가운데 반드시 팔장八場[136]이란 것을 만들
어 소를 기르고, 쇠똥을 채취하여 종자를 뿌린 뒤에는 반드시 소들을 모
아다가 밭을 밟게 하여야 싹이 살 수 있습니다(중략). 낮에는 사람의 집
근처에 방목하고 밤에는 팔양에 들어가 있게 하기 때문에 목장의 말과는
전연 서로 섞이지 않는다.[137]

---

133 김춘택 저, 김익수 역(2005), 앞의 책, 61쪽 : "島土浮燥 以馬踏田 然復耕之"
134 납읍향토지편찬위원회(2006), 『납읍향토지』, 399쪽.
135 이건, 「제주풍토기」, 『탐라문헌집』, 제주도교육위원회(1976), 197쪽.
136 『세종실록』에 기록된 '八場'은 '八陽'의 오기誤記일 가능성이 있다.

이형상은 『남환박물』(1703)에서 바령을 "인우마어축장지내주야분전위
지팔양囚牛馬於築場之內晝夜糞田謂之八陽"(우마들을 담을 쌓아 두른 장소
에 가두어 밤낮으로 밭에 똥을 싸게 하며, 이를 팔양이라 한다)고 하여
'팔양八陽'이라고 했다.[138]

바령은 빈 밭으로 우마를 몰아넣은 후 그들의 배설물을 모아 거름으
로 이용하는 것이었다. 배설물을 받았던 밭을 '바령밧'이라 했다. 바령은
실시시기에 따라 봄바령·여름바령·가을바령으로 구분되었다.[139] 봄바령
은 겨울갈이를 하지 않는 밭에서 행해졌으며, 음력 3월 초순경부터 5월
말 사이, 여름바령은 음력 6월초순경부터 8월 초순 사이, 가을바령은 음
력 9월 초순경부터 11월 초순사이, 약 2개월간에 걸쳐 행해졌다.[140]

성산읍 수산마을에서는 하절기에 50~60두의 우마를 밤에만 바령밧에
가둔 다음, 여기서 나오는 분뇨를 밑거름으로 이용해 가을에 보리나 밀

〈그림 98〉 말을 이용한 바령밧 만들기
출처 : 제주시(2000), 『사진으로 엮는 20세기 제주시』, 108쪽.

---

137 『세종실록』 권45, 세종 11년(1429) 8월 26일(경자) : "兵曹啓上護軍高得宗等上言...本州
    土性瘠薄農夫於田內必造八場養牛取糞播種後必聚牛踏田, 乃能立苗."
138 원문의 '팔양(八陽)'은 제주어 '바령'의 유사어인 '바량'의 차자표기라는 주장이
    있다(이형상 지음, 이상규·오창명 역주(2009), 『남환박물』, 291쪽).
139 고광민(1996), 「농경기술」, 『제주의 전통문화』, 제주도교육청, 201-233쪽.
140 서귀포시 동홍동마을회(2003), 『동홍지』, 115-116쪽.

을 파종할 때 이용했다.[141] 이러한 바령 풍습은 척박한 제주도의 토양환경을 인식하여 만들어 낸 제주도민들의 전통지혜였다(그림 98).

3) 물방애

제주지역에는 '물방애'가 마을마다 존재했다. 이것은 탈곡한 보리나 조 등을 도정할 때 쓰는 연자매에 해당한다. 다공질 현무암 재질과 돌의 회 전력으로 곡식의 껍질을 벗기는 장치였다. 마을마다 20~30호 당 대체로 1개씩의 '물방애'가 있었다(그림 99).

'물ᄀ래접' 또는 '물방애계' 등을 두어 공동으로 관리했다. 표선면 세화1리의 '물ᄀ래접'은 물ᄀ래의 유지, 보수를 담당했으며, 접원들은 '새' (띠) 한 두 단 씩 가지고 가서 물ᄀ래 지붕을 보수했다. 이것을 이용할 때 '속박'(작은 나무 바구니)에 보리나 조를 한 줌 넣고 물ᄀ래 바닥에 엎어

〈그림 99〉 물방애 돌리는 조랑말
제주특별자치도(2009), 『1900~2006 사진으로 보는 제주역사 2』, 16쪽.

---

141 성산읍 수산리(1994), 위의 책, 121쪽.

놓는 사람이 먼저였다.[142]

　제주에 '물방애'가 많았던 것은 밭농사와 관련 있다. 제주지역은 투수성이 높은 토질조건으로 인해 벼가 아닌 밭작물 즉, 껍질을 벗기는 힘든 보리·피·조 등 잡곡을 주로 재배했기 때문이며, 이들의 껍질을 벗기기 위해서는 '물방애'가 필요했다. 육지에서는 소를 이용해 주로 방애를 돌렸으나 제주도에는 주로 말을 이용해 방애를 돌렸다.[143]

4) 목축속담·목축민요

　제주도의 목축민들은 우마를 장기 지속적으로 기르면서 다양한 목축속담과 목축민요들을 만들어 놓았다. 우마의 습성을 파악하여 이를 일생생활 및 농업과 연계시킨 속담들이 확인된다.

　다음은 목축속담의 사례들로, 제주인들은 우마의 습성을 속담으로 연결시켜 이를 실천함으로써 일상생활에 필요한 생활의 지혜와 경계해야 할 생활지침을 얻었다.

○ 목축속담
- 새끼 하영 난 쇠, 질매 버슬 날 어서 : 자식을 많이 둔 부모는 항상 바쁘다.
- 늙은 쉰들 콩 말댕 ᄒ라 : 나이 든 늙은이라 하더라도 좋은 것을 주어서 싫다는 사람이 없다.
- 도 튼 밭에 쇠 아니 들랴 : 집안이 허술하면 도둑이 들게 마련이다.
- 서포리 왓디 들어난 쇠, 놈의 각시방에 들어난 놈 주으릇ᄒ다 : 제 버릇을 버리지 못하고 항상 마음속에 두고 생각한다.
- 쇠 눈이 크댕 해도 의논이 더 크다 : 모든 것을 의논해 처리하는 것이 좋다.
- 쇠 뿔도 더운 때 빼라 : 일을 뒤로 미루지 말고 즉시 처리하라.
- 쇠 털이 하댕 해도 날 수정이 하다 : 일을 성급하게 처리하지 말고, 다른 날도 있으니 쉬면서 하라.
- 쇠 발이 검댕 테여 불어지랴 : 혈육이 나쁘다고 남이 될 수 없다.

142　한국문화원연합회 제주특별자치도회(210), 『제주도접계문화조사보고서』, 252쪽.
143　천진기(2006), 『한국말민속론』, 한국마사회 마사박물관, 316-317쪽.

- 쇠 먹은 디 물 배불랴 : 어떤 결과는 원인에 기인하여 생긴다.
- 쇠 뒤에 촐 밥 위에 떡 : 너무 과다하게 소비할 때를 말한다.
- 초 정월 ᄇᄅᆷ 쌀 가는 암쇠 뿔 오그라 진다 : 일 년 중에 음력 정월 초순
  의 날씨가 가장 춥다.
- 큰 쇠 큰 쇠 ᄒᆞᆼ멍 촐 아니 준다 : 말로는 어른으로 모시면서 대접하는
  데는 소홀히 하다.
- 기운 쎄댕 쇠가 왕 노릇 해지랴 : 힘 또는 주먹깨나 쓴다고 안하무인 격
  으로 행동하는 사람을 보고 하는 말
- 외상이엔 ᄒᆞ민 쇠도 잡아먹는다 : 외상을 공짜로 생각하는 사람을 비꼬는 말
- 쇠 탄 귀양다리, 물 탄 양반 : 귀양 갈 때는 소를 타고, 여행을 갈 때는
  말을 타고 간다.
- 바늘구멍으로 황소 ᄇᄅᆷ 든다 : 아주 작은 실수가 큰 결과를 가져 온다.
- 금승 물 갈기가 외우질 지 ᄂᆞ다질 지 모른다 : 앞으로 일어날 일을 아무
  도 모른다.
- 물도 팔춘을 굴인다 : 혈연을 알고 지내라.
- 물 주근 밭디 들었단 해지는 줄 모른다 : 헛된 장소에 들어갔다가 시간
  만 낭비 한다.
- 육칠월 소나기, 둧는 물 한 쪽 귀만 젖는다 : 가까운 거리에 있으면서도
  동 등한 대접을 받지 못한다.
- 물 촟이 나왔다 들어가 주 사람 말이 나왔다 들어가랴 : 한번 뱉은 말은
  다시 회수할 수 없다.[144]
- 이빠진 중성귀 촐 먹듯 : 아무런 기력이 없는 상태.
- 흘래 일룬 부룽이 : 암소가 발정이 오면 작은 수송아지들이 암소를 따
  르며 싸움질 하는 모양.
- 뺵 일룬 중성귀 : 거세한 수소들끼리 서로 암소 취급을 하여 올라타며
  찔레 질을 하는 상태.
- 쇠 찔레 : 겨울철 마을 연못가에서 소끼리 싸움을 하거나 여름 공동목장에
  서 마을 소 전부가 입식하면 싸움으로 승부를 가려 우두머리 소가 정해짐.
- 찔레 쇠 흘구듯 : 소가 싸움을 하려면 무섭게 노려본다.
- 비온날 쇠꼬리처럼 이레착 저레착 한다 : 줏대가 없는 사람을 비유하는 말

---

144 윤경로(2001), 『향토강정』, 태화인쇄사, 312-321쪽.

- 삼월이면 공장에 걸어둔 말가죽도 들럭 킨다 : 3, 4월 발정난 말은 사납고 거세다.
- 실개어신 물추록 : 속 마음이 야무지지 못한다.
- 몰 코 푸는 소리 잘 헌다 : 실속 없이 큰 소리만 친다.[145]

○ 목축민요

제주도의 민요 가운데 <밭볼리는 소리>, <촐베는 홍애기 소리>, <물뱅이 볼므는 소리>는 농경과 목축이 어우러진 목축민요라 할 수 있다. <밭볼리는 소리>는 마을에 따라 가사의 변동이 있었다.

아래 제시된 <밭볼리는 소리>는 서귀포시 해안마을이면서 한 때 제주도 최대의 벼농사지대였던 강정마을에서 불려진 것으로, "강정애긴 곤밥(쌀밥)을 주민 울어도, 조팝을 주민 아니운뎅혼다"는 표현은 이 마을에만 해당하는 가사라 할 수 있다.

- 밭볼리는 소리

요 몽생이	저 몽생이들아	어서어서	걸어보라
섬피질	혼디부터	자국내영	씨 뿌리자
아이고	날씨도 좋아간다	요일허기	막상이로구나
이런 날에	좋은 부종 혼염시매	제석할망이	풍년들게 혼영
고고리가	물 막개 만씩	멍텅시리로	나게홉써
강정애긴	곤밥을 주민 울어도	조팝을 주민	아니운뎅혼다
석곽꽃치	혼저볼영	어서어서	씨 묻히자
늦칙늦칙	간새마랑	ᄇ지란이	볼여보자
ᄒ당말민	놈이웃나	먼딧사람	보기좋게
내소리랑	산너머가고	강건너 가라	
삼복때만	오몽허민 저 산중에서	죽장놀멍	머글게 아니냐
간딜가고	온딜온다	어서어서	볼여보자
콩심은딘	콩이나고	폿심은디	폿이난다
저 산방산에	구름끼민	사흘안에	비가온다

---

145 납읍향토지편찬위원회(2006), 앞의 책, 341-344쪽.

　　<촐베는 흥애기 소리>에는 하늬ㅂ롬 불 때 촐을 베기 시작한다는 것이
표현되어 있다. 또한 촐을 베는 도구인 호미, 일손을 빌어 촐 베기, 마당에
촐 눌기, 촐을 이용한 밧갈쉐 기르기가 등장한다. <물뱅이 물무는 소리>에
는 뭉생이, 것보리, 당그네, 대비 등 작업에 필요한 요소들이 나타난다.

• 촐베는 흥애기 소리

입추팔월절드런	하늬ㅂ롬 부난	촐벨일기	막상이로고나
번개같은	요 내 호미로	물착물착	비여보자
ᄒ좀비민	한문반씩	두좀비민	두세문씩
놉비렁	요 촐 비영	저슬 쇠양석	하여보자
촐도 성ᄒ난	코싱코싱	우리쇠먹영	솔지키여
요 촐비영	ᄒ눌눌민	이내마음	미두하리
트는 말	발갈쇠양석	이저슬은	걱정어시키여
ㅂ롬이불건	하늬ㅂ롬으로	사나흘만	불어줍서
사흘이민	믄물이왕	묶어그네	눌어볼고나
우리농부	촐만성하게허민	무슨걱정	이시리야

• 물뱅이 물무는 소리

이러 이러 어허허허

요 뭉생이	저 뭉생이	어서어서	걸어보라
느칙느칙	간새마랑	ㅂ지란이	둥겨보라
것보리	일곱말에	물흔허벅	비와노왕
당그내로	저서가명	대비로	씨러올영
ᄒ혹을	지쟁ᄒ민	요 뭉생이	지쳐넬노곤아
돌당봐도	돌당봐도	뱅뱅도는	물뱅이로다
짓일곡	다저지쟁ᄒ민	ᄒ나절은	저사홀로구나
물등으로	내린 똠이	온몸이 다	젖어간다
물모는 사람이	졸음이 오곡	하품이	나는구나
잘ᄒ나 못ᄒ나	소리나 ᄒ영	정신이나	촐여보자
그만 ᄒ난	다저졌고나	낮후젤랑	체갈라그네
쟁ᄀ래로	ᄀ라그네	저녁ᄀ슴	하여보리[146]

이상과 같이 제시한 마문화, 우문화, 혼합목축문화들이 실시되는 시기를 요약하면 <표 11>과 같다.

〈표 11〉 제주지역 목축문화 캘린더

문화요소＼월	1	2	3	4	5	6	7	8	9	10	11	12
낙인		■	■									
귀표		■	■									
거세		■	■									
백중제								■				
말 방목	■	■	■	■	■	■	■	■	■	■	■	■
공동목장 방목(소)				■	■	■	■	■	■	■	■	
상산방목					■	■	■	■	■			
번쉐	■	■	■							■	■	
멤쉐	■	■	■							■	■	■
진드기 구제				■	■	■	■	■	■			
공마								■	■	■		
점마			■	■								
촐베기									■			
쉐막	■	■	■								■	■
밭불리기			■			■						
방앳불 놓기		■	■	■								
목장출역(월령)		■	■									
둘똥 줍기										■	■	
바령	■	■	■	■	■	■	■	■	■	■		

146 윤경로(2001), 앞의 책, 112-321쪽.

II. 목축문화의 마을별 존재양상

제주의 목축문화는 마을별로 어떻게 흔적을 남기고 있을까? 목축전통이 남아있다고 판단되는 16개 마을을 방문해 목축을 경험했던 노인들을 대상으로 목축문화의 존재양상을 파악했다.

구체적으로는 마을공동목장, 백중제, 낙인과 귀표, 방앳불 놓기, 번쉐와 멤쉐 기르기, 촐 베기, 상산방목 경험, 쉐장시 경험, 진드기 구제, 우마 물주기, 바령하기, 물똥 줍기 등 목축문화 요소를 확인했다. 또한 마을사무소에 보관되어 있는 공동목장 관련 문서를 조사하여 일제시기 마을공동목장이 어떻게 조직, 운영되었는지도 접근했다.

마을 공동목장을 답사하여 그곳에 남아있는 경계돌담, 테우리막, 약욕장, 진드기 구제장, 급수장, 방풍림 등을 조사함과 동시에 사진촬영을 했다. 이 조사에서 확인할 수 없었던 목축 관련 내용들은 해당 마을에서 발간한 『향토지』로 보충했다(부록 참조). 『향토지』는 마을주민들의 일상사를 기록했다는 점에서 자료로서의 가치를 평가할 수 있다.

조사마을로 선정된 곳은 현재도 마을공동목장이 유지되고 있으며, 비교적 목축문화의 전통이 잘 남아있다고 판단되는 마을들이었다. 산북지역(제주시) 지역에는 오등동, 애월읍 유수암리·장전리·광령리·상가리·봉성리·고성리, 한림읍 금악리, 구좌읍 송당리로 9개 마을을 선정했다.

산남지역(서귀포시) 지역은 안덕면 감산리, 하원동·상효동·하효동, 남원읍 수망리, 표선면 가시리, 성산읍 수산리 등 7개 마을을 사례로 했다. 이 마을들은 대부분 중산간 마을이나 구좌읍 하도리는 해녀로 유명한 해안마을이나 중산간에 공동목장을 가지고 있으며, 현재도 방목이 이루어지고 있어 조사대상 마을에 포함되었다. 다음은 산북지역과 산남지역의 마을별 목축문화 존재양상이다.

1. 산북지역[제주시] 목축문화

1) 오등동 목축문화

공동목장 출역

·4월 중순 공동목장으로 소를 올리기 전에 초지개간, 흙이 쌓여 좁아진 물웅덩이 청소, 목장 내 켓담 정비작업에 집집마다 1명씩 노동력을 제공했다. 이를 '출역出役'이라고 했다.

·출역은 마을공동체 행사였으며 타당한 이유 없이 3번 이상 불참하면 마을공동목장조합 규약에 의해 영구제명처리를 했다.

진드기 구제

·진드기를 구제하기 위해 이른 봄철 공동목장에 방앳불 놓기를 했다. 이것은 진드기의 유충을 제거하는 작업이었다.

·여름철에는 공동목장 내 약욕장에서 DDT를 탄 물에 적신 수건으로 진드기를 구제했다.

밧갈쉐와 촐왓

·밧갈쉐 한 마리면 1,500평 땅을 살 정도로 밧갈쉐는 큰 재산이었다.

·소를 먹이기 위한 촐왓도 일반 밭보다 비싸 "촐왓을 가진 사람은 부자"라는 말도 있었다.

멤쉐 기르기

·큰 돈 들이지 않고 송아지를 얻는 방법이 '멤쉐'였다.

·멤쉐의 대상은 암소였다.

·멤쉐는 목초가 부족했던 해안마을 암소 주인이 목장을 가지고 있었던 중산간 마을주민들에게 소를 대신 위탁한 다음, 송아지를 나주어 가지는 방식이었다.

·암소가 송아지를 낳으면 암소를 대신 기른 사람이 가지고, 두 번째

송아지를 낳으면 어미 암소와 두 번째 송아지를 암소 주인에게 돌려
주는 형태로 서로에게 이익이 되는 방식이었다.
·1948년 제주 4·3사건을 거치며 초토화된 마을축산을 일으킨 것은 바
로 맴쇠였다.

낙인

·낙인은 조밭 밟기 작업을 한 후 행했다.
·낙인글자는 '오목吾木'이었다.
·다른 마을에서 '오목吾木'이라고 낙인된 소를 발견하면 이 마을에 알
려 주인을 찾게 했다.

테우리 고사(백중제)

·음력 7월 15일 자정에 우마를 길렀던 집에서 우마번성을 기원하며 고
사를 지냈다.
·공동목장을 만든 후에는 목장관리사 앞에서 고사를 지내는 형태로
변모했다.

공동목장 증토비

·공동목장 조성시 필요한 토지를 기부했던 주민들의 명단을 기록한
표지석이 공동목장 내에 남아있다.[147]

2) 유수암리 목축문화

윤환방목

·윤환방목은 공동목장내 초지에 방풍림을 심어 공간구분한 뒤 이곳을
서로 돌아가면서 풀을 먹이는 목축방식이었다.
·1974년 초지개량과 함께 편백나무를 심어 목장을 4개 구역으로 구분

---

147 면담자료 : 전태일(제주시 오등동, 77세)

했다.
·한 구역 당 15~20일 정도 방목했으며, 그러면 소들은 잘 자란 풀을
계속해서 먹을 수 있었다.

목감
·목감은 공동목장에 고용된 테우리였다.
·목감은 우마를 공동목장에 올리는 날부터 목장관리사에 기거하며 방
목시킨 가축을 관리했다.
·우마들이 공동목장에 입식하는 날, 유수암리 축주들을 대표해 목감이
공동목장에서 방목기간 동안 우마들의 건강과 번식을 기원하는 고사
를 지냈다.

밧갈쉐 하루면 김 매기 사흘
·이 마을이 속한 서부 산간마을은 황소의 가치가 상상이상으로 높았다.
·땅이 '어기어' 즉, 땅에 자갈이 많아 암소나 말로는 밭을 갈기 어려웠다.
·암소는 짐을 나를 때 쓴다고 해서 '짐쇠'라고 불렀다.
·밧갈쉐 한 마리는 밭 1,000평에 해당할 정도로 큰 재산이었다.
·밧갈쉐가 없는 집에서 소를 한번 빌리는 대가로 돈을 주는 대신에 소
주인의 밭에서 3일 동안 '검질(김)'을 매주었다.
·밧갈쉐를 빌려오면 청촐이나 보릿겨를 사료로 제공하며 극진히 대접
했다.

밧갈쉐 훈련
·수소가 2~3살 되면 멍에를 씌운 후 가벼운 소나무 가지를 끌면서 마
을 한 바퀴를 돌게 했다.
·이것에 익숙해지면 마을 내 경작하지 않는 밭을 골라 갈아보게 했다.
·이 마을에서는 이것을 '밭을 번한다'고 했다.
·밧갈쉐에 코뚜레 뚫기도 중요했다. 마을 장정들이 동원되어 소의 발

을 묶어 쓰러트린 다음 코에 구멍을 만들었다.

방앳불 놓기

·초봄, 소를 올리기 전에 목장에 쌓였던 눈이 녹아 없어지면 건조하고 바람이 없는 날을 골라 조합원들을 동원해 불 놓기가 이루어졌다.
·풍향을 살피고, 바람이 불어오는 반대편 끝에 수 미터의 방화선을 구축한 다음, 조심스럽게 불을 놓았다.
·출역에 나선 사람들이 방화선을 넘어오는 불을 껐다.
·방앳불 놓기는 목장내 진드기 유충을 구제하고 소들에게 새로 돋아난 연한 풀을 먹여주기 위해 연례적으로 행해졌다.[148]

3) 장전리 목축문화

말보다 소를 많이 사육

·과거에는 집집마다 밧갈쉐 한 마리나, 암소 한 두 마리가 있을 정도로 말보다 소를 많이 키웠다.
·밭에 돌과 '새'(띠)의 뿌리가 많아 힘센 수소가 밭갈이에 이용되었다.
·말을 키우는 농가는 드물었다.
·말은 발로 차거나 물어뜯는 등 비교적 성격이 사나워 다루기 힘들었다.
·무엇보다 말은 진드기에 매우 약하다. 죽은 말을 보면 귀속에 진드기가 꽉 차있는 경우도 있었다.
·예전에는 조랑말이 있었으나, 일제 때에는 일본산 말이 보급되었다.
·교잡마인 한라마는 우리 동네에 6~7년 전부터 들어왔다.

암쇠물통

·이것은 1937년 장전마을 공동목장조합원들이 목축에 필요한 물을 모으기 위해 만든 물통으로, 암쇠들이 이용했으며, 현재도 남아 있다.

---

148 면담자료 : 유수암리 공동목장조합장 강철호, 총무 강용택.

·궷물오름 하단부에 위치한 급수장에는 준공당시 새겨놓은 "昭和十二
年" 표지판이 있으며, 이것은 1937년 8월에 완성된 물통으로, 조성시
기가 확실한 일제시기 마을공동목장 유적이라는 점에서 가치가 높다.
·급수통 시설에 필요한 모래와 자갈은 당시 조합원들이 하귀마을 바
닷가에서 등짐으로 운반해왔다.
·궷물에서 흘러내라는 물을 모아 이용하기 위해 만들었다.

백중제
·음력 7월 보름에 백중제를 지냈다.
·처음에는 궷물오름 정상에서 백중제를 지내다가 2010년부터 궷물오
름 옆 동산에 마련된 제단에서 유교식으로 지내고 있다.
·비가 올 때는 궷물오름 아래에 있는 우막집(테우리막)에서 지냈다.
·제물은 개인보다 조합에서 준비했으며, 쌀밥에 새(띠)를 2개씩 나란히
3개 꽂아놓았고, 메·돼지머리·생선·채소(고사리, 나물)를 올렸다.

상잣성
·조선시대 5소장의 중심지에 위치한 장전리 공동목장 상부지역에는
상잣이 있어 트레킹 코스로 이용되고 있다.

밧갈쉐 물통
·장전 공동목장에서는 암쇠와 수소 즉 밧갈쉐가 먹는 물은 서로 달랐
다. 밧갈쉐 물통은 일소인 부릉이(수소)가 먹었으며, 현재도 남아있다.
·밧갈쉐 물통은 궷물오름 동남쪽, 속칭 '절된밭'에 조합원들이 땅을 파
서 조성한 물통이었다.
·암소와 수소가 서로 먹는 물이 달랐다는 것은 장전공동목장에서는
암소와 수소를 분리시켜 방목했다는 것을 의미한다.

구시물
·송아지에게 물을 먹이던 물통이다.

진드기 구제장
·우마가 물을 먹으러 궷물로 모여들 때 이 물통 입구에 가둔 다음 DDT를 손으로 발라 주면서 진드기를 구제했다.
·진드기는 연중 3회 정도 7월말, 8월 중순, 9월 초에 구제했다.

방앳불 놓기
·주민들이 동원되어 새 풀이 돋아나기 전인 2~3월경에 불을 놓았다.
·방앳불 놓기는 진드기 유충구제, 가시덤불 제거 등을 위해 행해졌다.
·1970년대부터 삼림보호를 위해 중단되었다.

낙인
·봄철 목장으로 쇠를 올리기 전에 송아지에게 낙인을 했다.
·대퇴부(왼쪽 넓적다리)에 낙인을 찍었다.
·개인 낙인과 마을 낙인 두 종류의 낙인을 사용했다.
·姜씨 집안은 丈, 마을낙인은 田이었다.
·낙인은 애월읍 구엄리에 있었던 불미왕(대장간)에서 만들었다.

목장경계담 축조
·목장경계돌담은 일정한 날에 조합원들이 출역하여 축조했다.
·경계돌담은 주변의 자연석을 이용하거나 하잣성, 중잣성, 상잣성 돌담을 옮겨와 쌓았다.
·돌의 운반은 '푸지게'(등이 아프지 않도록 짚덩이를 넣어 만든 지게임)를 이용했다.

우막집(테우리막)

· 궷물오름 정상 인근 아랫자락에 3평 남짓 '도롱담'(둥그렇게 쌓아올린 담)을 쌓아 올린 후, 지붕용 나뭇가지를 걸치고 그 위에 새(띠)나 어욱(억새)을 덮어 만들었다.

· 테우리들의 쉼터, 비가올 때 백중제 장소로 이용되었다.

· 현재 복원되어 있다.[149]

4) 봉성리 목축문화

삼리 공동목장 탄생

· 1937년 '흘축밭'에 어도공동목장이 조성되었다.

· 중산간 마을인 봉성리가 주도하고, 해안마을인 곽지리와 금성리가 함께 하나의 공동목장을 조성했다.

· 과거에는 5월에 소를 올려 12월에 몰아왔다.

목감

· 목감은 조합원 중에서 희망자를 선정했다.

· 6월부터 8월까지 3개월 정도 고용되었다.

· 3개월 방목기간에 소 1마리당 보리 닷말을 보수로 주었다.

· 목감은 목장에 소를 올릴 때 제를 지냈다.

테우리막

· 목감들은 테우리막에 일정기간 기거했다.

· 테우리막의 형태는 원형이었다.

· 테우리막의 벽은 돌을 이용해 원형으로 2m 정도 쌓아 올렸다.

· 지붕은 비가 새지 않도록 초가집처럼 새(띠)를 이용해 촘촘하게 덮었다.

· 바닥에는 억새를 깔아 땅에서 올라오는 습기를 차단했다.

---

149 면담자료 : 강세표(장전공동목장조합장, 64세), 강덕희(전 조합장, 57세)

쉐(몰)장시

·애월지역는 예로부터 '쉐(몰) 장시'들이 많았다.

·이들은 속칭 '육바리 장시'라고 불렸다. 사람의 다리 2개와 소의 다리 4개가 합해 생겨난 용어였다.

·밭농사를 크게 했던 농민들이 많아 '밧갈쉐'들이 집집마다 많았다.

·연자매를 돌리거나 운송용으로 이용하기 위해 길렀던 조랑말들도 많아 쉐(몰) 장시들이 존재했다.

·1970년대만 해도 제주도에는 우시장이 없었고, 소와 조랑말에 대한 국내외의 수요가 있어 쉐(몰) 장시들이 많았다.

·우마를 구입하기 위해 봉성마을 및 인근 마을의 공동목장 그리고 남제주군의 여러 마을들과 한림읍 금악리부터 구좌읍 세화리까지 다녔다.

·태어난 지 3개월 정도 된 송아지를 구입해 마방에서 1년 동안 기르면, 시장에 내다팔 수 있는 비육우로 성장했다.

·구입한 큰 암소는 서울로 보냈다.

·송아지를 100만원 정도에 구입해 1년 동안 기르면 250만원 정도에 팔 수 있었다.

·비육우로 기르기 위해 집에서는 촐(꼴)에 사료를 먹였다.[150]

·조랑말은 일본상인으로부터 주문받아 구입했다.

·조랑말의 매입가는 상황에 따라 변동되었다.

·3세 이상의 조랑말을 일본상인에게 넘겼다.

·일본에서는 조랑말 고기를 통조림으로 만들었다.

·조랑말 매입가는 1두당 20~30만원 정도였다.

·우마 매입에 필요한 비용은 본인이 부담했다.

·현금이 부족한 경우, 외상거래를 하거나 현금을 보유한 개인에게 월 4푼의 비싼 이자를 주며 빌린 돈으로 매입했다. 그래도 이익이 남았다.

---

150 면담자료 : 강규방(전 공동목장조합 이사, 75세), 양두행(봉성리 4025-1, 78세)

·쉐(물) 장시를 하면서 경험이 많은 사람들은 이득을 남겨 집이나 땅을 사는 경우도 있었다. 반면에 손해를 보는 장시들도 있었다.

·소를 비싸게 구입한 후, 서울 우시장에서 소 경매가가 낮게 형성되어 손해를 보는 사례도 있었다.

·음력 4월 말에 서울 마장동 우시장으로 공급되는 제주산 소는 시세가 높았다.

·이 시기에는 육지 소들이 논갈이에 투입되어 우시장에 많이 나오지 못하기 때문이었다.

·공동목장에서 구입한 우마들은 현장에서 바로 트럭에 실어 한림항이나 제주항으로 운송했다.

·말 1마리당 운송료는 2만원 정도였으며, 운송료는 본인이 부담했다.

·우마 운송용 트럭이 도입되기 전에는 일꾼을 빌어 항구로 운송했다.

·마을 청장년들이 우마 운송에 참여했다.

·보통 큰 소 2마리를 제주항으로 운송하는 비용은 15,000원 정도였다.

·소 20마리를 운송하기 위해 일꾼 10명을 고용할 경우, 운송비는 150만원 정도 발생했다.

·우마를 몰고 봉성리에 출발해 광령리를 거쳐 제주항에 도착하는 데 4~5시간 걸렸다.

·제주항에서는 대한통운 배를 이용해 목포항으로 운송했다.

·오후 5~6시 쯤 제주항을 출발한 배는 다음날 오전에 목포항에 도착했다.

·우마를 배에 실은 쉐(물) 장시는 같은 배로 가거나 아니면 우마를 먼저 배로 보낸 뒤, 비행기로 서울 우시장에 가기도 했다.

·우시장이 열렸던 서울특별시 성동구 마장동 우시장에서는 처음 자유판매제로 우마가 거래되었으나, 소를 판매한 돈을 제때에 받지 못하는 문제가 있어 정부에서 위탁 판매제를 시행하여 안전하게 우마가 거래될 수 있도록 했다.[151]

---

151 면담자료 : 양두행(봉성리 4025-1, 78세)

5) 상가리 목축문화

켓담

·공동목장의 경계담을 '켓담'이라고 불렀다.

·조합원과 마을주민들이 참여하여 '켓담'을 쌓았다.

·'켓담'을 따라 속성수인 숙대낭(삼나무)을 심었다.

진드기 구제장

·철제로 만들어진 진드기 구제장에는 동력분무기가 장착되었고, 일렬
로 소가 이곳을 통과하면 분무기를 통해 진드기 구제용 약물이 뿜어
져 나왔다.

·5월에서 8월 사이에 15일에 한 번씩 진드기를 구제했다.

·진드기가 귀에 들어가면 소의 목숨이 위험했다.

·DDT가 보급되기 전에는 들판에 불을 놓거나, '오줌께'(오줌을 받아
놓은 항아리 밑에 가라앉은 찌꺼기)를 짚신이나 걸레에 묻혀 보름에
한 번씩, 말이나 소의 몸을 닦아주었다.

관리사(목감집)

·목감들이 공동목장에 올라 온 소들을 돌보기 위한 집이다.

·목감은 소들이 올라오는 5월 10일부터 내려가는 10월 25일까지 5개
월 동안 관리사에 머물렀다.

낙인

·상가리 전체의 낙인은 '上加'이며, 특별히 변씨 집안에서는 占자를 사
용했다.

·일소(밧갈쉐)에는 낙인을 하지 않고, 목장에 방목하는 암소에만 했다.

귀표耳標

·귀표는 일제강점기에 시작되었다.

·애월면 축산계에서 파견된 축산조합직원이 백원짜리 동전 크기의 번호가 찍힌 이표耳標를 매달았다.

·이표를 매달면서 귀를 살짝 찢기도 했다.

·현재 이표는 일제 때보다 그 크기가 작다.

중잣성

·상잣 위쪽이 국유지로 되면서 방목과 화전이 어렵게 되자, 상잣과 하잣 중간에 중잣을 쌓았다.

·봄부터 가을까지는 중잣과 상잣 사이의 공간에서 방목하고, 중잣과 하잣 사이에서 농사를 지었다.

겟밭

·상가리 일부 주민들은 우마를 기르는 계를 조직하여 계원들끼리 일정한 지역에서 소를 관리했으며, 이런 밭을 '겟밭'이라 했다.

·계원은 보통 10명 내외였으며, 소 100두 정도를 관리했다.

·공동목장 가까운 곳에 목야지를 확보하여 돌로 경계를 쌓았다.[152]

백중제

·상가리의 백중제는 개인이 각자 알아서 했다.

·상가리 1457번지 일대의 제석동산에서 고사를 지냈다.

·현재는 목감 관리사 건물 안에서 백중제를 지낸다.

목감

·상가리 공동목장에는 목감이 4~5명 있었다.

·1명은 밥하고, 물 길러오는 등 취사전담, 나머지 목감들은 목장에 있는 소들을 관리했다.

---

152 면담자료 : 상가리목장환원대책추진위원회 위원장 김화종, 김재문(전 목장조합장, 애상로 258-4, 84세)

·아침에 일어나면 소의 행방을 확인하고, 밤에 새끼를 낳은 소가 있는
지 확인한다.

·소들이 농작물에 피해를 주기도 했다.

·소를 잃어버리면 주인에게 연락을 취한 후 찾으러 나갔다. 한 해 벌
이를 잃어버린 소에 대한 배상금으로 지불한 사례도 있다.

목감의례

·5월 10일 소가 공동목장에 입식하는 날에 행했다.

·저녁 9시경에 제를 지낸다.

·음식으로는 돼지머리·옥돔·명태·술 그리고 '낭푼'에 넣은 밥을
올린다.

쉐장시

·6·25 전쟁이 끝나고 제주산 소들이 많이 팔렸다.

·목장에 자유롭게 방목했던 야우野牛를 구입했다.

·제주산 소는 크기는 작았지만 고기가 맛이 있어 수요가 많았다.

·상가리 소들은 한림항으로 데려갔다.

·밤 10시에 한림항에서 배를 타면 새벽에 부산에 도착했다.

·부산에서 다시 화물차로 출발해 서울 마방에 도착하면 어두워졌다.

·화물차 안에서는 아무것도 주지 않고 마방에 도착해서야 먹이를
주었다.

·당시 마방은 영등포와 마장동에 있었다.

·10~15년간 제주산 소들의 인기가 높았으나, 사료를 먹은 육지소들의
고기맛이 좋아지면서 제주소의 인기가 주춤했다.

공동목장 소유권 분쟁

·2014년 상가리 마을회에는 제주도청에 상가리 공동목장으로 이용되
어 온 땅을 마을에 환원해 줄 것을 요구했다.

·제주도청에서는 바리메 오름 아래의 상가리 공동목장은 본래부터 국
 유지였다가 해방후 제주도청이 관리하는 토지로 되었음을 강조하며
 환원을 거부하자 소송으로 비화되었다.
·제주도청에서는 재일동포 사업가가 이곳에 한류상품을 활용한 관광
 단지 조성 계획서를 제출함에 따라 환경영향평가를 진행했다.[153]

6) 광령리 목축문화

상산방목

·6월 농사가 끝나 상산에 우마를 올렸다가 양력 10월을 전후해 각자
 편한 날짜에 데려 왔다.
·상산에 올린 소들은 새끼를 낳고 살다가 추워지면 스스로 집을 찾아
 왔다.
·상산에서 소를 찾을 때는 점쟁이에게 점을 치거나 곤밥(쌀밥)과 머리
 있는 구운 생선을 준비해 고사를 지냈다.
·암쇠와 송아지를 함께 올렸으며, 밧갈쉐는 일 소여서 상산에 올리지
 않았다.
·상산방목 루트 : 마을~오목이도(5소장 하잣)~비남내~몰통~존다리
 왓~궤약장막~민둥산(1100로)~진모를~상돗궤(큰 바위굴로 15명 정
 도 잘 수 있으며, 간혹 여자귀신 나온다고 함)~만세동산
·상산에 있는 '막은 다리'는 사방이 막힌 곳이어서 소를 집으로 데려
 와야 하는 상황일 때 여기로 소를 몰아 소의 목에 줄을 걸어 잡았다.
·상산에 소를 올린 후 10일에 한번 정도 올라가 방목상태를 확인했다.
·당시 만세동산에 올렸던 소들이 남제주군(현재 서귀포시) 중문면 하
 원리, 도순리 쪽으로 내려가기도 했다.

---

153 면담자료 : 변태민(상가리 노인회장), 김태문(애상로 258-4, 84세)

낙인과 거세

·낙인자로는 마을낙인으로 光, 슈, 개인낙인으로 6, 乙, 土자 등이 있었다.
·거세는 수소를 대상으로 했다. 거세한 수소를 중성귀라 했다. 거세하면 어질어져 오래 부릴 수 있었다.

밧갈쉐 훈련

·곰돌, 나무, 섬피를 끌게 하면서 해가 질 때까지 훈련을 시켰다.
·산에서 통나무를 베어 낸 다음 이것을 끌고 집까지 가게 하면서 훈련을 시켰다.

백중제

·1980년대까지 목감이나 조합장에 의해 공동목장 내의 동산에서 이루어졌다.
·돼지머리, 머리있는 생선, 과일 등을 준비했으며, 배례를 했다.

번쉐와 멤쉐

·번쉐는 목장에 쉐를 올리기 전과 목장운영이 종료된 후에 서로 번갈아 가며 돌보던 소를 말한다. 아침에는 "쉐 내몹써", 저녁에는 "쉐 맵써"하고 외친다. 공동목장이 아닌 마을인근 촐왓을 이용해 번치기 방목을 했다.
·멤쉐는 암소를 대신 길러주고 송아지를 낳으면 서로 나누어 가졌던 소이다.[154]

---

154 면담자료 : 고치훈(78세, 광령1리 1227번지), 진봉문(76세, 광령1리 1181), 양재안(89세, 광령1리 1261번지), 김장헌(74세, 광령1리 1247-2), 김덕칠(71세, 광령1리 1090번지), 이정웅(74세, 광성로 258), 이창보(82세, 9길 10)

7) 고성리 목축문화

소의 질병치료

·소가 아프면 녹나무 가지를 불에 태워 발생하는 연기를 마시게 했다.

·'쇠침'을 놓기도 했다. 소의 코를 심은 다음, 대침을 목이나 뒷다리에 놓으면 피가 난 후 아픈 것이 낳았다. 동네에는 '쇠침 놓는 하르방'이 있었다.

·과식을 할 경우, 짚신으로 배의 털이 빠질 정도로 밀면 소화되었다.

낙인과 귀표

·3월경에 낙인을 했으며, 대체로 '古'를 이용했다. 우마의 귀 일부를 잘라 표시 하는 이표耳標를 했다.

백중제

·목감집 옆에서 목감 주도하에 백중제를 유교식으로 행했다. 제물로는 생닭 1마리, 돼지머리(생), 메밥(쌀밥, 좁쌀밥), 미나리, 감주가 있었다. 축을 읽고, 배례를 했다. 우마가 경계돌담을 넘어가지 않기를 기원했다.

번쉐(팻쇠)와 멤쉐

·번쉐는 순번을 정하여 먹이는 소들을 말한다. 소들이 목장에서 내려온 때와 목장에 올리기 전에 촐왓이나 빈 밭에서 우마를 방목했다. 순번은 '올레'(마당 진입로) 차례로 정해졌다. 맡긴 소가 많을 경우 당번을 담당하는 횟수가 많았다.

·멤쉐는 다른 사람의 소를 대신 길러주고 태어난 송아지를 나누어 갖는 제도였다. 어린 송아지를 멤쇠로 키울 경우, 2~3살에 태어난 처음 새끼는 대신 키운 사람이 소유하고, 2번째 새끼부터는 팔아서 원소유자와 반반 나누었다. 새끼를 낳던 어미소를 멤쇠로 할 경우 처음 새끼부터 팔아서 소유자와 나누는 것이 보통이었다.

목감

·목감은 70년대 중반까지 남아있었다. 목감에게는 우마의 두수에 따라 보리로 그 삯을 지급하였다. 이를 '번곡'이라 했다. 번곡은 껍질을 벗기지 않은 보리로 하였다. 가난한 시절이었기에 목감을 하려는 사람이 많아 경쟁이 있었다.

목장출역

·잡목제거와 돌담 보수를 위해 출역이 이루어졌다.
·출역에 불참한 사람은 하루의 일당에 해당하는 금액을 '궐금'으로 납부했다.

5소장 잣성

·'통물도'에 하잣이 있었다. 현재는 일부분만 남아 있다. 이곳에 살체기문을 만들어 우마와 사람들이 출입했다. 하잣 옆의 하천에는 통물이 있었다. 상잣은 '틀남도' 남쪽에 현재도 잘 남아 있으며, 한라산국립공원 경계선 역할을 하고 있다.

밧갈쉐 훈련

·처음에는 멍에에 곰돌을 메달아 훈련을 시켰다. 곰돌 다음에는 소나무가지, 쟁기 순으로 매달아 해가 져서 어두어 질 때까지 훈련시켰다. 그래야 소들은 해가 질 때까지 일하는 것으로 인식한다.[155]

8) 금악리 목축문화

소가 많았던 금악리는 옛말

·금악리는 현재도 축산마을로 널리 알려지고 있다.
·이제는 소나 말보다 돼지를 많이 키운다.

---

155 면담자료 : 문석화(고성1길 32-6, 73세, 현 조합장), 김세호(고성1길 3-4, 83세).

·마을사람보다는 외지인들이 금악리에서 양돈장을 운영하고 있다.

·돼지 똥 냄새가 천지를 진동해 문제가 많다.

·소는 1년에 1회 한 마리의 송아지를 생산하는 반면에 돼지는 1년에 두 차례 여러 마리의 새끼돼지를 생산하므로 수익성이 높다.

·양돈수입으로 제주시내에 집 한 채씩을 마련한 사람들이 많다.

공동목장

·금악봉, 당오름이 공동목장이다. 일부는 블랙스톤 골프장에 매도했다. 금악봉과 당오름 목장을 합해 '금당목장'이라고 부른다.

·조합원은 100여명이 있으나 실제로 축산에 종사하는 사람은 수가 적다. 요즘은 우마보다 돼지를 키운다.

·금악봉은 패러글라이딩 이용객과 오름 탐방객들이 많아 방목하고 있지 않다.

백중제의 변화

·공동목장에 방목하는 소의 수가 줄어들면서 백중제를 지내지 않는다.

·공동목장에 소를 입식하는 날 간단히 방목기간 동안의 무사고를 기원하며 고사를 지낸다.

목감

·목장조합에서 방목을 책임질 목감을 선정한 다음, 급료로 소 1마리당 하루에 450원을 지출했다.

낙인

·가문별로 낙인을 했으며, 朴씨 집안은 丁, 姜씨 집안은 巾자로 낙인했다.

상산에 쉐 올리기

·여름철에는 상산으로 쉐를 올려 방목하고 겨울철에는 마을근처 '알 곳'에서 길렀다.

·알곳은 곶자왈이어서 겨울철에도 춥지 않았다.

·금악리에서 출발해 '솔또'(애월읍 봉성리 화전동)에 도착하고 이곳에 있는 '물튼물'에서 물을 먹인 다음, 백록담을 향해 소를 몰고 가서 방 목했다.

부거니헐 물통

·약 600평 크기의 봉천수 물통이었다.

·과거에는 소들이 물을 먹으러 오면서 바닥을 밟아준 덕택에 단단해 져 항상 물이 철철 넘쳤으나 지금은 이용하지 않다보니 물이 빠져나 가 바닥이 드러났다.[156]

9) 송당리 목축문화

멤쉐(반작쇠)

·구좌읍 해안마을 하도, 세화, 평대, 월정리 소들을 대상으로 맴쇠가 행해졌다.

·멤쉐로는 하도리 쇠가 가장 많았다.

·멤쉐는 초지가 부족했던 해안마을에서 송아지를 낳을 수 있었던 암 소를 초지가 풍부했던 중산간 마을 주민들에게 대신 기르게 한 다음 암소가 새끼를 낳으면 반반씩 나누어 갖는 것을 의미한다.

·소가 없었던 어려운 사람들이 멤쇠를 했다.

·구두계약을 통해 여러 해 동안 이루어지기도 했다.

---

156 면담자료 : 강인선(금악리 2173-5, 68세)

바령

· 낮에는 우마들에게 산야에서 풀을 뜯어먹게 하고, 밤에는 풀이 자라고 있는 일정한 밭에 가둔 다음, 아침까지 똥오줌을 싸게 했다.
· 동시에 우마들이 왔다 갔다 하며 풀을 밟게 하면 우마들의 배설물과 풀이 합해져 거름이 된다.
· 바령에 이용되던 소를 '바령쇠'라고 하며, 집에서 기르는 소와 해안마을에서 위탁받은 멤쇠도 바령에 투입되었다.
· 해안마을 소들(많게는 200두 정도)이 마을에 올라와 있는 동안 마을에 밭을 가지고 있는 사람들은 '바령을 들여 달라'고 부탁했다.

낙인

· 광산김씨는 ㅏ, 남양홍씨는 巳, 이밖에 '송, ㄱ, ㄷ, ㄷ, ㄴ 등이 낙인자로 이용되었다.

백중제

· 바령밧이나 ᄆ쉬를 키우던 '캐'에서 이루어졌다.

밧갈쉐

· 밭갈이에 말보다 소를 많이 이용했다. 말은 마차용으로 이용되었다.

공동목장

· 송당리 동동마을은 높은오름·문석이오름, 섯동은 거친오름, 상동은 돌오름·아부오름·체오름에 공동목장을 가지고 있으며, 아부오름(앞오름)만 마을소유지이고 나머지는 군유지여서 제주시에 임대료를 지불하며 이용하고 있다.

국립제주목장과 이승만 대통령별장(귀빈사)

· 1950년대 정부가 육우생산을 위해 설치했던 국립제주목장 터가 있으

며, 현재 민오름 하단부에는 등록문화재로 지정된 이승만 대통령별장
(귀반사)이 위치하고 있다.

1소장 동서간장間墻

·안돌오름과 밧돌오름 사이에는 조선후기 1소장의 동장과 서장을 구
분하던 돌담이 남아있다.[157]

2. 산남지역[서귀포시] 목축문화

1) 하원동 목축문화

윤환방목

·하원공동목장은 완경사지가 넓지 못하고 곳곳에 암석들이 많아 목장
내에서 경계림을 제대로 심지 못했다.

·하원목장을 동서로 관통하는 중산간 산록도로가 목장을 남북으로 이
등분하고 그 속에서 도순천 지류와 지형지물을 적절히 이용해 6개의
윤환방목 공간을 만들었다.

·소들을 한 구역에서 5일씩 풀을 뜯게 하면서 점차 다른 구역으로 이
동시키며 방목한다.

·한 달이 되면, 다시 순환주기가 된다.

·이러한 방목시스템에 따라 소들은 방목기간 내내 풀을 먹을 수 있었다.

쇠가 사람보다 더 좋은 물을

·공동목장까지 수도를 연결할 수 없어 원수윤(56)씨를 비롯한 조합원
들은 힘을 모아 한라산 영실매표소 근처에 있는 영실물과 목장을 연
결하는 8km 수도관을 설치했다.

·우마들은 공동목장 내 급수장 3곳에서 연중 시원한 영실물을 먹을 수

---

157 면담자료 : 홍태화(송당리 비자림로 1761, 79세)

있었다.

·마을사람들은 한라산에서 내려온 이 물을 '언물'이라고 부른다.

화입

·공동목장에 불 놓기는 목장에서 방목했던 소들을 축사로 옮기고 가시덤불에 뿌린 농약(제초제)이 마르면 이루어졌다.

·하원마을에서는 이를 '화입火入'이라고 했다.

·현재는 가시덤불이 우거진 장소를 대상으로 서귀포시청의 허가와 소방서의 협조를 받아 소방차를 대기시킨 채 불 놓기를 한다.

·불 놓기를 하고난 후에는 목초씨앗을 뿌려 돋아나는 풀들을 소들이 먹을 수 있게 했다.

·다른 마을에서는 이른 봄철에 화입을 했던 반면에 이 마을에서는 겨울에 화입을 한다는 것이 특징이다.

·풀이 마른 겨울에 소들을 공동목장 내에 만들어진 대규모 축사(서귀포시청의 지원을 받아 건축된 건물)로 옮긴 다음, 불 놓기를 했다.

낙인

·이 마을의 낙인은 '하원下元'이라고 했다.

·한라산 상산(백록담 부근)에 소를 올리면, 애월읍 구엄리(해안마을)·광령리 마을 소들과 같은 구역에서 방목되었다.

·낙인이 없는 소들은 도둑을 맞는 경우도 있었다.

·낙인이 있는 소를 훔쳐 들키면 크게 곤욕을 치렀다.

·현재는 낙인을 하지 않고, 귀표를 한다.

·귀표에는 관청에 등록된 고유의 일련번호가 적힌다.

테우리 작데기

·목장에 소를 보러 갈 때는 밧줄과 길다란 작데기를 가지고 간다.

·작데기 끝에 밧줄을 연결해 소의 목에 걸려 잡았다.

·작데기는 150cm 정도이며, '종낭'(때죽나무)으로 만들고, 2년 정도 쓰면 새로 만든다.
·이 작데기는 몽골의 '오르가'와 유사하다.
·'오르가'는 말을 포획할 때 쓰는 긴 버드나무 막데기를 말한다. 오르가 끝에 줄을 매달아 말을 잡을 때 이용했다.

목축의례
·목장에 처음 소를 올리는 날, 조합장은 아침 6시가 되면 돼지머리, 쇠고기, 쌀밥, 솔라니, 미나리, 콩나물, 고사리, 소주, 음료수, 향 등을 준비해 제를 올린다.
·제물은 모두 날것으로 한다.
·현재 백중제는 따로 지내지 않는다.

우마 질병치료
·소가 설사할 때 황벽나무 가지를 달여 만든 물을 먹인다.
·소의 쓸개에 우황이 들면 살이 찌지 않는다.
·발톱 사이가 벌어져 염증이 생기면 밧줄에 콥(소기름)을 발라 문질러 준다.[158]

쇠막 동티
·동티는 건드려서는 안 될 땅을 파거나, 돌을 옮기거나 나무를 베었을 때 지신地神이 화를 내면서 일으키는 일종의 보복을 의미한다.
·쇠막에 동티가 나면 소가 죽는다는 말이 있다.
·이때에는 쇠막[외양간]에 상을 차리고 동티를 다스리는 사람을 불러 풀어야 했다.
·우선 소 머리 쪽에 상을 차린다.
·상 위에는 멧밥(쌀밥), 머리고진 솔라니(구운 옥돔), 술, 물을 올린 다

158 면담자료 : 원수윤(전 하원공동목장조합총무, 56세)

음 마귀경(마구경)을 세 번 읽으며 동티를 일으킨 지신을 달랬다.

상산에 쉐 올리기
·공동목장의 소들은 더워지면 상산(백록담 아래 선작지왓, 윗세오름
일대)에 올라가 풀을 먹었으며, 집에서 키우던 소들도 상산에 올려 방
목했다.
·하원동에서는 4~5월에 공동목장에서 일부 소를 상산으로 올렸다. 상
산에서는 대체로 10월까지 방목했으나 농사 사정에 따라 8월에 소를
데려오는 경우도 있었다.
·여름철 비바람이 불 때 소들은 구상나무 숲속으로 들어가 비바람을
피했다.
·상산에 방목중인 소들은 '쉐테'(소의 무리)를 따라 옛 북제주군 지역
인 애월읍 장전·상가·금덕, 심지어 하귀마을까지 내려가는 경우도 있
었다. 방목 중에 잃어버린 소들은 낙인을 보고 서로 연락을 취해 찾
을 수 있었다.
·상산방목이 이루어질 때 테우리들은 서로 인정이 있어서 다른 마을
소를 보면 인편을 통해 알려줬다.
·상산에서 잃어버린 소를 찾으러 갈 때 솔라니·향·양초를 준비한 다
음 상산에 있는 큰 바위 위나 궤에서 고사를 지냈다.
·잃어버린 소들은 애월읍 소길리, 장전리 심지어 한림읍 금악리 마을
에서 찾기도 했다.
·상산에 우마를 올렸던 상산방목 문화는 한라산이 1970년 7월부터 국
립공원으로 지정된 후 자연보호를 이유로 금지되었으나, 하원마을에
서는 몰래 1990년까지 상산에 소를 올렸던 사람도 존재한다.[159]

---

159 면담자료 : 강○규(88세, 하원동 1317), 김기윤(75세, 하원동 419)

2) 상효동 목축문화

상산에 쉐 올리기

·해발 1400m 이상의 고지대가 '상산'이었고, 이곳에는 초지와 물이 풍
부했다.

·5월말부터 '쉬포리'(소에 달라붙는 파리)가 생기기 시작하면, 쉐들이
상산에 올라가려는 듯 저절로 엉덩이를 들썩 거린다.

·마을사람들은 일정한 날을 정하여 상산에 소를 올린다.

·상산에 올린 소는 한우가 대부분이며 간혹 흑우('검은쉐', '곳쉐[野
牛]'와 '곳몰[野馬]'들도 섞여있었다.

·소를 찾으러 갈 때 의례를 행했다.

·굽지 않은 마른 생선(솔라니 : 옥돔으로 현장에서 굽는다), 양초, 향을
항고(반납)에 담고 갔다.

·항고는 밥을 할 때도 쓰였다.

·상산에 '쉐'를 올릴 때마다 방목 우마의 무사함을 기원하는 제를 지냈다.

·돈네코 등반로에 있는 평지궤에서 한라산 남벽을 보며 제를 지냈다.

·상산에 올렸던 소 중에서 '부렝이'(어린 수소)들은 한 자리에 오래 있
지 않아 잃어버리는 사례가 있었다.

·다른 암소를 따라 이동해 잃어버리는 경우도 있었다.

·열흘에 한 번씩 상산에 올라가 새끼를 낳았는지 또는 바위에 다리가
끼어 죽지 않았는지 확인했다.

·새끼들은 비바람 때문에 죽는 경우가 있었다.

·상산에는 진드기가 없어 우마들의 살이 쪘다.

·상산 쉐는 살찌고 탄탄하여 인기가 많았다.

·해발 1400~1700m 일대의 맑은 물과 공기와 바람 그리고 진드기가 없고
약초와 같은 풀들이 상산 소를 길러 품질 좋은 소가 될 수 있었다.

·상산에 방목시킨 우마들은 '지름장풀', 조릿대 잎을 먹었다.

·상강 이후 추워지기 시작하면 소들을 데려온다. 일부는 저절로 집으
로 내려오는 경우도 있었다.

낙인

· 낙인은 처음에 토평마을의 '平'을 쓰다가 나중에 8자로 바꾸었다.

· 다른 집에서는 낙인으로 '八'자를 쓰기도 했다.[160]

3) 하효동 목축문화

상산에 쉐 올리기

· 여름철 좁씨 파종이 끝나 더워지기 시작하면 소들이 저절로 날뛰었다.

· 우마를 백록담 인근의 방애오름~윗세오름 부근으로 이동시켜 방목했다.

· 상산은 고지대여서 시원한 바람('상산보름')이 불고, 진드기가 거의 없는 곳이었다.

· 1960년대까지만 해도 여름 농사에 지친 소들을 서늘한 '상산'에 올려 쉬게 했다.

· 소를 상산에 올리는 날은 무더위를 피해 새벽에 일어나 같은 동네에서 서너 명씩 모여 이동했다.

· 소를 몰고 상산으로 올라가는 길은 돈네코 등반로를 이용했다.

· 소의 건강과 안전 상태를 확인하기 위해 1주일 또는 10일 간격으로 소를 보러 올라갔다.

· 서부락 사람들의 방목지인 '앞갈퀴'는 돌들이 많으나 풀들이 풍성했다.

· 동부락 사람들의 방목지인 '속밧'은 평탄하고, 태풍이 불어도 피해가 적은 곳이었다.

· 상산에 올린 소들은 한라산을 넘어 북쪽으로 가버리기도 했다.

· 처서가 넘어가 추워지기 시작하면 소를 몰러 간다.

· 소들이 스스로 집으로 걸어 내려오는 경우도 있었다.

· 상산 방목지로 쇠를 찾으러 갈 때에는 '곤밥'(쌀밥)에 옥돔구이 반찬을 하여 가져갔다.

· 평소에는 '조팝'을 먹다가도 소를 찾아 나설 때는 '곤밥'(쌀밥)을 해갔

---

160 면담자료 : 오세창(62세, 상효동 2302)

다. 이것은 소를 찾게 해달라고 고사지내기 위함이었다.

·소를 하루 안에 발견하지 못하면 찾을 때까지 상산에 머물러야 했다.

·'평지궤'에서 숙식했다. 이곳에는 7~8명이 함께 누울 수 있는 공간이 었다.

·밤에는 추위 '소리낭'을 태우며 추위를 극복했다.

·여름철에 방목상태를 보기 위해 상산에 올라와 비를 만났을 때도 평지궤를 이용해 비를 피했다.

낙인과 귀표

·마을낙인은 下였으며, 귀를 째서 표식을 했다.[161]

4) 가시리 목축문화

부구리(진드기) 구제장

·80년초까지 이용되었으며, 진드기는 소의 피부에 달라붙어 피를 빨아 먹는 해충을 퇴치하지 않으면 소의 정상적인 성장이 위협 당했다.

·진드기 구제장은 낙인烙印 장소로도 이용되었다.

목감막(테우리막)

·우마를 관리하는 테우리들이 방목기간에 임시로 거처하던 집이었다. 처음에는 돌로 만들었으나 현재 남아있는 집은 시멘트 벽돌집이다.

목감

·공동목장에 고용된 목감은 2009년까지 존재했다.

·이들은 1년 중 7개월을 공동목장에서 근무하며, 목감료로 월 100만원 정도 받았다.

·목장에 소를 방목한 조합원 중에서 선임했다.

---

161 면담자료 : 정성호(72세, 하효동 193-1), 고성수씨(79세, 하효동 734-3)

·목감막에서 거주하며 방목한 소를 관리했고, 우마를 잃어 버렸을 때 책임지도록 했다.

급수장

·방목 우마에 물을 먹이는 시설이다.
·공동목장조합에서는 1985년 대록산 남쪽 하단부에 가축급수장을 마련했다.
·인공연못도 만들어 물을 확보하다가 현재는 지하수를 이용했다.

윤환방목輪換放牧

·공동목장을 몇 개의 목구牧區로 구분한 다음, 초생상태에 따라 차례로 이동하며 방목하는 방법이다.
·윤환방목의 대상은 전적으로 소였다.
·방목할 소의 수에 따라 목구의 수와 넓이, 방목일수를 결정하여 이루어진다.
·한 구역에서 풀을 다 뜯어먹으면 다른 구역으로 우마를 이동시키는 형태이다.

방목기간과 한우입식

·대체로 청명(4월 5일경)부터 상강(10월 22일경)까지 방목이 이루어졌다.
·처음에는 한우들이 공동목장에 방목되다가 점차 육성우로 대체되었다.
·한우는 밭갈이, 짐을 실어 나르기, 수레 끌기 등 역우役牛로 중요한 역할을 했다.
·한우는 조사료粗飼料에도 잘 견딜 뿐만 아니라 방목기간 중 진드기 등 해충에도 저항성이 강했다.
·1970년에 정부의 축산진흥정책이 실시되면서 육성우 사육을 희망하는 농가에게 자금을 융자해줌에 따라 육성우가 증가했다.

방앳불놓기

·월동한 진드기 유충과 잡초들을 제거하기 위해 겨울철이나 이른 봄에 불 놓기를 했다.
·이른 봄 들판에 쌓였던 눈이 녹아 마른 풀이 드러나는 음력 2월이나 3월 초순에 이루어졌다.
·마을 공동조림지 주변에 너비 10여m의 폭으로 방화선을 구축한 다음 공동목장에 불을 놓았다.

낙인

·낙인은 자기의 성씨나 마을별 또는 문중별로 정해진 약자를 사용하였다.
·낙인을 불에 달군 다음 마소의 발을 묶고 넘어뜨린 뒤 대퇴부에 찍었다.
·낙인찍는 작업은 비단 어린 새끼에만 한정된 것이 아니며, 공동목장에 풀어놓는 다 자란 소들에게도 필요할 경우 낙인을 찍었다.
·낙인글자로는 드·-α(머리둘레송곳 : 경주김씨), O-(꼬리둘레송곳 : 安침), 生·仁(吳침), 工(鄭침), 井·乃(康침) 등이 있었다.

귀표코시

·귀표로 인해 상처가 덧나지 않기를 비는 고사이다.
·귀표를 할 때 잘라낸 귀 조각을 구워서 접시에 올려 고사를 지낸다.
·제물은 송아지의 귀 구운 것, 제숙, 조오메기떡, 좁쌀 탁배기를 올리고 그 옆에 밧줄, 낙인도 같이 올린다.
·절은 하지 않고 올린 음식을 조금씩 떼어 앞 방향으로 던져 코시하고, 입에 담은 술을 낙인에 뿌린다.
·다시 술을 입에 담아 동쪽과 서쪽으로 뿜어 준 다음 음복으로 구운 귀를 나누어 먹는다.

바령

·예전에는 이웃의 우마들을 맡아 돌보며 아침이면 풀이 무성한 곳에

서 먹인 후 저녁 때 바령 밭에 가둔 다음 분뇨를 배설하게 했다.
·우마의 분뇨는 거름이 되어 곡식을 잘 자라게 했다.

백중제

·음력 7월 15일, 가축을 사육하는 집에서는 제물과 제주를 준비하여 바령밧이나 공동목장, 테우리 동산에 모여 우마의 번성을 기원하며 올리던 고사였다.
·보통 밤 자시(子時 : 밤 11시부터 오전 1시)에 지내는데 낮에 지내는 사람도 있으며, 현재도 공동목장 내 '테우리동산'에서 행하고 있다.[162]

5) 수산리 목축문화

진드기 구제

·"불알에 진독 올라 반" : 방목했던 소에 여름철이면 배가 둥근 진드기들이 달라붙어 피를 빨아먹었다.
·진드기 피해가 많으면 소가 점점 말라간다.
·과거에는 부구리 채를 가지고 진드기를 소의 배에서 쓸어 내렸다.
·근래에 오면서 DDT를 물에 풀어 수건에 적신 다음, 소의 사타구니, 목덜미, 배, 귀에 붙어있는 진드기를 구제했다.
·소의 등에는 진드기가 잘 붙지 않는다. 이곳에 진드기가 붙으면 쇠 '꼴랑지'가 치기 때문이다.

테우리 음식

·테우리들은 점심 밥을 우마 방목지에서 해결했다.
·아침에 암수로 되어 있는 '차반지'에 보리밥, 물외, 된장을 담고 목축지로 출발해 방목하다가 점심을 먹었다.

---

162 면담자료 : 안봉수(전 가시리 신문화공간조성 추진위원회 위원장)

물 먹기

· 소와 말 그리고 테우리들은 목장에 고여 있는 물을 먹었다.

· 목장지대에는 용천수가 없기 때문에 빗물이 고여 있는 곳이었다.

· 쓰고 있던 패랭이를 고인 물통에 담그면 패랭이 안으로 '아쟁이'(찌꺼기) 없는 깨끗한 물이 올라오면 이 물을 먹었다. 그러나 자주 설사를 했다.

목축법

· 우마를 기르는 것을 "무쉬 고꾼다"고 했다.

· 백중 전에 낙인과 귀표를 했으며, 낙인은 성씨별로 다르게 했다.

· 귀표는 귀를 약간 째는 것이다.

· 수산마을의 방목지는 궁대오름(238.8m) 지경으로 초지가 넓고, 곳곳에 습지가 있었다.

· 수산평은 성읍리와 수산리 사이에 있는 넓은 초지로 원나라가 설치했던 목장터로 알려진다.

밭갈이

· 밭갈이 할 때 말보다 소를 이용했다.

· 가난한 사람들은 말을 이용해 밭을 갈았다. 말은 소보다 값이 쌌다(소의 1/3정도)

수산평 탐라목장

· 수산평은 궁대오름 일대이다.

· 원나라가 동아막을 설치해 탐라목장을 운영했던 곳이다.[163]

---

163 면담자료 : 오원일(성산읍 수산1리 579번지, 55세)

6) 수망리 목축문화

진드기 구제
·공동목장 내에 있는 약욕장에 소를 가두고 DDT 등 약품을 물에 푼
 다음 수건에 적셔 진드기를 구제했다.

백중제
·음력 7월 15일 밤에 우마를 기르는 집에서 개인별로 지냈다.
·백중은 소를 돌보았던 목동이므로 소 주인은 절을 하지 않는다.

화입
·화입은 입춘이 지난 후 산으로 부는 마파람이 불거나 바람이 불지 않
 은 날을 택해 이루어졌다.
·방화선을 만드는 날에는 불이 번지지 못하도록 잎이 많은 소나무나
 삼나무가지를 배어 불을 끄는 도구로 사용하였다.

곳쉬, 둔쉬, 벵작쉬[맴쉬]
·곳쉬는 상잣을 넘어 밀림에 들어가 찾지 못한 소였다.
·둔쉬는 가을철 마을로 내려온 소들을 한 곳에 모아 당번을 정하고 돌
 아가면서 돌보던 소였다.
·벵작쉬[맴쉬]는 소를 갖지 못한 농가가 소를 많이 사육하는 농가의 암소
 를 빌려 키워주면서 생산된 송아지를 소 주인과 반반 나누는 소였다.

낙인
·봄에 소를 올리기 전에 낙인을 했다. 낙인은 乙, 己, 土, 士, 本 등을 사
 용하였다.
·소는 축丑일에, 말은 오누일에 낙인했다.
·낙인이 끝나면 청명 이후 목장에 가축을 넣는다.

목장에 방목하기

·소를 보는 목감을 정하여 일정한 수당을 주고 목장의 우마들을 관리하게 했다.
·소를 목장에 방목하여 수 2~3개월이 지나면 "구립"한다 : 소를 갖은 농가들이 일정한 날을 정하여 목장의 소들을 전부 모아 놓고 자기소가 있는지 없는지 확인하고, 진드기도 제거한다.

바령밧

·우마의 분뇨를 받는 바령밧에는 가을에 보리를 파종했다.[164]

7) 감산리 목축문화

우마사육법 : 방둔과 간목

·말보다는 소를 길렀다. 4월이면 방둔하고, 9~10월 쯤 간목하였다.
·방둔은 목장으로 올려 여름동안 방목하는 것이다.
·간목은 우마가 야산에서 생활하기 어렵게 되면 마을로 내려오게 하여 축사에서 기르는 것이다.
·우마가 많은 집에서는 자기 밭에 우마를 가두어 촐을 주며 길렀다.
·방둔할 때는 목장으로 우마를 몰고 올라가 일정한 장소에 방목하고, 2~3일 쯤은 인근 연못의 물을 직접 먹이곤 한다. 이렇게 하면 나중에는 우마들이 저절로 먹을 물을 찾아가 먹을 수 있다.

낙인烙印과 이표耳標

·방둔 시에는 우마가 섞이게 되므로 주인은 자기 소유의 우마를 나타내기 위하여 우마의 대퇴부에 낙인을 찍었다.
·우마가 많은 집에서는 개인별로 찍기도 했으나 마을 전체가 공동으로 찍는 경우도 많았다.

---

164 면담자료 : 현달평(남원읍 수망리, 공동목장조합장), 김종하(남원읍 수망리)

·감산리의 낙인은 만(卍)자로 하였다.
·낙인을 찍는 것만으로 부족한 경우, 우마의 귀 일부를 잘라 표시하였다. 각각 자르는 크기와 위치가 달랐다.

바량드리기

·거름이 충분치 못하여 지력이 떨어져 농사를 지어도 작황이 좋지 않았다.
·우마를 밭에 가두어 사육하면 우마의 분뇨가 쌓여 거름이 되었다.
·간목하기에 좋은 조건을 갖춘 밭을 가진 집에서는 우마의 태(많은 수의 우마를 가지고 있는 사람에게 자기 밭에 간목하여 줄 것을 청하는 경우가 많았다.
·다른 사람의 밭에 우마를 가두어 사육하는 것을 '바량드린다'라고 했다.

팻쉐(번쉐)

·밭농사를 위해 여름철에도 쉐막에는 1마리 정도의 소를 길렀다.
·밭일이 없는 경우, 공동으로 소를 몰고 들판으로 나가 풀을 먹였다. 이를 '팻쉐' 또는 '번쉐'라 했다.
·순번을 정하여 돌아가면서 소를 먹였다. 번쉐를 먹이러 아침에 나갈 때는 '쉐 내몹써'라고 외치며 소를 모았고, 저녁에 돌아올 땐 '쉐 들여맵써'라고 외치면 주인이 자기 소를 찾아갔다.

멤쉐

·다른 사람의 소를 사육하여 주는 제도이다.
·어린 암소를 대상으로 할 경우, 처음 새끼는 사육한 사람이 소유하고, 두 번째 새끼부터는 팔아 원소유자와 나누었다.[165]

---

165 면담자료 : 이군호(안덕면 감산리 노인회장), 『감산향토지』(2002 : 212-213)

제5부
제주지역 목축문화의 활용

Ⅰ. 목축문화의 보존실태
Ⅱ. 목축문화의 보존 및 활용방안

제주지역의 목축문화는 중산간 지대에 자연적, 인공적으로 형성된 초지대를 배경으로 등장한 것이었다. 이것은 제주 목축민들이 누대에 걸쳐 초지환경에 의존하여 살아 왔던 전통적 삶의 방식을 반영한다. 제5부에서는 앞서 제시했던 목축문화 요소들과 16개 마을에 대해 이루어진 실태조사결과를 토대로 목축문화를 어떻게 계승할 것인가에 답하기 위해 목축문화의 보존과 활용 방안을 제시하려 한다.

Ⅰ. 목축문화의 보존실태

16개 마을에 대한 목축문화 실태조사 결과 확인된 목축문화와 그 보존실태는 <표 12>와 같다. 낙인, 거세, 귀표, 백중제, 진드기 구제, 방앳불 놓기, 밧갈쉐 기르기 등이 공통적인 목축문화 요소로 조사되었으나, 현재는 대부분 소멸되고 있었다.

〈표 12〉 16개 조사마을 목축문화 요소와 보존실태

마을	목축문화요소	보존실태
제주시 오등동	출역, 진드기 구제, 멤쇠, 낙인, 테우리 고사, 공동목장 중토비	·출역, 진드기 구제, 테우리 고사는 현재도 행해지고 있음. ·낙인과 멤쇠는 소멸되었음. ·공동목장 중토비 남아있음.
애월읍 유수암	윤환방목, 출역, 목감, 밧갈쉐, 밧갈쉐 가르치기, 밧갈쉐 코뚜레, 방	·목감과 밧갈쉐는 사라졌지만, 출역과 윤환방목은 현재도 유지됨.

	앳불 놓기	· 농기계가 보급되면서 밧갈쉐 가르치기, 코뚜레 만들기는 사라짐. · 방앳불 놓기 사라짐.
애월읍 장전리	암쇠물통, 백중제, 밭갈쇠물통, 진드기 구제장, 낙인, 목장경계담, 우막집(테우리막)	· 암쇠 물통이 잘 정돈되어 있으며, 백중제도 변형된 형태로 유지됨. · 밧갈쉐 물통, 진드기 구제장, 목장경계담은 남아있고, 우막집 최근 복원됨.
애월읍 봉성리	목감, 테우리막, 쉐장시, 물장시	· 목감과 테우막, 쇠장시와 물장시 모두 소멸됨.
애월읍 상가리	귀표, 중잣, 곗밭, 켓담, 낙인, 목감집, 진드기 구제, 백중제, 목감, 목감의례, 쇠장시	· 켓담, 진드기 구제장, 목감집 있음. · 이표, 중잣성은 남아있으나 곗밭은 사라짐. · 백중제, 목감의례는 남아있으나 쇠장시는 소멸됨.
애월읍 광령리	상산방목	· 상산방목은 1980년대초에 소멸됨.
한림읍 금악리	공동목장, 목감, 낙인, 상산방목, 급수통	· 공동목장, 부거니헐 물통은 있음. · 목감, 낙인, 상산방목은 소멸됨.
구좌읍 송당리	멤쇠(반작쇠), 바령, 낙인, 백중제, 방앳불놓기, 밭갈쇠, 바령쇠, 공동목장, 국립목장, 이승만대통령 별장, 1소장의 동서 간장間墻	· 멤쇠, 바령, 낙인, 밧갈쉐, 국립목장은 사라졌지만, 백중제, 공동목장, 이승만대통령 별장, 동서간장은 유지됨.
하원동	낙인, 테우리 작대기, 목축의례, 질병치료, 윤환방목, 화입, 쇠막동티, 상산에 쉐 올리기	· 윤환방목, 화입은 현재도 유지됨. · 낙인은 귀표로 대체되었고, 목장에서 제지내기 유지됨. · 쇠막동티, 상산에 쉐 올리기는 모두 소멸됨.
상효동	상산방목, 낙인, 귀표	· 상산방목은 1980년대 초에 소멸 · 낙인과 귀표 사라짐.
하효동	상산방목, 낙인, 귀표	· 상산방목은 1980년대 초에 소멸. · 낙인과 귀표 사라짐.
표선면 가시리	부구리 구제장, 목감, 목감막, 급수장, 윤환방목, 방앳불 놓기, 낙인, 귀표, 바령, 백중제	· 부구리 구제장, 목감막, 급수장, 윤환방목은 현재도 유지. · 방앳불놓기, 낙인, 바령은 사라졌으나, 귀표, 백중제는 유지됨.
성산읍	진드기 구제장, 테우리 음식, 목	· 방목지보다는 축사에서 비육우를 기르고

수산리	장에서 물 먹는 방법, 낙인, 귀표, 수산평, 밧갈쉐	있어 전통적 목축문화들이 변질되거나 소멸됨.
남원읍 수망리	백중제와 낙인, 급수장, 낙인과 귀표, 화입	· 백중제가 행해지고 있으며, 목초재배를 통해 소 사육이 이루어지고 있음. · 낙인, 화입 소멸됨.
안덕면 감산리	방둔과 간목하기, 번쉐와 멤쉐, 바령밧, 낙인과 이표	· 감귤재배 확산으로 인한 목축업 포기로 인해 목축문화 소멸됨.

이상과 같은 목축문화의 구성요소에 대해 보존실태·문화성·역사성이라는 세 가지 항목을 토대로 보존적합도를 논의했다. "문화에는 우열이 없고, 차이만 있을 뿐이다"는 말처럼 목축문화의 구성요소를 등급화 하는 것은 바람직하지 않으나, 이 결과를 토대로 목축문화의 보존과 활용방안을 제시하는 것은 의미가 있다.

이러한 생각에 근거하여 여기에서는 16개 마을별에서 각각 대표성이 있다고 판단되는 1~2개의 목축문화 요소들을 선정한 다음, 이들의 보존적합도를 제시했다. 이를 실행하기 위해 목축문화 구성요소 별로 각각의 중요도에 따라 일정 점수를 부여한 후, 각각의 값을 합산하여 그 결과가 15~12이면 상, 11~8이하면 중, 나머지는 하로 설정했다. 이러한 분류는 그 동안 이루어졌던 목축문화에 대한 연구경험에 근거해 이루어졌다.

목초지 전용현상이 날로 증가하고, 목축민들이 고령화되어 목축업을 포기함에 따라 전통적 목축문화 유산들이 급속히 소멸되고 있는 현실을 감안할 때, 목축문화에 대한 보존적합도 논의결과는 발 빠른 보존 및 활용방안을 제시해야 한다는 지역사회의 기대에 부응하는 방안을 마련하는 기초자료가 될 것이다.

<표 13>에서 상 등급은 보존 상태와 가치, 문화·역사성 면에서 문화재 지정과 같은 보호조치가 필요한 목축문화이다. 중 등급은 비록 긴급하지는 않지만 차후 훼손방지를 위해 안내판(설명문)을 설치할 필요가 있는 목축문화이다. 하 등급은 이미 소멸되어 기억 속에만 남아있는 목축문화라 할 수 있다. 산북지역[제주시]과 산남지역[서귀포시] 목축문

화의 보존적합도 분석결과는 <표 13·14>와 같으며, <표 15>은 상, 중, 하로 정리한 것이다.

〈표 13〉 산북지역 목축문화 보존적합도

목축문화요소	보존상태	문화성	역사성	합계	보존적합도
오등동 멤쉐	1	4	2	7	하
오등동 공동목장 증토비	5	3	3	11	중
유수암리 밧갈쉐	1	4	2	7	하
유수암리 방앳불 놓기	1	4	2	7	하
장전리 백중제	5	5	4	14	상
장전리 궷물급수통(1937)	4	5	5	14	상
장전리 테우리막	5	4	4	13	상
봉성리 쉐장시	1	4	2	7	하
상가리 낙인	1	4	2	7	하
상가리 겟밭	1	4	2	7	하
광령리 상산방목	1	4	2	7	하
금악리 국마통	2	4	5	11	중
송당리 멤쇠	1	4	2	7	하
송당리 국립목장	1	4	5	10	중
송당리 이승만대통령 별장(귀빈사)	5	5	5	15	상
송당리 바령	1	4	2	7	하
회천동 3소장 하잣성	5	5	5	15	상
대흘리 2소장과 3소장 간장間墻	5	5	5	15	상
선흘2리 윗바메기오름 2소장 급수장('말천지')	5	5	5	15	상
교래리 객사터	1	5	5	11	중
새별오름 최영장군 격전지	1	3	5	9	중
추자도 최영장군 사당	5	5	5	15	상
탐라순력도(1703)	5	4	5	14	상
탐라지도(1709)	5	4	5	14	상
목장신정절목(산장절목)	5	4	5	14	상
제주삼읍도총지도(18세기전반)	5	4	5	14	상
두모리 6소장 고윤문 비석	5	5	5	15	상
마조제	2	5	5	12	상
공마해신제	2	5	5	12	상

〈표 14〉 산남지역 목축문화 보존적합도

목축문화요소	보존상태	문화성	역사성	합계	보존적합도
하원동 상산방목	1	4	2	7	하
하원동 쇠막동터	1	4	2	7	하
상효동 상산방목	1	4	2	7	하
하효동 상산방목	1	4	2	7	하
가시리 부구리 구제장	5	5	3	13	상
가시리 간장間墻	5	5	5	15	상
가시리 중잣성	5	5	5	15	상
가시리 백중제	5	5	3	13	상
가시리 하잣성	5	5	5	15	상
수산평 탐라목장	1	5	5	11	중
하례2리 점마청터	1	5	5	11	중
한남리 정씨 열녀비	5	5	5	15	상
의귀리 김만일 생가터	5	5	5	15	상
의귀리 김만일묘	5	5	5	15	상
수망리 중잣성	5	5	5	15	상
신천리 천미장터	5	5	5	15	중
우도목장터	5	5	5	15	상
황태장터(송당리 체오름과 덕천리 둔지봉 일대)	1	5	5	11	중
가파도 별둔장	1	5	5	11	중
모동장	1	5	5	11	중
법환동 범섬 최영장군 목호군 토벌지	5	4	5	14	상

〈표 15〉 목축문화요소의 보존적합도별 분포상황

지역	상	중	하
제주시	· 장전리 백중제 · 장전리 쾟물급수통 · 장전리 테우리막 · 송당리 이승만대통령 별장(귀빈사)	· 오등동 공동목장 증토비 · 금악리 국마통 · 송당리 국립제주 목장터	· 오등동 멤쉐 · 유수암리 밧갈쉐 · 유수암리 방앳불 놓기 · 봉성리 쉐장시 · 상가리 낙인

· 회천동 3소장 하잣성
· 대흘리 2소장과 3소 장
  간장間墻
· 선흘2리 윗바메기
  오름 2소장 급수장
  ('말 천지')
· 추자도 최영장군사당
· 탐라순력도(1703)
· 탐라지도(1709)
· 목장신정절목
· 제주삼읍도총지도
· 두모리 6소장 고윤문비
· 마조제
· 공마해신제
	· 교래리 객사터
	· 새별오름 최영장군
	  격전지
		· 상가리 겟밭
		· 광령리 상산방목
		· 송당리 멤쇠
		· 송당리 바령

**서귀
포시**
	· 가시리 부구리구제장
	· 가시리 간장間墻
	· 가시리 중잣성
	· 가시리 백중제
	· 가시리 하잣성
	· 한남리 정씨열녀비
	· 의귀리 김만일생가터
	· 의귀리 김만일묘
	· 수망리 중잣성
	· 우도목장터
	· 법환동 범섬 최영장군
	  목호군 토벌지
		· 수산평 탐라목장
		· 하례리 점마청터
		· 신천리 천미장터
		· 황태장터(송당리 체오름
		  과 덕천리 둔지봉 일대)
		· 가파도별둔장
		· 모동장
			· 하원동 상산방목
			· 하원동 쇠막동터
			· 상효동 상산방목
			· 하효동 상산방목

16개 실태조사 마을의 대략 50개 정도의 목축문화 요소에 대한 보존 적합도 분석결과, 다음과 같은 시사점을 얻을 수 있었다.

첫째, 잔존하고 있거나 이미 사라진 목축문화의 원형을 마을별로 전수 조사 해야 한다. 중산간 마을과 함께 해안마을에도 농업과 목축이 혼합 된 목축문화가 남아있어 제주 전역에 대한 체계적인 조사가 절실하다.

둘째, 목축문화를 설명하는 물질적 요소인 마구馬具, 낙인, 귀표, 쇠질 매, 쟁기, 마차 등을 수집해 제주민속자연사박물관 등 공공시설에 수장할 필요가 있다. 수집된 자료들은 제주도목축문화박물관이 조성되었을 때 전시될 수 있을 것이다.

셋째, 보존적합도가 상 등급에 속하는 목축문화·역사유적에 대한 조사와 함께 제도적 차원에서 보호 장치가 필요하다. 실례로, 조선시대 제주도에 국마장이 설치되어 운영되었음을 입증하는 잣성에 대한 보호조치는 전무한 실정으로, 현재 훼손이 가속화되고 있어 문화재 지정(향토유산) 등 법적 보호 장치가 긴급히 요청된다. 제주시 3소장 회천동 하잣성, 애월읍 장전리 5소장 상잣성, 표선면 가시리 하잣성과 간장(갑마장과 10소장 경계선)은 접근성과 관리상태가 양호하여 문화재 지정이 요구된다. 전라남도 고흥군과 울산광역시에서는 조선시대 목마장 잣성을 문화재로 지정해 보호하고 있다. 남원읍 하례리에 남아있었던 점마처와 물통, 한림읍 금악리의 국마통 역시 중요한 유적에 해당된다.

넷째, 마조제, 공마해신제, 백중제, 낙인제 등 다양한 목축문화 무형유산의 발굴과 함께 복원 및 실연에 필요한 예산지원이 필요하다. 아울러 목축문화와 관련된 신화, 속담, 민요, 전설, 질병치료법 등을 조사해 목축문화가 일상생활에서 어떻게 존재했는지를 조명했으면 한다.

다섯째, 점차 사라져 가는 테우리들에 대한 생활사 조사가 요청되며, 나아가 이들이 보유하고 있는 전통적 목축기술에 대한 채록조사를 진행해 제주형 목축문화의 원형을 정리해야 한다.

여섯째, 목축문화와 관련된 지명들을 찾아내 다시 사용할 경우, 목축문화의 계승과 활용에 도움을 줄 수 있다. 제주의 선조들은 조선시대 중산간 지대에 대해 십소장을 중심으로 지역구분하여 일상생활에도 활용했음을 상기할 필요가 있다.

일곱째, 송당리 이승만 대통령 별장(귀빈사)을 목축문화의 관점에서 활용할 필요가 있다. 물론 제주 4·3 당시 이승만 대통령의 정치·역사적 책임을 간과하자는 말은 아니다. 다만, 대통령 별장이 과거 국립제주목장에 위치하고, 이곳은 당초 구좌읍 송당리 마을공동목장 터로, 이 마을 주민들이 목축을 생업으로 삼아 우마를 방목했던 장소였기 때문에 마을

주민들이 희망할 경우, 대통령 별장을 목축문화역사자원으로 활용할 수
가 있다.

II. 목축문화의 보존 및 활용방안

1. 목축문화의 보존방안

1) 테우리 생활사 조사

목축문화를 보존하는 가장 우선적인 방안은 현재 남아있는 목축민에
대한 생활사生活史 조사이다. 이를 위해 마을별로 대표적인 테우리들을
선정해 그들이 일생동안 어떻게 목축생활을 영위했는가에 대해 집중적
으로 구술채록할 필요가 있다. 현재 중산간 마을에 거주하고 있는 70대
이상의 노인들은 대부분 목축생활을 경험했다. 이들은 목축지 내에 있는
물의 위치, 오름과 지명, 바람을 피할 수 있는 방목지의 위치선정과 질
좋은 초지의 위치 등등에 대해 자세히 알고 있었던 집단이다. 테우리들
이 고령화되어 점점 사라지고 있는 현실에서 이들이 보유하고 있는 목축
기술에 대한 조사(문헌조사, 구술조사)와 연구가 시급하다.

테우리들에 대한 생활사 조사 내용으로는 집이나 목장에서 이루어졌
던 소와 말 기르기, 백중제와 낙인코사와 같은 목축의례, 목축지 내의 자
연환경(오름과 물 등) 인식정도, 전통적 우마 질병 치료법, 공동목장 출
역의 내용과 불참자 처리방법, 마을공동목장조합 규약, 목감 고용에 따
른 임금 지불방법, 공동목장에서 목축방식, 공동목장 초지 및 방풍림 관
리법, 소 장수 및 말 장수 경험담, 맴쉐·번쉐·밭갈쉐 기르기, 상산방목
경험담, 낙인과 귀표하기, 바령밧 만들기, 우마를 활용한 밭 밟기 방법,
소와 말 길 들이기, 목축민요와 목축설화(전설), 목축지명, 말과 소의 이

름 등이 있다.

이러한 생활사 조사 결과는 예를 들어 『송당리 테우리 ○○○의 목축이야기』라는 형식으로 책을 발간할 수 있을 것이다. 앞으로 테우리들의 목축경험담에 대한 결과물들이 집적될 경우, 추후 『제주도목축민속지』로 집대성될 수 있을 것이다.

테우리 생활사(구술조사) 조사 대상 마을로는 구좌읍 송당리·하도리·덕천리, 조천읍 선흘리, 제주시 오등동, 애월읍 유수암리·상가리·장전리·봉성리, 한림읍 금악리, 서귀포시 하원동, 남원읍 의귀리·수망리, 표선면 가시리·성읍리 등이 대표적이다.

2) 목축문화박물관 운영

제주도는 '박물관 천국'이라고 할 만큼 박물관들이 우후죽순 식으로 설립되고 있다. 그러나 제주도의 문화와 지역성을 반영하는 박물관은 드물다. 박물관은 문화콘텐츠의 보고寶庫인 동시에 다양한 체험활동이 가능한 공간으로, 사회교육의 장으로 진화하고 있다.[1]

제주지역에는 말 문화를 테마로 하는 조랑말박물관이 표선면 가시리에 세워져 운영되고 있다. 이것은 이 마을이 정부의 예산지원을 받아 설립한 전국 최초의 리립里立 박물관이다(그림 100).

한국과 중국과 일본에도 말 박물관이 있다. 한국[한반]도에는 경기도 과천에 한국마사회가 운영하는 말 박물관(그림 101), 경상북도 청도군에 소싸움 테마박물관이 있다. 특히 한국우사회가 운영하는 청도 소싸움 테마박물관은 소싸움 경기 및 청도지역의 소 사육 문화를 대상으로 개발된 콘텐츠 자료를 전시하고 있다(그림 102·103).

반면 목축의 고장인 제주도에는 제대로 된 박물관이 부족한 상태이므로 다양한 목축문화 콘텐츠 자료를 구비한 목축문화박물관 건립을 제안한다. 새롭게 건물을 신축하는 방안도 있으나 예산절약 차원에서 제주도

---

1 정영임(2005), 「제주지역 박물관의 교육적 기능과 활성화 방안」, 제주대학교 교육대학원 석사논문, 1쪽.

〈그림 100〉 가시리 리립 조랑말
박물관

〈그림 101〉 한국마사회
마사박물관

〈그림 102〉 청도 소싸움 테마파크
(현지촬영, 좌측은 소싸움 경기장임)

〈그림 103〉 청도 소싸움 경기장면
(테마파크내 전시사진 촬영)

청 소유의 공공건물이나 목축문화 박물관 설립을 희망하는 마을이 있을
경우, 해당 마을의 마을회관 건물 등을 리모델링해 박물관으로 활용하는
방안도 있다. 목축문화 전통이 잘 남아있는 구좌읍 송당리, 조천읍 교래
리, 애월읍 유수암리와 장전리, 안덕면 서광서리, 서귀포시 하원동, 남원
읍 의귀리에서 목축문화박물관을 건립할 경우, 마을발전에도 크게 기여
할 것이다.

이 박물관 건립 및 운영에 대비해 제주특별자치도청 축정과 등이 주
체가 되어 전도에 산재해 있는 목축문화 관련 문헌자료 및 사진자료, 낙
인, 공동목장 운영자료, 목축의례 도구 등을 수집해 체계적으로 정리하
는 작업이 시급하다. 철로 만든 낙인들은 녹슬어 소멸되고 있으며, 고문
서들은 습기에 노출되어 날로 훼손되고 있기 때문이다.

이 박물관의 콘텐츠 자료로는 박물관 내부 공간에는 제주마 자료, 제주흑우 자료, 세계의 목축문화(몽골, 중국, 일본, 미국, 뉴질랜드, 유럽, 아프리카 등) 자료, 제주목축문화 자료, 말 관련 특산품과 음식문화, 말 소재 예술품 전시, 경마역사, 한국(제주) 목장사 관련 자료 등을 전시한다. 외부 공간에는 연자매, 말안장, 마유화장품, 마공연장 등 체험시설을 구비한다.

3) 테우리 학교 운영

테우리들의 목축문화에 대한 조사·연구결과를 토대로 목축문화를 체험하고, 이를 체계적으로 계승하기 위해 테우리 학교의 운영을 제안한다.

테우리 학교를 설치할 장소로는 일차적으로 제주시 조천읍 교래리가 적당하다. 이곳은 조선후기 산마장을 관리했던 객사가 있었던 마을이기 때문이다. 이 객사는 1703년 이형상 목사가 만든 『탐라순력도』의 「산장구마」에 등장한다.

산마장과 산마감목관 그리고 테우리들의 목축역사를 간직한 교래리에 테우리 학교를 운영하는 것은 역사적으로 중요한 가치가 있다. 차선책으로 제주민속자연사박물관에서 목축문화 관련 특별전을 열며 목축문화를 배워보는 프로그램으로 테우리 학교를 운영할 수 있다.

이 학교의 구체적인 프로그램으로는 제주의 목장사, 테우리들의 목축문화사, 우마 낙인법, 거세술, 진드기 구제법, 제주마 사양법, 경주마 육성법, 목축의례, 말 타기 체험, 목축민요 배워보기, 촐(꼴) 눌 만들기 방법, 겨울철 축사에서 우마 기르는 방법, 마상무예, 상산에 쉐(소) 올리기(상산방목), 공마이야기, 고지도에 나타난 제주목장 이해, 목축문화 콘텐츠 개발, 마을공동목장조합, 목축 음식문화, 제주와 몽골의 목축문화 비교, 제주마, 제주흑우 등에 대한 체험과 학습 등이 있다.

4) 목축문화 해설사 양성

현재 제주도에는 제주특별자치도 문화관광해설사협회가 있어 제주의 문화관광을 국내외에 소개하는 역할을 하고 있다. 차제에 해설사의 역할을 전문화, 세분화 할 필요가 있다. 즉, 목축문화에 대한 전공지식을 구비한 목축문화 해설사 양성이 필요하다. 전통적으로 목축민들이 초지환경을 어떻게 활용했는지에 대한 조사와 연구를 통해 전공지식을 축적한 다음, 애정을 가지고 목축문화를 소개할 수 있는 목축문화 해설사 양성이 요청된다. 제주민속자연사박물관이 목축문화 해설사 양성 프로그램을 운영할 수 있다. 이 박물관 내에는 제주마와 목축문화에 대한 자료들이 전시되고 있을 뿐만 아니라 다양한 인프라를 구비하고 있어 목축문화 해설사 양성에 최적이다.

또한 스토리텔러(story-teller)도 필요하다. 스토리텔링 산업을 선도할 이야기꾼인 스토리텔러들은 제주대학교 스토리텔링연구센터나 대학교부설 평생교육원에서 양성되고 있다. 2010년 제주시와 제주관광대학부설 평생교육원이 일반시민, 관광종사자 및 각종 해설사 등을 대상으로 운영했던 제주돌문화 스토리텔러, 제주설화 스토리텔러, 제주자연유산 스토리텔러 등 제주문화 스토리텔러 양성프로그램은 그 사례이다.[2] 추후 목축문화 스토리텔러 양성과정이 개설되었으면 한다.

목축문화 스토리텔링 소재로는 고려말 몽골과 제주의 교류상황, 몽골의 탐라목장 설치와 운영, 다루가치와 자르구치 이야기, 목호의 난과 최영장군 이야기, 목호 남편과 제주여성 열녀 정씨 이야기, 이성계와 제주마 응상백 이야기, 고득종과 국마장 설치, 김만일과 산마감목관, 산마장, 『탐라순력도』(1703) 이야기, 십소장 경계선인 잣성, 6소장 목자 고윤문의 효행, 마을공동목장, 이시돌 목장과 맥그린치 신부,[3] 국립제주목장과 이승만 대통령, 공마와 점마, 공마선, 제주목사 이형상·송영규·김영수 그리고 제주어사 심낙수, 감목관, 목축의례 등이 있다.

---

2 제주관광대 부설평생교육원(2013), 『제주문화 Story-teller 돌문화 양성과정』.
3 제주시 한림읍 금악리에서 1960년대부터 이시돌 목장을 운영한 맥그린치 신부에 대해서는 박재형의 『희망을 준 맥그린치 신부』(카톨릭출판사, 2006)가 참조된다.

5) 동아시아 목축문화연구센터 설치

제주도의 목축문화에는 몽골, 중국, 한국, 일본의 목축문화가 융합되어 있다. 따라서 이들 동아시아 국가의 목축문화와 제주도의 그것을 상호 비교하여 제주도 목축문화의 정체성을 구명하는 작업이 필요하다. 이를 통해 제주지역을 중심으로 한국·중국·일본·몽골 지역의 목축문화 이해는 물론 제주도의 목축문화를 세계화하는 데에도 기여할 수 있을 것이다.

제주도내에서 말 관련 학과가 운영되고 있는 제주국제대학교와 제주한라대학교, 국립제주대학교의 부설연구기관으로 동아시아 목축문화연구센터를 설치한 다음, 몽골과 중국 그리고 일본의 말 박물관과 교류하면서 목축문화 연구의 지평을 확대했으면 한다.

이 연구센터가 주축이 되어 몽골의 울란바타르에 있는 징기스칸 박물관, 일본의 홋카이도에 있는 마사박물관 그리고 중국 북경에 있는 중국 최대 규모의 마문화박물관과 연구실적을 교류하면서 동아시아 지역의 말을 매개로 한 목축문화교류를 할 수 있을 것이다.

2. 목축문화의 활용방안

2014년 제주특별자치도는 전국 최초로 정부로부터 말산업 특구로 지정되면서 이제 말산업은 제주의 신성장 동력산업으로 부상하고 있다. 그리하여 승마, 마육산업, 향장품산업, 말 관련 기념품 개발 등이 활발하게 추진되고 있다. 이러한 상황에서 말 산업 특구지정의 역사·문화적 토대를 제공한 제주의 목축문화를 어떻게 활용할 것인가에 대한 답을 하기 위해 앞서 제시한 연구결과를 기초로 하여 제주의 전통적 목축문화 원형에 대한 활용방안을 제시하면 다음과 같다.

1) 헌마공신 김만일金萬鎰 테마공원 조성

김만일의 고향인 남원읍 의귀리에는 김만일 관련 역사유적이 다수 남아있다. 최근에는 김만일 동상제작을 위한 표준영정 연구용역이 완료되었다.[4] 김만일은 조선중기 헌마공신으로 전국적으로 유명했던 목축인이었다. 이런 점을 이용해 김만일 테마공원 조성을 제안한다.

테마공원의 위치로는 의귀리 마을회관, 의귀리 공동목장, 견월악 제주마 방목지 부근이 거론된다. 각각의 입지타당성을 보면, 의귀리 마을회관 부근의 경우, 마을 내에 남아있는 김만일 관련 유적을 활용해 관광객들을 마을 내로 유치하여 마을 소득증대에 도움을 줄 수 있다는 장점이 있으나, 공간이 협소하다. 의귀리 공동목장의 경우, 표선면 가시리와 애월읍 장전리 공동목장의 성공사례와 같이 공동목장 활성화를 가져올 수 있다. 현재 민오름(민악) 일대에 자리한 의귀리 마을공동목장에는 헌마공신 김만일이 유년기를 보냈던 '반득전(반데기왓)'과 승마장을 중심으로 한 '옷귀馬 테마공원'이 조성되었다. 견월악 제주마 방목지 부근의 경우, 접근성이 좋아 방목지 탐방객 유치에 도움을 줄 수 있으나 부지확보에 어려움이 예상되며, 또한 김만일의 활동무대와 멀리 떨어져 있다는 단점이 있다. 이런 면에서 볼 때 의귀리 마을 공동목장 내에 김만일 테마공원을 조성하는 것이 바람직하다.

테마공원 조성은 김만일 후손인 경주김씨 종친회와 의귀리 마을회 그리고 제주특별자치도, 문화관광부가 공동으로 추진하는 방안이 적절하다. 인터넷 사이버 공간에 '의귀리 김만일 마을' 사이트를 만들어 홍보하고, 마을 내에는 김만일 동상을 세우며, 김만일 생가터를 복원함과 동시에 '김만일 목축기술'을 체험하는 프로그램을 운영한다.

김만일은 『제주읍지』와 『승정원일기』에 '헌마공신獻馬功臣'으로 기록되며,[5] 개인목장을 운영하면서 부를 축적했던 인물이었다. 특히 『광해군일기』, 『승정원일기』, 『제주읍지』 등 역사기록에 그의 목축과 관련된 내용이 여러 차례 등장할 정도로 그는 제주도 목축사의 상징적 존재였다.

---

4 제주대학교 탐라문화연구소(2014.08), 『헌마공신 김만일 표준영정조사연구용역 최종보고서』.

5 『승정원일기』, 제2778책, 고종 9년(1872) 7월 1일(계미).

김만일은 국가에 헌마하여 국난극복에 도움을 주었다는 측면에서 노블레스 오블리주noblesse oblige[6]를 실천한 인물로 평가할 수 있다. 그는 조선시대를 살았던 목축인 중에 국가가 필요로 하는 말을 헌마 했던 대표적인 인물로, 국가에 말을 제공하여 국난극복에 도움을 주었다는 점이 높게 평가된다.

현재 김만일의 고향인 남원읍 의귀리 1773번지 속칭 '서위남 모루'에는 김만일 묘가 위치했다. 2009년 7월 '의귀리 김만일 묘역'이라는 명칭으로 제주특별자치도 지정문화재 기념물 제65호로 지정되었다. 묘의 전면에는 '숭정대부동지중추부사오위도총부도총관김공지묘崇政大夫同知中樞府事五衛都摠府都摠管金公之墓'라 기록되어 있고, 마을 내에는 김만일 생가터가 남아 있다.

〈그림 104〉 김만일 유적과 산마장 내 유적
제주문화예술재단(2007), 『제주마학술조사보고서』, 32쪽.

---

6 노블레스 오블리주는 높은 신분과 많은 재산 등의 혜택을 누리는 사람이 그렇지 못한 다른 사람들을 도와야 한다는 생각을 말한다.

<그림 104>는 남원읍 의귀리 마을 영역에 남아있는 김만일 관련 역사유적의 분포를 보여준다. 여기에는 김만일의 목축공간이었던 물마장, 장수물장이 확인되며, 하잣성과 중잣성, 김만일 묘와 가묘터 등이 있었다. 장수물장은 과거 물영아리오름 남쪽 수망리 공동목장터(현재 부영CC)에 남아있는 '장수물'에서 유래한다.

김만일에 주목해 2014년 1월 제주관광공사에서 발주한『헌마공신 김만일 스토리텔링 연구사업』결과에서는 김만일 활용법으로 '김만일 올레', '힐링마로 개설' 등이 제시되었다.[7] 한국마사회는 한국의 말 문화를 빛낸 주역으로 국가에 대량의 말을 바쳐 환란극복을 도운 헌마공신 김만일을 한국의 말 문화를 빛낸 주역으로 선정했다.

2) 한라산 상산방목 재현

제주도민들은 1970년 한라산이 국립공원으로 지정되기 이전에만 해도 한라산 백록담, 윗세오름, 방애오름, 선작지왓의 고산초지대를 이용해 우마를 방목했었다. 이들은 마을 위의 한라산에 우마를 올리는 것을 "상산에 쉬 올린다"고 했다. 상산은 대략 해발 1400m 이상의 고산초원(선작지왓)에 해당하며, 이곳은 해발고도가 높아 온도가 낮기 때문에 진드기 피해가 없었다. 또한 무료로 자유롭게 이용할 수 있었던 초지가 있어 우마 방목지로 널리 선호되었다. 이러한 방목 문화를 재현하여 소멸된 중산간 마을 목축문화의 복원과 함께 새로운 한라산의 역사문화 관광자원으로 개발했으면 한다.

상산방목은 제주시 오등동, 애월읍 광령리, 유수암리, 서귀포시 하원동, 도순동, 상효동 등 주로 백록담이 보이는 마을에서 행해진 목축문화였다. 현재도 이들 마을에는 상산에 우마를 올려 목축했던 사람들이 남아있다. 이들의 경험담에 근거하여 다음과 같이 상산방목을 재현했으면

---

7 제주관광학회(20104),『제주마 문화자원을 활용한 스토리텔링 연구사업』, 제주관광공사.

한다.

상산방목을 재현할 장소는 윗세오름 휴게소 일대이다. 상산방목은 절기상 청명 지나서 이루어졌다는 점을 고려하여 청명일 또는 한라산 철쭉제와 병행해 실시할 수 있다. 상산방목에 참여했던 마을주민들이 소 또는 말을 몰고 참여한다. 제주시 지역은 어리목 광장, 서귀포시 지역은 돈네코 등반로 입구 광장에 집결해 등반로를 따라 이동한다. 참여 정도에 따라 두 지역의 상산방목 참여 우마를 어리목 광장에 모이게 하여 동시에 출발시킨 다음, 어리목 등반로를 따라 윗세오름 휴게소까지 이동시키는 방안도 있다.

상산으로 우마를 몰고 갈 때 부르는 민요도 재현할 수 있다. 서귀포시 상효동 '마지막 상산 방목 테우리' 오세창씨(64세)는 상산방목의 전문가로, 목축민요에 능하다. 어리목 광장과 윗세오름 휴게소에 물과 사료를 미리 준비해 둔다. 윗세오름 휴게소 또는 돈네코 등반로 상에 있는 평지궤(평궤)에서 상산에 방목시킨 우마의 건강과 번성 및 상산방목 중 잃어버린 우마 찾기를 기원하는 테우리 고사를 지낸다. 이를 위해 '곤밥'(쌀밥)과 굽지 않은 말린 옥돔을 준비하며, 상산방목에 참여한 마을별 테우리들이 공동으로 의례를 주관한다.

행사장인 한라산 윗세오름 일대는 29개의 법에 근거하여 보호되는 장소인 만큼 이 행사는 문화재청과 제주특별자치도청 등 관계당국의 적극적인 관심이 있어야 가능하다. 상산방목 재현 행사는 09:00부터 16:00까지 이루어지는 이벤트성 행사로 이루어지므로 실현가능성이 있다.

이 행사는 1960~70년대까지만 해도 한라산 정상부에 풀이 나면 해마다 우마를 올려 방목했던 상산방목 목축문화를 재현하는 것이다. 이것은 세계자연유산 한라산을 찾는 관광객들에게 새로운 볼거리를 제공하고, 한라산 정상부의 초지환경을 목축문화와 연계시킨 역사·문화·관광상품을 개발할 수 있다.

3) 목축문화를 활용한 마을활성화

목축문화를 이용한 마을발전 전략으로 성공을 거둔 사례로 표선면 가시리 마을을 들 수 있다. 이 마을에서는 대록산과 따라비오름 일대의 초지에 들어섰던 조선후기 녹산장과 갑마장 그리고 일제시기부터 현재까지 유지되고 있는 마을공동목장의 목축문화를 활용한 프로그램을 계획하여 2005년부터 농림식품부에서 전국적으로 벌인 '농촌마을종합개발사업'과 2009년 '신문화공간조성사업' 그리고 행정안전부의 '친환경생활공간조성사업' 등에 응모해 선정된 결과, 정부로부터 예산지원을 받아 조랑말 체험공원과 조랑말 박물관 및 유채꽃 플라자를 건립해 운영함으로써 전국 각지에 마을발전의 모범사례로 소개되고 있다.[8]

목축문화를 활용한 마을활성화 가능 마을로는 첫째, 구좌읍 송당 마을을 추천할 수 있다. 이 마을에는 1소장 국마장과 마을공동목장 그리고 이승만 대통령에 의해 추진된 국립제주목장과 문화재청이 등록문화재로 지정한 제주 이승만 별장(등록문화재 제113호)이 있다.

이 건물은 귀빈사貴賓舍로 불리며, 2014년 내부 정비를 완료했다(그림 105). 이 밖에 이 마을에는 하잣성과 1소장을 동·서로 구분하며 쌓았던 간장間墻 등 목축 문화·역사유산이 풍부해 이를 활용해 마을발전 전략을 수립할 필요가 있다.

〈그림 105〉 국립제주목장터에 위치한
이승만 대통령 별장(현지촬영)

둘째, 남원읍 의귀리 마을은 조선중기 김만일의 목축과 헌마로 인해 제주마의 본향으로 알려진 마을로, 현재 김만일 동상제작 추진, 김만일 생가 복원사업 등 김만일 관련 목축문화를 마을발전과 연계시키려는 노력이 진행되고 있다.

---

8 유홍준(2012), 『나의 문화유산 답사기』 7(돌하르방 어디 감수광), 창비, 421-427쪽.

셋째, 한림읍 금악리 마을은 조선시대 6소장에 속하는 목장지대와 함께 하잣성, 국마통 등이 남아있다. 특히 이 마을에는 1960년대 아일랜드에서 건너온 맥그린치P.J. McGlinchey(1928~) 신부가 황무지를 개척해 만든 이시돌 목장이 운영되고 있다.

특히 이시돌 목장은 1960~90년대 한림읍 지역민을 대상으로 천주교를 전파하는 동시에 양돈기술과 외국산 육우 사육법을 교육시켜 이들의 소득증대에 기여했을 뿐만 아니라[9] 목장운영에서 발생한 수익금을 노인요양원, 청소년 젊음의 집, 한림수직공장 건립과 운영에 투입함으로써 한림읍 지역의 발전과 복지에 기여하고 있는 노블레스 오블리주의 실천 현장이다.

4) 목축문화 콘텐츠 개발

21세기는 문화콘텐츠 산업의 시대로, 문화콘텐츠는 출판, 만화, 방송, 게임, 캐릭터 등 문화와 관련된 각종 매체들을 지칭하거나 문화원형을 문화상품으로 개발하는 창조적 과정을 의미한다.[10] 이러한 문화콘텐츠는 텍스트 콘텐츠(출판, 신문, 잡지), 비텍스트 콘텐츠(공예품, 미술품, 공연), 시청각 콘텐츠(방송, 영상, 광고, 영화, 비디오, 음반), 디지털 콘텐츠(애니메이션, 게임, 모바일 등)로 구분된다.[11]

제주지역 목축문화 콘텐츠의 구축현황은 <표 16>과 같으며, 이 콘텐츠들은 문화재자료, 인물자료, 무형유산, 유형유산, 기록유산 자료 등으로 구분할 수 있다.

현재 목축문화 관련 문화재로는 1986년 천연기념물 제347호로 지정된 '제주의 제주마', 2009년에 제주특별자치도 기념물 제65호로 지정된 '의

---

9 천주교 전파와 이시돌 목장 운영과의 관계에 대해서는 김두욱의 「제주도 외래 종교의 공간적 확산과 수용 배경」(1999, 한국교원대학교 지리교육과 석사 논문)이 참조된다.

10 김만석(2010), 『전통문화원형의 문화콘텐츠화 전략』, 북코리아, 45쪽.

11 허권(2010), 「유네스코 세계문화유산의 문화콘텐츠화 방안연구」, 한양대 석사논문, 4쪽.

〈표 16〉 제주도 목축문화 콘텐츠 구축현황

분류	목축문화 콘텐츠 자료
텍스트 콘텐츠	『고태오 할아버지가 들려주는 마지막 말테우리』(박재형, 2003), 『마지막 테우리』(현기영, 2006), 『한라산』(오성찬, 1990), 『헌마공신 김만일과 말이야기』(권무일, 2012), 『사진으로 보는 제주목축문화』(농촌진흥청 국립축산과학원 난지축산 시험장, 2011), 『제주마 학술조사보고서』(농촌진흥청 국립축산과학원 난지축산시험장, 2007), 『제주도목장사』(남도영, 2003), 『제주조랑말』(강민수, 1999), 『제주마 이야기』(장덕지, 2007), 『제주축산사』(제주특별자치도·제주대학교 아열대농업생명과학연구소, 2007), 『제주동·서부지역 공동목장사』(제주특별자치도 문화관광해설사회, 2010·2011), 『일제시기 목장조합연구』(강만익, 2013) 등
시청각 콘텐츠	〈김만일과산마장〉(제주대 문화콘텐츠사업단, JIBS 공동제작), 〈제주의 잣성〉과 〈흑우〉(KBS 제작), 〈제주마문화의 산증인, 말테우리〉(KCTV 제작), 〈MBC마당놀이 몰·말·몰이야기〉(한국마사회 제주지역본부·제주 MBC), KBS TV문학관 〈한라산〉(1984년 5월 12일 방영), 말 모는 소리(고태호) 등

출처 : 강만익(2013), 「한라산지 목축경관의 실태와 활용방안」, 『한국사진지리학회』 제23권 제3호, 한국사진지리학회, 106쪽.

귀리 김만일 묘역', 2013년에 천연기념물 제546호로 지정된 제주흑우가 있다. 인물자원으로는 최영장군, 고득종, 김만일과 김대길, 고윤문이 대표적이다. 최영장군은 1374년 탐라에서 발생한 몽골출신 목호의 난을 진압해 탐라에서 원의 잔여세력을 축출하는 공을 세운 인물이었다.

고득종은 조선 세종 때 한성부 판윤을 역임했으며, 제주도 중산간 지역에 국영목장을 설치하도록 건의한 인물이었다. 김만일은 광해군 때 헌마한 인물, 김대길은 초대 산마감목관이었다. 고윤문은 효행을 인정받아 칭송받은 6소장 목자였다. 이밖에 잣성을 축조했던 김영수 목사, 목장을 재정비했던 이형상과 송정규 목사, 가파도별둔장을 설치했던 유한명 목사, 우도장을 만든 정언유 목사, 목장신정절목을 작성했던 심낙수 어사 등도 제주의 국마장 운영에 직간접적으로 참여했던 인물자원에 해당된다.

목축문화 기록유산으로는 『탐라순력도』와 「탐라지도병서」, 「제주삼읍도총지도」, 『목장신정절목』, 『조선왕조실록』과 각종 고문서 등이 있다. 특히 『목장신정절목』은 정조 18년(1794)에 제주어사 심낙수沈樂洙가 산마장 침범 경작자들로부터 받아 오던 세금의 과중한 폐단을 시정하기 위해 작성한 문서이다. 이것은 18세기말 산마장의 운영 실태를 파악할 수 있는 중요한 사료이다. 『조선왕조실록』에는 국영목장 설치 배경, 목장명칭, 목장 운영상황, 공마실태 그리고 목자들의 역할 등이 나타나 있다. 효종 4년(1653) 제주목사 이원진이 편찬한 『탐라지』에는 제주목, 대정현, 정의현 지역의 목장운영 실태가 기록되어 있다.

한편, 방송매체를 이용한 목축문화 콘텐츠 제작도 효과적이다. 물론 여기에는 많은 비용이 소요될 것이나 일단 방송 콘텐츠로 제작될 경우, 여러 지역에서 콘텐츠를 공유할 수 있다는 장점이 있다. 2011년 10월 제주마축제에서 공연된 '제주 MBC 마당놀이 물·말·물이야기'는 완성도 높은 대표적인 목축문화 콘텐츠였다. 이 마당극은 공마봉진과 제주마 키우기 풍습 등 목축문화를 소재로 제작되었으며, 출연자 모두 제주어로 대사를 구사함으로써 그야말로 제주도에서만 볼 수 있는 공연이었다.

고려 말에 발생했던 목호의 난을 대상으로 고려 명장 최영이 이끌던 탐라목호군 토벌대와 몽골 목호군과의 전투 그리고 한남리에 남아 있는 열녀 정씨이야기, 김만일과 효자로 소문난 목자 고윤문 등을 주인공으로 한 방송콘텐츠 제작도 의미가 있다.

마조제나 백중제 등 목축의례에 이용되었던 음식을 이용한 콘텐츠 개발도 필요하다. 또한 조선시대 조정에 국가제사를 위한 희생으로 진상했던 '검은쉐'를 이용한 콘텐츠 개발도 가치가 있다. 현재 제주도에서는 '검은쉐'를 복원했으나 앞으로 제주 지역경제의 미래를 위해 '검은쉐'를 상업화하는 방안을 검토할 필요가 있다.[12]

말고기는 단백질이 많고 콜레스테롤 함량이 적어 다이어트 식품으로 인기 있는 고급요리에 해당하며, 허준의 『동의보감』(1610)에도 말고기는 신경통과 관절염, 빈혈, 척추 등에 좋다는 기록도 있다. 최근에는 마유, 말 태반을 재료로 한 기초화장품, 영양크림, 마유비누, 말 태반 비누 등 화장품이 출시되고 있다.

---

12 주강현(2011), 『제주기행』, 웅진지식하우스, 200쪽.

〈그림 106〉장전리 공동목장조합 백중제 실연절차
(2014.8.10, 장전공동목장내 궷물제단에서 현지촬영)

우마의 번성을 기원하며 행해졌던 목축의례 콘텐츠도 중요하다. 여기에는 사복시가 치제했던 마조제와 제주목사가 공마선의 안전사고를 방지하기 위해 행했던 공마해신제 그리고 제주의 목축민들에 의한 백중제, 낙인코시, 귀표코시 등이 있다. 실례로 마조제 콘텐츠 개발이 요구된다.

제주지역에서는 제주목사가 주관했다. 마조제의 절차와 희생물 등에 대한 고증을 거친 다음, 제주마 축제나 들불축제 때 하나의 프로그램으로 실연하는 것도 바람직하다. 공마해신제는 제주시 화북마을, 조천마을에서 올래길 문화행사로 재현할 수 있다. 공마해신제를 지내는 시기와 절차 등에 대한 고증을 거친 다음 재현하는 방안이 필요하다.

백중제는 음력 7월 15일에 목축민이나 마을공동목장조합이 주체가 되어 일부지역에서 행해지고 있다. 2014년 8월 10일 오전 10시에 이루어진 애월읍 장전리의 백중제는 장전공동목장조합이 주관했으며, 유교식으로 행해졌다. 이 마을의 백중제는 ① 제단준비(제단 위를 깨끗하게 청소한 다음, 목장에서 채취해온 '새'(띠)로 제단 위를 덮기) ② 진설하기(돼지머리, 삶지 않은 돼지살코기, 말리지 않은 옥돔 4마리, 마른 명태 1마리, 과일(밤, 포도, 사과, 배, 귤, 대추, 곶감, 수박), 고사리 반찬, 메(쌀밥 2, 좁쌀 2) ③ 헌관과 집사들이 궷물에서 떠온 물을 이용해 손 씻기 ④ 집사 2명이 먼저 절을 하고 제단 앞으로 가기 ⑤ 초헌관, 아헌관, 종헌관이 차례로 절하기 ⑥ 초헌관이 축문일기 ⑦ 초헌관, 아헌관, 종헌관이 동시에 절하기 ⑧ 백중제에 참석한 마을유지 절하기 ⑨ 지방지와 축문 태우기 ⑩ 음복하기 ⑪ 철사(음식물 정리) 순으로 진행되었다(그림 106).

5) 제주마상무단예 육성

고려 말 100여 년 동안 제주에 거주했던 몽골출신 목호들은 몽골에서 했던 마상무예馬上武藝를 제주도에서 했을 가능성이 있다. 현재 표선면 성읍리의 제주조랑말타운과 한림읍 월림리 더마파크The馬Park에서는 몽골인 마상무예단이 공연하고 있다. 약 700년 전 제주에 살았던 몽골인들의 후예들이 마상무예 공연을 통해 수입을 창출하는 구조는 제주와 몽골의 문화교류에 기여하는 측면도 있으나 장기적인 안목에서 볼 때 말 산업관련 학과를 개설한 제주도내 대학교에서 마상무예단을 양성했으면 한다.

제주특별자치도 말산업 특구예산 또는 한국마사회, 문화관광부가 관심을 가지고 마상무예단 육성을 지원할 경우, 제주인으로 구성된 마상무예단이 탄생해 각종 문화행사에서 공연을 할 수 있을 것으로 기대된다. 마상무예는 정도의 『무예도보통지』에 자세히 소개되어 있다. 이 책은 1790년 이덕무李德懋·박제가朴齊家·백동수白東修 등이 정조의 명에 따라 편찬한 것으로, 여기에는 말을 타고 창을 다루기(기창보), 말 위에서 양손에 칼을 들고 재주 부리기(마상쌍검), 말 위에서 긴 청룡도 휘두르기(마상월도), 말을 타고 도리깨 모양의 곤봉 휘두르기(마상편곤), 맨 손으로 말에 올라 재주 부리기(마상재) 그리고 말 타고 펼치는 격구 등이 있다.

특히 격구擊毬는 말 타고 펼치는 공놀이의 일종으로 '장시杖匙'라는 끝이 숟가락처럼 생긴 채로 마구 공을 퍼 담아 골대에 집어넣는 기병용 특수 무예였다. 격구는 무과의 최종시험인 전시殿試의 마지막 시험과목으로, 세종은 "격구를 잘 하는 사람이 말 타기와 활쏘기를 잘 할 수 있으며, 창과 검술도 능란하다"고 평가했다. 격구를 비롯한 마상무예 공연이 제주도내 각종 문화행사와 도민체육대회에서 열린다면 제주도민들과 관광객들에게 색다른 볼거리를 제공할 것이다.

6) 테우리 콘텐츠 개발

제주의 테우리들은 목축문화를 탄생시킨 주체들로, 국마장에서 직접 우마를 생산, 관리했던 목장운영조직의 최말단에 있었던 목축인 집단이었다.

테우리를 주인공으로 하는 콘텐츠 개발은 "아래로부터의 역사"를 밝히는 작업인 동시에 조선시대 제주의 사회적 약자들이 어떻게 생활했는지를 구명하는 의미 있는 작업이라고 할 수 있다.

전면 : 孝子高允文之閭
후면 : 上之十七季 丙子十一月 日
　　　命旌歲久之後恐其板刻之易 漫新
　　　磨片石以志永世不朽云
　　　道光三十季 五月日
　　　再從孫 濟宗 竪

〈그림 107〉 목자 고윤문
비석(사진 : 고영철)

테우리를 주인공으로 하는 콘텐츠로는 『조선왕조실록』, 「제주목장구폐완문」(1860), 『대정현아중일기』에 등장한 목자의 생활이야기, 효자로 칭송받아 『순조실록』에 등장한 6소장 목자 고윤문高允文 이야기 등이 있다(그림 107).

이밖에 1672년 3월 자신이 관리하던 말이 남의 보리밭에 들어가 곡식을 먹어버린 것을 보상하기 위해 자신의 밭을 팔아야 했던 목자 노奴 태호太好 이야기, 『탐라순력도』(1703) 「별방조점」의 다랑쉬오름 일대 흑우둔黑牛屯에서 검은 쉐를 길렀던 테우리들, 고종 26년(1889) 6월 3소장 목자 권인복이 공마 중 유웅마 1필이 지난 밤에 병이 나서 죽었다고 보고했던 공마이야기, 영조 17년(1741) 동색마를 마련하기 위해 처의 밭을 팔아야 했던 목자 이세인李世仁 이야기,[13] 『탐라순력도』에 등장한 테우리 복장 등도 테우리 콘텐츠의 원천자료에 해당된다.

이밖에 『탐라순력도』에 등장하는 테우리 복장도 목축문화 콘텐츠 자료가 될 수 있다. 이에 대해 고부자는 "제주도의 테우리들은 벙거지 모자를 쓰고, 바지저고리를 입으며, 채찍을 들고 있었다. 이들은 바지저고리에 포를 입고 허리띠를 매었고, 종아리에는 가죽발레를 끼었다. 가죽발레는 허벅지까지 올라오는 일종의 발 토수로, 이는 방한용으로 추운 겨울에 산야에 다니는 목자들이 사용했다"[14]는 견해는 테우리 복식을 이

13　고창석(2001), 『제주도고문서연구』, 제주대학교 탐라문화연구소, 66-67쪽.
14　고부자(2000), 「『탐라순력도』에 나타난 복식」, 『탐라순력도연구논총』, 탐라순력

용한 콘텐츠 개발에 유용하다.

7) 목축문화 축제

(1) 제주마·제주흑우 축제

여기에 해당하는 축제에는 제주마 축제, 제주흑우 축제, 테우리 축제가 있다. 제주마 축제는 국가 차원에서 제주마의 가치를 세계화하는 전략의 하나로 격상할 필요가 있다. 이를 위해 제주마 축제 프로그램을 다양화하는 등 범정부적 지원이 필요하다. 세계적 말 축제인 몽골의 나담축제(7월)(그림 108), 일본의 후쿠시마현 소마 노마오이 축제(7월)는 제주마 축제를 세계화시키는 모범사례가 될 수 있다. 몽골의 나담Naadam 축제는 수도 울란바타르에서 매년 개최되며, 축제 종목은 몽골 씨름, 말타기, 활쏘기로 2010년 유네스코 문화유산에 등재되었다.

제주마 축제를 내실화하기 위해 제주인과 제주마가 함께하는 축제로 승화시킬 필요가 있다. 이 축제 프로그램으로 조랑말 경주마대회(그림 109), 말 거래시장 개설, 말 패션쇼, 마상무예, 격구, 낙인찍기, 말총공예, 젖 짜기 체험, 편자 만들기 체험, 말싸움 경기 등을 제안한다.

제주도는 목축업과 함께 농업도 병행했던 지역이기 때문에 밧갈쇠와

〈그림 108〉 나담축제 씨름경기 장면
(ⒸMongolian National Tourism Center)

〈그림 109〉 조랑말 경주대회 장면
(제주도정뉴스)

도연구회, 328쪽.

암소가 모두 필요했다. 소는 밭을 갈고 짐을 운반하며 언제나 주민들과 함께 했던 가축이었다.

조선시대 제주에는 황우黃牛와 흑우黑牛가 모동장, 가파도별둔장, 천미장, 황태장에서 길러졌으며, 해마다 제주마와 함께 공마선을 타고 진상되었다. 제주흑우는 조선시대 국가가 거행하는 제사나 의례에 희생물로 이용되었기 때문에 특별 관리되었던 가축이었다. 문화재청에서는 제주 흑우의 역사성과 보존 상태를 평가해 천연기념물 제546호로 지정했다(그림 110). 이러한 제주흑우의 특성을 활용하는 제주흑우 축제를 제안한다.

한국에서 소를 이용한 축제 형식이나 테마파크를 운용하는 지역은 경상북도 청도군이 유일하다. 이곳에는 소싸움 놀이(민속투우대회)의 전통을 현대적으로 계승한 소싸움 경기장이 만들어져 있다(그림 111). 이 시설은 (사)한국우사회가 운영하며, 지역주민들은 황소를 길러 소싸움 경기에 출전해 소득을 올리고 있다.

소를 이용한 축제는 투우경기로 유명한 스페인에서도 열리고 있다. 특히 스페인 북부 팜플로나 지방은 피레네 산지를 이용해 이목移牧 형식으로 소를 기르는 전통을 가지고 있어 이를 활용한 <산 페르민 소몰이 축제>가 전 세계에 소개 되고 있다.

스위스 북동부 아펜첼Appenzell의 우르내쉬Urnaesch 소몰이 축제는 9월

〈그림 110〉 천연기념물인 제주흑우
(사진 : 한국종축개량협회 제주도사업소)

〈그림 111〉 청도 소싸움 경기장면
(경북매일신문, 2014.7.29)

에 알프스 산지에서 방목하던 소떼들이 마을로 돌아올 때 열린다. 목동들은 전통의상을 입고, 소에게 커다란 방울을 달고 치장한 후, 소들과 목동들이 함께 벌이는 축제이다.[15] 제주에서도 마을공동목장이나 상산에 올렸던 쇠들이 마을로 내려오는 상강霜降을 전후해 소몰이 축제를 열 수 있다.

(2) 테우리 축제

제주특별자치도는 바다의 주인공인 해녀를 알리기 위해 제주해녀박물관을 운영하고 해마다 제주해녀축제를 열어 제주의 해녀문화를 전 세계에 알리고 있다. 반면에 한라산지 초지의 개척자이면서 목축문화의 창출 주체들인 테우리들에 대해서는 지역사회의 관심이 부족한 편이다.

이에 제주초원의 개척자인 테우리 축제를 제안한다. 백중날 표선면 가시리 조랑말체험공원 일대에서 여는 것도 하나의 방안이 될 수 있다. 축제 콘텐츠로는 테우리 목축기술 실연(진드기 구제법, 낙인, 귀표), 백중의례 재현, 갑마장길 걷기, 산장구마 재현, 점마 실연, 말몰이 재현, 목축민요 경연(밭볼리는 노래, 물방애 돌리는 노래 등), 마상무예공연, 말고기와 소고기 시식, 말과 소 품평회, 우마를 이용한 밭 갈기 실연, 테우리 가요제, 목축문화를 소재로 한 제주어 말하기, 산마감목관 체험하기 등이 있다. 이 축제를 통해 목축문화의 복원과 전승이 가능하다.

또한 제주도의 목축문화에는 몽골·중국·일본 그리고 한반도의 목축문화가 융합되어 있기 때문에 이들 나라의 목축민들을 테우리 축제에 초청해 그들의 목축문화를 공연하도록 할 경우 동아시아의 목축문화를 교류하는 기회가 될 것이다.

---

15 사순옥(2005), 「스위스의 민속축제와 지역의 정체성」, 『카프카연구』 제13집, 한국카프카학회, 151쪽.

8) 마을공동목장 활성화

2014년 12월 현재 남아있는 마을공동목장은 59개에 불과하며, 이 중 대부분은 특정 축산업자에게 공동목장을 임대해주고 있으나 서귀포시 하원동이나 남원읍 신례리 공동목장의 경우는 모범적으로 운영되고 있다.

마을공동목장 활성화 사례를 보면, 애월읍 장전리 공동목장은 관광승마장, 음식점으로 활용되고 있다. 표선면 가시리 공동목장에는 풍력단지, 조랑말 체험공원과 조랑말 박물관, 유채꽃 플라자가 세워져 운영되고 있다. 남원읍 신례리 공동목장은 친환경 한우를 생산해 백화점에 납품하여 수익을 창출하고 있다.

또 다른 마을공동목장의 활성화 방법으로는 공동목장 내 친환경적 힐링 마로馬路 개설, 승마장 운영, 테우리 올레길, 목축문화 체험공원 등을 조성한 탐방객 유치를 제시할 수 있다. 접근성이 양호한 마을공동목장(남원읍 신례리, 제주시 해안동, 애월읍 납읍리·어음리·봉성리, 표선면 성읍리)에서 목축문화를 재현하는 행사와 시설운영(승마장)도 한 방법이다.

9) 목축문화 현장체험학습

조선시대 고지도와 1:25,000 지형도에는 목축역사문화 유적지가 나타나 있어 현장체험 학습 장소로 활용할 수 있다(그림 112). 첫째, 제주목장사에 등장하는 고려말 몽골의 탐라목장 유적지로 성산읍 수산진성 일대와 한경면 고산리 차귀진성 일대가 중요하다. 특히 성산읍 수산리를 답사할 때는 수산평 동아막 목장에 관련된 탐라목장 이야기, 1276년부터 1374년까지 몽골 목축인들이 제주도에 정착해 살았던 이야기나 몽골식 목축이야기, 몽골인과 제주인과의 교류,[16] 탐라목장에서 생산된 말의 반출 이야기, 원의 멸망 후 제주에 정착하며 살았던 이야기,[17] 목호의 난

---

16 이에 대해서는 김일우(2013)의 「탐라와 몽골문화의 교류와 탐라사회의 변화」(『탐라사의 재해석』, 제주발전연구원)가 참조된다.

17 이에 대해서는 김동전(2010)의 「조선후기 제주거주 몽골 후손들의 사회적 지위와

〈그림 112〉 제주도 목축역사문화 유적지 분포도

이야기 등이 중요한 소재가 될 수 있다.

둘째, 목축관련 지명을 이용한 현장체험 프로그램도 가치가 있다. 구좌읍 송당리~표선면 가시리~남원읍 의귀리를 연결하는 '목축사 루트'는 제주의 대표적인 목축역사·문화 체험 장소로 적극 추천할 만하다. 특히 송당리에는 1소장, 국립제주목장, 가시리에는 녹산장, 갑마장, 마을공동목장, 조랑말체험 공원 및 조랑말박물관, 갑마장길 걷기 코스, 의귀리에는 김만일 묘역, 김만일 생가터 등이 있어 목축문화와 역사경관을 설명하기 적당하다.

목축문화 답사동선踏査動線으로는 ① 제주목관아지(공마 점검터) ② 조천포구(공마선 출발지, 공마감관 오영 구폐석) ③ 회천동 3소장 잣성 ④ 윗바메기 오름 2소장(선흘2리) ⑤ 침장 돌문화 공원(바늘 오름) ⑥ 교래리 상장 잣성(구두리 오름) ⑦ 대록산(큰사스미오름) 녹산장 ⑧ 대록산 중잣성 ⑨ 번널 오름 하잣성 ⑩ 따라비 오름 갑마장 ⑪ 한남리 열녀정씨

변화 : 호적중초에 보이는 본관명 '大元' 가문의 사례분석」(『지방사와 지방문화』 제23권 2호, 역사문화학회)이 참조된다.

비 ⑫ 의귀리 김만일 생가터 ⑬ 김만일 묘 ⑭ 송당리 국립제주목장 터와 이승만 별장 ⑮ 송당리 아부오름 공동목장 등이 있다.

조선시대 목장사와 관련된 지명들이 급격히 소멸되고 있는 상황에서 몰질, 몰소, 테우리 동산, 몰진밧, 몰테왓, 바령밧, 장통墙桶밧, 몰장통, 장통알, 서산장, 고마장, 좌가장, 모동장과 천미장, 1소장부터 10소장까지 목장명칭과 자장 명칭, 산장과 갑마장, 황태장과 곡장, 도, 직사터, 점마청터 등 목축역사 및 문화와 관련된 지명들이 세상 속에서 기능했으면 한다.

목축역사와 문화와 관련된 현장체험 장소로는 (구)제주시 지역에는 제주목관아와 회천동 지경의 3소장 하잣성이 위치한다. 조천읍 조천리에는 공마선을 보냈던 조천포와 비석거리에 있는 공마감 오영구폐석, 교래리에는 침장과 산마장 관리본부 역할을 했던 객사터 그리고 산굼부리 오름과 성불오름을 연결하는 초지대에 상장上場이 입지했다.

구좌읍 송당리에는 동·서장 경계 잣성, 민오름 부근에 이승만 대통령 지시로 만든 국립제주목장터와 이승만 대통령 별장이 있다.

표선면 가시리에는 녹산장·갑마장·하잣성·중잣성·상잣성·간장에 해당하는 경계돌담이 남아있다. 남원읍 한남리에는 하잣성과 목호의 난과 관련된 정씨열녀비, 하례2리 중산간도로 변에는 직세터와 점마청터가 있었다. 대정읍 지역에는 신도리~무릉리~영락리~고산리를 연결하는 평야지대에 모동장터가 있으며, 흑우를 길렀던 대정읍 가파리 가파도별둔장이 있었다.

한림읍 금악리에는 6소장 하잣성과 국마통 그리고 천주교 전파와 함께 축산진흥을 이룬 이시돌 목장이 남아있다. 한라산 윗세오름 일대는 과거 남제주군과 북제주군 우마와 테우리들의 집결지로 상산방목이 이루어졌던 상징적 장소였다.

10) 공마선 도착지와 제주마 분양지와의 문화교류

조선시대 제주마들은 공마선을 타고 전라도 영암, 해남, 강진해안에 도착한 후 육로로 운송되거나 서남해의 섬 목장에 종마로 분양되었다. 공마선은 대체로 애월포, 화북포, 조천포를 출발해 제주해협과 추자도를 통과하면 도회처都會處의 위치에 따라 전라남도 해안의 강진마량, 해남 이진 포구 등에 도착했다. 1400년대 초부터 무려 500년 이상 공마가 지속되었기 때문에 공마선이 도착했던 마량, 이진, 영암 등은 오랜 세월 제주도와 역사·문화적 교류를 이어왔다.

이러한 역사성을 반영하여 강진군 마량면 마량항에는 2007년 12월 7일 제주시가 기증한 돌하르방 2기가 서있다(그림 113). 전남 해남군 북평면 이진리와 같은(그림 114) 공마선 도착지에는 제주마와 관련된 유적들이 존재하고 있어 이들에 대한 조사연구를 전개함과 동시에 이들 지역과의 교류방안을 모색할 필요가 있다. 또한 제주의 공마들이 한양까지 운송된 공마로와 공마의 육로운송에 따른 애환을 기록한 관찬문서에 대한 조사도 요구된다. 공마로는 『문헌비고』(1770)에 의하면, 제주에서 출발해 해남의 이진포구에 도착 후 강진, 나주, 정읍, 태인, 전주, 삼례를 거쳐 서울로 가는 삼남대로三南大路였다.

〈그림 113〉 전남 강진군 마량항에 세워진 돌하르방(현지촬영)

〈그림 114〉 공마선이 도착했던 이진포(현지촬영)

한편, 조선시대 제주마가 분양된 지역으로는 강화도, 대부도, 진도, 거제도가 대표적이다. 제주마를 매개로 한 이들 지역과의 교류는 제주마와 제주지역 목축문화의 가치를 널리 알릴 수 있는 계기가 될 것이다.

맺음말

전근대 시기 제주도사濟州島史에서 목장사와 목축문화사는 큰 비중을 차지했다. 이것은 『조선왕조실록』이나 『승정원일기』를 비롯한 관찬사료와 다양한 고문서에 제주의 목장과 목축관련 내용들이 많다는 사실을 통해 알 수 있다.[1]

이러한 관점에서 이 책에서는 제주도의 전통적 목축문화의 터전이었던 목장의 변천과정과 목축문화의 구성요소를 밝혔다. 그런다음 이를 토대로 목축문화를 어떻게 보존하고, 자원화해 활용할 것인가에 대해 연구를 진행했으며, 연구결과들을 요약하면 다음과 같다.

첫째, 제주지역 목축문화의 성격을 파악하기 위해서는 다른 지역 목축문화와 비교하는 것이 효과적이다. 이것은 제주도가 한반도, 몽골, 중국, 일본을 연결하는 섬이라는 지리적 위치로 인해 이들 지역의 목축문화가 제주도로 유입되었음이 역사적 사실로 확인되기 때문이다.

따라서 제주지역에 시기를 달리하며 중층적으로 퇴적되어 있는 몽골·일본 그리고 한반도의 목축문화 요소를 찾아 내어 이를 제주도의 그것과 비교하는 작업은 큰 의미가 있다. 제주도와 몽골, 일본, 한반도의 목축문화를 간략히 비교하면 아래와 같다.

몽골과 제주의 목축문화 : 제주도의 목축문화에는 몽골적 요소가 남아 있다. 예를 들어 제주마의 이름, 낙인과 거세술, 건마육 만들기 풍습 등은 몽골의 목축문화에서 유래한 것으로 보인다. 명 태조가 '탐라에는 호

---

1 강만익(2014), 「제주도 목축문화의 형성기반과 존재양상」, 『서귀포문화』 제18호 (통합 제7호), 서귀포문화원, 95쪽.

인胡人(몽골인)의 부락이 있다'고 말 한 바와 같이 몽골인들이 제주에 거
주하면서2 자연스럽게 그들의 목축문화도 제주에 전파된 것이었다.

제주와 몽골의 목축문화를 비교할 때 차이점은 몽골은 양과 말 그리
고 제주도는 말과 소 중심으로 목축이 행해졌다는 것이다. 몽골이 양 중
심으로 목축을 하는 것은 일차적으로 소우지小雨地라는 자연환경 특성을
반영한다. 몽골에서 말은 -20℃ 이하로 내려가는 혹한酷寒에서도 눈을 헤
치고 풀을 뜯어먹는 동물인 동시에 다른 가축들의 방목상태를 관리하는
수단으로 이용되어 널리 길러졌다.

고려 말에 몽골이 제주로 양을 보내긴 했으나 양은 제주처럼 비가 많
이 내리는 다습한 기후환경 하에서 잘 적응하지 못했다. 반면, 몽골에서
들어 온 종마種馬와 조랑말들은 관리를 받으며 집중적으로 사육된 후,
당시 본국으로 전마나 군마 등으로 반출되었다.

제주는 몽골과 달리 소도 중요시되었다. 몽골인들은 예로부터 '마배상
족'馬背上族이라고 할 만큼 말은 생활 속에서 차지하는 비중이 매우 컸
다.3 반면에 소는 단지 우유나 고기를 제공하는 정도여서 양과 말에 비
해 상대적으로 선호도가 낮은 편이었다. 이에 비해 조선시대까지만 해도
제주도는 반농반목半農半牧 상태였기 때문에 농경에 있어 소는 필수적으
로 확보해야 했던 가축이었다. 반면 몽골은 농경을 거의 하지 않았기 때
문에 밭갈이를 위한 소가 필요 없었다.

제주도에서는 고려와 조선시대까지 국방과 교통 정책 측면에서 소보
다 말이 더 중시되었다. 그러나 농민들은 농경을 해야 했기 때문에 말보
다는 소를 선호했다.

몽골과 제주는 목축형태도 달랐다. 몽골이 이동형 목축인 반면 제주는
정주형 목축이었다. 몽골의 이동형 목축은 바로 유목을 말한다. 이것은

---

2 『명실록』 홍무 5년(공민왕 21, 1372) 7월 경오 ; 김동전(2010), 「조선후기 제주거
  주 몽골 후손들의 사회적 지위와 변화-호적중초에 보이는 본관명 '大元' 가문의
  사례분석」, 『지방사와 지방문화』 13권 2호, 302-303쪽.
3 정형호(1996), 「몽골·한국의 말[馬] 문화 비교고찰」, 『중앙민속학』 제8호, 중앙대
  학교 한국문화유산연구소, 173쪽.

본래 풀이 완전히 고갈되는 것을 막기 위해 가축을 이동시키며 사육하는 목축방식이다. 몽골의 유목민들은 야영지 가까이에 있는 풀들의 생육상태와 해마다 반복되는 혹독한 기후조건에 대한 '극단적인 적응' microadapting 방법으로 이용가능한 양질의 초지를 찾아 이동한다.[4]

유목은 아프리카 대륙에서 아라비아 반도를 거쳐 유라시아 대륙에 분포하는 건조 사막지대에서 행해지며, 이곳에 거주하는 유목민들은 소, 양, 염소, 낙타, 말 등을 기르며 생활하고 있다.[5] 제주는 말과 소의 먹이인 풀(목초)이 풍부하고, 섬이라는 지리적 특성으로 인해 우마의 공간이동이 제한되므로 유목은 제주도민들에게 선택받지 못했던 목축형태였다.

또한 제주의 해안과 중산간 지대에는 이미 정주촌락이 형성되어 있었고, 목축지와 마을 간에 거리가 가까워 가족전체가 가축의 무리를 이끌고 이동할 필요가 없었으며, 이 점이 몽골과 제주 간에 목축형태에 차이를 만든 근본적인 이유일 것이다.

몽골 유목민들은 착유搾乳, 낙인과 거세술을 초지환경에서 가축의 생존을 유지하기 위한 생태전략에서 도출했다.[6] 고려말 제주에는 탐라목장

〈그림 115〉 몽골 다리강가 마을의
소젖짜기(2006년 7월 현지촬영)

〈그림 116〉 몽골인의 간식인
유제품(2006년 7월 현지촬영)

4 Melvyn C. Goldstein and Cynthia M. Beall, 『The Changing World of Mongolia's Nomads』, University of California Press, 1994, 40쪽.

5 테리조든-비치코프·모나도모시 지음, 류제헌 편역(2002), 『세계문화지리』(The Human Mosaic), 살림, 170쪽.

6 강정원·박환영·이평래·장준희(2009), 『세계의 말문화 I 몽골·중앙아시아』, 한국마사회 마사박물관, 62-65쪽.

〈그림 117〉 몽골의 낙인과 거세 풍속도(BatuRen. M, 2006)

을 운영했던 몽골출신 목호들에 의해 착유, 낙인과 거세술이라는 목축기술이 도입되었을 것이다. <그림 117>은 몽골의 거세와 낙인 풍속도를 보여준다. 착유기술은 몽골에서는 차와 음식을 얻기 위해 필요했으나(그림 115·116), 제주에서는 마유와 우유를 가공해 먹어야 생명이 유지되는 상황이 아니었기 때문에 착유기술은 제주 목축민들에게 그다지 강조되지 않았다.

　　일본과 제주의 목축문화 : 제주의 목축문화에는 일본적 요소가 포함되어 있다. 이것은 일제가 조선의 축산업을 개선한다는 명분으로 다양한 축산정책을 실시한 결과, 제주지역에 마을공동목장조합, 공동목장, 화입火入, 우마적중 등 일본식 목축문화 요소가 등장했기 때문이다.

　　화입은 방앳불 놓기에 해당하는 것으로, 제주지역과 일본에 존재했던 공통적인 문화현상이었다. 일본의 나라시대(710~794) 구목령廐牧令에 "매년 봄에 들판의 풀을 태운다"고 하는 규정이 있어 일본에서 화입의 역사는 제주도보다 훨씬 길었다.[7] 일본에는 산야나 황폐화된 논에도 방목하는 풍습이 있다. 특히 후자의 경우는 말똥이 비료로 이용된다는 점

7 임경택 외(2011), 『세계의 말 문화 Ⅲ 일본』, 한국마사회 마사박물관, 73쪽.

을 고려한 지혜라 할 수 있다.[8] 이것은 제주지역에서 행해졌던 바령과 유사한 측면이 있다. 다만 바령이 논이 아니라 밭에서 이루어진 것이 차이점이다.

일본에서도 제주도와 마찬가지로 위탁사육이 이루어졌다. 일본에서는 눈이 많이 오는 지방의 주민들은 일정한 사육료를 지불하고 해안지방 주민들에게 소를 위탁하는 관습이 있었다.[9] 그리고 번藩에서 암말을 농민에게 대여하여 사육시키고 새끼를 낳으면 그것을 말 시장에 내놓아 판매한 금액을 번과 해당 주민이 절반으로 나누는 '사토里飼' 사육도 있었다. 이것은 제주도의 '멤쉐'(병작쇠)와 유사하다.

농경에 말을 이용한 것은 제주와 공통적이다. 일본에서는 마구간에서 퇴비를 생산한 반면에 제주에서는 쇠막(외양간)에서 퇴비가 생산되어 겨울철 보리를 파종할 때 밑거름으로 이용되었다. 일본에서는 "마구간 구석에서 돈이 나온다"고 할 정도로 말은 농가의 중요한 현금 수입원이었다. 일본인들은 번식이 가능한 암말을 농경에 사역할 때 "말은 하루 일하면 하루 쉬게 한다"고 할 정도로 말을 중요시 했다.[10] 말이 현금수입원이고 말을 중요시한 점은 제주도 역시 마찬가지였다.

한반도와 제주의 목축문화 : 조선후기 실학자였던 이익은 『성호사설』에서 양마법을 설명하며 "북쪽 변방(청)과는 달리 조선에서는 말에게 콩을 삶아 먹이고, 죽을 끓여 먹이며, 따뜻하게 해주고 있어 말을 반나절만 빨리 몰면 입에서 거품을 토할 정도였다.[11] 또한 예전에는 산골짜기 높고 건조한 곳에 목장을 설치한 까닭에 말이 굳세고 용감했으나 요즘은 호랑이 피해를 막기 위해 섬에 목장을 설치한 결과, 말이 연약해졌다"고 주장했다.[12] 이러한 이익의 견해를 통해 조선에서는 양마를 위해 꼴과

---

8 임경택 외(2011), 위의 책, 83쪽.
9 임경택 외(2011), 위의 책, 102쪽.
10 임경택 외(2011), 위의 책, 171쪽.
11 이익 저, 최석기 옮김(2013), 앞의 책, 99-100쪽.
12 이익 저, 최석기 옮김(2013), 위의 책, 107-108쪽.

함께 콩과 죽을 주며 키웠고, 호랑이 피해를 예방할 수 있는 섬을 방목지로 활용했음을 알 수 있다. 홍만선은 『산림경제』에서 소를 기를 때는 계절에 따라 서늘하고 따뜻하게 해주며 때맞추어 먹이를 주고 휴식을 알맞게 취하도록 해야 한다고 강조했다.

한반도에서는 제주도와 마찬가지로 낙인과 거세, 편자, 이표(귀표), 우경牛耕, 방목, 공동목장, 소 길들이기 등의 목축문화가 존재했다. 거세한 말은 온순하게 길들여져 부리기가 쉬웠다. 편자로 말발굽을 보호할 수 있게 되면서 계절에 관계없이 말을 장기간 이용할 수 있었다. 공동목장은 해방 후 제주와 달리 소멸되었다. 소를 역용우役用牛로 이용하기 위해 생후 12개월부터 멍에에 무거운 통나무를 연결해 훈련시켰다.[13]

바령은 분전糞田이라는 이름으로 한반도에도 존재했다. 우마의 분뇨를 모으면 거름이 된다는 것은 보편적인 농업지식이었다. 다만, 저지대와 고지대를 왕래하는 계절적 방목 또는 이목移牧 그리고 제주도의 건조한 토질조건에 기인한 밭 밟기 농법은 한반도에서는 그 사례를 찾아보기 힘들다.

둘째, 제주도 목장에 대한 역사적 조명을 해본 결과, 제주도의 목장사는 목장 형성기, 목장 확대기, 목장 쇠퇴기, 목장 재편기로 구분할 수 있었다. 목장형성기는 고려 말에 해당되며 1276년경 원에 의해 제주도 최초의 탐라목장이 설치되었다. 원은 탐라에 동·서 아막을 설치하고 다루가치(달로화적)을 파견해 목장을 운영했다. 1374년 원 출신 목호들이 자국을 멸망시킨 명의 탐라마 2,000필 징마요구를 거부하며 난을 일으키자 공민왕의 명을 받은 최영장군이 목호군 토벌대를 이끌고 들어와 탐라에서 목호세력을 축출했다.

목장 확대기는 약간의 변동사항은 있었으나 전체적으로 조선시대에 해당한다. 조선전기에는 조정에서 탐라목장에 대한 증개축을 단행하면

---

13 농촌자원개발연구소(2004), 『친환경농업을 위한 전통지식기술모음집 : 축산』, 농촌진흥청, 180쪽.

서 중산간 초지대에 국영목장인 십소장이 설치되었다. 조선후기에는 산마장, 모동장, 가파도별둔장, 우도장 등이 등장했다. 이러한 목장의 모습들은 『탐라순력도』(1703), 「탐라지도병서」(1709), 「제주삼읍도총지도」(1700년대 전반), 「제주삼현도」(1872), 「제주지도」(1899) 등에 표현되어 있다.

목장 쇠퇴기는 대한제국기에 해당되며, 이 시기에는 갑오개혁을 통해 공마제도와 점마제도가 폐지되고, 공마대신에 금전납이 시행되었다. 이에 따라 제주도민들에 의한 목장토 개간이 활발히 진행되었으며, 그 결과 국영목장지 내외에서 화전촌이 등장했다. 목장 재편기는 일제시기로, 일제는 1910년대 토지조사사업을 시행한 후, 일본식 축산정책을 강요하면서 마을단위로 마을공동목장을 설치하도록 했다. 조선시대 중산간 국영목장지대가 마을공동목장으로 재편된 것이다.

셋째, 제주도의 목축문화 구성요소를 마을별 실태조사와 『향토지』 내용에 근거하여 제시했다. 이 문화는 한라산 중산간 지대에 발달한 초지대와 온난한 겨울 환경 속에서 등장한 것이며, 고려시대부터 현재까지도 지속되고 있는 목장사와 불가분의 관계에 있음을 확인했다. 목축문화는 기르는 대상에 따라 말 문화와 소 문화 그리고 반농반목 문화로 구분할 수 있었다.

16개 마을에 대한 목축문화 실태조사 결과, 낙인, 귀표, 물테우리, 목축의례(백중제, 테우리코시, 목감의례), 공동목장, 윤환방목, 방앳불 놓기(화입), 진드기 구제, 목감, 목감막(테우리막), 급수장, 밧갈쉐 등이 공통된 목축문화로 확인되었으며, 앞으로 목축문화의 원형에 대해 마을별로 전수조사가 필요하다.

말 문화[馬文化]에는 거세去勢, 낙인烙印, 점마點馬, 공마貢馬, 연중방목年中放牧, 감목관監牧官, 목자, 잣성牆垣, 마조제, 공마해신제, 물방애, 말총공예 등이 있었다. 거세와 낙인은 15세기 초에도 이미 존재하여 몽골 목축문화의 유풍일 가능성이 높다. 잣성은 조선시대 제주도 국마장의 존재를 증명해주는 대표적인 역사유적으로, 십소장의 상하 경계선과 산마장의 경계를 따라 남아있다. 위치에 따라 하잣성·상잣성·중잣성으로 구분되었다.

낙인은 자형이나 도형이 새겨진 쇠붙이를 달구어 가축에 찍는 일종의 쇠도장으로, 무쇠를 이용하여 자기의 성씨나 마을별 또는 문중별로 정해진 약자를 사용했다.

마조제는 말의 조상신에게 올렸던 의례로, 중앙에서는 사복시가 주관하여 살곶이 목장 내에 있었던 마조단에서 치제되었다. 제주지역에서는 국마장의 마필 수가 감소하는 등 마정의 혼란기였던 1800년대 중반에 마조단이 설치되었다. 공마해신제는 공마선의 안전한 항해를 기원하며 제주목사가 주관했던 의례였다.

소 문화[牛文化]에는 쇠테우리, 방앳불 놓기, 백중제, 진드기 구제 등이 존재했다. 쇠테우리는 전문적인 목축기술을 가지고 소를 방목하며 목축목화를 만들어낸 주체들이었다. 목야지에서 공동으로 혹은 개별적으로 불을 놓아 잡초나 초지를 태우는 것을 방앳불 놓기라고 했다.

이것은 제주도의 초지생태 환경을 잘 드러내는 문화현상으로, 주로 오름이나 공동목장에서 이른 봄 들판에 쌓였던 눈이 녹아 마른 풀이 드러나는 음력 2월이나 3월 초순에 이루어졌다. 쇠테우리들은 우마의 번식을 기원하는 백중제를 음력 7월 15일에 떡과 밥, 술 등 제물을 가지고 바령밧, 공동목장 또는 목장 내에 위치한 오름 정상에 올라가 고사를 지냈다.

반농반목 목축문화 요소에는 바령과 밭 밟기[踏田] 등이 있었다. 바령은 밭에 마소들을 몰아넣은 다음, 이들의 배설물[糞]을 받아 거름으로 만드는 것을 의미한다. 바령을 행했던 장소를 바령밧이라고 하며, 바령을 한자로 '팔양'八陽이라고도 했다. 바령밧 만들기는 척박한 제주도의 토양환경을 인식한 제주도민들의 전통지혜에 해당된다.

넷째, 목축문화의 보존방안을 제시하면 다음과 같다. 먼저, 테우리 집단의 목축기술에 대한 구술채록이 선행되어야 한다. 테우리 집단들이 고령화되어 점점 사라지고 있는 현실에서 이들이 보유하고 있는 목축기술에 대한 조사와 함께 더 나아가 그들의 생활사를 조사하여 정리하는 작업은 시급한 과제라 할 수 있다.

목축문화박물관 설치가 필요하다. 한국마사회와 제주특별자치 도청 그리고 민간부분이 합작하여 건립하는 것이 바람직하다. 후보지로는 접근성이 양호한 서귀포시 하원동 공동목장, 애월읍 장전리 공동목장, 제주시 해안동과 봉개동 공동목장 등이 있다. 박물관 설치를 희망하는 마을이 있을 경우, 마을회관 건물을 리모델링하여 이용하거나 지자체가 관리하는 건물을 재활용하는 방안도 적극 고려할 만하다.

테우리 학교운영도 제안한다. 테우리들의 목축문화에 대한 조사·연구 결과를 토대로 제주도의 목축문화를 체험하고 이를 체계적으로 계승하기 위해 테우리 학교운영을 제시한다. 테우리 학교는 교래리 자연휴양림과 절물 자연휴양림내 또는 제주민속자연사박물관에 설치할 수 있다.

목축문화 해설사 및 스토리텔러 양성이 필요하다. 전통적으로 제주의 목축민들이 초지환경을 어떻게 활용했는지에 대한 조사와 연구를 통해 전공지식을 축적한 다음, 애정을 가지고 목축문화를 소개할 수 있는 목축문화 해설사 양성이 시급하며, 동시에 목축문화에 등장하는 다양한 역사와 화제들을 대상으로 하는 스토리텔러story-teller 양성도 요구된다.

끝으로, 동아시아 목축문화연구센터가 설치되었으면 한다. 제주도의 목축문화에는 몽골, 중국, 한국, 일본의 목축문화가 융합되어 있기 때문에 동아시아의 목축문화를 비교함으로써 제주도 목축문화의 정체성을 구명할 수 있을 것이다.

다섯째, 목축문화의 활용방안을 제시하면 다음과 같다. 헌마공신 김만일金萬鎰 테마공원 조성이 필요하다. 김만일의 출신지인 남원읍 의귀리에는 김만일 관련 역사유적이 남아있어 이를 활용해 의귀리 마을공동목장에 김만일 테마공원을 조성할 경우, 의귀리 마을 활성화에도 큰 도움을 줄 것이다.

한라산 상산방목을 재현하는 것도 가치가 있다. 제주도민들은 1970년대 한라산이 국립공원으로 지정되기 이전에 한라산 백록담, 윗세오름, 방애오름, 선작지왓의 고산 초지대를 이용해 우마를 방목했던 목축문화를 가지고 있었다. 상산방목 문화를 재현하여 소멸된 목축문화의 복원과 함께 한라산의 역사문화 관광자원으로 활용했으면 한다.

아울러 목축문화를 활용한 마을활성화가 요청된다. 목축문화를 이용해 마을발전 전략을 수립하여 성공을 거둔 사례로는 표선면 가시리 마을과 애월읍 장전리가 대표적이다. 앞으로 구좌읍 송당리, 남원읍 의귀리, 한림읍 금악리, 남원읍 하례2리에서 목축문화를 마을발전 콘텐츠로 활용할 경우, 마을이 활성화 될 가능성이 높다.

나아가 목축문화 구성요소들을 활용한 콘텐츠 개발을 적극 검토했으면 한다. 목축문화 콘텐츠로 개발이 가능한 항목으로는 문화재 자료, 인물자료, 무형유산, 유형유산, 기록유산 자료 등이 있다. 이밖에 목축문화 방송콘텐츠, 목축문화 음식콘텐츠, 목축의례 콘텐츠 개발도 제주도의 문화산업 육성에 기여할 것이다. 특히 테우리[牧子]를 주인공으로 하는 콘텐츠 개발은 목축문화의 전승에 큰 도움을 줄 것이다. 테우리를 활용한 콘텐츠 원천자료에는 『조선왕조실록』, 「제주목장구폐완문」(1860), 『대정현아중일기』(1817~1818) 등이 있으며, 여기에 나타난 다양한 목자들의 삶 이야기는 콘텐츠 대상으로 손색이 없다.

제주마상무예단 육성을 제안한다. 현재처럼 700년 전에 제주에 살았던 몽골인들의 후예들이 마상무예 공연을 통해 수입을 창출하는 구조는 제주와 몽골의 문화교류에 필요하지만 장기적인 안목에서 볼 때 말 산업 관련 학과를 개설한 제주지역내 대학교에 마상무예단을 양성했으면 한다.

그리고 제주마 축제와 제주흑우 축제 그리고 테우리 축제를 포함하는 목축문화축제를 열었으면 한다. 제주마 축제콘텐츠를 보완하여 한국 대표축제로 발전시킨 다음, 장기적으로는 몽골이나 일본의 마축제처럼 제주마 축제를 세계화할 필요가 있다.

현재 제주 흑우를 테마로 한 축제는 존재하지 않는다. 경상북도 청도군 소 싸움 축제나 스페인 팜플로나 지방의 소몰이 축제를 참조하여 장기적으로 제주 소 축제를 여는 방안도 모색할 필요가 있다. 또한 제주초원의 개척자인 테우리 축제도 필요하다. 테우리 목축기술 실연(진드기구제법, 낙인, 귀표), 백중의례 재현, 산장구마 재현, 점마실연(원장, 사장), 말몰이, 목축민요 경연(밭불리는 노래, 물방애 돌리는 노래), 테우리마상무예 공연과 산마감목관 체험하기 등은 의미 있는 테우리 축제 콘텐츠이다.

목축문화를 역사·문화 관광상품 개발하는 방안도 중요하다.『탐라순력도』(1703)와「제주삼읍도총지도」(1700년대 전반)에 등장한 목장경관을 상품화하는 방안을 제시한다. 또한 목축지명을 이용한 현장체험 프로그램을 상품으로 개발할 것을 제안한다. 구좌읍 송당리~표선면 가시리~남원읍 의귀리를 연결하는 지역을 목축관련 역사·문화 체험 장소로 적극 추천한다.

조선시대 제주지역 고지도와 1:25,000 지형도에 존재하는 목축역사문화 유적지를 찾아 떠나는 목축역사문화 현장체험학습 프로그램 개발과 함께 조선시대 공마선 도착지인 이진, 마량, 영암과 제주마가 분양되었던 강화도, 대부도, 진도, 거제도 등지에 남아있는 제주마와 관련된 역사 유적들에 대한 조사도 의미있는 작업이 될 것이다.

이상과 같은 제주도의 목장사와 목축문화에는 동아시아의 목축문화 요소들이 곳곳에 융합되어 있다는 점에서 세방화glocalization 시대에 제주지역의 경쟁력 있는 역사·문화 자원에 해당된다는 점에서 그 가치가 높다. 문화산업이 급부상하고 있는 오늘날 제주의 목축문화를 다양한 콘텐츠로 개발할 경우 높은 부가가치를 창출할 수 있을 것이다. 나아가 말 산업이 제주의 신성장 동력산업으로 강조되고 있는 상황에서 마문화를 포함한 목축문화에 대한 학문의 경계를 뛰어넘는 학제적 연구가 요청된다.

참고문헌

가시리(1988), 『가시리지-가스름』, 대동원색인쇄사.

강만익(2001), 「조선시대 제주도 관설목장의 경관 연구」, 제주대학교 교육대학원 지리교육전공 석사논문.

_____(2004), 「일제강점기 제주도 공동목장의 운영실태」, 『제19회 전국향토문화공모전수상집』, 전국문화원연합회.

_____(2005), 「전통사회 제주도의 목축지명 읽기」, 『제주역사문화』, 제13·14호, 제주도사연구회.

_____(2006), 「제주도의 목축문화와 그 유적」, 『탐라문화권 정비 기본계획수립보고서』, 제주특별자치도·제주문화예술재단.

_____(2007), 「조선시대 김만일 가계 산마장의 입지환경과 그 유적」, 『제주마 학술조사보고서』, 제주특별자치도·제주문화예술재단.

_____(2008), 「1930년대 제주도 공동목장 설치과정 연구」, 『탐라문화』(32), 제주대학교 탐라문화연구소.

_____(2009), 「조선시대 제주도 잣성(墻垣) 연구」, 『탐라문화』(35), 제주대학교 탐라문화연구소.

_____(2010), 「제주도민의 목축생활사 ① 하효마을의 사례」, 『제주학』 제6호·겨울, (사)제주학 연구소.

_____(2011), 「일제시기 제주도 마을공동목장조합 연구」, 제주대학교 대학원 사학과 박사학위논문.

_____(2013), 『일제시기 목장조합연구』, 경인문화사.

_____(2013), 「근현대 한라산 상산방목의 목축민속과 소멸」, 『탐라문화』(43), 제주대학교 탐라문화연구소.

_____(2013), 「한라산지 목축경관의 실태와 활용방안」, 『한국사진지리학회지』 제23호, 한국사진지리학회.

_____(2013), 「제주도민의 목축생활사 ② 가시리의 사례」, 『제주학』 제7호·겨울, (사)제주학연구소.

_____(2014), 「조선시대 제주도 목마장의 역사적 고찰」, 『한국의 馬, 시공을 달리다』, 국립제주박물관.

_____(2014), 「제주도 목축문화의 형성기반과 존재양상」, 『서귀포문화』 제18호(통합 제7호), 서귀포문화원.

강민수(1999), 『제주 조랑말』, 제주대학교출판부.

강영봉(1992), 「제주도방언의 몽고어 차용어들(Ⅰ)」, 『제주도언어민속논총』, 현용준박사 화갑기념논총 간행위원회, 제주문화.

강정원·박환영·이평래·장준희(2009), 『세계의 말문화Ⅰ 몽골·중앙아시아』, 한국마사회 마사박물관.

고광민(1998), 「제주도 우마치기의 기술과 문화」, 『제주도』(102호).

고광민(2004), 『제주도의 생산기술과 민속』, 대원사.

고문석·양성룡·장덕지(2011), 『사진으로 보는 제주목축문화』, 농촌진흥청 국립축산과학원 난지축산시험장.

고부자(2000), 「『탐라순력도』에 나타난 복식」, 『탐라순력도연구논총』, 제주시·탐라순력도연구회.

고산리 향토지 발간위원회(2000), 『고산향토지』.

고성리 향토지편찬위원회(1993), 『고성리지』.

고창석(1994), 「헌마사신 김갑우의 단죄사건」, 『제주도연구』 제3호, 제주도사연구회.

고창석(2001), 『제주도고문서연구』(탐라문화학술총서 Ⅰ), 제주대학교 탐라문화연구소.

고창석·김상옥 역(2012), 『제주계록』(제주발전연구원 제주학총서 ④), 제주 발전연구원.

광령1리(1990), 『광령약사』, 재승인쇄사.

권무일(2012), 『헌마공신 김만일과 말 이야기』, 평민사.

권석환·안병삼·이기훈(2010), 『세계의 말문화Ⅱ 중국』, 한국마사회박물관.

구좌읍 한동리(1997), 『둔지오름(한동리지)』.

김경옥(2001), 「제주목장의 설치와 운영-탐라지를 중심으로」, 『지방사와 지방문화』 제4권1호, 역사문화학회, 학연문화사.

김동전(1991), 「19세기 제주 지역의 신분구조와 직역의 사회적 의미」, 『19세기 제주사회연구』, 일지사.

_____(2003), 「제주 지역 문화의 올바른 이해와 활용방안」, 『지방사와 지방문화』 제6호, 역사문화학회.

_____(2007), 「조선시대 제주도 목마장의 역사」, 『제주축산사』, 제주특별자치도·제주대학교 아열대농업생명과학연구소.

_____(2010), 「조선후기 제주거주 몽골 후손들의 사회적 지위와 변화 : 호적중초에 보이는 본관명 '大元' 가문의 사례분석」, 『지방사와 지방문화』 제13호, 역사문화학회.

_____(2010), 「문화의 시대 21세기, 제주역사문화의 현재적 의미와 활용」, 『한국소성가공학회 학술대회 논문집』 제10호, 한국소성 가공학회.

김만석(2010), 『전통문화원형의 문화콘텐츠화 전략』, 북 코리아.

김봉옥 편역(1994), 『속탐라록』, 제주문화방송주식회사.

김봉옥(2000), 『제주통사』, 제주발전연구원(2014).

김성구, 『남천록』(1679-1682).

김인택, 『정축육월일 대정현아중일기』(1817-1820).

김인호(1997), 『한국제주역사문화뿌리학』(상), 우용출판사.

김인호(2006), 『한국제주역사문화뿌리학』(하), 서귀포문화원.

김일우(2000), 『고려시대 탐라사연구』, 신서원.

_____(2005), 「고려시대 탐라 지역의 우마사육」, 『사학연구』 제78호, 한국사학회.

_____(2013), 「탐라와 몽골문화의 교류와 탐라사회의 변화」, 『탐라사의 재해석』, 제주발전연구원.

김찬흡 외(2002), 『역주 탐라지』, 푸른역사.

남원읍 하례리 마을회(1999), 『하례마을』, 서울문화사.

납읍 향토지편찬위원회(2006), 『납읍향토지』, 세림원색인쇄사.

노형동지발간위원회(2005), 『노형동지』, 반석원색인쇄사.

농촌진흥청 난지축산시험장(2011), 『제주도의 목축문화』.

농촌진흥청 난지축산시험장(2013), 『제주도의 말문화』.

남도영(1996), 『한국마정사』, 한국마사회 마사박물관.

남도영(2003), 『제주목장사』, 한국마사회 마사박물관.

H. 라우텐자흐 지음(1945), 김종규 외 옮김(1998), 『코레아 I 』.

류기선(1993), 「몽골의 유목생활과 방목기술」, 『한몽공동학술연구』 No.2, 단국대학교 한몽학술조사연구협회.

박원길(2005), 「제주 습속 중의 몽골적 요소」, 『제주특별자치도 추진과 탐라국 독립성 상실 900년 회고』, 사단법인 제주학회.

박찬식(1993), 「17·8세기 제주도 목자의 실태」, 『제주문화연구』.

북제주군·제주대학교 탐라문화연구소(2004), 『북제주군의 <선사유적> 비지정 문화재 조사보고서』.

사단법인 제주도 지방의정연구소 편(2006), 『도백열전』 제1권, 세림.

서귀포시 하효마을회(2010), 『하효지』.

성산읍 신풍리(2006), 『냇가의 풍년마을』.

송성대(2001), 『문화의 원류와 그 이해』(제3판), 도서출판 각.

심낙수(1794), 『목장신정절목』, 제주자연사박물관 소장자료.

오등동 향토지편찬위원회(2007), 『오등동향토지』, 태화인쇄사.

오상학(2006), 「지도와 지지로 보는 한라산」, 『한라산의 인문지리』, 제주도·한라산생태문화연구소.

오성찬(1990), 『한라산』(고려원 소설문고 085), 고려원.

오창명(2000), 「『탐라순력도』의 땅 이름(지명)」, 『탐라순력도연구논총』, 제주시·탐라순력도연구회.

오창명(2014), 『탐라순력도산책』, 제주발전연구원.

윤경로(2001), 『향토강정』(개정증보판), 태화인쇄사.

이건, 「제주풍토기」, 『규창집』 권5.

이영배(1992), 「제주마 낙인의 자형 조사(Ⅰ)」, 『조사연구보고서』 제7집, 제주도민속자연사박물관.

이원조(1841), 『탐라지초본』(춘·하).

이원진(1653), 『탐라지』.

이형상 지음, 이상규·오창명 엮음(2009), 『남환박물』, 푸른역사.

임경택·박동성·진필수·오자키 다카히로(2011), 『세계의 말 문화 Ⅲ 일본』, 한국마사회 마사박물관.

정 광(2010), 『역주 원본 노걸대』, 박문사.

장덕지(2007), 『제주마 이야기』, 제주특별자치도.

전영준(2013), 「13~14세기 원(元)의 목축문화 유입과 제주사회의 변화」, 『제주학회 학술발표논문집』 No.1, (사)제주학회.

정운경 지음, 정민 옮김(2008), 『탐라문견록, 바다 밖의 넓은 세상』, 휴머니스트.

정지용(1941), 『백록담』, 문장사.

조성윤(2001), 「조선후기 제주도 부자 이야기 : 김만일 집안과 산마감목관」, 『제주도사연구』 제10호, 제주도사연구회.

좌동렬(2010), 「전근대 제주지역 목축의례의 역사민속학적 연구」, 제주대학교 대학원 사학과 석사논문.

제주관광학회(2014), 『헌마공신 김만일 스토리텔링사업 연구』, 제주관광공사.

제주도(2002), 『제주도 제주마』.

제주도·제주도문화예술재단(2007), 『제주마 학술조사 보고서』.

제주문화유적지 관리사무소(2007), 「제주목장구폐완문」, 『도영절차·영해창 수록』.

제주특별자치도(2008), 『제주문화상징』, 제주문화예술재단.

제주특별자치도(2009), 『개정증보 제주어사전』.

진성기(2012), 『제주도민요전집』, 제주민속박물관.

진영일(2008), 『고대중세 제주역사탐색』, 제주대학교 탐라문화연구소.

천진기(2006), 『한국 말 민속론』, 한국마사회 마사박물관.

泉靖一(1971), 홍성목 역(1999), 『제주도』, 제주시 우당도서관.

하원마을회(1999), 『하원향토지』.

한국문화원연합회 제주특별자치도지회(2007), 『한경면 역사문화지』.

한림읍지 편찬위원회(1999), 『한림읍지』.

현용준(2008), 「번쉐와 멤쉐」, 『제주문화상징』, 제주특별자치도.

http://www.cha.go.kr(문화재청).

http://www.history.go.kr(국사편찬위원회).

목축문화 면담조사에 도움주신 분

고치훈(78세, 광령1리 1227번지)

진봉문(76세, 광령1리 1181)

양재안(89세, 광령1리 1261번지)

김장헌(74세, 광령1리 1247-2)

김덕칠(71세, 광령1리 1090번지)

이정웅(74세, 광령1리, 광성로 258, 노인회장)

정성호(76세, 하효동 193-1)

고성수(83세, 하효동 734-3)

오세창(60세, 상효동 2302)

현성화(73세, 호근동 1753)

강용규(88세, 하원동 1317)

김기윤(75세, 하원동 419)

강만진(63세, 도순동, 859-1)

강만덕(66세, 도순동 246)

원수윤(56세, 전 하원공동목장조합 총무)

이종환(애월읍 유수암리 이장, 유수암리 1892-1)

전태일(77세, 제주시 오등동)

강철호(유수암리 공동목장조합장)

강용택(유수암리 공동목장조합 총무)

강세표(64세, 장전공동목장조합장)

강덕희(57세, 전 장전공동목장조합장)

강규방(75세, 전 삼리공동목장조합 이사)

양두행(78세, 봉성리 4025-1)

김재문(84세, 상가리 애상로 258-4)

강인선(68세, 금악리, 2173-5)

홍태화(79세, 송당리 비자림로 1761)

안봉수(전 가시리 신문화공간조성 추진위원회 위원장)
오원일(55세, 성산읍 수산1리 579)
문석화(73세, 애월읍 고성1길 32-6)
김세호(83세, 애월읍 고성1길 3-4)

〈부록〉 제주지역 마을별 목축문화

마을	목축문화
성산읍 온평리	· 쇠접을 조직하여 윤번제로 소를 키웠다(『온평리마을지』, 1991: 101).
표선면 하천리	· '쇠 고꾸기' : 소는 겨울에는 집에서 기르지만 여름에는 여러 집의 소들을 한데모아 돌아가면서 하루씩 보았다(『하천리 향토지 냇끼』, 1995: 126).
서귀포시 색달동	· 이른 봄에 다간(두살짜리 소)과 이수메(두살짜리 말)에 자기 소유의 낙인을 찍고 목장지대로 몰아내어 방목한다(104). 낙인은 소나 말이 봄에 털갈이를 하기 때문에 겨울철에 했다(『색달마을지』, 1996: 148).
남원읍 의귀리	· 마을공동목장 내 방목소의 물 공급원으로 봉천수를 파기도 했다(남원읍 의귀리, 『의귀리지』, 2012; 255). · 목장 내 구획을 정하여 윤환하면서 소를 방목할 수 있도록 목장 주변에 있는 돌들을 모아 간장 담을 두루고, 정해진 구역에서 풀이 다 소진되면 다른 목구로 옮겼다(256). · 공동목장 내에 있는 '장제동산'과 '반데기 밭'에서 백중제를 지냈다(359). · 7월 보름날 새벽에 올라가 아침 8시경에 백중제를 지냈다. · 제물은 쇠고기 적, 돼지고기 적 각 7꼬지, 돼지머리 1개, 옥돔 3마리, 수박, 참외, 사과, 배를 공동목장의 책임자가 준비한다. 조합원들도 목장에 와서 참례를 하게 되는데 과일이나 술 등 제물을 준비해서 오게 된다. 읍장, 수협장 등도 목장으로 나와 참례했다. · 제단은 별도로 만들어둔 것은 없다. 바위 위에 초석을 깔고 진설해 조합장이 單獻, 團拜를 하고 물러나고, 이어 읍장이나 조합원들이 나와 단헌단배를 하면 제의가 끝난다. 제의가 끝나면 차려온 제물로 음복을 한다(359). · 소 1마리가 겨울을 나는 데 30바리가 필요했다. 소설 무렵에 목장에서 데려와 쉐막에서 키우며 청명 때까지 촐을 먹였다. 소는 생풀을 먹어야 살이 찌기 때문에 보통은 7, 8월에 살이 찌는 편이고, 마른 촐을 먹일 때는 마르게 마련이다(360).
표선면 신풍리	· 매년 삼월절(청명)이 되면 축주들이 모여 각 가정에서 기르는 우마의 수를 세어 떼(둔)를 만든다. 그리고 낮에 방목하고 밤에 에워둘(가두어 둘) 밭(바령밭)을 정해 담장을 손질한다. 낮에 돌보는 일을 'ᄆ쉬고꾼다'라 한다. 구월절(한로)이 되면 파둔罷屯하여 각 가정에 서는 소를 '쉐막'에 메어 먹인다(『냇가의 풍년마을』, 2006: 461). · 음력 7월 15일을 백중이라 한다. 우마의 명절날이다. 14일 밤에 떡 한 고령(작은 대상자) 씩을 가지고 바령밭에 모인다. 아이들도 따라 간다. 테우리 집에서는 메(밥) 한 그릇과 고기 한 마리, 제주 1병을 더 가져 온다. 밤 1시가 되면 일정한 장소에 각 가정에서 가지고 간 떡과 테우리 집에서 가

	지고 간 메를 올려 고시래를 한다. 절은 하지 않는다. 고시래가 끝나면 골고루 나누어 먹고 해산한다. 그날 무쉬 고꾼(낮에 우마를 돌본) 사람에게는 떡 한 반을 더 준다. · 귀표와 낙인 : 각 문중마다 자기 집안의 우마를 확인하기 위해 소는 귀를 조금 잘라내어 표시를 하고, 말에는 관청에 등록된 글자를 이용해 낙인을 찍는다. 대개 시월절(입동)을 전후해서 송아지와 망아지를 추수가 끝난 밭에 모은다. 송아지, 망아지가 있는 집에서는 한 고령(상자)씩 오메기 떡을 만들어 온다. 불에 달구어 낙인을 굽는 동안 송아지를 묶은 다음, 귀를 조금 잘라내고 마른 흙을 발라 지혈시킨다. 낙인이 구워 지면 망아지를 묶어 낙인을 찍는다(461).
대정읍 일과리	· 금악리 일대의 초원이나 안덕면 중산간의 초지에 소를 방목하는 '웃드르' 방목을 하거나 당일치기로 순번을 정해 20~30마리의 소떼를 관리했다(대정읍 일과리, 『일과1리지』, 1992: 244). · 테우리(목부)는 소들이 무리에서 벗어나지 않도록 하고, 청초가 있는 곳으로 소몰이를 하며, 제때에 연못을 찾아 물을 먹이는 것이 주된 임무였다. 때로는 진드기를 긁어내고 농경지 침입을 못하도록 미리 막는 일도 목부의 일이었다(244).
성산읍 수산리	· 축우마의 관리는 5월 중 하지에서 10월 중 소설小雪까지는 감목監牧을 한다. 1개 둔에 5~60두를 편성하여 축주들이 순번을 정하여 모쉬를 가꾸게 된다(수산리마을회, 『수산리지』, 1994: 102). · 밤에는 바령밧에 가두고, 낮에는 풀이 무성한 곳으로 이동시켜 기르다가 8월이 되면 에움(목장)에 가둬 두는데 이때에 마장 출입문에는 돌로 담을 쌓고 반드시 '종 놓기'를 한다. 이렇게 종을 놓으면 우마가 밖으로 뛰쳐나가지 않는다고 믿었다(102). · 수산리 지역이 광활하고 물과 목초가 좋기 때문에 인근 마을에서는 입목비를 내고 우마들을 방목했었다. · 바령밧은 하절기에 50~60두의 우마를 밤에 가두어 그 분뇨를 받아두는 밭으로, 우마의 분뇨를 밑거름으로 이용하여 가을에 보리나 밀을 파종할 때 이용했다(121). · 소는 겨울철에 쉐막에 가두어 건초로 사육하고, 매일 규칙적으로 연못까지 몰고 가서 물을 먹였으며 겨우내 쌓인 소의 분뇨와 짚은 잘 썩혀서 보리 재배 시에 밑거름으로 사용했다(122). · 우마를 기르는 축주들은 음력 7월 14일에 제물을 준비하고 백중 고사제를 지냈다(134). 축산농가에서는 백중날 밤에 바령밧에 우마를 모아 놓고, 자정이 되면 고사지낼 장소를 선택하여 제를 지내는데 배례는 하지 않는 것이 특징이다. 백중제에서 둔주는 수산리 지경 내의 중요한 지점에서 목축을 담당하다 죽은 테우리(과거에 우마를 방목할 당시 높은 동산이나 능선

	같은 곳에 고정 배치되었으며, 그들이 죽은 후에도 혼만은 언제나 그 장소를 지키고 있는 것으로 믿었다)들의 영혼을 불러 모아 대접하고 우마를 잘 돌보아 달라는 뜻을 전한다. · "수산또 앉은 테우리, 궁대악 앉은 테우리, 폭남못 앉은 테우리, 한 못 앉은 테우리, 수산경 내에 있는 모든 테우리를 입으로 다 불러 모으고, 모두 부를 수 없을 정도가 되면 테우리들끼리 서로 부르고 외치며 우마들이 질병에 걸리거나 상하지 않게 돌보와 주시고 언제나 좋은 수초를 먹게 보살펴 주시면 시월이 되어 귀표제사에도 이와 같이 많은 음식을 준비해 테우리를 대접할 테니 잘 감시해 주십시오"라고 하며 백중제를 지낸다(135). · 귀표는 음력 10월 중에 소설이 되면 첫 번째 자일(子日, 庚日, 卯日, 戊亥日)을 택해서 '조크르'(조를 경작했던 그루가 남아있는 밭)에 우마를 가두고 축주들이 음식을 준비해 이루어졌다. 우선 송아지와 망아지의 귀를 〉자형 또는 ∨자형으로 잘라서 표시하고, 허벅지에는 둔주 나름대로 여러 가지 자형의 쇠를 불에 달궈 낙인을 찍어 놓고 귀표제사를 지낸다. 제사의 형식은 백중제와 같다. 특히 하절기에 망아지는 더위를 잘 타기 때문에 내열內熱을 밖으로 발산하기 용이하게 코를 째었다. 송아지와 망아지 귀표를 하면서 배어낸 부분을 낙인과 함께 진설해 제를 지내는 것이 특이하다(135).
성산읍 난산리	· 난산목장인 문밭뱅디, 모구리, 서차남 동산에 리민들을 동원해 쌍담을 쌓았다(89). · 감목을 두어 목장을 관리했는데 감목(목감)은 흩어진 담을 쌓고, 파손된 문을 고쳐 달고, 목장을 순찰하여 타 지역 우마들을 쫓아냈다. · 월랑지 두둑, 동알미 동산 앞에 축사를 지어 우마를 출산하게 했고, 비바람을 피하게 했다. · 양력 7월 15일 초복이 가까워 농사부종(農事付種 : 씨뿌리기)이 끝나면 모쉬계를 조직해 가축을 돌보았는데 저녁이 되면 바령밧에 가두었다. 모쉬계는 큰가름둔, 소낭동산 둔, 동카름 둔, 목안터 둔, 웃동네 둔, 살수왓 둔에 있었으며, 윤번제로 소를 관리했다(난산리마을회, 『난산리지』, 1999: 89).
남원읍 신례2리	· 백중날은 집에서 소나 말을 기르는 사람들이 '테우리 고사'라 하여 집에서 제물을 준비해 산에 가지고 가서 제를 지낸다(『공천포지』, 1994: 190).
표선면 가시리	· 공동목장에서 축우마 입식은 청명일(4월 5일경)을 전후하여 진행되며, 상강일(10월 22일경)을 전후해 목장에서 몰고와 쉐막에서 월동시켰다(표선면 가시리마을회, 『가스름』, 1988: 155). · 연한 자연 초지를 생장하게 하고, 월동한 진드기 유충을 없애기 위해 예로부터 겨울철이나 이른 봄철에 화입을 실시하여 목장과 산야 등 전 초원지의 건초를 태웠다. 야산 방화는 주기적으로 이어져 1950년대까지도 임야화입이 허가되기도 하였으나 치산녹화의 육림 사업에 큰 장애요인으로 인식되어 1960년대부터 금지되었다(155).

남원읍 신례1리	· 1933년 일제 군수품 육우 번식을 위해 중산간 초원지대에 마을공동목장을 설치했다. 본리에서는 동년 12월에 吳鶴周 등이 중심이 되어 신례리 공동 목장조합이 결성되었다. 다음해 조합원 267명을 확보하여 조합비를 징수하고, 4번지 외 33필지의 개인소유 토지 222.1ha를 매입해 축장했다. 1935년에는 우마 524두, 1936년에는 우마 582두를 방목하였다(『예촌지』, 1988: 161-162).
성산읍 풍천리	· 7월 15일을 백중이라 하여 우마를 관장하는 신에게 제사를 드린다. 한 집에서 떡 한 '고령'씩 만들어 가고, 종가에서는 밥과 바닷고기를 더 준비해 소를 간목하는 바령밧으로 간다. 자시(오후11-새벽1)가 되면 각 문중별로 제물을 진설하여 고사를 지낸다. 다만, 잡식 후 退送할 뿐 拜와 獻酌은 하지 않는다(80). · 10월 일정한 날을 골라 갓 태어난 송아지에 귀표를 했다. 집집마다 서숙쌀 가루로 대강 만들어 삶은 떡인 오메기 한 고령을 제물로 갖추고, 또 송아지 귀를 조금 도려내어 그것을 불어 달구어 가축을 관장하는 신에게 제사한다(풍천리마을회, 『풍천약사』, 1987: 81).
서귀포시 강정동	· 물질 : 8소장에서 강정포구까지 이어진 도로이다. 조선시대 대정현 관할이었던 8소장에서 길렀던 말들의 먹을 물이 부족했을 때, 목자들이 말들을 몰고 해안마을인 강정동 속칭 '정의논깍물'을 먹였는데 이때 이용했던 길을 물질이라 했다(『향토강정』, 2001: 72). · 정의논깍물은 당시 대정현과 정의현의 경계 부에 위치했던 용천수에 해당한다. · 물통 : 강정동 5002번지 속칭 정의논깍 서편에 물통이 있었다. 양편으로 돌로 된 接城을 쌓고 그 가운데로 말을 몰아넣은 후 진상용 말을 선정하거나 낙인을 할 때 이용했다(72). · 우마질환에 대한 민간요법 - 소가 밭을 갈다가 멍에가 벗겨졌을 경우 : 푼체순이 잎과 대를 쇠 멍에를 감고 밭을 갈면 된다. - 소의 질매로 인해 쇠등에 굉이가 졌을 경우 : 오징어 껍질을 붙인다. - 소가 설사할 때 : 솥의 그을음을 보리죽에 타 먹인다. - 소의 뿔이 벗어질 경우 : 미역으로 감아 준다. - 소의 눈이 아플 때 : 묵은 장물을 입에 물었다가 뿜어준다. - 소의 각이 퇴질 경우 : 침을 주고 썩은 오줌을 초신 짝에 적셔 밀어 준다. - 쥐똥이나 거미를 먹어 배부를 때 : 참기름이나 ㄴ물기름을 준다. - 말의 눈이 아플 경우 : 돌캅진을 놔 준다. - 소나 말의 풍병 : 황백비 나무 셋거풀로 술을 담아 먹인다. - 한쪽 발이 절름거릴 때 : 아프지 않은 발을 왼새끼로 묶어준다(122-123). · 물똥이나 소똥은 거름용과 겨울철에 굴묵을 지를 재료로 이용했다. 굴묵에

	물똥 마른 것을 적당히 담아놓고 불을 붙여두면 하룻밤은 방이 따뜻하고 뒷날에는 불체거름이 생산되어 농사짓는데 좋은 거름이 되고 방이 따뜻해서 좋으므로 물똥이나 쇠똥을 중요하게 여겼다(140).
남원읍 위미리	· 불 놓기 : 2월 초순에는 마을의 모든 사람들이 목야지에 불을 놓았다. 이것은 지붕을 이는 '새'(띠) 또는 소나 말의 먹이인 '촐'이 잘 자라는 효과가 있으며, 살충의 수단으로 행해졌다. 불 놓기 후에는 목야지의 경계선에 쌓았던 '켓담' 정리를 했다. 이 때도 마을주민들이 모두 동원되었다. 만일 자기 집에 마소가 없다는 이유로 불놓기에 빠지면 농사철에 마소를 빌려주지 않아 애를 먹었다(『위미리사』, 1991: 196-197). · 백중제 : 음력 7월 14일, 마소를 치는 농가에서 제물을 마련하고 백중제를 지냈다(198). · 낙인 : 추수가 끝나는 10월 중순 쯤에 서로 다른 표식의 낙인을 마소에 찍는다(199).
서귀포시 신효동	· 공동목장에서 축우마의 입식은 4월 5일(청명일)을 전후하여 집단적으로 이루어지며, 상강일(10월 22일)을 전후해 목장에서 마을로 데려와 각 농가의 쉐막에서 겨울동안 건초를 주며 사육되었다(『신효 마을』, 1996: 222). · 역용우役用牛로 쓰이는 수소인 '부랭이'와 밧갈쉐는 농경지의 밭갈이나 짐의 운반 등에 이용되었다. 20여 농가가 한 집단이 되어 공동으로 우마를 방목하였다. 방목방법은 2명씩 당번을 정하여 아침 일찍 소를 목장까지 몰고 가서 이동을 하며, 방목을 하다가 저녁 때가 되면 다시 집으로 데려왔다. 어린 아이들이나 부녀자들도 쇠테우리 노릇을 할 때가 있었다(222). · 농한기에는 500m~600m 정도 고지의 자연초지나 산림지대에 몇 개월씩 방목(소를 상산에 올린다고 함)했다. 20~30일 정도 지나서 한 번씩 돌아보는 정도였다(222). · 질 좋은 초지를 생산하고 진드기 유충을 구제하기 위해 이른 봄에 전 조합원의 참여로 흐트러진 돌담을 구축하고 목장경계에 불을 질러 산불방지를 위해 방화선을 만든 다음 목장에 방화를 하여 거친 산야초와 수목 등을 태웠다. 목장의 방화로 밤에는 산야를 밝히면서 타오르는 불꽃으로 하늘이 붉게 물든 풍경을 마을인가에서도 며칠씩 볼 수 있었다. 1960년대 들어 산림보호와 육림사업을 위해 목장의 화입이 금지되었다(223). · 겨울동안 가축의 사료로 사용되는 건초를 생산하기 위해 목장의 초지조성이 잘된 지역을 정하여 목감을 두어 우마의 출입과 방목을 금지시키고 10월경 목초를 채취할 때가 되면 약 2,000~3,000평 정도씩 초지를 나누어 조합원들이 참석한 가운데 목장현지에서 수의계약 형식으로 싼 값에 촐을 매매했다(223).
대정읍 신도리	· '생산밭'은 모동장 내 西場에 속한 신도리 380번지 일원으로 우마들을 교미시켰던 장소, 고분장도와 살체기도는 모동장 출입구이다.

	· 목지동산(테우리동산) : 모동장 내 서장에 속한 가장 높은 지대로, 신도 1리 공동묘지 동측 350m 지점이다. · 모동장 서장은 농남봉 동측, 중장은 셋장이며, 무릉1리 동측과 무릉 2리경, 남장은 무릉1리 남쪽과 영락리경이며, 흑우를 방목했다(『신도약사』, 1987: 101).
서귀포시 동홍동	· 봄바령은 겨울갈이를 하지 않는 밭에서 행해졌으며, 음력 3월 초순경부터 5월말까지이다. · 여름바령은 음력 6월 초순경부터 8월 초순 사이에 행해진다. · 가을바령은 음력 9월 초순경부터 11월 초순 사이, 약 2개월간에 걸쳐 행해지는 바령이다(ᄀ실바령)(『동홍지』, 2003: 115-116).
서귀포시 서홍동	· 목장에 불 놓기 : 2월 초순에 목장에 불 놓기를 했다(181). · 낙인은 추수가 끝난 후 10월 중순에 했다. 낙인 글자로는 山, 生, 日, 土, 田, ㅓ 등이 있었다(『서홍동』, 1996: 184). · 공동목장에 '케파장' 1인을 두었다. 방목한 우마 1마리당 보리 1두를 받는다. 주민들은 2월에 목장화입에 출역하고 축장보수를 한다(201). · 공동목장이 군소유로 이전된 것은 법률상 마을 소유재산은 기초 지방자치단체에 귀속된다는 법률규정(1960.1)에 의하여 원토지 소유자의 의사와는 관계없이 이루어진 것이다. 이러한 군소유의 부당성을 1981년 3월 당시 조합장 변시완邊時完이 대표로 하여 군상대의 소송을 제기하여 승소하므로 기존 원소유자(설립당시 지주 32명)에게 환원시켰다. 그러나 되찾은 목장은 이용이 불가능한 잡종지로 방치된 상태에서 1983년 조합원의 결의에 의해 목장용지가 매각되고 조합은 해산되었다(203).
서귀포시 상효동	· 상잣을 넘어 방목하는 경우에는 관리인이 없으며, 우마가 좋아하는 지경을 찾아 군집하게 된다. · 하잣에는 정해진 구간마다 관리인을 두어 착호비를 부담하게 하며 우마를 관리하는 것이 통례였다. · 4 · 3사건으로 방목은 일시 중지되었고 그 후 자연보호를 위한 정부시책으로 상산방목을 못하게 되었으며, 개인 또는 공동목장에 관리인을 두거나 윤번으로 관리하게 되었다(『상효지』, 1994: 58).
남원읍 한남리	· 곳쇠는 산속에 사는 것을 가리킨다. 귀표도 하고 낙인을 하면 임자가 되는 것이다. 곳쇠는 고지에 올리는 쇠를 가리킨다. · 맴쇠는 남의 소를 빌려다가 키우다보면 새끼를 낳게 되는데, 새끼는 키우는 사람이 갖고, 먼저 데려와 키운 소는 임자에게 돌려주는 것을 가리키는데 '병작쇠'라고도 한다. 보통은 2년에 한번 정도 낳는 편이다. · '도름쇠'는 ᄀ꾸는 쇠라고 한다. 암쇠는 목장에 올려 방목하고 밭 갈쇠는 집에서 동네별로 접을 꾸려 당번을 정하여 ᄀ꾸었다. 보통은 4·3사건 후에

했던 것으로 당번을 정해서 잘 먹이기 위해 돌봤던 소를 가리킨다. 이때는 암소와 함께 두지 않고 '부랭이'만 모아 키웠다. 쇠 ㄱ꾸는 당번이 된 집에서는 당번 날 아침에 소를 모아서 목장으로 몰고 나가 풀을 먹이고 저녁에 몰고 내려와 집집마다 소를 몰아넣어 주었다.

· 청명이 지난 어느 날 하루를 잡아 주민들이 합동으로 방목장에 잣 담보수를 했다(남원읍 한남리, 『내고향 한남리』, 2007: 202-203).

· 화입은 입춘이 지나 포제를 지낸 후에 하였다. 한남·남원공동목장 조합에서 2월에 화입을 하려고 날짜를 마을에 통보하면, 마을에서는 "화입하러 나오라, 빙화선 하러 나오라"고 했다(203). 화입을 하고 나면 타버린 곳에 새로 난 풀을 먹으려고 소들이 그곳에 모여든다.

· 처음 공동목장은 한남리 주민만으로 구성되었다. 그러나 '새방' 조부의 처가가 있던 남원지역의 사람들이 목장조합원으로 가입하고자 많이 청을 하므로 처가 쪽 식구 3명을 조합원에 가입을 시켜주었던 것이 남원 사람들이 한남리 목장을 사용하게 된 시초였다(204).

· "소는 1말을 뜯고, 말은 3말을 뜯는다" : 촐은 추분을 전후해 준비했다. 보통 겨울동안 소 1마리가 먹는 양은 30바리 정도였다. 10마리의 경우 300바리를 준비했다. 1마리를 키우는 집에서는 4~50바리를 충분히 준비했다. 옛말에 "소는 1말을 뜯고, 말은 3말을 뜯는다"고 할 만큼 많이 뜯어먹는 편이었다. 소는 혀로 훑트며 풀을 뜯어 먹으므로 어느 정도 자란 풀만 뜯을 수 있었으나 말은 이빨로 뜯어 먹으므로 많이 자라지 않은 풀도 먹을 수 있었다(210).

· 낙인 : 한남리는 本자로 낙인하였다. 그러나 집집마다 방향을 달리 하여 찍었다. 고씨 집안에는 낙인을 옆으로 찍었고, 오씨 잡안에서는 바로 찍었다. 엉덩이에 찍을 때도 조금 위쪽에 찍는 집, '잠테'에 찍는 집 등 구분이 있었다(211).

· 귀표도 하였다. 고씨 집안에서는 얇은 부분을 접어서 표시를 하였는데 펴면 V字가 되도록 했다.

| 남원읍 하례2리 | · 우리 마을은 9소장에 속해 있었다. 9소장 본부로서 말을 점검하는 절제사(제주목사) 및 점마별감이 봄, 가을 두 차례 씩 왕래하며 말을 점검했다. 말테는 지금의 어케앞 1656번지 일대에 가두어 놓고 점마했다. 직사直舍라는 집을 짓고 절제사 및 점마별감이 임시 숙박을 했으며, 목자가 기거하기도 했다. 그래서 오늘날까지도 동네 이름을 '직사'라고 불리고 있으며, 말을 가두웠던 곳을 '장통'이라고 부르고 있다(남원읍 하례2리, 『학림지』, 1994: 19-20).
· 상잣은 멀산전, 중잣은 녹곤수 밑으로 서남쪽 냇가까지, 하잣은 베어니왓 동산에서 직사 동네까지였다. 이렇게 구분하여 성축한 이유는 말을 방목할 적에 윗 목장에서 방목하다가 목초가 거의 없어져 가면, 아랫 목장으로 옮 |

	기고, 아랫 목장에서 사육하는 기간에는 윗 목장에 풀이 많이 자라기 때문에 번갈아 가며 방목할 목적이었다. · 중잣성은 최근까지도 지도에 표시되었으며, 지금의 1746번지 옆 냇가주변이 종점이었다. 그래서 지금도 그쪽 냇가 이름을 성담을 쌓았다가 끝난 곳이라 하여 '잣끝내(川)'라고 한다(20). · 직사라는 점마소는 9소장 본부인 현재 우리 마을 1656번지 일대에 있었지만 이곳은 고관들이 묵어가기에는 초라한 곳이어서 절제사 이유의가 영천관을 짓고 일 년에 봄, 가을 두 차례 방문해 9소장에 있는 말들을 직사로 몰아와서 점마를 했다(29). · 예기소藝妓沼 전설 : 중앙에서 점마사點馬使들이 오면, 많은 마필을 바치지 않도록 하기 위해서 妓生藝妓들을 경치 좋은 효돈천에 불러다 잔치를 열어 환대를 하였다고 한다. 여기에 외나무 다리를 놓고 그 다리 위에서 춤을 추며 흥을 돋구었다고 한다. 명종 때 서울에서 내려온 점마사를 대접하기 위해서 잔치를 베풀었는데, 하천 내 소沼의 양쪽 바위 절벽 위에 줄을 매고 그 줄 위에서 춤을 추던 기생이 실수로 떨어져 죽었다고 한다. 떠오른 그 시체는 영천악 남쪽 기슭에 묻었다. 그 후로 관리들의 향연은 금지됐고, 사람들은 여길 '예기소'라 불렀다. 마을 주민의 말로는 1960년대 초까지만 해도 이곳 바로 옆에 '예기무덤'이 있었는데 밭 주인이 과수원을 만든다고 이장해 버렸다고 한다(30-31).
안덕면 화순리	· 테우리제를 연 1~2회 지냈고, 낙인 작업을 단체로 했다(안덕면 화순리, 『화순리지』, 2001: 369).
서귀포시 대포동	· 대표 목장은 산2번지의 98정보, 중원이케(中原) 90정보, 봉수밭 20정보의 경내에 농한기에 우마를 놓아 '캣집'(목장감독자)에게 맡겨 기르다가 농번기가 되면 우마를 끌어다가 농사일에 이용하였다(『큰 갯마을』, 2001: 351). · 집집마다 '밧갈쉐'가 있었다. 농한기에는 목장에 방목하였지만 한 두 마리 소는 '쇠막'에 매어 미리 준비한 '촐'을 먹이며 농한기를 났다. · 한 두 마리를 고정적으로 사육하는 이유는 짐을 나르거나 물뱅이 끄는 곡식도정 작업에 필요했기 때문이다. 특히 비료가 부족한 시절이었기 때문에 쇠막에 쌓이는 분뇨와 촐 찌꺼기가 쌓여 좋은 퇴비가 생산되기 때문이다.
서귀포시 법환동	· 봄부터 가을까지는 상산과 300~600m 고지의 공동목장에서 방목하고 겨울철은 집에서 건초를 먹였다(법환동 마을회, 『법환향토지』, 2000: 265). · 상산 1300고지 이상의 초원지대와 국유림 지대엔 주로 번식과 육용 우마를 방목하여 왔는데 이곳엔 기생충인 진드기가 없고 광활한 목초지여서 먹이가 풍부하고 자유로이 생활하기 때문에 소와 말이 살찌고 잘 자랐다. 기후관계로 털은 길게 자라 하산기 가을엔 자기 소도 식별하기 곤란할 정도로 모습이 변하게 된다. 오랫동안 사람과 접촉이 없었기 때문에 성질이 야성으로 돌아가 매우 사납고 다루기도 어려웠다. 이런 소를 '곶쇠'라 하였다.

	· 상산에 방목하면 여러 마을의 많은 우마들과 섞이게 되고 겉모습도 많이 변하게 되어 종종 찾지 못하는 경우가 있기 때문에 자기 소유임을 나타내는 고유의 낙인을 우마의 대퇴부에 찍어 식별하였다. 늦가을이 되면 상산으로 자기소를 찾으러 가는데 운이 좋아 쉽게 찾아오기도 하지만 광활한 산속에서 찾기가 쉽지 않아 몇일씩 야영을 하며 찾기도 하였다. 주인이 찾아오지 못한 우마들은 추위가 닥쳐오면 스스로 하산하게 되며 귀소성歸巢性이 있어 자기 마을 부근으로 내려와 찾게 된다(265).
	· 공동목장은 마을과 거리가 멀지 않아 주로 역우를 방목하였다가 농사일에 필요한 때는 몰고 와서 부리게 된다. 목장관리는 '캐패장'이라 해서 한 사람을 두고 캐패장 인건비로 회원의 소는 1두당 잡곡 1말, 비회원의 소는 잡곡 2말을 받는다(266).
	· 우마의 겨울철 관리는 쇠막이나 우영팟에 나무 울타리를 쳐 간목看牧하여 가을철에 거두어두었던 자굴촐, 재완지촐, 지장촐, 새꼴, 감저꼴, 조쩍 등의 건초를 먹였다. 역우로는 주로 수소를 이용했으며, 거세되지 않은 소를 '부사리(부랭이)', 거세된 소를 '중성기'라 하고, 중성기는 온순하여 역우로 많이 이용되었다(266).
안덕면 감산리	· 4월이 되면 방둔하고 9~10월쯤 간목하였다. 방둔이란 우마를 목장으로 올려 여름동안 방목하는 것이며, 겨울이 되어 우마가 야산에서 생활하기 어렵게 되면 마을로 내려오게 하여 사육하는 것을 '간목'이라 했다.
	· 우마의 테(많은 수의 우마)를 갖고 있는 사람에게 자기 밭에 간목하여 줄 것을 청하는 경우도 있다. 즉 다른 사람의 밭에 우마를 가두어 사육하는 것을 '바량 드린다'고 한다.
	· 방둔할 시에는 우마가 섞이게 되므로 우마의 대퇴부에 낙인을 찍었다. 감산리 낙인은 만(卍)로 하였다. 우마의 귀 일부를 잘라 표시하는 이표耳標를 했다(안덕면 감산리, 『감산향토지』, 2002: 212).
	· 밭일이 없는 경우에는 공동으로 소를 몰고 들판으로 나가 먹이곤 하였는데, 이를 '팻쉐' 혹은 '번쉐'라 했다. 이 때에는 순번을 정하여 돌아가면서 소를 먹였다. '번쉐'를 먹이러 아침에 나갈 때는 '쉐 내 몹써'라고 외치며 소를 모았고, 저녁에 돌아올 땐 큰 소리로 '쉐 들여 맵써'하면 주인이 자기 소를 찾아갔다(213).
	· 멤쉐도 있었다. 이것은 다른 사람의 소를 사육하여 주던 제도였다. 멤쉐는 주로 암소였다. 이 경우에 샀은 계약에 따라 다를 수 있지만 일반적으로 어린 소를 멤쉐로 사육하였을 경우, 이 소가 커서 출산 한 처음 새끼는 대신 사육한 사람이 소유하고, 두 번째 새끼부터는 팔아서 소유자와 나누었다. 어미 암소를 멤쉐로 사육한 경우, 처음 새끼부터 팔아 소유자와 나누는 것이 보통이었다. 멤쉐 제도는 일반적으로 소가 없는 사람이 소를 마련하거나 재산을 증식할 목적으로 이용되었다.

서귀포시 중문동	· 낙인하는 날은 甲日과 寅日인데 이 날은 여러 마리의 소·말에 낙인을 하므로 힘 센 장정들이 6~7명 있어야 했다. 그 외에 소의 귀를 잘라 잘린 형태를 보고 자기의 소·말을 구분했다(『중문동 향토지 불란지야 불싸지라』, 1996: 248). · 굴묵에 불을 지피기 위해 우마의 똥을 모았다(249). · 토질이 억세서 수소가 밭을 갈았다(250).
서귀포시 월평동	· 봄이 되어 한라산에 풀이 나기 시작하면 소를 산으로 올린다. 그러면 소는 풀이 나는 계절에 따라 윗세오름이나 백록담에 까지 올라 살며 그 과정에서 암소는 새끼까지 한번 낳는다. · 겨울이 되면 소는 다시 해안으로 내려오며, 영리한 소는 주인집까지 스스로 찾아온다. 그러나 대부분의 경우 한라산으로 소를 찾으러 올라간다(서귀포시 월평동마을회, 『월평마을』, 1992: 122).
제주시 이도2동	· 둔쇠, 둔믈 : 봄부터 가을까지 방목기간 동안 가축주인들이 번을 정하여 돌아가면서 돌보는 소와 말을 '둔쇠, 둔믈'이라 한다. · 공동으로 소나 말을 키우는 조직을 '쇠접, 믈시접'이라 한다(제주시 이도이동, 『이도2동지』, 2009: 761). · 순번이 돌아오면 해당된 사람은 대나무로 만든 '동ᄀ랑(도시락 대용)'에 점심을 챙겨들고 나가며, 가축을 풀이 풍부한 들판에 풀어 먹인 후, 지정된 휴경지에 몰아넣어 밤을 새우게 한다. 이를 '바령드런다'고 했다(761). · 멤쇠 : 소가 없는 농가에서 소를 많이 소유하고 있으나 인력이 모자란 농가의 암소를 빌려 사육하면서 이 암소가 낳은 송아지를 주인과 반반 나누는 풍습이다(761). 멤쇠는 소가 없는 농가에서 농사용으로 소를 사용함과 동시에 자기 소유의 소를 가질 수 있는 기회가 되고, 소를 임대해 준 농가에서는 빌려준 소에 대한 사양관리를 하지 않고도 생산된 소의 반을 가질 수 있어서 서로에게 이익이 되는 풍습이었다(762). 이런 행위를 일컬어 '갈름쇠', '벵작쇠', '멤쇠'라 한다. 이런 소의 사육은 대개 집이나 휴한지에서 키웠다(762). · 밭갈이용 소는 '밧갈쉐', 각종 일에 동원되는 소를 '부림쇠'라고 했다(762). · 곰돌 : 길들이기 전의 소를 '새쇠', 길들여진 소를 '숙쇠'라고 한다. 곰돌은 소를 길들이는 데 이용하는 돌이다(763). · 낙인 : 번식기, 발정기에 짝을 찾아 다른 장소로 가버리는 경우가 있어 자신의 우마를 찾고, 소유를 분명하게 하기 위해 마을단위, 가족 단위, 친족 단위의 글자를 이용해 낙인을 했다(763). · '부그리 글겡이' : 소의 진드기를 제거하기 위한 빗을 말한다(764).
제주시 오라동	· 오라목장을 3~4소장이라고 했다(제주시 오라동, 『오라동향토지』, 2003: 358). · 민오름, 오등봉, 열안지 오름에 소와 말을 방목했다. 이곳이 풀이 많아 '촐'

	을 준비하는데 편리했다. 근대까지도 집에서 소나 말을 기르며 '번쉐'를 하였다(359).
한림읍 동명리	· 4월부터 늦가을까지는 6소장 자리에 위치한 마을공동목장에 방목했다(한림읍 동명리, 『東明鄕土誌』, 2009: 574). · 가을에 건초를 장만해 겨울에 먹이로 이용했으며, 조짚이나 콩껍질 같은 농산물의 부산물을 모아두었다가 사용했다(574). · 2차 대전 말기에 일본에서 군마가 들어오면서 제주마는 잡종으로 변했다(575). · 강일홍(1862~1930) : 동명리 거전동 451번지에 거주했으며, 1900년에 소 120여두, 말 70여필을 사육하여 '쇠테 강좌수'라 불렸다. 장손인 강인생은 물려받은 우마를 이용해 동네나 한림, 옹포 사람들이 조파종할 때 밭을 밟아준 것으로 유명하다(575). · 봄철 산에 방목하기 전에 자기소유를 나타내기 위해 소나 말의 대퇴 부에 글자나 그림모양의 무쇠를 불에 달구어 낙인을 찍었다. 낙인은 동네별로 성씨별로 정하는 경우가 있었다(575). · 거전동에 사는 조씨 집에서는 '明'자로 하였고, 강씨 집안의 낙인은 '丁'자로 하였다(575). · 마을 공동목장에서 목장관리자인 목감에게는 소 1두당 잡곡 1말 또는 1말 반을 보수로 주었다(576). · 목장조합원들이 모두 동원되어 울타리를 보수하고, 목장 내의 잡풀과 가시덤불에 불을 놓아 진드기 유충을 태워 죽이고, 목초의 생육을 좋게 하여 신선한 목초가 자라도록 했다(576). · 일제시기에 마을 공동목장을 만들 때 축우마 방목을 위해 울담을 축성했다. 동명리 전체 리민 220호가 2개월 이상 '월령月令'하여 축성을 마쳤다. 동명리민 220호 중 조합원은 120호인데 비조합원도 축우마도 같이 방목하였다(577). · 목장이 방대하여 윗장, 알장으로 2분화하여 윗장(속칭 '볼래왓틀') 107정에 암소와 말을 같이 방목하였다(578). · 알장(속칭 '로봇더군밭') 약 19정에 수소를 방목하였으며, 목장 방목료는 수소는 보리 1석(15말), 암소는 보리 10말을 내도록 하였다(578). · 목장 내 급수시설이 없어 축우 방목시 하루 한번 '솔도'(화전동)의 '몸뜬물'에서 급수시켰다. 가뭄이 계속될 때에는 '문수물'(동명리 문수동), 심지어 '강생이물'(진근동)에까지 가서 급수시켰다(578). · 목장 내 윤환목장을 조성하기 위하여 윗장에 열십자로 4등분하여 돌담으로 축성하고 방풍림을 식재하였다(579). · 목장기반시설로 관리사 건평 10여 평 1동을 신축하고, 상수도 1개소, 진드

	기 구제장을 설치했다. 자갈 및 가시덤불과 잡관목을 제거 하는 사업을 지속적으로 실시했다(580).
제주시 노형동	· "촐꼴을 많이 베어두면 보리를 많이 수확한다." : 이것은 촐이 거름이 되기 때문이다. 그러므로 집집마다 변소가 컸다. 소의 배설물들을 변소에 넣어 촐을 넣고, 돼지의 배설물들과 섞이면 좋은 거름이 된다(『노형동지』, 2005: 420). · 2월 들어 새싹이 나기 시작하면, '조크르(조를 베고 난 밭)'로 소를 몰아가 놀게 한다. 소의 배설물들은 거름이 되므로 남의 소가 밭에 들어가도 싫어하지 않았다(420). · 낙인 : 음력 삼월 청명이 지나면 들에 풀이 나기 시작한다. 그러면 집집마다 소를 방목지로 올리게 되는데 이때 자신의 소유임을 나타내기 위해 낙인을 했다. 마소가 많은 집에서는 대장간에 가서 낙인으로 쓸 쇠를 만들어와 불에 달구어 소의 엉덩이 쪽에 지진다. 낙인자는 ㄱ, 老, 呂자가 있었다(420). · 소가 적은 집에서는 송아지가 태어나 얼마쯤 지난 후 호미(낫)로 귀에 구멍을 뚫기도 한다. 이것은 목장에 방목하기 때문에 소들이 서로 바뀌거나 잃어버리지 않도록 하기 위한 것이다(421). · 소번[牛番]은 마을민의 중요한 일상사였다. 암소 번은 대체로 번 당 50두(송아지 포함)씩 5개 번이 편성되었고, 부룽이 번은 번 당 20두 정도해서 5개 번으로 구성하였다. 따라서 번은 목장에 소들이 올라가기 전 봄철에 많이 행했다(『老衡誌』, 1996: 115). · 물방애를 돌리기 위해 말을 키우는 집이 있었다. 물방애를 돌리려면 소보다 말이 더 필요했다. 연자매를 차지하기 위해 표 돌리기, 빗자루 놓아두기, 줌팍 놓아두기 등을 이용했다(115). · 말을 키우는 방법을 보면, 자마雌馬를 기르는 사람들은 조밭 밟을 때만(목장에서) 내려다가 부리고, 일 년 내내 산에 올려 방목하면서 한 달에 1회 정도 돌아보면서 키웠다. 웅마雄馬는 자마를 따라다녀 잃어버리기 쉬워 매거나 에워서 기르는 것이 보통이었다. 웅마의 용도로는 타고 다니기, 짐 운반, 마차끌기였다(116). · 오립쇠野牛는 상산(골머리~백록담 밑)에 방목하였다. 방목의 장소로는 월랑마을이나 정존마을의 경우는 골머리 부근을, 광평마을인 경우는 한라산 동북쪽의 '큰드레', 장구목 너머에 있는 '왕장서틀' 알 녘 '도트명밭'을 이용했다. 이곳을 오라리, 이호, 도두, 연동주민들이 함께 활용했다. 광평마을이나 월산마을인 경우는 '어스승' 서녘의 서평밭 만세동산 주변을 이용하여 한라산 밑에서부터 어스승 앞 웃중장을 이용했고, 일반 소는 알중장에서 방목했다. 그래서 마소를 보러 가는 날이면 아침 첫 닭이 울면 서둘러 출발해야만 했다(116).

구좌읍 송당리	· 바령 : 음력 유월절 넘으면 열흘간 바령을 한다. 각 처에 있는 무쉬를 모아 바령밧에 모아서 거름을 만든다. 마소가 눈 분뇨가 거름구실을 하는 것이다. 바령은 상강일까지 계속되는데 그 바령밧에 보리, 밀 등을 갈아 다음 농사를 짓는다. 바령밧을 돌봐준 사람은 삯을 받는다(『북제주군 송당리 조사보고서』, 2004: 73). · 테우리쿡사 : 칠월보름 백중날 자정에 마소를 기르는 사람들이 무쉬 방목장에 가서 마소의 무병과 안녕을 기원하는 제사를 드린다. 제물로는 메 1기, 떡, 삶은 닭, 구운 바닷고기 1마리, 과일 등을 마련 하며, 코사가 끝난 뒤 다함께 음복한다(73). 젯상은 깨끗한 곳을 택하여 띠를 깔고 그 위에 차려진다(74). 젯상에 아기 기저귀를 잘라서 만든 '테우리 수건'을 올리는 특이한 풍습이 있다. 또한 이 날 집에서는 쉐막(외양간)에서 끝떡을 올리고, 심방을 빌어다 입담을 하여 마소의 건강을 빌기도 한다(74). · 촐베기 : 가을철 촐밭에서는 홍애기소리와 함께 촐베기를 한다. 보통 밧갈쉐 한 마리당 50바리의 촐을 장만했다. 1바리가 40뭇(묶음)이므로 2,000뭇이 필요했다. 암소는 밧갈쉐의 1/2정도가 필요하다. 한 집에 보통 두세 마리의 소가 있었으니, 송당마을의 촐 장만에 드는 품은 말로 표현하기 힘들 정도였다(75).
애월읍 어음1리	· 어음경 위에 사수 구분장이 있었다. 네 살짜리 말을 사수매라고 한다. 이곳은 사수매가 되면 분리시켜 방목하는 곳이다. 언제라도 공마령이 떨어지면 즉시 공납해야 하기 때문이다. 산으로 오르는 길목마다 싸리 문을 달아 목자들이 항시 문을 감시했다. 목마장을 지나 '물섭밧', '홍꼴' 등지에 농사를 많이 지어 문을 자주 왕래해야 했는데 목자들이 심통을 부리면 왕래하는 데 지장이 있어 '접담배' 등을 주면서 목자들을 달랬다고 한다(『내고향 어음1리』, 2003: 175).
한경면 용당리	· 불놓기(火入) : 2월 초순 해빙이 되면 화전, 목야지, 초지에 불 놓기를 시작한다. 목초, 새(띠)의 발아와 무성하기를 꾀하면서 이루어졌으며, 살충의 한 방법이었다. 본도에서는 진드기의 피해가 매우 심하다(한경면 용당리, 『용당리향토지』, 1991: 63). · 百種祭 : 보름날 마소를 먹이는 일반 농가에서는 과실, 酒饌을 차리고 백종제를 지낸다. 前日에 미리 우마를 넓은 밭에 가두어 둔다. 이 밭을 '불양밭'(牛馬糞田)이라고 한다. 관에서도 마조단에서 우마의 무병과 번식을 위하여 기원하는 축을 올려 行祭한다(66).
한림읍 대림리	· 거세(불알까기) : 소는 육우가 목적이면 거세를 하지 않는다. 일을 부리기 위한 것이면 거세를 한다. 소가 5~6세 되면 성질이 거칠어지고 일할 때 다루기가 어려워진다. 이 마을의 토질은 모래가 없는 단단한 자갈밭이 대부분이라 암소나 말로는 밭갈이를 할 수 없어 수소(부룽이)를 키웠다. 10~15세까지 부려먹기 위해 거세를 했다. 이때는 여러 사람이 필요하고, 거세기

	술을 가진 분이 진행하였다(한림읍 대림리, 『대림리지』, 2009: 256). · 1927년에 행정기관의 축산장려에 힘입어 1935년 목장조합을 조직하고 금악리 산 23번지외 9필지를 매입하여 목장초지를 조성했다. 목장조성 당시 많은 노력부담이 있었다. 10여필지의 중간 담장을 치워야 했고, 소가 뛰어다니지 못할 정도로 이중 담장을 쌓는 일도 많은 부담이 되었다. 그래도 목장조성 당시 한림면에 대림출신 임창현 면장과 신제근, 김덕부, 이홍림, 임상범 등이 재직하고 있어 매입 대금에 큰 부담이 없도록 최소로 필요한 평수만 매입케 되어 각 조합원 부담이 많지 않아 도움이 되었다(415). · 방목관리는 초지를 상하로 2등분하여 입전동, 중동과 하동, 서광이동으로 나누어 관리하였다(415).
구좌읍 평대리	· 제석동산 : 테우리 고사를 지내는 동산이다(평대리 마을회, 『평대리』, 1990: 250). · 테우리 코시 : 목자들이 말과 소의 번성과 안녕을 위해 지내는 고사로, 백중날 지낸다. · 낵인 지른다 : 소나 말의 엉덩이에 낙인을 찍는다. · 귀패흔다 : 소와 말의 귀에 표를 한다. · 방둔흔다 : 음력 10월 12일부터 10월 20일 무렵까지 소를 마을 가까운 밭에 내놓아 먹이는 것을 말하며, 방둔하기 전까지 추수를 마쳐야 한다. · 쉐 올린다 : 한라산 고산지대에 소를 방목한다. · 바령흔다 : 밤에 마소 떼를 밭 안에 몰아넣어 그 분뇨를 받아 밭의 거름이 되게 하는 것을 말한다. · '어음' : 소나 말이 열 마리 이상 들어갈 수 있는 자연적인 울타리가 되어 있는 목초지를 의미한다. · '미여터진 드르' : 한라산 고산지대를 말한다. · 쇠 ㅊ지멍 날력 버린다 : 방목 중에 잃어버린 소를 찾아다니느라 시간을 소비한다(252).
애월읍 광령1	· 마소올리기 : 좁씨를 뿌리는 부종付種 후에 '밭볼린다'고 하여 마소 떼를 앞세우고 뱅뱅 돌면서 씨를 밟아준다. 이는 종자들이 바람에 날려가는 것을 막음과 동시에 흙덩이를 잘게 부수게 하기 위함이다. 이때에 부르는 '밭볼리는 소리'는 더욱 흥을 돋군다. 이렇게 밭을 다 밟은 후에는 마소를 '천아오름'에 올려 보내고, 9월 그믐 경에는 다시 내려온다. 이는 자연방목으로서 마소 스스로 먹이를 찾게 내버려두는 것이다. 마을의 공동방목을 담당하는 사람을 '테우리'라 하고, 주민들은 테우리에게 공동으로 일정량의 곡식을 주고 마소를 맡긴다(광령리마을회, 『光令略史』, 1990: 107). · 테우리제 : 천아오름에 마소를 6월 초닷새까지 올려 보낸 후에 6월 보름경에 올리는 제례이다. 제의 주관은 테우리가 되며, 산에서 행해진다. 제물로

	메, 제숙, 제주를 올리고 축을 읽게 되는데 축은 목장의 우마들이 무사히 지내기를 기원하는 것이다. 제를 지낸 경우에 는 마소들에게 아무 일이 없으나 만일제를 지내지 않고 그냥 마소를 방목시켰을 때는 제멋대로 돌아다니고 병에 걸리게 된다고 믿었다(108). · 백중제 : 음력 7월 14일에 지내는 제의로서 가축의 번성을 비는 것이다. 특이한 것은 마구간에서 행해진다는 것인데, 이는 집의 '토신'을 대상으로 하는 제례이기 때문이다. 제물은 보통의 제와 비슷하나 '갱'(국)을 올리지 않는다(109). · 촐베기, 물똥줍기 : 팔월 멩질(추석)을 전후하여 월동준비로 마련한다(109).
애월읍 고성리	· 고성리의 낙인은 '古'자로 하였으며, 우마의 귀 일부를 자르는 이표도 하였다(고성리 마을회, 『고성리지』, 1993: 148). · 고성리 공동목장이 생겨난 이후 하계에는 공동목장에서 사육하고, 동계에 는 축사에서 사육하였다. 공동목장에는 목감을 두어 방목중인 우마를 관리하게 했다. 목감에게는 우마의 두수에 따라 그 삯을 지급하였는데 이를 번곡이라 했다. 번곡은 탈곡한 보리로 하였는데 조합원인 경우는 넉되(小斗 한말), 비조합원인 경우에게는 그것의 2배로 했으며, 어린 송아지의 경우에 는 그 절반으로 하였다(148). · 농사짓는 데는 소가 이용될 수밖에 없었으므로 하계에도 축사에서 1마리 정도를 사육하는 경우가 많아 공동으로 소를 몰고 들판으로 나가 먹이곤 하였는데 이를 '팻쇠', '번쇠'라 했다(149). · 멤쇠는 다른 사람의 소를 사육하여 주는 제도이다(149). · 산심봉을 중심으로 광활한 목야지에 우마를 방목하였다(151).
구좌읍 한동리	· 청명이 되면 소나 말을 목장이나 목야지에 방목하거나 '번쇠'를 시작한다(한동리 마을회, 『둔지오름(한동리지)』, 1997: 195). · 겨울철에 집에서 소와 말에게 먹이는 촐을 가꾸는 밭을 '촐왓'이라고 한다. 망종을 고비로 '촐왓담을 추리고' 소나 말의 방목을 금한다는 표시로 대가 지나 나뭇가지로 '촐왓' 군데군데에 꽂는데 이것을 '종찔른다'고 한다(195). · 망종, 하지, 소서 동안 소 방목을 한다(195). · 소설, 대설 사이에 축우마 낙인을 한다(198). · 둔지악을 중심으로 한 초지대에서는 번치기 방목형태로 소를 사육하여 왔다(216). · 번치기 방목은 방목권별로 사육농가들이 순번을 정해 윤번제로 시행 되었는데, 나무패(축주명단을 기록하고 방목, 관리의 순번을 정해 놓은 나무 조각)를 돌려 당번 일을 미리 알리고 당번일이 되면 입산하여 소를 관리하는 관습이었다. 번치기 당번은 환축의 발생유무와 마릿수를 확인하는 일과 식생의 생육상태에 따라 우군을 이동시 키는 일, 그리고 급수장까지 우군을

	이동하는 일이 주된 관리사항이었다(218).
	· 당시에는 해마다 1~2월에 둔지악을 중심으로 한 인근 방목지대에 불 놓기 (화입)가 성행하였다. 이는 고사된 산야초와 잡관목을 태우고 소에 피해를 주는 진드기 유충을 멸살하기 위해 시행하였다(218).
	· 봄이나 여름철에 소나 말을 가두는 밭을 바령밧이라 한다(224).
	· 겨울에는 '촐눌'에서 촐 단을 몇 차례씩 뽑아내면서 '조찍', '감젓줄', 콩 껍데기 등과 섞어 먹이기도 한다(224).
	· 밭갈이와 짐을 실어 나르는 부림쉐는 겨울철에 호박이나 조, 보리 등을 삶 아 여물로 먹여 몸 보신을 시켜주기도 한다(224).
	· 테우리들은 여름에는 대개 갈옷, 가을에는 접옷, 겨울철에는 솜옷을 입었 다. 머리에는 삿갓이나 패랭이를 썼다. 우천 시에는 새(띠)로 만든 우장을 입었다. 소나 말 몰이용 회초리(막대기)는 윤노리 나무를 일등으로 쳤다 (225).
	· 한동리에서 낙인은 巾, 千, 凡, 馬 자를 이용했으며, 근년에 들어서는 귀표 를 찍기도 했다(226).
	· 말테가 있는 사람은 모두 테우리 코시를 했다. 음력 7월 14일이 되면 축산 농가에서 멧밥, 수탉, 바닷고기, 떡, 채소, 과일 등 제물을 준비한다. 배례 는 하지 않는다(226).
	· 쇠 불까기는 네 다리를 밧줄로 묶어 떼밀어 눕힌 뒤, 도마 칼로 소의 불알 만 꺼내서 실로 묶고 나서 된장이나 소금을 발랐다(227).
	· 눈병이 났을 때 장물(간장)을 눈에 뿜은 후에 깨끗한 물로 뿜어 씻어 준다 (227).
한림읍 명월리	· 고문서 : 傳令前別監吳錫孝 三所場踏驗監官差定來月初二日來 現者 辛酉八 月日 使
	· 순조 11년(1801, 가경 6년)에 제주방어사 정관휘(鄭觀輝, 1799.12-1802.3) 가 명월리 전별감 오석효(1743-1835)를 3 소장의 답험감관으로 뽑아 임명 하니 다음 달 초 2일에 현장으로 나오라는 문서이다(한림읍 명월리, 『명월 향토지』, 2003: 172). (답험이란 세금이나 소작료를 제대로 거두기 위하여 관련 논밭에 가서 농작農作의 상황을 실지로 조사하던 일을 말한다. 따라 서 1801년 8월 제주목사 정관휘는 명월리 전별감 오석효를 3소장의 답험 감관으로 임명하여 3소장 현장에 가서 농민들의 농작상황을 파악하게 한 것이다 : 필자주)
	· 봄에 들판에 풀이 돋아나면 10~20가구가 서로 번을 짜서 소를 먹이다가 여름작물(조, 콩, 고구마)을 파종한 후 소들을 안덕면 광평리 소재 명월 공 동목장에 올린 다음, 목감이 목장 내 '셋가시'에 지어진 집에 거주하며 소 들을 관리하다가 강우선씨에게 위탁하여 2개월 동안 관리하였다. 이때 우 마 관리비는 보리로 지급했다(360).

	· 여러 소가 한꺼번에 방목되기 때문에 소유관계를 확실히 하기 위해 우마에 낙인과 귀패를 했다(360).
	· 낙인은 무쇠를 가지고 자기의 성이나 정해진 약자를 이용해 만들었다. 이 것을 불에 달구어서 우마의 네 발을 묶고 넘어뜨린 다음 엉덩이에 지졌다. 귀패는 소의 귀를 V, W자로 잘라 내어 하는 것으로 보통 시월 첫 자일(子日)에 제를 지낸 다음 시행했다. 현대에 들어와 번호가 쓰인 니켈 귀표를 이용한다. 낙인찍는 대상은 새끼에만 한정 된 것이 아니라 곶뭔(야생말), 곶쇠(야생소) 그리고 목장에 풀어 놓기 위해 다 자란 소에게도 낙인을 했 다(361).
	· 거세(불알·붕알까기) : 위세 넘치는 소와 교배가 끝난 수소나 돼지에 한하 여 거세를 했다. 소는 다섯 살 무렵, 돼지는 교배 직후 이웃 사람들과 교대 로 거세할 가축을 앞뜰에 끌어다가 작은 칼로 불알의 외피를 열어 고환을 꺼낸다. 수술 뒤에 재와 소금을 집어넣었다. 울타리를 높이해 그 안에 풀 었다가 상처가 아물 때까지 놓아 둔다(361).
	· 겨울의 사료는 긴 풀 베는 낫으로 벤 촐을 건조시킨 것을 사용한다. 촐 비 는 일은 우마를 기르는 집안의 중요한 노동으로, 겨울에 방목한 우마를 찾 는 일과 함께 남자의 몫이다(362).
서귀포시 토평동	· 소설小雪에서 춘분春分까지 쉐막에서 소를 길렀다. 청명이후부터 마소들은 들에서 풀을 뜯었다. 촐왓에 마소들이 들어가는 것을 막으려고 촐왓마다 돌담을 손질했다. 촐 40단을 한 바리라고 했다. 소설에서 춘분까지 한 마 리의 소가 20바리의 촐을 먹어야 겨울을 날 수 있었다(토평동 마을회,『토 평마을』, 2004: 279)
	· 추석 안팎에 촐이 익어가는 족족 베었다. 한 사람이 하루에 호미로 150단 의 촐을 벨 수 있었다. 촐은 하늬바람으로 말린 다음 단을 묶었다. 촐눌을 눌어 두었다가 소 한 마리당 하루에 다섯 단을 다섯 번에 나누어 먹였다. 하루에 한 번 물을 먹였다. 소들이 먹는 물은 '뒷빌레', '보그물', '정방물 통' 물을 먹였다(279).
	· 이웃끼리 소를 돌보는 조직을 '돌음'이라 했다. '돌음쉐'를 돌보는 사람을 당번이라 했다. 돌음쉐의 수는 10~15마리 안팎이었다. 하루 동안 당번 2명 이 돌음쉐를 돌봤다. 두 마리의 소를 돌음쉐에 가입하면 당번의 기회는 소 의 마리 수에 따라 더 늘었다. 해가 뜨면 소의 임자들은 돌음쉐를 몰고 약 속된 장소로 나왔다. 당번은 소를 몰고 나가 소를 먹였다. 벵디에서 소를 먹였다. 새봄에 생식활동을 벌이려고 수소가 암소를 뒤쫓으며 발광을 부린 다. 이를 '두름진다'고 하였다. 힘겨루기를 하려고 싸우는 것을 '찔레 붙는 다'고 한다. 돌음쉐 돌보기는 춘분부터 망종까지 이어졌다(280). 돌음쉐는 1960년대 말 에 경운기가 보급되면서 자취를 감추었다.
	· 여름철 송아지나 암소는 상잣 위 한라산에 올려 방목하는 경우도 있었다.

	한라산에 방목한 소 임자는 가끔 한라산을 오르내리며 자기네 소를 확인하거나 돌보면 그만이었다. 부림소인 밧갈쉐 만은 상잣 위 한라산에 내풀어 놓아 기르는 일은 거의 없었다(280).

· 부림쉐 이외의 암소와 송아지는 돌음쉐 조직에 붙이지 않고 '상잣' 위로 올려 방목하였다. 망종부터 처서까지 방목했다. 이를 "상산에 쉐 올린다"고 했다. 이런 일은 개별적으로 이루어졌다(281).

· 소가 '다간'(두살)이 되는 해 망종 이전에 낙인을 놓았다. 낙인의 징표는 종문마다 달랐다. 오씨 종문에서는 '平', 정씨 종문에서는 V자 낙인이었다. 또 여의치 않은 집안에서는 이웃집 낙인을 빌려 놓았다(281).

· 소들은 한라산 백록담 앞 평지에서 노니는 수가 많았다. 이곳은 평지를 이루고 있고 냇가에 물이 있어 소를 놓아기르기에 안성맞춤이었다. 소 임자는 보름에 한번쯤 방목하고 있는 곳으로 올라가 마소가 잘 자라고 있는 지 살펴보았다(281).

· '멤쉐'는 소의 주인과 소를 돌보는 사람 사이에서 소를 치고 나서 서로 새 끼를 나누어 갖는 것을 멤쉐라고 했다. 멤쉐는 임신한 쉐를 놓고 이루어졌다(281).

애월읍 상가리	· '밧갈쉐' 이외의 소들은 주로 산에서 키웠다. 섣달부터 이듬해 2월까지 4개월 동안은 쉐막에 매어서 기른다. 겨울을 나는 데 소 한 마리 당 열 바리에서 열 다섯 바리의 촐을 먹인다. 촐 60묶음(지름 약 20cm)이 한 바리이다(애월읍 상가리, 『상가리지』, 2007: 212).

· 말과 소가 두 살이 나는 해 3월 초, 범날을 골라 엉덩이에 표시를 했다. 산에서 놓아기르는 동안 쉽게 구별하기 위해서였다. 낙인을 엉덩이에 새기는 것을 '낙인 지른다'고 했다. 마을공용의 낙인은 '上加', 邊씨 집안은 '占', 姜씨 집안은 '正'이라고 낙인했다. 타성받이들은 낙인을 빌려 질렀다(212).

· 백중 날이 갓 접어드는 이른 새벽(보통 子時)에 우마를 기르는 사람들이 개별적으로 우마의 번성을 기원하는 백중제를 지냈다(297). 제사방식은 유교식을 따른다. 백중제는 마소를 기르는 일반 농가에서 지낸다. 제사 장소는 보통 바령밧이다(298).

· 테우리 코사는 테우리들이 '테우리동산'에 올라가 지낸다. 제삿날 날이 어두워지면 산으로 올라가 제사준비를 한다. 제장을 따로 마련하는 경우도 있었고, 필요에 따라 달리 골라 쓰는 경우도 있다(297).

· 귀표고사 : 소의 귀에 표시를 하면서 지내던 고사이다. 농번기와 방목이 끝나는 음력 10월에 지낸다. 특히 소의 경우, 음력 10월 상사일(上巳日)을 가려 귀표를 하고 고사를 지낸다. 새로 태어나 아무런 표시가 없는 한 살짜리 송아지에 귀표를 했다. 귀표하는 곳을 '귀표 왓'이라 했다. 제물은 '돌레떡', '오메기떡', '술' 정도였다. 돌레떡은 밭벼로, 오메기떡은 새 좁쌀로 빚는다. 테우리나 마소가 많은 집에 서는 메밥을 비롯한 여러 제물을

	차려 제사를 지낸다. 송아지의 한 쪽 귀를 도려낸다. 그런 다음 낙인을 찍는다. 도려낸 귀 한 부분은 구워서 제물로 삼는다. 귀표고사는 전적으로 남성들에 의해 이루어진다. 유교적 절차에 따라 간단하게 진행된다(298). · 공동목장에는 4월부터 10월까지 방목했다(299). · 낙인제(ㅋ시) : 말을 낙인한 후 번성을 기원하는 고사를 지냈다. 낙인할 말이 많은 집에서는 낙인제 하루 전날 메(산디쌀밥), 구운 생선 한 마리, 술 한 되 등 ㅋ시 음식을 준비한다. 낙인을 찍을 말에 걸 릴 밧줄을 원형으로 사려서(정돈하여) 그 위에 음식을 차려놓고 메 한 '낭푸니'(양푼)에 수저를 꽂아 지낸 후 주위에 ㅋ시를 하고 나서 4인이 1조가 되어 낙인을 한다. 밭 불리는 날에는 낙인할 때와 같이 ㅋ시를 한 후 밭을 불린다(299-300). · 제주도에서 말에게 제사를 지내는 것은 관에서 마조단제(정월), 민간 에서 말을 사육하는 사람은 낙인제(음력 삼월), 밭불리는 제(음력 5월), 백중제(음력 7월) 등 1년에 4번 제사를 지냈다(300).
서귀포시 하효동	· 소 키우는 일을 '쇠 ㄱ끄레 간다'고 했다. 겨울철에는 쉐막에서 촐을 주면서 키우다가 하루 한번 씩은 냇가로 몰고 가서 물을 먹였다. 봄철부터 가을 때까지는 동네 소들끼리 보통 10마리에서 15마리까지를 1조로 편성하여 당번(1일 2명)을 정하여 산과 들로 몰고 다니면서 풀을 먹이다가 저녁 때가 되면 다시 소를 몰로 집으로 돌아오곤 했다(하효마을회, 『하효지』, 2010: 276). · 소들은 여름철 좁씨 파종이 끝나면 저절로 '들락킨다.' 즉 여름철이 되면 더위에 약한 소들은 시원한 곳을 찾는다. 마을 주민들은 한라산 백록담 인근의 윗세오름과 만세동산 부근에 소 방목이 가능한 완경사면이 존재하고 있다는 것을 경험적으로 알고 있다. 그래서 여름 농사가 끝난 후 소를 이곳으로 이동시켜 방목했다. 이를 주민들은 '상산上山 올리기'라고 불렀다. 상산에 올려 방목하는 것은 산정부의 지형조건과 기후환경을 인식한 주민들의 '생태지혜'라고 볼 수 있다(276). · 낙인은 무쇠를 이용하여 자기의 성씨나 마을별 또는 문중별로 정해진 한자를 사용했다. 낙인을 불에 달군 다음 마소의 네 발을 묶고 넘어뜨린 뒤 낙인을 찍었다. 낙인찍는 작업은 비단 어린 새끼에만 한정된 것이 아니었다. 시간이 지나면서 낙인이 희미해져 버리기 때 문이다. 숲 속에서 방목하는 '곶몰'[野馬], '곶쇠'[野牛]와 상산上山이나 공동목장에 풀어놓는 소들에게도 낙인을 찍었다. 낙인뿐만 아 니라 귀표耳標를 하기도 했다. 낙인은 대개 마을이름의 첫 글자인 '下'자로 했다. 귀표는 귀를 째서 표식을 하는 것이다(280). · 추석 무렵 하늬가 터지면(북풍이 불기 시작하면) 촐을 베기 시작했다. 이 하늬바람은 건조한 바람이므로 촐을 베어 말리는 데에는 안성맞춤이었다. 우마가 많은 집에서는 촐이 자라는 곳에 '머지멍'(자면서) 베기도 했다. 하

	늬바람이 불 때는 오늘 호미로 베어 넘긴 촐 이라도 내일 정도면 말랐다 (280).
	· 촐을 베는 곳에는 '담줄'이 있다. 이것은 해마다 촐을 해오던 곳에 '선점 先占'의 의미로 돌을 한 줄로 쌓은 것이다. 만일이 담줄이 없을 경우는 미리 촐을 베어 경계를 표시해두기도 했다. 그러면 다른 사람들이 '이곳은 임자 있는 촐 밭이다'고 여겨 접근하지 않았다.
	· 겨울철 먹이인 촐은 '바래기'라는 운반수단(마차)을 이용하여 운반했다. 바래기는 소 또는 말이 끌었다. 채초지에서 운반해온 촐은 마당에 쌓아두었다가 건초로 사용했다. 하효마을 집집마다 마당에는 촐을 쌓기 위한 눌굽이 있었다. 필요에 따라 이 '촐눌'에서 촐을 하나씩 빼어 사용했다. 촐은 작두를 이용해 일정한 크기로 잘라낸다. 그 런 다음 여기에다 소들이 즐겨 먹는 가루를 혼합해 사료로 먹었다.
	· 채초지(촐밭)가 없어 촐을 인접한 신효 공동목장에서 값을 치루고 구입했다. 촐을 베는 곳을 '촐캐'라고 했다(281).
애월읍 유수암	· 1429년(세종 11) : 목장지대에 상·하잣을 쌓고, 10소장으로 분구할 때 5소장과 6소장의 경계인 '허문도'許門道에 마통馬桶을 두어 5 소장과 6소장의 말들을 점호하였으므로 여기에 종사하는 목자와 화전민들이 짧은 기간에 '거문이물' 주위에 집거하여 마을을 이루니 '거문덕이(금덕리 2구)'의 설촌 효시가 되었다(애월읍 유수암리, 『유수암리지』, 2010: 184).
	· 1935년 6월 4일 : 금덕리 제일공동목장조합 설립을 신청하고 동년 8월 20일에 허가를 득함. 허가자 제주도사(188)
	· 황소를 밧갈쉐, 암소를 짐쇠라고 했다. 밭이 척박하고 자갈이 많이 섞여 있어서 암소나 말로 밭 갈기가 힘들어 황소를 이용했다(362).
	· 3월의 세시풍속 : 촐을 많이 베어두면 보리를 많이 수확한다 : 촐이 결국 거름이 되기 때문이다. 그러므로 집집마다 통시가 크다. 소의 배설물들을 통시에 넣고, 촐을 넣고, 돼지의 배설물들과 섞어 좋은 거름이 된다. 2월 들어 새싹이 돋아나기 시작하면 '조크르'(조를 베고 난 밭)로 소를 몰아가 놀게 놔 둔다. 소의 배설물들이 거름이 되므로 남의 소가 밭에 들어가도 싫어하지 않는다(481).
	· 3월 청명이 지나면 들에 풀이 나기 시작한다. 그러면 집집마다 소를 방목지로 올리는 데 이때 낙인을 한다. 마소가 많은 집에서는 대장 간에 가서 낙인을 만들어왔다. 낙인의 형태는 ㄱ자형, 卍, 口 등이 있었다. 소가 적은 집에서는 송아지가 태어나면 얼마쯤 지난 후 호미로 귀 윗부분을 조금 잘라주거나 귀에 구멍을 뚫기도 한다. 낙인을 할 때 주의할 점은 택일을 하여(481) 천적일天賊日을 피해야 한다는 점이다. 만일 천적일에 낙인을 하면 소를 잃어버리거나 액운을 당하게 된다(482).
	· 소를 '상장털' 목장에 올리는 사람들은 하루씩 교대로 소를 지켰다. 목장

	에는 작은 막사리를 지어 지낸다. 막사리 주변은 소를 가두는 쇠통을 만들어 놓고 저녁이 되면 번을 섰던 당번이 쇠들을 쇠통에 가두어 잃어버리지 않게 한다. 6월이 되면 보리 수확을 위해 소들을 불러들이기도 한다. 큰 소들은 '바리버릴 때'(소에 보리뭇을 싣는 일) 양쪽에 열 닷 뭇씩 실어오기도 한다. 이때 보리 이삭 부분이 아래로 향하게 한다. 때문에 길이 좁아지는 경우는 땅에 질질 끌뿐만 아니라 양쪽 담벼락에 보리가 부딪치며 떨어져나가 보릿대만 남는 일도 있다. 조는 반대로 꼭지를 위로 향하게 하여 싣는데 한편 3뭇씩 6뭇을 싣는다(483). · 백로白露가 되면 풀이 시들기 때문에 소들이 먹을 풀이 모자라게 된다. 이때 목장에 방목시켰던 소들을 데려온다(487).
애월읍 납읍리	· 공동목장에서 우마를 관리하는 사람은 위탁받은 우마들의 특징, 연령, 암수에 대해 잘 알아야 한다. 관리인을 선정하는 방법은 목장조합에서 우마 관리 경력이 있거나 지원하는 사람으로 했으며, 관리비는 마리당 현금이나 현물(곡물)로 일정액을 정했다(애월읍 납읍리, 『납읍향토지』, 2006: 341). · 수소는 2, 3, 4세까지는 '부룽이'라고 불렸고, 5세 이상 수소는 '부사리'라고 했다. 소는 체질상 7년이 넘으면 거의 거세를 하고 길렀다. 수소는 나이를 먹으면 앞쪽은 살이 쪄서 목살이 붙어 오른다. 또한 암놈을 밝혀서 농사일을 하는 데 만만치가 않다. 따라서 거세를 하고 나면 엉덩이 살이 많이 찌고 농사일을 하는 데 순해서 일을 잘한다(342). · 말은 짐을 운반할 때, 밭벼를 파종할 때는 밭을 밟도록 했다. 또한 물방애에서 방애를 끌 때, 거름에 보리씨를 뿌리고 거름을 밟을 때 등의 농사일에도 이용되었다. 혼사婚事에는 반드시 말을 이용해 신랑과 상객을 태웠다(343). · 밧블리기 : 조의 파종은 6월절을 기준으로 전후 3일 안에 한다. 제주의 밭은 '뜬땅'이므로 마소의 밭을 빌려 잘 밟아줄 필요가 있다. 마소를 빌리지 못한 사람들은 잎이 무성한 나뭇가지들을 베어서 넓적하게 한 후 줄로 단단히 동여 멘 일명 '섬피'를 끌고 다니면서 밭을 밟았다. 이를 '밧블리기'라 한다. 밭 밟기를 하기 위해서는 소와 말을 기르는 사람한테 부탁을 해야 하는데, 이때 밭 밟는 장남(테우리)들을 잘 대접한다(399). · 물똥줍기 : 말들이 똥을 싸서 시간이 지나면 딱딱하게 마른다. 사람들은 '물망텡이'를 둘러메고 산과 들에 나가 물똥을 줍는 풍습이 있다. 물똥을 잘 말려서 겨울동안의 땔감 또는 구들방의 연료로 쓰기 위한 것이다. 말은 초식동물이기 때문에 똥이 깨끗하며, 일단 불이 붙으면 한꺼번에 타버리지 않고 서서히 탈 뿐만 아니라 화력 또한 세기 때문에 '굴묵'을 땔 때는 연료로 가장 좋다(400). · 추렴(접쉐잡기) : 추렴出斂이란 명절 제숙을 마련하기 위해 설날이나 추석을 전후하여 이루어진다. 계契를 결산하며 계원들끼리 친목을 다지고 명절

	제숙을 마련하기 위해 소나 돼지를 잡아 나누는 것을 말한다. 큰 추렴은 소를 잡는 일이고, 작은 추렴은 돼지는 잡는 것이다. 자식이 추렴에 참여하면 부모몫까지 나누어 가진다(402).
구좌읍 하도리	·화산회토로 바람에 잘 날려버리므로 가벼운 흙 알갱이를 말이나 '남태'로 눌러 단단히 밟아야 곡식이 잘 자랄 수 있었다. 말을 이용할 때는 많게는 40~50마리나 되는 말떼로 조팟을 밟게 했다. 그러다 1970년대부터 조, 보리농사가 사라지면서 말을 이용한 밭 밟기도 사라지고 말았다(하도향토지 편찬위원회, 『하도향토지』, 2006: 766). ·우마를 이용해 밭을 밟을 때 흥을 돋구기 위하여 불렀던 노래가 '밭 불리는 노래'였다. ·2월 초순 해빙이 되면, 목야지, 초지에 불 놓기를 시작한다. 목초, 새(띠)의 발아를 촉진하고, 진독(진드기) 유충을 제거하기 위해 이루어졌다(793). ·소는 하절기에는 방목을 위주로 하고, 동절기에는 소를 하산시켜 농가에서 사육했다. 방목은 봄부터 가을까지 중산간 야초지에서 번치기 방목관리가 행해졌다. 번치기 방목은 방목권별로 사육농가들이 순번을 정하여 윤번제로 시행되었다. 그러나 번치기 방목은 1970년대부터 농가에 농기계 보급으로 소의 사육두수가 감소하고, 방목지였던 중산간지대가 식량작물 생산지로 변모하면서 저절로 소멸되고 말았다(332).
제주시 월평동	·해발 300~500m의 중산간 초지대는 조선시대 3소장 목장에 해당되었다. 이곳은 하잣(해발 300m), 중잣(해발 400m), 상잣(해발 500m)으로 삼등분되었다. 하잣과 중잣에서는 주로 역우役牛를 방목했고, 이 소들은 농번기에 밭갈이와 밭 밟기에 이용되었다. 상잣 이상 국유림(한라산)에 방목한 우마는 1년 내내 방목하다가 겨울철이 되 면 자기의 소를 찾는다. 이른 봄이 되면 송아지는 낙인을 찍어 남의 소와 구분하였다. 일부 주민들은 '반작소'를 사육하기도 했다(월평동 향토지발간추진위원회, 『다라쿳(월평동지)』, 2001: 170). ·월평동 지역은 토심이 깊은 관계로 목초가 잘 자라고 풍부해 타지역에서 넘어 온 우마들도 떠나지 않았다(171).
서귀포시 하원동	·법화사 남쪽에 공물로 바치는 우마를 점검하는 기관을 설치하여 이를 점마청이라 불렀으며, 이 점마청에서 월평리까지 '물질'이라 불리는 우마의 운반을 위한 대로가 생겨나기도 했다(하원마을회, 『하원향토지』, 1999: 161). ·국가에서 경영하던 목장이 일제의 지적측량을 거치면서 개인에게 불하되어 지역주민의 소유가 되었다. 이후 상잣 이상에 토지를 소유한 조합원들은 토지를 조합에 출자하고, 토지가 없는 조합원들은 1936년 당시 10원을 투자하여 180여 정보의 토지를 확보하여 하원공동 목장을 조성했다(161).

찾아보기

|가|

가시리   107, 194

가을바령   241

가자加資   95

가죽발레   309

가축방목장   112

가파도별둔장加波島別屯場   98, 196

간수군   34

간시사看視舍   175, 176

간시소看視所   115

간장   133

감목관   47

감목료監牧料   115

감목처監牧處   128

갑마장甲馬場   87, 89, 302

갑마장길   314

갑오개혁   33, 99

강봉헌姜奉憲   105

강성발姜成潑   196

강정동   74

강제이주   52

강희경姜熙慶   113

개미등   219

개미목도   219

개역   224

거세去勢   47

거세기수   112

건천   19

검은데기오름   68

검은쉐   28

검질   212

격고擊鼓   95

격구擊毬   308

격쟁擊錚   94

결장처結場處   201

결책군結柵軍   130

경관景觀landscape   125

경관사景觀史   125

경국대전   49, 204

경목교체형耕牧交替型   169

경비징수방법   113

경신재敬信齋   172

경자년   65

경주김씨   93

경주마 육성목장   88

경차관敬差官 189

계미년 153

갯밭 259

고근산 73

고득종高得宗 52, 55, 304

고만高萬 173

고분장도 96

고산리 96

고산초원 219, 300

고산초지 18

고서감高瑞鑑 173

고석高石 173

고성리 69

고여충高汝忠 46

고역苦役 50

고윤문高允文 196, 304

고종 36

고태오 199

고태필高台弼 56

고평동 63

고흥 절이도 43

곡분포曲分浦 98

곡장曲場 64

곤밥 226

곰돌 211

곰보돌 186

공동목사共同牧舍 115

공동목장설치승인신청서 113

공동목장조합설립승인서 113

공마감관 오영吳永 188

공마감관貢馬監官 189

공마대전貢馬代錢 103

공마봉진貢馬封進 148, 184

공마선貢馬船 189

공마제도 33

공마해신제貢馬海神祭 204

공민왕 39

공역工役 144

공출 독려비 112

공홍도公洪道 191

곶쇠 201

곶자왈 86

곶물 201

관노官奴 102

관노비 53

관유목장官有牧場 102

관음보 39

광령리 68

광평리 69

광해군 80

괴종장 89

교래대렵 194

교수敎授 54

9소장 75

구동해소 73

구마驅馬 150

구마군驅馬軍 130, 150

구마역驅馬役 92

구목령廐牧令　322

구소장九所場　87

구위원區委員　110

구폐석求弊石　188

국·민유지國民有地　107

국공유지　33

국마통國馬桶　129

국무회의　119

국유림　117

국유임야대부허가원　112

국장　64

국축장國畜場　107

군관　40

군기軍器　152

군두群頭　49

군마　23

군부群副　49

군사령관　114

굴묵　208

굴실窟室　204

권인복　186, 309

궐금　238

궐패闕牌　91

궤악(돔베오름)　150

궷물오름　69

귀빈사貴賓舍　62, 120, 302

귀표　202, 324

귀표왓　202

귀표코시　276

귤림서원橘林書院　172

금능리　211

금당목장　265

금덕리　114

금덕리공동목장조합명부　114

금덕리목장조합결성서　113

금성천　67

금악리　69, 129, 228

금위禁衛　82

금전납金錢納　99

급수장　117

급염장給鹽場　117

기황후　39

김경림金慶林　95

김경우金慶遇　88

김경흡　93

김계란金桂蘭　46

김계평　89

김광혁金光爀　95

김광협　221

김구　36

김남길金南吉　144

김대길金大吉　85, 304

김대진金大振　94

김만일 올레　300

김만일　79, 304

김사종金嗣宗　93

김사형金士衡　46

김상걸金商傑　161

김상초金商礎   161
김상헌   39
김석익金錫翼   84
김세형金世衡   94
김세화金世華   94
김여강金汝江   152
김여징金汝澄   95
김영수金永綬   64, 91, 95
김위민金爲民   54
김인金裀   56
김인택金仁澤   169
김재우   162
김정호金正浩   156
김진욱金振煜   93
김진혁金振爀   150
김창해金昌海   162
김춘택金春澤   187
김흡金洽   56

|나|

나담Naadam 축제   310
낙인자烙印字   184, 199
낙자인烙字印   49
남벌자濫伐者   111
남영목장   77
남원리   107
남장南場   97

남천록南遷錄   184
남환박물   58, 241
납읍리   208
납향대제   28
내장사內藏司   101
넓은목장   127
노블레스 오블리주   299, 303
노자   34
노태마駑駘馬   149
녹산장鹿山場   87
농남봉   96
농마조합農馬組合   112
농촌진흥운동   116
농한기   48

|다|

다간   202
다구치 테이키田口禎禧   113
다루가치   37, 324
다리강가   37
달단마   37
답장畓場   170
답전畓田   98
대공마大貢馬   183
대동여지도   156
대랑수악大朗秀岳   153
대마도對馬島   189

대부경우貸付耕牛   112

대부출원서貸付出願書   107

대삼소장大三所場   145

대석원大石垣   111

대이소장大二所場   145

대정군大靜郡   157

대정현감   29

대정현아중일기   169

대포동   74

대풍우大風雨   110

대한제국기   99

대한통운   236

대흘리   63

도롱담   237

도리島吏   35

도살盜殺   51

도살마盜殺馬   53

도순동   74

도통사   39

도회관都會官   188

도회처都會處   189

독자獨子   53

돈두악   96

돌레떡   202

돌오름   72

돌오름물   126

돗통시   240

동거문오름   78

동고량   224

동광리   71

동색마同色馬   50, 173, 196

동아막   37

동의보감   305

동지마冬至馬   148

동홍동   76

두모리頭毛里   157

두원장頭圓場   131

둔마장屯馬場   62, 126

둔지봉   62

둔지악屯止岳   152

등터진궤   226

DDT   215, 249, 277

따라비오름   77, 89

따비큰물궤   91

뜬땅   240

|라|

라우텐자흐   221

리유지   33

|마|

마감   49

마구馬具   112

마량포   185

마량항   316

마문화박물관   297

마배상족馬背上族   320

마보신馬步神   205

마사박물관   297

마사신馬社神   205

마상무예단   307

마상무예馬上武藝   307

마위지馬渭池   126

마의馬醫   53

마의학馬醫學   53

마장동   260

마정구획   60

마정제도   49

마조단馬祖壇   205

마조제馬祖祭   204

마초馬草   49

마축자장별감   35, 36

만세동산   220

만호萬戶   39, 102

머귀남도   62

머루왓도   90

머슴[雇工]   50

머체악   76

멍에   211

멤쉐   211, 213, 262

멩질   216

면양지도기수   112

면유지面有地   106

면임面任   164

명월소   58

모동삼장毛洞三場   97

모동우장   96

모동장   96

모쉬멩질   216

모지오름   77

목감牧監   34, 198, 251, 264, 274

목감의례   260

목구牧區   118

목도牧道   115

목마군牧馬軍   197

목마牧馬의 섬   9

목삼소장牧三所場   145

목야지정리계획   113

목일소장牧一所場   145

목자역牧子役   50

목장관리사   175

목장도형   62

목장림牧場林   175

목장색등록牧場色謄錄   161

목장색牧場色   161

목장신정절목   89, 135, 171

목장장정   101

목장전   43

목장조합중앙회장   113

목장지도   126, 142

목장출역   264

목장토牧場土   101

목지동산(테우리동산)   96

목축경관   125

목축문화 해설사   296

목축문화   11, 285

목축문화박물관   293

목축민   10

목축사牧畜史   232

목포항   236

목호군   39

목호의 난   39, 305

몰모릿도   69

몰순이못   126

무겸선전관武兼宣傳官   82

무예도보통지   308

문송목당량門松木堂梁   155

문입도   62

문종   35

문화의 용광로   18

문화콘텐츠 산업   303

문화콘텐츠   293, 303

물영아리오름   75

물마장   87

물막[마방]   204

물방애   242

물방애계   242

물테   195

물테우리   195

물통[馬筒] 절임   204

물통   129

물ᄀ래접   242

미악산   76

미원장尾圓場   131

민둔民屯   99

민오름   63, 119, 298

|바|

바늘오름   63

바래기   234

바령   118, 240, 267

바령밧   241

박상하朴尙夏   150

박안의朴安義   46

박원종朴元宗   189

박정희   29, 120

박제가朴齊家   308

박지원   26

박천형朴天衡   134, 156

반도   42

반득전   298

반응악盤疑岳   147

반직감   98

밧갈쉐   27, 211, 211

방목우마   15

방성   37

방성칠房星七 난   105

방애오름   63

방앳불 놓기   252

방앳불   117

방풍림防風林   116, 175

백동수白東修   308

백렵白鬣   166

백약이오름   77

백중제   69, 253, 263, 307

밴 플리트   119

버드나무   142

번곡   210

번널오름   89

번쉐   211, 212, 262

번패番牌   110

범금자犯禁者   111

법화사   75

변벌개   36

별·현자장   148

별목장別牧場   145

별방소   58

별방진別防鎭   99

별천자둔別天字屯   191

병마종사兵馬從事   206

병조兵曹   49

병축진료기수   112

보개   40

보문사普門寺   63, 126

보인保人   99

복명서復命書   229

복호復戶   196

봄바령   241

봉개악   147

봉성리   69

봉세관   105

봉진마封進馬   92

부구리체   215

부구리통   175

부렝이   223

부속도서   98

부역賦役   144

북원   35

북헌집   240

분양   48

분전糞田   240, 324

분정分定   93

불알까기   203

브라만   222

비교우위   10

빌어냇도   129

빙하기   21

|사|

사간원   82

사관射官   187

사근이오름   98

사둔장私屯場   130

사령使令   102

사릅 223

사목장私牧場 85

사복시司僕寺 49

사장蛇場 131

사전私田 98

사제비오름 219

사직단社稷壇 155

사토里飼 사육 323

사헌부 82

샀쉐 211

산감山監 111

산굼부리 88

산남지역 248

산둔山屯 83

산마감목관 93

산마개량기수 112

산마구점상山馬驅點狀 92

산마山馬 83

산마증식계획 116

산북지역 248

산상의 정원 219

산장 83

산장구마山場驅馬 86, 149

산장山場 75, 83

살곶이 목장 24

살체기 68

살체기도 96

3소장三所場 136

삼군교폐사실성책三郡敎弊査實成册 102

삼남대로三南大路 184, 316

삼리 70

삼림벌채 74

삼림지대 75

삼별초군 37

삼소장폐장획급절목三所廢場劃給節目 172

삼숫내 65

삼읍관아三邑官衙 145

삼읍체제 47

삼의양오름 66

삼학개정절목三學改定節目 172

상가리 70

상강霜降 118, 199

상납선上納船 103

상대리 69

상산 226

상산브름 225

상잣담 132

상잣성 253

상장上場 61, 87

상창리 72

새방주암 66

색달동 71

생우牲牛 163

생활사生活史 292

서러브렛 27

서림포西林浦 96

서명선 134

서아막西阿幕 38, 96

서울대학교 규장각   101

서위남모루   83

서장西場   97

서중천西中川   75, 87

서호동   76

석곡리   40

석굴암   230

석장石墻   132

석질리필사   39

선목신先牧神   205

선작지왓   219

선장船長   187

선조실록   80

선휘원   37

선흘리   63

설축設築   144

섬피   240

성도   62

성불오름   77, 87, 160

성산일출봉   38

성삼문   25

성읍리   77

성정군城丁軍   152

성종   39, 56

세계자연유산   17

세공마歲貢馬   148, 188

세방화glocalization   329

세종   53, 55

세천細泉   172

소공마小貢馬   183

소길리   68

소작료   100

속대전   49

속밭   226, 273

손해배상금   111

솔또   266

솔라니   222

송당마을   62

송당목장   119

송래백宋來柏   94

송목당랑   129

송상순宋祥淳   166

송정규   61, 78, 88

송천松川   87

쇠침   263

수군水軍   53

수령守令   54

수령원목축장축산회   106

수령칠사守令七事   143

수망리   107

수산평   37

수산폐성   39

수악水岳   75

수양고공收養雇工   173

수원림水源林   175

수월봉   96

수책樹柵   142

숙대낭   142

숙종　65

순조　42

쉐막　208, 240

쉐장시　235, 236

쉐총　208

쉐테　225

쉬포리　223

스토리텔러　296

시데르비스　41

시로미　224

시오름　73

식년공마　85

식년마式年馬　92

신례리　76

신문화공간조성사업　302

신산리　97

신석정　221

신역身役　173

신용재산信用財産　110

신종익申從翼　162

신지도목장장정　101

신천리新川里　97, 159

신카름밭　220

신흥리　107

심구조沈龜祖　206

심낙수沈樂洙　89, 171

10소장　77

십목장　57

십소장十所場　54, 145

|아|

아막　37

아혼아홉골　229

안돌오름　62, 126

안무사　40

안좌천安坐川　87

알곶　266

알밤오름　63

알잣　56

압령천호押領千戶　187

앞갈퀴　226, 273

애월면공동목장조합연합회　113

애월포　182

야래악野來岳　147

야막악夜漠岳　147

약욕장　249

약초　54

약포藥圃　54

약한藥漢　53

양달장　144

양두행　235

양시헌梁時獻　80

어리목　301

어승마御乘馬　23, 92, 97

어승생御乘生　67

어욱　237

어음2리　69

엄곤징려嚴棍懲勵　95

여름바령 241

여칭呂稱 46

역용우役用牛 324

연대보증인連帶保證人 110

연례마年例馬 97

연분상황年分狀況 161

연좌제連坐制 53

열녀정씨비 40

열하일기 26

영구경작권永久耕作權 104

영등포 260

영락리 96

영락제 23

영선천호領船千戶 187

영암군수 188

영조 85

영주산 77, 87

영천악 75

예기소藝妓沼 193

예탁사업豫託事業 112

오메기떡 202

오명항 23

오목이도 68

오세창 273, 301

오소장五所場 136, 145

오시수 28

오식 47

오위도총부부총관五衛都摠府副摠管 82

옷귀馬 테마공원 298

와산리 63

와주窩主 51

와흘리 63

왜구침입 58

외도천 66, 67

요역徭役 130

용암평원 18

우감牛監 50, 98

우경牛耕 324

우도장牛島場 98

우마도살자 53

우마적牛馬籍 46, 183

우마적牛馬賊 51

우목장牛牧場 28, 96

우보악 71

우시장 236

우자장字字場 144, 148

우진羽晉 134

울산 방어진 43

움텅밭 228

웃잣 132

웃한질 68, 77

원동院洞 63, 126

원둔장元屯場 147

원물 63, 71

원사 37

원수악 71

원수윤 268

원장 131

원지院池   96

월령   238

위탁료   115

위화도   24

윗바메기   128

윗세오름   228, 301

유네스코   17

유목遊牧   203

유수암리   68, 113, 212

유채꽃 플라자   302

유한명柳漢明   98, 151

6소장   70, 196

육고역六苦役   196

육바리 장시   235

윤득규尹得逵   95

윤식尹植   138

윤행구尹行九   101

윤환방목   118, 250, 268

읍유지邑有地   106

웅상백   25

의귀리   41, 79

의귀천衣貴川   87

의생   53

의정부議政府   49

의종   35

이건   79

이괴李襘   84

이귀   28

이규성李奎成   153

이근직   120

이덕무李德懋   308

이목移牧   209

이문혁李文爀   134

이병태   221

이병한李秉漢   190

이생이   66

이생잇도   129

이성계   24

이세인李世仁   309

이소장二所場   136, 145

이수메   202

이승만   62, 119

이시돌 목장   70, 303

이양문   29

이양정李養鼎   134

이원조李源祚   151, 163, 206

이원진   239

이은상李殷相   219

이응준   119

이익   43

이익태   62

이익한李翊漢   207

이인엽   23

이재수李在守   105

이재수李在秀   197

이제현   36

이종덕李種德   190

이종성   28

이중신李重信 85, 93
이진리 316
이진포 185
이치카와 산키市河三喜 221
이태현李泰顯 150
이형상 58, 94
이희충李熙忠 172
익제난고 36
인보隣保 117
인조 83
일사량 38
일상사 18
일소장一所場 136
일자장日字場 145, 147
임야세 115
임완 41
임진왜란 79, 80

|자|

자구내 96
자루구치 38
자목장字牧場 50
자유판매제 236
잡종마 26
잣성 132
장감場監 100, 170
장구목 219

장남 240
장삼도 69, 127, 129
장성場城 132
장수물 300
장수물장 87
장악獐岳 147
장원墻垣 132
장적 46
장통 70, 129
장합 47
재마선載馬船 187
재마宰馬 53
전답문서田畓文書 173
전목사 34
전성천 120
전세곡田稅穀 101
전통지식傳統知識 238
전통지혜 242
절도竊盜 53
절세미 126
절제사 130
젊음의 집 303
점락點烙 168
점마경관 130
점마군 130
점마별감 81, 193
점마제도 33
점마터 76
정도원鄭道元 155

정무총감政務摠監 114

정문旌閭 197

정비情費 168

정석비행장 88

정신 117

정언유鄭彦儒 99

정역定役 197

정운경鄭運經 221

정의군수旌義郡守 190

정의군旌義郡 157

정의현감 김성구金聲久 92

정의현감 94

정의현청 63

정재설 농림부장관 119

정조 95

정조마正朝馬 148

정지 240

정지용 221

제동목장 88

제주계록 194

제주대정정의읍지濟州大靜旌義邑誌 139

제주대학교 66

제주도농회 111

제주도사濟州島司 113

제주도사濟州島史 319

제주도안무사지감목사濟州都安撫使知監牧事 48

제주도청濟州島廳 107

제주도축산개발사업소 231

제주돌문화공원 88

제주목사 49

제주목양위원직 101

제주목양장정 101

제주목장구폐완문濟州牧場救弊完文 166

제주문화상징 182

제주민속자연사박물관 295

제주사濟州史 141

제주산마감목관濟州山馬監牧官 85, 93

제주삼읍도총지도 71, 126

제주삼읍전도 157

제주안무어사 39

제주위유어사 152

제주읍지 87

제주지도 159

제주찰리사濟州察理使 197

제주축산개발주식회사 120

제주특별자치도 29

제주판관 36

제주풍토기 240

제주한라산목장濟州漢拏山牧場 55, 134

제주항 236

제향祭享 166

조단잇도 129

조랑말 경주마대회 310

조랑말 체험공원 302

조랑말 22, 235

조랑말박물관 293

조릿대 224

조방장助防將 58, 99

조선총독부 111

조선통감부 100

조순생趙順生 52

조원趙源 54

조의진趙義鎭 95

조정화趙庭和 152

조중응趙重應 104

조천관朝天館 184

조천조점 185

조천포朝天浦 182, 183

조크르 202

조팝 226

조희순趙義純 172, 190

종6품 93

종립騣笠 207

종모마種牡馬 112

종특우種特牛 112

좌보미오름 77

중문천 73

중성귀 262

중장中場 97

중정원 37

지들커 233

지름장풀 272

지영록知瀛錄 63, 192

지자장地字場 57

지정원 37

직사直舍동네 127

진성鎭城 58

진세賑稅 172

진압농법鎭壓農法 22, 238

진자장辰字場 145, 146

질병치료법 54

집괴암集塊巖 128

징그리왓도 72

징기스칸 박물관 297

|차|

차귀진 148

차반지 277

차비마差備馬 148

차사원差使員 148

차현유 41

찰리사察里使 102

창고천 72

채전菜田 171

천마 24

천미우장川尾牛場 97

천미천川尾川 77, 87

천미포川尾浦 97

천사신天嗣神 205

천서동 71

천영관天永寬 196

천자문 50

천자장天字場　57

천주교　303

청도 소싸움 테마박물관　293

청명淸明　118, 199

청초절　34

청초지靑草地　176

체오름　62, 98

체임마遞任馬　97

초고독불화　39

초옥草屋　46, 197

초지개량　250

초지대草地帶　18, 88

촉토부카　41

촐왓　232

총수성적總數成籍　95

최국성崔國成　190

최다우지　20

최동제崔東濟　148

최영　39, 305

최인규　119

추도楸島　190

축마료식　35

축마별감　46

축마점고사　46

축산계　259

축산진흥정책　29

축산회　110

축성역築城役　136

축우거세畜牛去勢　112

축우증산정책　29

출역出役　237

충렬왕　35

충정왕　35

충청감사　28

충혼묘지　71

측자장昃字場　145

측화산　71

친일농업단체　111

친환경생활공간조성사업　302

7소장　73

칠성대　157

침장針場　88, 92

|카|

카라치　37

케파장　210

켓담　258

쿠빌라이　37

|타|

타라치　37

탄일마誕日馬　148

탐라고사　64

탐라교육원　67

탐라국   10
탐라기년耽羅紀年   84
탐라기행한라산   219
탐라도목장   37
탐라록   206
탐라목장   36
탐라순력도   61, 144
탐라시대   10
탐라장계초   144
탐라지   239
탐라지도병서   90, 153
탐류   22
탑궤   219
태복시太僕寺   101
태역   226
태흥리   107
테우리 생활사   293
테우리 코시   216
테우리 학교   295
테우리동산   277
테우리막   126, 175
토산리   107
토색질   168
토적   41
토지조사사업   107
토착인土着人   49
통물도   68, 264
통인通人   102
틀남도   69, 264

|파|

8소장   73, 196
팔양八陽   241
팔월절   233
팔장八場   240
팔준마   25
팻쉐   281
편백나무   250
편북풍   38
평안도   52
평위원회   113
평지궤   274
평지암   230
평화목장   127
폐목장   43
폐장세廢場稅   172
폭남도   129
표준마을공동목장조합규약   113
풍력발전단지   89
피서림避暑林   176
피서지   116
피우가避雨家   76, 127

|하|

하례2리   76
하원동   74

하잣담   132

하중도   24

한국마사회   293

한국학중앙연구원   163

한남리   76

한라마   27

한라산국립공원관리사무소   229

한라산지   18

한라장촉   61

한림수직공장   303

한림항   260

한미재단   119

한양대학교   24

한응호   42

한천   64

함몰분화구   88

합적哈赤의 난   40, 41

해남현감   188

해남화원목장장정   101

해안지역   96

향임세력鄕任勢力   105

향장리鄕將吏   165

향청鄕廳   166

향토지   248

허목許穆   142

허문이도   129

헌마공신獻馬功臣   79, 298

헌종   163

현금출납부   115

현무암층   174

현자장玄字場   148

현종   34, 85, 93

혈망봉穴望峰   156

호근동   76

호스킨스W.G.Hoskins   125

호인胡人   319

호적중초戶籍中草   196

혼용사역混用使役   203

홍명구   28

홍봉한洪鳳漢   188

홍재의洪在儀   190

화구호火口湖   220

화모색禾毛色   93

화북포   182

화산쇄설물   128

화산회토火山灰土   19, 238

화입   269, 279, 322

화전경작   74

화전동火田洞   71

화전세   104

화전촌   71

화포   43

활활진   39

황가목장   37

황귀하   94

황기연黃耆淵   102

황우   27

황자장黃字場   62, 144

황초절   35

황태장   62, 98

황퇴우장黃堆牛場   98

회천동   63

횡장橫墻   65, 91

효생장   89

효종   85

후곡악   159

훈련도감訓練都監   93

휴먼임팩트   20

휴한지休閑地   203

흉구마凶咎馬   148

흑생우黑牲牛   183

흑우   27

흑우둔黑牛屯   153

흑자장黑字場   145

흘축밭   235

흥리인興利人   200

힐링마로   300

저자 _ 김동전·강만익

김동전은 제주대학교 인문대학 사학과 교수이며, 한국역사민속학회 회장, 역사문화학회 부회장, 국립대학박물관협회장, 제주대학교 박물관장과 재일제주인센터장을 역임했다. 현재는 제주대학교 창의인재양성사업단장을 맡고 있으며,『19세기 제주사회 연구』(1997),『한국지방사 연구 현황과 과제』(2000),『한국문화와 제주』(2003) 등의 공저와「18세기 후반 제주지역 공노비의 존재양태」(2007) 등 제주역사와 문화에 대한 다수의 연구논저가 있다.

강만익은 조선시대 목장사와 목축문화 그리고 일제시기 마을공동목장과 동아시아 목축민들의 생활사 연구를 하고 있다. 현재 제주대학교 탐라문화연구원의 특별연구원, 재일제주인센터 특별연구원, 중고등학교 지리교사이다. 연구논저로는『제주지리론』(2010, 공저),『동서양 역사속의 공공건설과 국가경영』(2010, 공저),『일제시기 목장조합연구』(2013),「근현대 한라산 상산방목의 목축민속과 소멸」(2013),「한라산지 목축경관의 실태와 활용방안」(2013) 등이 있다.

탐라문화학술총서 18
제주지역 목장사와 목축문화

초판 인쇄 : 2015년 2월 20일
초판 발행 : 2015년 2월 28일

저 자 김동전·강만익
발행인 한정희
발행처 경인문화사
주 소 서울특별시 마포구 마포동 324-3
전 화 02-718-4831~2
팩 스 02-703-9711
이메일 kyunginp@chol.com
홈페이지 http://kyungin.mkstudy.com

가 격 27,000원
ISBN 978-89-499-1138-0 93910